KB090880

부소천 주상절리

구라이 협곡 큰 가마소 / 이우형 촬영

북한과 남한 사이에 자리한 비무장지대를 흐르는 임진강 곡류. 멀리 보이는(역삼각형 모양의 물) 북한 임진강 댐이 보인다. 사진 왼쪽 밑에 주변과 어울리지 않은 봉긋한 지형(원 안은 적석총일 가능성이 있다. 군남 홍수조절지는 바로 임진강 댐에 대한 대응댐의 역할도 한다.

연천군 횡산리 구석기 유물층. 임진강변을 따라 조성된 충적대지에서는 구석기 유물들을 쉽게 찾아볼 수 있다. / 이우형 촬영

분단의 섬 **민통선**

분단의 섬 **민통선**

2009년 8월 25일 1판 1쇄 인쇄
2009년 8월 30일 1판 1쇄 발행

지은이 | 이기환
펴낸이 | 이종춘
펴낸곳 | **BM 성안당**
주　소 | 경기도 파주시 교하읍 문발리 출판문화정보산업단지 536-3
전　화 | 031-955-0511
팩　스 | 031-955-0510
등　록 | 1973. 2. 1. 제13-12호
홈페이지 | www.cyber.co.kr
수신자부담 전화 | 080-544-0511

ISBN 978-89-315-7417-3

정가 18,500원

이 책을 만든 사람들
주간 | 이호준
기획 · 진행 | 이호준
북 디자인 | 이기숙
홍보 | 박재언
제작 | 구본철

이 책은 관훈클럽 신영연구기금의 도움을 받아 출판되었습니다.

Copyright ⓒ 2009 by Sungandang Company All rights reserved.
First edition Printed 2009. Printed in Korea.

이 책의 어느 부분도 저작권자나 **BM 성안당** 발행인의 승인 문서 없이 일부 또는 전부를 사진 복사나
디스크 복사 및 기타 정보 재생 시스템을 비롯하여 현재 알려지거나 향후 발명될 어떤 전기적, 기계적
또는 다른 수단을 통해 복사, 재생하거나 이용할 수 없음.

분단의 섬 민통선

이기환 지음

BM 성안당

차례

제3부　영욕의 강산

'분단의 현장'에서 캐낸
'역사의 조각들'

2009년 4월. 나는 긴 여정의 길벗 이우형 씨와 함께 강화도 최북단 평화전망대에 서서, 조강(祖江 : 한강과 임진강이 만나 흐르는 강 이름)이 북쪽 저편 예성강과 만나 서해로 빠져 나가는 모양을 지켜보았다. 그러고 나서 망원경을 통해 북한주민들의 일상사를 바라보며 짧지 않은 여정의 마침표를 찍는 순간, 불현듯 2년 2개월 전의 추억이 떠올랐다.

2007년 2월, 나는 신문기획을 위해 임진강과 한강이 합수하는 파주 오두산 통일 전망대를 찾았다. 당초 목표는 비무장지대 일원, 즉 군사보호구역에서 비무장지대 사이의 역사문화유적을 탐사하는 것. 국립문화재연구소가 1991년부터 10년간 조사한 뒤 펴낸 「군사보호구역 지표조사보고서」가 탐사의 기본 자료가 되었다. 조사

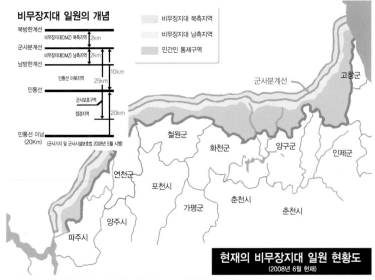

* 비무장지대 일원 개념도 (바탕그림 출처 : 녹색연합, 2008)

된 660건의 문화유적 가운데 이야기 감이 되는 문화유적 이야기를 다루는 것이 취지였다.

그런데 임진강과 한강이 만나 큰물을 이뤄 서해로 흐르는 오두산 통일전망대에서 나는 작은 깨달음을 얻었다. 수백 킬로미터를 따로 흘러온 강물은 그렇게 만나 화합의 여정을 떠나는데 사람은 그저 작디 작은 망원경으로 강 건너 풍경을 도둑질하듯 엿볼 수밖에 없다는 것. 그리고 군부대의 협조를 얻어 전망대 밑에 마련된 철옹성 벙커 안에 들어갔을 때는, 북쪽을 감시하는 초병의 눈빛에서 1,600년 전 이곳에서 고구려군의 침략을 감시하던 백제 초병의 눈초리가 겹쳐졌다.

스쳐 지나가는 이 찰나의 감상이 나에게는 운명이 되었다. 임진강과 한탄강, 그리고 비무장지대 일원을 따라가는 것. 신문기획으로 시작되었던 이 여행이 '평생의 여정'이 된 것이다. 그랬다. 철조망을 사이에 둔 금단의 땅 비무장지대, 그리고 굽이 굽이 흐르는 저 임진강과 한탄강, 얄궂고 무시무시한 이름이 붙은 고지의 아픈 사연은 길고도 굴곡 많은 우리네 역사를 빼닮지 않았는가?

저 낮디 낮은 화산(오리산 및 검블랑)에서 꾸역꾸역 흘러나온 용암은 문명의 젖줄인 임진강과 한탄강의 수직단애를 비롯해 천혜의 풍경을 엮어냈다. 선사시대 사람들은 이 고속도로를 오가며 문명을 일구었으리라.

지금 이 순간 가물가물 시야에 간신히 걸리는 평강 오리산이 그립고, 수풀더미 너머 아차! 홀연히 펼쳐지는 한탄강 수직단애의 절경이 눈에 아득하다. 또 구름마저 빛을 살포시 열어 주는 무릉도원의 땅 해안분지의 신비가 생생하고, 한탄강 및 임진강 충적대지에서 무시로 주울 수 있는 주먹도끼가 30만 년 전의 세상을 상상하게 한다.

그뿐인가. 펄펄 끓는 용암이 낳은 이 민감하고 생동감 넘치는 땅에 난세의 영웅들이 야망의 둥지를 틀었으니……. 고구려 유리왕의 핍박을 피해 망명한 백제 온조왕이 700년 사직의 둥지를 튼 흔적이 아스라하고, 군사분계선이 반으로 가른 궁예의 태봉국 도성을 먼발치에서 바라보고 있노라면 절로 기자(箕子)의 「맥수지가(麥秀之歌)」가 떠오른다.

강은 또 한반도를 남과 북으로 갈라놓았다. 그러니 한반도 경영을 꿈꾸는 세력은 남북진출을 위해 반드시 건너야 할 이 굽이굽이 얕고 좁은 강을 차지하려고 건곤일척의 싸움을 벌였으리라. 하지만 그것뿐이랴. 이곳은 1,400년 전에 신라와 당나라가 동북아의 패권을 잡으려고 국제전을 벌인 곳이 아닌가? 강산이 변하지 않는 한 "한 번 요처는 영원한 요처"다. 신라와 당나라가 싸운 바로 그곳에서 남북한을 포함한 19개 국의 젊은이들이 제3차 세계대전의 대체전을 치렀다. 이 전쟁에서 200만 명이 넘는 세계의 젊은이들이 죽거나 부상했다지 않는가.

신라와 당나라의 싸움이 동북아 세력판도에 엄청난 영향을 끼쳤다면, 한국전쟁은 미국과 구 소련을 중심으로 한 동서냉전과 양극화 현상을 굳히는 등 비무장지대는 세계사의 주 무대가 되었다. 특히 1,127일간의 한국전쟁 기간 중에 764일이 바로 이곳 비무장지대 일원의 강과 산에서 벌어졌으니…… 유엔군 화장터에 서서 한 줌의 재로 흩어졌을 그들의 넋을 떠올린다. 그들은 과연 무엇을 위해 한반도 중부 경기도 연천군 동이리에서 짧디 짧은 생을 마감했을까? 야트막한 고지들을 차지하려고 수만 명이 죽거나 다쳤지만, 지금 그 고지들은 대부분 비무장지대에 속해 있다. 수만 명의 젊은 넋이 묻힌 저 작은 고지를 먼발치로만 바라볼 수밖에 없는 그 아픈 현실에 전쟁의 허무함을 절로 느끼게 된다.

미증유의 전쟁이 끝나 포연이 사라졌지만 '비무장지대'여야 할 이곳은 '중무장지대'인 세계의 화약고로 남아 있다. 대표적인 예를 들면 한국전쟁 당시 중국군과 북한군이 임진강 하구에서 강원도 간성까지 구축했다는 5,000~7,000평방킬로미터의 '지하 만리장성'은 세계에서 유례를 찾아 볼 수 없는 거대한 단일 요새다. 어쨌든 '비무장지대'이든 '중무장지대'이든 전쟁과 분단, 냉전이라는 대치상황은 이곳의 역사를 공백으로 남겨 두었다. 전쟁으로 파괴되고 분단 및 냉전으로 인해 수풀더미 속에 방치된 채로…… 비무장지대 일원은 이렇듯 한반도 역사가 응축된 '살아있는 박물관'이다.

이 책은 이렇게 2년 6개월 동안 강화도에서 동단 고성까지 발품을 팔아가며 비무장지대 일원을 답사한 기록이다. 부족하지만 역사 및 자연유산뿐만 아니라 전쟁유산, 말하자면 '전쟁고고학' 측면에서 비무장지대 일원의 역사와 유산을 검토했다는

데 의미를 두고 싶다. 고대전쟁-한국전쟁-분단-냉전의 흔적이 켜켜이 쌓여 있는 비무장지대 일원은 그 자체가 '살아있는 전쟁박물관'으로 특화할 수도 있을 것이다.

2년 반의 답사에는 한국 국방문화재연구원 이재 원장과 이우형 조사팀장이 스승이자 길벗이 되어 내내 동행했다. 이 분들이 아니었다면 엄두도 내지 못할 작업이었다. 나는 그저 그들이 짊어져야 할 글 쓰는 수고를 덜어 주었을 뿐이다.

육사시절 '미스터 화랑', 즉 '대표 화랑'으로 뽑히기도 했던 이재 선생님(육사 명예교수)은 육군박물관장으로 1990년대부터 군사보호구역 지표조사에 심혈을 기울여 왔다. 선생님은 탐사 내내 나침반이 되어 부족한 제자를 한 없이 이끌어 주셨다. 힘겨운 탐사가 끝나면 늘 넉넉한 웃음으로 한잔 술을 권하고 어깨를 두드려 주신 이재 선생님의 가르침이 없었다면 이 책은 세상에 나오기 어려웠을 것이다.

또 비무장지대 일원의 문화유산에 관한 한 최고 전문가인 이우형 선생의 도움은 절대적이었다. 어떻게 보면 이 책은 이우형 선생과 같이 썼다고도 볼 수 있다. 이번 답사에서 다룬 상당수의 문화유산이 그가 발품을 팔아가며 찾아낸 유적들이기 때문이다. 국토의 서단 강화도에서 동단 강원도 고성까지 작디작은 산과 강, 마을 이름을 물어보면 1초의 망설임 없이 설명해 주는 그는 과연 '비무장지대' 전문가답다.

그 역시 바쁜 와중에도 내가 도움을 청하면 열 일 제쳐 두고 달려왔다. 어떻게 보면 그의 평생업적을 내가 곶감 빼먹듯 쏙쏙 빼먹은 것 같아 한 없이 죄스럽기도 하다. 죽을 고비도 넘겼다. 지뢰가 쓸려 내려오는 계곡에서 길을 잃기도 했고, 지뢰개척 후 10년 만에 찾아 이우형 선생마저 어사무사한 길을 밟기도 했다. 땅거미가 진 상황에서 길을 잃어 미확인 지뢰지대를 거쳐 빠져나올 수밖에 없는 모골이 송연한 일도 겪었다. 그때마다 그는 "지뢰는 신문 오탈자처럼 아무리 뒤져도 없다가 어느 순간 갑자기 나올 수 있다."고 너스레를 떨며 애간장을 녹이기도 했다. 이 역시 이제는 평생 잊지 못할 추억이다.

답사를 도와 준 강성문 선생님(육사 명예교수)의 해박한 자문 역시 나에게 피가 되고 살이 되었다. 김현준·차재동·권순진·김동규 선생 등 국방문화재연구원 식구들의 도움도 필설로 다할 수 없다. 또한 이 책에는 윤일영(관미성·감악산 고비)·여길도(경순왕릉)·임종인(파주 석불) 등 현역 군인들이 찾아내거나 확인한 문화유적이 소개되어 있다. 그들의 성과는 총칼로 나라를 지키는 것만큼이나 문화유산과 역사를 찾는 일도 군인의 책무라는 교훈을 던져 주었다. 청룡부대, 백마부대, 전진부대, 비룡부대, 무적태풍부대, 열쇠부대, 청성부대, 백골부대, 승리부대, 칠성부대, 백두산부대, 을지부대, 율곡부대 등 최전방에서 분투하면서 답사에 도움을 준 부대 관계자들에게도 감사의 뜻을 전한다.

더불어 이 책이 지칭하는 '민통선'이란 개념은 하나의 '상징적인 개념'으로 보면 된다. 즉 이 책이 지칭하는 '민통선'이란 정전협정에 따른 군사분계선(휴전선)과 민간인통제구역, 접경지역, 군사보호구역을 합한 개념이다. 군사분계선을 기점으로 전쟁 및 분단, 냉전의 소용돌이 속에서 사람의 행위에 제한을 받는 지역의 문화유산을 찾고자 한 것이다.

다만 한 가지 재미있는 것은 강화도 북단이다. 1953년 7월 27일에 체결된 정전협정에 따르면, 한강 하구에서 조강을 거쳐 서해에 이르는 이른바 한강 하구 수역은 민간선박의 자유로운 통행이 보장되고 배를 댈 수 있는 곳이다. 하지만 현실은 단절뿐인데, 이는 엄연히 민통선이 존재하기 때문이다.

비무장지대 일원을 답사하다 보면 개발의 유혹으로 하루가 다르게 북상하는 민통선과 군사보호구역을 목격할 수 있다. 그 사이 방치되고 무너지는 문화유적을 만나면 한없이 안타깝다. 답사와 책 출간 과정에서도 민통선이 군사분계선으로부터 15킬로미터 이내에서 10킬로미터 이내로 대폭 축소되기도 했다. 그동안 개발의 광풍에서 비켜났던 문화유적들이 사람의 거친 손에 훼손되고 파괴될 운명에 처한 것이다. 이 책의 출간을 계기로 이 유적들에 대한 보존대책이 마련되었으면 하는 바람이다.

이 순간에도 나의 답사는 계속되고 있다. 전쟁과 분단, 냉전의 흔적뿐인 그 쓰라린 현장. 갈 수 없고 만질 수 없고 느낄 수 없어 그저 애잔한 눈길로 바라볼 수 밖에 없는 그곳이 무엇이 그리 좋단 말인가. 알 수 없는 노릇이다.

이 책을 쓰면서 또 많은 신세를 졌다. 답사 여정에 불과한 아이템을 평생의 학업(논문)으로 만들어 주신 배기동 선생님과 김병모·조유전 선생님, 그리고 늘 격려해

주시는 이형구 선생님, 이건무 문화재청 장님과 최광식 국립중앙박물관장님께도 무한한 감사를 드린다.

전쟁고고학 측면에서 접근하라고 손을 잡아주신 황규호 선배님과 답사를 도와 준 이한용·심현철·신영호 선생에게도 고마움을 전한다. 자료를 쓰라고 허락한 《경향신문》과 눈빛출판사, 한양대문화재 연구소, 문화재청, 국립중앙박물관, 파주 시청, 양구군청, 경기도문화재연구원, 그 리고 답사를 함께 다닌 《경향신문》 이상 훈·박재찬 후배와, 사진자료를 선뜻 내 준 《연합뉴스》 김태식 후배에게도 감사 의 뜻을 표한다.

고마운 관련 자료와 사진을 제공해 주신 이양재·이승수·장장식 선생님, 귀찮다 하지 않고 자료를 챙겨 주신 문화 재청 신용환 형과 이상준 학예관에게 도……. 그리고 천군만마 같은 페르시아 결사대 모든 회원들은 영원한 나의 벗이 다. 특히나 힘겨운 싸움을 벌이는 황소희 후배의 쾌유를 빈다. 언제나 나의 버팀목 이 되어 주시는 어머니께도 감사의 뜻을 전한다.

▲ 전쟁유산을 중심으로 구성한 경기도 비무장지대 일원 유산분포도

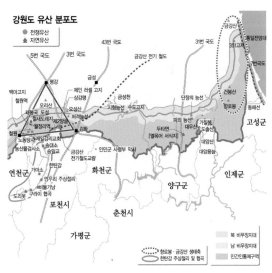

▲ 전쟁유산을 중심으로 구성한 강원도 비무장지대 일원 유산분포도

제1부

문명의 탯줄

1 한반도 문명을 잉태한
평강 오리산

한반도의 배꼽

"저기 낙타처럼 생긴 고지(432.3미터) 보이죠? 그게 바로 낙타고지예요. 그리고 바로 옆에 조그만 산이 보이죠?"

철원평야와 더불어 지금은 갈 수 없는 이북의 평강고원이 지평선처럼 펼쳐져 있는 곳. 동주산성(해발 360미터) 정상에서 바라본 이북의 모습이다. 이우형 씨가 잘 보라고 손을 가리킨다.

"어디요? 저기 낙타고지 뒤에 있는 큰 산?"

"아니, 그건 한탄강 발원지인 장암산(1,052미터)이고요. 낙타고지 바로 옆에 있는 작은 산, 저기가 바로 오리산이죠."

오리산[鴨山]이라고? 그저 동네 뒷산처럼 야트막한 산인데 자세히

동주산성에서 바라본 한반도의 배꼽 오리산 원경. 오른쪽 가까이 보이는 곳이 낙타고지이고 바로 뒤쪽은 장암산이다. 낙타고지 왼쪽 뒤편에 위치해 있는 오리산은 야트막한 구릉처럼 보인다. 오리산 옆에는 둑처럼 약간 높은 지형이 끊임없이 이어지는데, 이곳이 평강고원이다. / 이상훈 촬영

오리산　　　장암산　　　낙타고지

보지 않으면 그저 구릉이라고 여기고 흘려버렸을 저기가 오리산?

"맞아요. 저기가 한반도의 배꼽이라는 오리산입니다."

오리산이 해발 453미터밖에 안 되는 데다 이곳(동주산성)의 해발도 360미터나 되니 그렇게 낮게 보이는 것일까. 먼발치에서 볼 수밖에 없기에 그저 신기하기만 했다. 내가 서 있는 곳에서는 보이지 않지만, 그 너머에 또 다른 화산의 흔적 검불랑(680고지라고 함)이 있다고 한다. 이들은 한반도 내륙에 자리한 거의 유일한 휴화산이다.

그런데 오리산과 검불랑이 흥미를 자아내는 것은 휴화산이기 때문만은 아니다. 한반도 고인류와 구석기 문화, 그리고 지금과 같이 빼어난 절경을 탄생시킨 어머니 산이기 때문이다. 하지만 갈 수 없는 땅, 이북에 자리 잡고 있으니 안타까울 따름이다.

나는 조금이라도 더 가까이 접근해서 사진을 찍으려 애를 썼다. 허락을 받아야 겨우 드나들 수 있는 민통선 이북 철원평야를 이리저리 달리고 또 달렸다. 카메라 포인트를 잡기 위해서였다. 군용 차량과 출입을 허락 받은 농사꾼들이 다니는 시원한 도로. 하지만 허탕이었다.

오리산은 그다지 높지는 않지만 카메라에 담는 것은 만만치 않았다. 다만 이리저리 달리다가 도로 가장자리에서 죽어버린 구렁이(족히 3미터는 되는 것 같았다.)만 목격했을 뿐. 무심코 지나치다가 구렁이를 발견한 이우형 씨가 급히 승합차를 후진했다. 가까이 가서 보니 불쌍한 구렁이가 길을 건너다가 화를 당한 게 분명했다. 민통선 이북 지역을 다니다 보면 이렇게 별의별 일을 다 겪는다.

다시 철원평야 한가운데에 버티고 있는 북관정지(北寬亭址 : 송강 정철이 올라 관동별곡을 지었다는 곳)에 올라 오리산을 카메라에 담아 본다.

"이곳 사람들은 예로부터 오리산을 배꼽산이라고 했어요."

평야지대에 불쑥 솟은 분화구가 마치 배꼽을 닮아서일까? 그런데 왜 이 오리산을 한반도 고인류의 어머니 산이라고 할까?

가장 젊고 예민한 땅

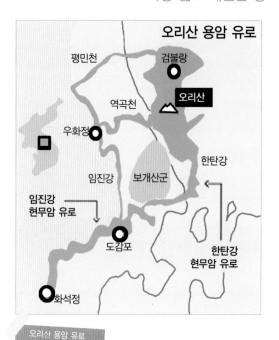

오리산 용암 유로

우선 한탄강 및 임진강 유역의 특징을 살펴보자. 이곳이 포함된 이른바 추가령 구조대는 제주도, 울릉도, 백두산 등과 함께 가장 젊고 민감한 지층이다. 지질학자들은 한반도가 원래는 하나의 땅덩어리가 아니었다고 본다. 그런데 약 2억 3,000만 년 전 북중국지판과 남중국지판이 충돌해서 합쳐진다. 그 결과 중국의 충돌대가 한반도로 이어지게 되었는데, 그곳이 바로 평남분지와 경기육괴가 만나는 임진강대, 그리고 영남육괴를 가르는 옥천대라는 것이다.

대륙충돌을 뒷받침하는 고압성 광물인 각섬암이 발견되는 곳이 바로 임진강 유역인 연천군 미산면 마전리와 한탄강 부근 도로변인 포천군 관인면 중리란다.

포천군 삼율리의 고남산(644미터) 자철광도 마찬가지다. 남북의 서로 다른 습곡대 충돌의 중심부가 임진강과 한탄강이었으니 '민감한 곳'일 수밖에. 그러니 이 지역 땅 밑 깊숙한 곳이 끓을 수밖에 없었을 것이다. 결국 이 지역은 용암의 분출구가 된다. 중생대 백악기(1억 3,500만 년 전~6,500만 년 전) 때 대규모 화산폭발이 일어나 지금의 천하명산 보개산군을 탄생시킨 것은 너무 먼 옛이야기다.

4기 홍적세* 때 한반도 내륙, 즉 평강 오리산과 검불랑에서 엄청난 사건이 일어나기 시작한다. 최소한 10번 이상 뜨거운 마그마가 분출된 것이다. 그런데 오리산과 검불랑의 마그마 분출은 우리가 생각하는 거대한 폭발, 즉 증기와 용암이 폭발하는 스타일(중심 분출)이 아니었다. 벌어진 지각 틈에서 마그마가 꿀렁꿀렁 흘러나오는 '열하(熱罅) 분출'이었다. 이 경우에는 현무암질의 마그마가 흘러나오게 된다. 이 때문에 백두산이나 한라산 같은 거대한 규모의 화산체가 형성되지 않고, 용암이 흘러내려 엄청난 평원을 이루게 된다.

아하! 이것이 명색이 화산이라는 오리산 정상이 주변보다 불과 140미터밖에 높지 않은 거로구나! 그러니 구릉인지 화산인지 잘 모를 수밖에…….

재현해 보자. 평강읍에서 5킬로미터 떨어진 오리산에서 마그마가 꾸역꾸역 흘러내린다. 그리고 그 용암은 추가령과 전곡 도감포 사이의 낮은 골짜기를 메우기 시작한다.

* 홍적세
200만 년 전부터 1만 년 전까지를 일컫는다. 인류가 등장했던 시기다.

비둘기낭 주상절리 동굴 / 이상훈 촬영

용암의 바다가 빚어낸 절경

지금의 철원과 평강, 이천, 김화, 회양 등 무려 2억 평(650평방킬로미터)에 달하는 지역이 용암의 바다로 변한다. 낮은 곳을 찾은 용암은 포천과 연천을 지나 검불랑에서 흘러온 용암과 합류한다.

용암은 무려 97킬로미터를 스멀스멀 흘러 경기도 파주시 화석정에 이르러 그 긴 여정을 끝낸다. 한편 평강 및 철원 일대를 뒤덮은 용암이 식으면서 광활한 현무암 대지가 형성되는데, 이것이 유명한 철원평야다. 용암이 흘러간 포천 – 연천 – 파주 지역에도 좁은 용암 대지가 생긴다.

그런데 빙하기를 겪으면서 평강 및 철원 지역에 두꺼운 빙하가 덮이게 되었는데 간빙기가 되자 빙하가 녹기 시작한다. 진원지 오리산이 있는 평강의 현무암층이 가장 두꺼운 것은 당연한 일. 평강

부소천 주상절리

에서 철원을 지나 포천과 연천, 그리고 파
주로 이어지면서 용암의 두께가 얇아졌을
것이다.

현재 평강은 해발 330미터, 철원은 220
미터 정도 된다. 동주산성에서 보면 철원
쪽보다 더 높은 평강고원을 저 멀리 한 눈
에 볼 수 있다.

도리못 주상절리 / 이우형 촬영

그러면 고도가 높은 평강과 철원에서 녹기 시작한 빙하가 흘러내
려가는 곳은? 죽으라는 법은 없었다. 녹아내린 빙하로 액체 상태의
마그마가 현무암이 되면서 수축작용이 일어났다. 이렇게 되니 흐르
는 용암과 맞닿았던 원래의 지형과 수축해 버린 현무암의 대지 사
이에 틈이 생길 수밖에. 흐를 곳을 찾은 물은 당연히 높은 곳에서
낮은 곳으로 향해, 오리산 쪽에서 흐른 물은 한탄강이 되었고, 검불
랑 쪽에서 내려온 역곡천과 평안천은 다
시 임진강과 합쳤다. 그곳이 바로 경기도
전곡리 도감포다.

다락터 주상절리 / 이우형 촬영

물은 흘러가면서 온갖 조화를 부려, 마
그마와 현무암 대지와 함께 끊임없이 절
경을 연출했다. 그리고 한탄강 및 임진강
유역에서 한반도의 선사시대가 열린다.
바로 약 30만 년 전 아슐리안형 주먹도끼
를 사용했던 고인류가 이곳에서 출현한
것이다. 물이 없으면 생명도 없는 법. 임

진강과 한탄강이 만나는 연천군 전곡리에서 30만 년 전의 세계가 펼쳐진 것은 당연하다.

1978년 전곡리 유적이 처음으로 학계에 보고 된 이후, 임진강 및 한탄강 유역에서는 20곳이 넘는 구석기 유적이 확인됐다. 지금도 강의 유역을 지나다 보면 제법 넓은 용암대지들이 눈에 띄는데, 이런 곳에는 예외 없이 구석기 유물들이 널려 있다.

널려 있는 고인류의 흔적

고인류(이들은 현생인류의 조상은 아니다.)는 물을 마시기 위해 강으로 내려오는 동물을 사냥하거나, 들이나 강가에서 식물과 그 열매를 채집했을 것이다. 또 겨울에는 추위를 막기 위해 움막을 지었으리라. 두 강 유역에서 발견되는 주먹도끼와 찍개, 주먹대패, 긁개, 밀개 등이 바로 그 흔적이다.

오리산과 그 산이 낳은 임진강과 한탄강은 한반도에서 가장 젊고 뜨거웠으며 민감한 곳이었다. 삼국시대 때는 고구려, 백제, 신라가 이곳을 무대로 한판 쟁탈전을 벌였으며, 신라와 당나라가 동북아의 패권을 놓고 접전을 벌이기도 했다.

대동방국의 기치를 내건 궁예(재위 901~918년)는 용암의 바다였던, 그래서 에너지가 충만했던 철원군 풍천원 들판에 도읍을 정했다. 현대에는 한국전쟁의 접전지였으며, 분단과 냉전의 상징으로 자리한 곳. 따지고 보면 이 지역은 남북세력이 늘 충돌했던 곳이다.

2억 3,000만 년 전 서로 다른 대륙이 대충돌했던 지점이라 그런 것일까? 임진강을 중심으로 각기 다른 대륙이 충돌했다는 연구 성

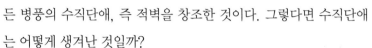

과가 발표되자 북한은 "남북 분단을 고착화시키려는 음모"라고 논평했다지.

오리산이 낳은 것은 인간의 역사만이 아니다. 임진강 및 한탄강 유역의 절경까지 탄생시켰다. 불(용암)과 물이 오묘한 조화를 이뤄 만든 병풍의 수직단애, 즉 적벽을 창조한 것이다. 그렇다면 수직단애는 어떻게 생겨난 것일까?

다시 오리산 용암 이야기로 돌아가자. 오리산에서 분출하여 흘러가는 액체상태의 용암은 식어 굳을 때까지 낮은 곳을 메운다. 섭씨 900~1,200도에 이르는 용암은 공기 중에 노출되고 다른 물질과 접촉하면서 급속히 식는다. 그동안 용암 내부에 있던 기체가 빠져나가는데, 미처 빠져 나가지 못한 기체는 암석 속에 기포로 남게 된

구라이 협곡 큰 가마소 / 이우형 촬영

멍우리 주상절리 협곡 / 이우형 촬영

다. 이게 바로 철원, 연천, 포천, 파주 등지에서 구멍이 숭숭 뚫린 현무암이 지천에 널려 있는 이유다. 이 현무암석은 음식점 정원석으로도 인기를 끌고 있다. 그런데 용암은 급속하게 식는 과정에서 다양하고 아름다운 결정체를 이루게 된다.

홀연히 나타난 천상의 세계

현무암 내부의 절리현상은 임진강 및 한탄강 유역에 수직단애라는 환상적인 풍광을 빚어냈다. 현무암은 원래 재질이 약하기 때문에 침식이 시작되면 매우 빠른 속도로 진행된다. 그리고 침식원인이 있는 취약한 곳부터 급속히 무너지는데, 특히 수직절리현상이 있는 곳은 거의 직각에 가까운 절벽을 만들어낸다. 이것이 오늘날 임진강 및 한탄강 유역의 유명한 적벽(赤壁)이다. 특히 이 유역은 기온의 연교차가 상당히 크다. 겨울에는 혹한이 길고 지표에 서리가 앉는 날이 많은 반면, 하절기에는 덥고 집중호우가 자주 내린다. 한마디로 풍화와 침식이 활발하게 일어날 수밖에 없는 환경이다.

냉탕 및 온탕이 일정하게 반복되는 자연환경과, 거센 강물의 침식에 노출된 적벽의 하부는 계속 깎인다. 반면 물의 영향을 받지 않은 상부는 그대로 남아 있다 보니 이렇게 수직절리 현상이 생긴 것이다.

지금도 임진강 및 한탄강의 단애면 침식은 육안으로 관찰할 수 있을 정도다. 단애 아래에는 절리면을 따라 떨어져 나온 현무암괴가 수북하게 쌓여 있다. 어쨌든 오리산이 뿜어낸 용암과 물, 바람, 기후가 함께 빚어낸 절경이 끊임없이 이어졌다.

포천시 영북면 운천리. 한적한 논두렁을 따라 가는 길. 바로 그 옆에 한탄강 비경이 숨어 있을 줄이야. 논두렁에서 벗어나 수풀을 헤치고 몇 걸음 가자 별세계가 펼쳐졌다. 곧바로 30~40미터의 깎아지른 듯한 절벽이 눈앞에 펼쳐진 것이다. 천계(天界)가 있다면 바로 이런 모습이리라. 이우형 씨가 한쪽을 가리켰다.

구라이 협곡 주상절리 / 이우형 촬영

"저기 보세요. 저기가 부소천(한탄강의 지류) 합류 지점입니다."

절정의 수직단애가 강을 품에 안은 채 끝없이 펼쳐지고 있었다. 평소 고소공포증에 시달리는 나는 다리가 부들부들 떨리고 현기증이 났다. 이상훈 사진기자는 직업정신을 발휘해 위태로운 모습으로 열심히 절경을 담아낸다. 나도 간신히 사진을 몇 장 찍은 뒤에 다시 발걸음을 옮겼다.

영북면 대회산리. 마을의 밭둑을 따라 가다 차를 세웠다. 역시 별세계였다. 이곳은 드라마《신

부소천 주상절리 / 이우형 촬영

돈》의 촬영지였고 최근에는《선덕여왕》을 촬영하고 있다. 그나마 일반인에게 알려진 비둘기낭이다. 그곳에는 아치형의 주상절리 동굴과 현무암 수직절벽이 꿈처럼 펼쳐져 있었지만, 인간의 철없는 발길은 어김없이 이 천혜의 절경을 더럽히고 있었다. 타다 만 장작더미와 석쇠가 널브러져 있는 꼴이라니. 누군가 고기 구워 먹는 못된 행태를 벌인 것이 분명하다.

철원군 동송읍 오덕리 현무암 괴. 갈대밭을 헤치자 곧바로 절경의 주상절리와 함께 현무암 괴가 켜켜이 쌓여 있었다. 오리산에서 흘러내린 용암이 휘돌아가는 굴곡에 막혀 쌓인 것이다. / 이우형 촬영

혀를 끌끌 차면서 다시 발길을 돌린다. 겸재 정선의 진경산수화는 물론 한시 150여 편에 등장했던 화적연(포천시 관인면 사정리)으로……

다시 한탄강 상류 쪽으로 올라가 본다. 철원군 동송읍 장흥리와 포천시 관인면 냉정리 사이를 흐르는 대교천 현무암 협곡. 이곳은 한탄강 협곡 가운데 유일하게 2004년 천연기념물 제436호로 지정된 곳이다. 이우형 씨와 까다로운 비탈길을 통해 협곡 아래로 내려가 보았다.

30미터 정도 내려왔을 뿐인데, 이곳은 이승의 세계가 아닌 것 같다. 육각형 혹은 삼각형의 긴 기둥 모양의 주상절리가 협곡을 두르고 있는데, 계곡을 따라 흐르는 물이 협곡에 부딪혀 무시무시한 함성을 자아낸다. 등골이 오싹해진다.

"무섭네요. 여기에 한나절만 있으면 꼭 시간이 멈춰버릴 것 같아요."

내가 저만치 성큼성큼 내닫는 이우형 씨에게 내뱉는다. 둘은 다시 가파른 비탈길을 거슬러 올라와 다른 비경(秘境)이 숨어 있는 마을로 접어든다. 동송읍 오덕리의 한적한 마을이다.

마을을 지나 갈대밭을 헤치고 다가서자 새까만 현무암 덩어리가 켜켜이 쌓여 있다. 아마도 흘러내린 용암이 휘돌아가는 굴곡에 막

혀 그대로 쌓인 곳이리라. 구멍이 숭숭 뚫린 현무암 덩어리가 모이고 모여 그야말로 거대한 암벽이 되었다.

요즘 이런 한탄강 유역을 지나다 보면 이곳저곳에 빨간 깃발이 꽂혀 있다. 그것은 바로 수몰선(보상선)이다. 정부가 연천군 고문리와 포천시 신흥리에 한탄강 댐을 세우려 하는 것이다. 한탄강 댐의 본 댐 길이는 700미터(보조댐은 두 곳에 280미터), 높이 84미터 규모라 한다. 고질적인 임진강 유역의 홍수를 막기 위해 한탄강에 댐을 세운다는 게 정부의 방침이다.

수몰되는 지역은 수몰선 깃발이 꽂힌 해발 114.4미터이며, 포천시 관인면·영북면·창수면, 연천군 연천읍, 철원군 갈말읍 등 3개 시·군에 이른다. 예상 수몰면적은 14.8평방킬로미터. 정부는 수몰 기간이라야 1년에 15일밖에 되지 않으므로 한탄강 유역의 생태와 환경에 영향을 주지 않을 것이라 보고 있다. 법원 역시 환경단체와의 지루한 법정투쟁에서 정부의 손을 들어 주었다.

그런데 한 가지 회의감이 든다. 이런 결정을 인간의 잣대로 손쉽게 내려도 되는 것일까? 평강 오리산은 영겁의 세월을 거쳐 자연의 조화를 빚어냈다. 오리산의 화산 분출은 수천 만 년의 역사를 갖고 있으며, 연천군 전곡리 현무암도 50만 년 전에 생성된 것이라 한다. 그 세월 동안 한탄강 유역은 화산지형의 두부침식(頭部浸蝕)과 하식애(河蝕崖)로 이뤄진 수직단애, 즉 입이 떡 벌어질 만한 적벽을 연출해 냈다. 만약 인간의 판단이 잘못되었다면, 수천 만 년 이어진 땅과 강의 역사는 한 순간에 끝장나는 것이다. 정말 옳은 결정일까? 정말 후회하지 않겠는가?

어머니의 품처럼
포근한 철원 들판

지금은 먼발치에서 바라볼 수밖에 없는 오리산은 과연 어떤 모습일까?

이우형 씨가 예전, 즉 분단 직전에 오리산 정상 분화구에서 농사를 짓던 주민에게 들은 말.

"그저 사흘 한나절 갈이였어요."

하루갈이가 한 1,500평 된다고 치면 휴화산인 오리산 분화구의 규모는 5,000평 정도다. 지금은 어렴풋이 그 형태만 보이는 구릉과도 같은 산 정상이라 위성사진으로만 바짝 당겨볼 수밖에 없다. 위성사진으로 보면 분화구 안에 건축물 2동이 보인다.

북한군이 마련한 군사시설이 틀림없다. 뜨거운 용암을 꾸역꾸역 토해냈던 그 분화구에 흉흉한 군사시설이 들어선 것이다. 갈 수 없어 그저 먼발치에서만 바라볼 수밖에 없어서일까. 더욱 애틋한 느낌이 든다.

우리 국토의 배꼽인 오리산과 거대한 철원평야. 어머니(오리산)의 자궁 같은 2억 평의 드넓은 땅과 탯줄처럼 이어진 강이 있어서일까. 철원

북관정지에서 본 철원평야

은 왠지 포근한 어머니의 품 같다. 세상의 모든 시름을 다 풀어헤치며 응석을 부려도 될 것 같은…….

그래. 세파에 찌든 이들이여! 드넓은 철원평야 사이로 뚫린 464번 도로를 한번 달려 보라. 가끔씩 등장하는 군부대 차량 외에는 오가는 차량을 볼 수 없다. 그야말로 세상의 시름을 곱게 뻗은 도로에 모두 내려놓고 달릴 수 있다. 제 아무리 힘든 일을 겪어도 어머니의 품에 안기면 푸근해지는 것처럼, 이곳이라면 그런 평안을 맛볼 수 있으리라.

또 하나, 궁예의 흥망성쇠를 간직하고 있는 철원에 오면 저도 모르게 진한 감상(感傷)에 젖어든다. 철원을 노래한 문인들도 하나같이 궁예의 흥망을 애수(哀愁)에 가득 찬 시구로 노래했다. 아마도 풍천원 벌판에 방치된 궁전의 흔적을 보고는 폐허가 된 인쉬(殷墟)의 모습에 슬피 울었다는 은나라 성인 기자(箕子)의 「맥수지가(麥秀之歌)」를 떠올렸겠지. 태봉국 궁예와 은나라 주(紂)왕의 난행과 망국, 그리고 폐허로 변한 도읍지의 황량한 모습을……. 그리고 보니 은의 인쉬와 태봉국의 철원은 닮은꼴이 아닌가.

"나라가 깨어져 한 고을이 되었구나. 태봉의 자취에 사람은 수심에 가득 차네. 지금은 미록(麋鹿 : 고라니와 사슴)이 노는 곳. 가소롭다 궁예왕은 제멋대로 놀기만 일삼았으니……."(서거정의 시)

"(파괴된 궁실 자리에서) 보리는 잘 자랐고, 벼와 기장은 싹이 올라 파릇하구나. 개구쟁이 어린애(주왕)야! 나하고 사이좋게 지냈더라면……."[기자(箕子)의 「맥수지가」]

오리산을 촬영하러 북관정지(北寬亭址)에 오르던 길. 한 마리 미록(고라니)이 쏜살같이 곁을 지나쳤다. 서거정이 보았을 바로 그 미록이 아닌가.

"왠지 마음이 짠하네요. 저 오리산 분화구에서 다시 통일의 용암이 분출해서 흘러흘러 남북이 그어 놓은 휴전선을 녹이는 날이 오지 않을까요."(이우형 씨)

2

30만 년 전으로 떠나는
구석기 여행

마음만 먹으면 채집할 수 있는 구석기

2009년 6월. 임진강을 가로지르는 다리(장남교)를 놓으려 사전발굴조사를 벌이고 있는 연천 장남면 원당리.

"이거 방금 발굴한 거예요."

한양대 문화재연구소 정세미 조사팀장이 막 발굴한 석기를 꺼내놓는다.

문외한인 내가 봐도 정교하게 다듬어진 주먹도끼와 긁개다. 아마도 구석기인들은 강돌로 정교하게 제작한 이 석기들로 사냥감을

연천 황산리 구석기 유물층. 임진강변을 따라 조성된 충적대지에서는 구석기 유물들을 쉽게 찾아볼 수 있다. / 이우형 촬영

잡아 잘 다듬어 요리했을 것이다.

2년 전인 2007년 3월 어느 날. 연천군 삼곶리의 야트막한 구릉으로 올라가는 입구를 군부대 포클레인이 마구 헤집고 있었다.

"무슨 일인가요?"

"아, 지뢰탐지용 보호둑을 마련하는 겁니다."

바로 앞에는 수풀이 무성했다.

"수풀이 무성한 곳은 절대 가지 말라."는 것은 민통선 이북에서는 불문율. 미확인 지뢰 때문이다. 포클레인 작업도 문제의 미확인 지뢰를 탐지하려고, 바로 앞에 둑 같은 것을 쌓아 위험에 대비하려는 조치였다.

하지만 고고학자들은 못마땅해 한다. 이어진 구릉 위는 구석기 유물이 흩어진 곳. 따라서 유물 산포지를 마구 파헤치는 것은 엄연한 불법인지라 이런 작업을 보면 자신의 가슴을 마구 파헤치는 것 같다. 포클레인의 굉음을 뒤로 한 채 구릉으로 올라가는 내 마음도 왠지 편치 않았다.

내 발걸음이 닿은 곳은 높은 지역인데 넓고 평탄한 구릉이다. 동행한 한국 국방문화재연구원의 조사원들은 제 집 안마당 돌아다니듯 구석기시대 유물을 찾아 나선다. 하지만 지뢰 노이로제에 시달리는 내 마음은 뜨악하기만 하다. 5분도 안 됐는데, 조사원들은 구석기시대 유물을 한아름씩 채집했다.

"이건 돌로 만든 대패고 이건 몸돌이고요. 어, 이건 긁개네."

그런데 저편에서 고함이 들린다.

"이거 보세요!"

횡신리에서 막 수습한 주먹도끼

유태용 씨(당시 한국 국방문화재연구원 학예실장)가 소리친다. 조사원들이 달려가더니 환호성을 지른다.

"이건 전형적인 주먹도끼네. 축하해요."

"이런 걸 찾아야 진짜 찾았다고 하는 거죠."

유태용 씨가 어깨를 으쓱거린다. 그럴 만도 했다. 그가 찾은 것은 전형적인 "아슐리안형 주먹도끼"였기 때문이다.

미군병사가 발견한 30만 년 전의 세계

시간을 돌려 1977년 4월로 거슬러 올라가 보자. 미 공군 예후대에서 근무하던 그렉 보웬 병사는 한국인 애인과 함께 연천군 전곡리 한탄강변을 산책하고 있었다. 애리조나 주립대에서 고고학을 전공했던 그였다.

그는 평소처럼 강변에서 깨진 항아리 조각이나 돌을 살피고 있었다. 그런데 그의 눈에 흥미로운 돌이 하나 보였다. 심상치 않은 눈으로 돌을 살피던 보웬은 애인(훗날 부인이 된 이상미 씨)에게 소리쳤다.

2005년 5월, 28년 만에 부인과 함께 전곡리를 찾은 보웬의 회고.

"평소에도 구석기 유물에 관심이 많아 특이한 지형이 있으면 자세히 관찰했죠. 그런데 그날 이곳에서 주운 돌을 보니 틀림없이 사람이 깎은 흔적이 있었어요."

그는 범상치 않은 돌을 이듬해인 1978년 김원룡 교수(서울대)에게 보여 주었다. 이 주먹도끼가 바로 아슐리안형 주먹도끼였던 것이다. 그 뒤 미국에서 고고학 공부를 계속한 보웬은 인디언 국제박물관 발굴팀장으로 미국 곳곳의 발굴현장을 누볐다.

2005년에 방한한 그렉 보웬

당시 보웬 병사가 발견한 아슐리안형 주먹도끼는 대표적인 전기 구석기시대 유물로서, 프랑스 생 아슐 유적에서 처음 발견돼 이런 이름을 얻게 되었다. 150만 년 전부터 10만 년 전까지 사용된 것으로 추정되는 이 구석기 문화는, 그때까지만 해도 뫼비우스의 가설에 따라 유럽과 아프리카에만 있다는 것이 정설이었다. 그런데 동아시아, 그것도 한반도 전곡리에서 아슐리안형 주먹도끼가 나온 것이다. 철통같던 뫼비우스의 가설이 와르르 무너지는 순간이었다. 이 전곡리 유적은 훗날 구석기학의 최고 권위자 존 데스몬드 클라크 버클리대 교수가 "전기 구석기시대에 해당되는 유적"이라고 판

정함으로써 세계 고고학계의 주목을 받게 된다.

전곡리 유적은 그 뒤 세계고고학 지도에 당당히 등재됐을 뿐만 아니라 미국 고고학 전공서적에도 포함됐다. 2001년 화산재 분석과 현무암에 대한 연대측정 결과 가장 오래된 석기면의 연대는 30만 년 전이라는 추정이 나왔다. 한반도에서 전기 구석기시대 유적이 발견됐다는 소식에 일본 학계는 엄청난 심리적 압박에 시달리게 된다. 그리고 "한반도보다 일본 구석기시대 역사가 늦을 수 없다."는 그 초조감은 결국 2004년 저 유명한 후지무라의 구석기시대 유적 조작사건으로 파국을 맞는다. 이 사건으로 일본 구석기시대 역사는 70만 년 전에서 7만 년 전(가네도리 유적)으로 뚝 떨어지고 만다.

강은 인류와 문명을 낳고

그런데 24만 평에 달하는 전곡리 유적뿐만 아니라 임진강·한탄강 유역은 지금도 손쉽게 채집할 수 있을 정도로 구석기시대 유적이 널려 있는 곳이다.

임진강 중류지역만 해도 내가 목격한 지역을 포함해서 연천군 횡산리(11곳)와 삼곶리(5곳), 강내리(2곳) 등 무려 18곳에 구석기시대 유적이 흩어져 있다. 임진강·한탄강 유역은 30만 년 전 구석기시대 사람들의 터전이었던 것이다.

강변을 따라 적당히 솟아 있는 넓은 용암대지가 보이면 '아! 저건 구석기시대 유적이야.'라고 생각해도 무방할 정도다. 그렇다면 왜 이 지역에서 구석기시대 유적이 많이 보일까?

우선 이곳의 지형을 살펴보자. 지도를 보면 연천지역을 흐르는

임진강과 한탄강의 모습이 퍽이나 재미있
다. 함경남도 덕원군 풍성면 두류산에서 발
원한 임진강은 함경남도 중면 여척리의 용
소를 거쳐 연천군으로 진입한 뒤 남동방향
으로 흐르다가 연천군 중면 횡산리와 왕징
면 강내리에서 누운 S자형으로 크게 곡류
한다.

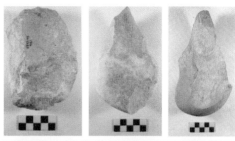

그런데 임진강이 ∪자형으로 곡류하다가
다시 ∩자형으로 꺾어지는 지점에는 주변의
산 사면에서 흘러내린 퇴적물이 쌓여 충적
대지가 형성되고, 이것이 주변의 나지막한
구릉과 연결되고 있다. 오리산에서 분출한
용암이 만든 한탄강 유역의 지형 역시 인류
가 살아가기에 적합한 지형이다. 전곡리 유

연천군 장남면 원당 유적에서 수습한
구석기 / 한양대문화재연구소 제공

적 발굴과 보존에 힘써온 배기동 교수(한양대)의 말을 들어보자.

"임진강 · 한탄강 유역은 50만 년 전 평강에서 분출한 현무암이
흘러내려 평평한 대지를 이루고 있는 곳이죠. 이곳은 강이 흐르고
낮은 산지와 평야가 모자이크처럼 펼쳐져 있어서 인류가 생활하기
좋은 지형이 됐어요."

사람이 살기 좋은 강가인 데다 현무암으로 융기된 지반 위의 퇴
적층 또한 훼손 없이 남아 있어 구석기시대 유적이 널려 있는 것이
다. 거기에 한국전쟁 이후 사람의 발길이 뜸한 곳이라는 점도 특기
할 만한 사항. 내가 서 있는 횡산리 전체를 비롯해 삼곶리 일부와

왕징면 강내리 일부가 여전히 민간인 통제구역으로 묶여 있다. 개발이 불가능하니 아직도 유물 밭으로 남아 있는 것이다.

호모에렉투스의 둥지

그러면 30만 년 전 임진강·한탄강 유역에 터전을 잡은 사람들은 누구일까? 배기동 교수는 "한반도에는 전기 구석기시대 중엽의 고인류, 즉 호모 에렉투스(직립원인)가 들어와 살았을 것으로 추정된다."고 보고 있다. 물론 화석인류가 발견되지 않아 정확한 연대는 알 수 없다. 하지만 중국 베이징 교외 저우커우뎬[周口店]의 석회암

전곡리 발굴현장. 27만 년 전 ~30만 년 전의 유적으로 평가된다. / 한양대문화재연구소 제공

동굴에서 50만 년 전의 원인(베이징원인)이 발견된 것을 보면 적어도 비슷한 시기가 아닐까.

　사실 요즘 중국학계는 베이징원인(호모에렉투스)과 함께 발해연안에서 발견된 진뉴산인[金牛山人 : 28만 년 전 출현], 먀오허우산인[廟後山人 : 25만 년 전 출현] 등에 주목하고 있다. 즉 동북아시아에서 진뉴산인과 먀오허우산인 등이 호모에렉투스(直立人 : 200만 년 전~20만 년 전)와 호모사피엔스(智人 : 20만 년 전~5만 년 전)의 사이, 즉 호모사피엔스로 진화하는 과도기적인 단계를 이끌었다는 것이다.

　중국은 중화민족의 원류를 발해연안의 구석기인으로 꼽는다. 중국학계는 특히 한반도와 가까운 랴오둥[遼東] 지역에서 확인된 먀오허우산인을 전곡리와 같은 "한반도 구석기문화"와 연결시키고 있다.

　중국 랴오닝성박물관 전시실은 먀오허우산인을 설명하면서 "한반도의 구석기시대 문화와 관련성이 깊다."고 설명했고, 먀오허우산 유적조사보고서에도 "랴오둥반도와 한반도는 산수(山水)가 연결되어 있고, 초기 인류문화의 교류 또한 밀접했을 것"이라고 기록했다. 특히 먀오허우산에서 확인된 구석기 제작기법이 전곡리에서 발굴된 석기와 같은 계열이라는 사실은 의미심장하다.

　그렇다면 이것이 놀랄 만한 일인가? 아니다. 선사시대에는 국경이 없었으니까. 한반도를 비롯해 랴오둥과 랴오시는 누구나 오가면서 삶을 함께 영위하는 동일문화권이었으리라. "국경이 없던 시절이었으니 한반도와 만주 일대까지 동일한 구석기시대 문화영역이었을 것"이라는 배기동 교수의 말이 새삼스럽게 다가온다.

그렇게 한반도에서 둥지를 틀었던 고인류는 임진강·한탄강 유역의 비옥한 충적대지에서 나름대로 풍요로운 삶을 살았을 것이다. 자르개와 긁개, 밀개로 갓 잡은 동물의 가죽을 자르고 벗기고 다듬어 뼈를 바른 뒤 요리를 해서 먹었을 것이다. 겨울에는 추위를 막으려 바람막이 움막을 지었을 것이고 먹이와 기후에 따라 이동했을 것이다.

연천 구석기인은 우리의 직계조상?

그렇다면 전곡리와 횡산리, 삼곶리에 살았던 이들은 한국인의 직계조상이었을까? 인류학계의 정설에 따르면 그럴 확률은 제로다. 이들은 현생인류와는 다른 고(古)인류라는 것이다.

1980년대까지만 해도 인류의 기원에 대한 정설은 이른바 "다지역기원론"이었다. 그것은 아프리카인은 원시 호모사피엔스에서, 아시아인은 호모에렉투스에서, 유럽인은 네안데르탈인에서 진화했다는 이론이었다. 그런데 1987년 버클리 대학의 유전학자 앨런 윌슨과 레베카 칸, 마크 스톤킹 등은 현생인류의 미토콘드리아 DNA 서열을 분석해 놀라운 결론을 얻었다. 이 땅에 살고 있는 60억 명의 조상은 15만 년 전 아프리카에서 살았던 한 여인의 후손이라는 것이다. 학계는 60억 인류의 어머니를 "미토콘드리아 이브"라 칭한다. 이 "미토콘드리아 이브"의 후손 가운데 일부가 약 10만 년 전 아프리카를 탈출해 세계 각지로 퍼져나갔다는 것이다. 이것을 인류학계는 "아웃 오브 아프리카(Out of Africa) 학설"이라 한다. 이 학설에 따르면 아프리카를 탈출한 현생인류는 나일계곡–시나이반

인류의 고향인 아프리카 탄자니아 구석기 유적. 우리나라 임진강·한탄강 유역에서 확인된 주먹도끼와 같은 유물들이 쏟아지고 있다. / 한양대문화재연구소 제공

도-중동에 이르러 세계 각지로 퍼져나갔다.

중동에서 갈라진 현생인류의 일부는 인도-동남아를 거쳐 호주대륙으로, 일부는 유럽으로, 일부는 동남아시아-동아시아로, 일부는 시베리아-동북아시아-아메리카 대륙으로 나아갔다.

현생인류는 35만 년 전 유럽에서 태어나 5만 년 전(아시아)부터 2만 4,000년 전(유럽)까지 살았던 고인류와 최소한 5~7만 년은 공존했을 것이다. 현생인류가 10만 년 전에 아프리카를 빠져 나왔다니 말이다. 막 아프리카를 빠져 나온 현생인류는 바로 이 중동지역에

아시밀라에서 수습된 주먹도끼들

서 기존의 터줏대감이었던 고인류와 조우(遭遇)했을 것이다. 이 운명적인 만남은 어땠을까? 비극적인 전쟁이었을까 아니면 공존의 악수였을까?

지금까지의 발굴조사 결과로는 고인류의 뼈에서 전쟁의 흔적이 보이지 않았고, 고인류(네안데르탈인)의 멸종 무렵에 그려진 동굴벽화를 보더라도 현생인류와의 전쟁장면은 없다. 그러니 고인류와 현생인류는 전쟁을 치르지 않았던 셈이 된다. 그러고 보면 고인류는 현대인들이 영화 같은 곳에서 표현하는 것처럼 난폭한 야만인이 아니라 문자 그대로 법 없이도 살 법한 착한 사람들이었던 것이다.

그렇다면 임진강·한탄강에서 둥지를 틀며 살았던 고인류는 현생인류의 도래에 어떤 반응을 보였을까? 서로 짝짓기를 했을까? 그렇다면 현대인들에게는 고인류의 DNA가 조금이라도 남아 있어야 한다. 하지만 현대인의 DNA는 모두 현생인류의 어머니라는 "미토콘드리아 이브"에게서 나온 것이다. 설혹 고인류가 현생인류와 짝짓기를 했어도 근본적으로 종(種)이 달랐기에 번식을 할 수 없었을 것이다.

이렇게 아프리카의 반대편, 유라시아 대륙의 동쪽 끝, 임진강·한탄강 유역은 우리뿐만 아니라 우리와 비슷하지만 우리와는 전혀 다른 사람의 역사도 품고 있는 것이다. 구불구불한 만큼 수많은 사연을 담고 있는 임진강·한탄강은 이렇게 인류 진화를 둘러싼 재미있는 수수께끼를 간직하고 있다.

그렇다면 또 하나의 화두. 평남 덕천군 승리산에서 확인된 이른바 "승리산인"은 과연 누구인가? 약 4만 년 전에 살았던 사람이었으므로 현생인류는 맞는 듯하다.

"전기 구석기의 전형인 아슐리안형 주먹도끼도 발견되지만 훨씬 정밀한 세석기를 사용하는, 즉 현생인류가 사용했던 후기 구석기시대의 석기들도 무수히 확인되고 있다는 게 이를 방증합니다." (차재동 한국 국방문화재연구원 조사팀장)

이렇게 볼 때 승리산인은 현생인류로서 우리 민족 최초의 조상이라고 해도 지나친 말이 아니다. 하지만 우리는 보통 신석기인이나 청동기인들이 우리 민족의 기원이라고 주장한다. 그렇다면 우리와 같은 현생인류인 승리산인은 과연 누구일까? 한국인의 기원을 말할 때 왜 우리는 이들을 빼놓을 수밖에 없을까? 더욱 궁금한 것은 한반도에서 승리산인 같은 현생인류는 왜 신석기시대가 되면서 홀연히 사라졌을까? 기후가 따뜻해져 살기 좋아졌는데도 훌쩍 떠나간 이유가 뭘까?

문명의 길목,
중동은 영원한 화약고?

중동은 고인류와 현생인류가 처음 마주쳐 공존한 곳이고, 그 뒤로는 인류문명이 탄생하고 충돌하면서 지금까지 들끓고 있는 곳이다.

1932년 영국의 고고학자 도로시 개로드가 이끄는 팔레스티나 발굴단은 이스라엘의 작은 동굴 스쿨(Skhul)에서 11명분의 인골을 확인했다. 그런데 이곳에서 불과 수백 미터 떨어진 타분(Tabun)에서는 전혀 다른 형태의 인골 화석이 나타났다. 스쿨의 인골은 현생인류의 것이었고, 타분에서 출토된 화석은 네안데르탈인의 것이었다.

연대측정 결과 타분의 네안데르탈인 화석은 20만 년 전부터 4만 5,000년 전 사이에 형성된 것으로 추정되었으며, 스쿨의 현생인류는 5만 년 전부터 4만 년 전 사이에 살았던 것으로 판명됐다. 말하자면 현생인류가 바로 4만 5,000년 전부터 이 중동지역의 주인공이 되었

중동은 아프리카를 탈출한 인류가 유럽과 아시아로 떠나기 전에 거쳐 간 곳이다. 인류문명이 이곳에서 탄생할 수밖에 없는 이유다. 사진은 이란 길란 지방의 동굴유적을 발굴하고 있는 한양대 조사팀. / 한양대문화재연구소 제공

다는 뜻이다. 아마도 언어능력 같은 차이가 수만 년 전에 현생인류와 고인류의 승패를 갈랐을 것이다. 비록 현생인류가 고인류를 서서히 밀어냈다고는 하지만 이것은 인류문명사에서 가장 역동적인 지역이 중동이었음을 보여 준다.

『구약성서』에 생생하게 묘사되어 있듯이, 모세의 인도로 이집트를 떠난 이스라엘 민족이 40년간 요르단 골짜기 남쪽 사막을 떠돌다가 정착한 약속의 땅이 여리고(Jerico)가 아닌가. 여호수아의 지도 아래 성벽을 무너뜨리고 그곳에 살던 모든 생명을 죽였다는 바로 그 여리고. 하지만 그곳은 약 1만 년 전 인류문명사에서 언어의 발명 이후 가장 획기적인 혁명이 일어난 곳이기도 했다. 즉 그곳에서 농업이 시작되었는데, 이로 인해 인류문명사에는 엄청난 변화가 일어난다.

작물재배와 동물의 가축화로 인구가 급격히 증가했고, 인구증가는 도시, 분쟁, 국가, 종교의 형성을 촉진시켰다. 도시의 문명화는 오늘날의 "민족"이라는 사회구조의 씨앗을 뿌리는 역할을 했다. BC3000년경에 탄생한 수메르 문명을 비롯해 엘람 · 아카드 바빌로니아 · 아시리아 · 가나안 · 이스라엘 문명이 탄생했다. 이 문명을 발판으로 국가와 민족이라는 개념이 등장하게 되었고, 민족 및 국가 간 갈등이 생겨나게 된다. 그 얽힘이 가장 먼저 생긴 곳이 바로 중동지역이다.

현생인류가 고인류를 무너뜨리기 시작했을 때부터 중동은 가장 뜨겁고 폭발력이 강한 땅이 되었다. 하지만 그때는 현생인류와 고인류가 서로 무력을 사용하지는 않았다. 전쟁은 소유욕을 갖게 된 현생인류가 벌인 최초의 비극이었다.

중학교 발굴단이 찾아낸 무릉도원

3

꼬마가 주워 든 돌창

"김 선생, 해안중학교(亥安中學校)에서 근무해 보지 않을래요?"

1986년 초. 춘천여고에서 근무하고 있던 김동구 교사는 강원도 교육청으로부터 전근하라는 통보를 받았다.

"그 지역의 자연생태계와 역사문화유적을 조사해야 하는데 선생님이 해줘야겠어요."

해안중이라. 양구군 해안면이라면 그야말로 오지 중의 오지가 아닌가. 아마 펀치볼이라면 귀에 확 들어올 것이다. 해안면은 1956년 4월 이른바 '정책 이주민들'이 정착한 이후 민통선 이북에 있는

을지전망대에서 내려다 본 양구 펀치볼(해안분지). 잔뜩 찌푸린 구름마저 펀치볼을 피했는데, 구름 사이로 화사한 햇빛이 신묘한 절경을 연출하고 있다. / 박재찬 촬영

유일한 면단위 마을이다. 휴전선이 지척이고, 민북 지역이다 보니 학술조사가 어려웠다. 마침 도교육청이 역사·생태부문 전공자인 교사 5명을 뽑아 해안중학교에 발령을 낸 것이다. 중책을 맡고 부임했지만 도대체 뭘 어떻게 조사해야 할지 막막했다. 역사를 공부했다지만 학술조사에는 경험이 없었기 때문이다.

그런데 5월 어느 날이었다. 이런 저런 상념에 빠져 길을 걷고 있는데, 어느 집 마당에서 꼬마가 무슨 돌 같은 것을 갖고 노는 걸 보았다. 유심히 살펴보니 돌로 깎은 무슨 도구가 분명했다. 아니 그것은 돌로 만든 창이었다.

"꼬마야, 이거 어디서 주웠니?"

"저기 학교 앞 밭에서요."

김동구 교사는 곧바로 꼬마가 알려준 곳으로 달려갔다. 꼬마의 말이 맞았다.

그는 잠깐의 노력으로 민무늬토기 조각과 석기를 갈던 숫돌 조각 등 선사시대 유물들을 대거 수습했다. 그런데 한참 유물과 씨름하던 그의 눈에 예비군 훈련을 위해 조성된 참호가 눈에 들어왔다.

"참호의 벽을 봤는데요. 깎인 흙 문화층에 청동기 편들이 박혀 있었습니다."

2005년 정년퇴임한 김동구 씨는 기억의 편린을 짜 맞춘 회고담을 풀어 놓았다.

"그때부터 유물이 많이 나온 밭 1,000여 평에 대한 표본발굴에 들어갔어요."

비록 그는 발굴 전문가는 아니었지만 2미터×1.5미터 정도의 구덩이를 파기 시작했다.

"혼자 파셨어요?"

"아니, 우리 학생 2명이 붙었죠. 어휴, 지금 그놈들 이름이 생각이 안 나네."

중학교 발굴단 발족

그러니까 중학교 선생님이 발굴단장이었고, 까까머리 중학생 2명이 발굴단원이었던 셈이다.

"애들을 데리고 1년 반 동안 발굴했어요. 방학 때를 주로 이용했는데, 유물이 다치지 않게 얼마나 조심했는지……."

'해안중학교 발굴단'의 성과는 대단했다. 발굴구덩이 밑바닥(120센티미터 깊이)에서 신석기시대 빗살무늬 토기편을 비롯해 수많은 석기 및 토기 조각들을 수습한 것이다.

중학교 교사가 찾아냈고, 중학교 발굴단이 조사한 청동기 주거유적. 산간벽지인 이곳에서 구석기 · 신석기 · 청동기 · 철기시대로 이어지는 장구한 세월 동안 사람들이 살았음이 확인됐다.

"우리는 토기편, 석기편들을 하나하나 맞추었어요. 1년 반이 지난 뒤 정리해 보니까 유물이 라면상자로 2상자가 되더군요. 그래서 학교에 (유물을 진열할) 책장 좀 사 달라고 했죠."

그렇게 해서 해안중학교에 '중학교 발굴단'이 조사한 유물이 전시되었다. 전시실의 이름은 해안중학교 향토사료관. 이 유적이 학계에 보고된 것은 정식 학술조사가 시작된 1987년부터다. 《강원일보》가 기획한 민통선 북방지역 생태문화계 조사단의 일원으로 해안면을 방문한 최복규 교수(강원대)의 말을 들어 보자.

"해안중학교에서 김동구 선생이 모아 놓은 유물을 보고 해안면 지역을 조사했더니 20여 기의 고인돌이 드러났죠. 소양강 상류로 유입되는 성황천과 해안천가에 고인돌 무덤이 흩어져 있었어요."

당시 문화공보국에서도 민통선 학술조사를 벌였는데, 그때 조사단에 참여했던 김병모 교수(한양대 명예교수)도 김동구 교사에게 "대단한 유적을 발견했다."고 높이 평가했다.

"이 발굴성과는 언론에 대대적으로 보도되었고, 문화공보부는 해안중학교를 '문화재 보호학교'로 지정했죠."

지표조사만 이뤄졌을 뿐이었지만, 이 지역에서는 12만 년 전의 것으로 추정되는 구석기시대 유물과, 신석기시대 대표유물인 빗살무늬 토기, 청동기시대의 표지유물인 고인돌 떼와 점토대기(덧띠무늬) 토기, 그리고 철도자(鐵刀子 : 쇠손칼) 등 초기 철기시대 유물이 시차를 두고 나타났다.

물론 김동구 교사가 확인한 빗살무늬 토기편도 중요하다. 이와 더불어 덧띠무늬 토기, 검은간 토기, 고배형 토기, 쇠뿔모양 손잡

펀치볼에서 찾아낸 각종 석기들
/ 양구선사박물관 소장

이, 홈자귀, 간돌도끼, 숫돌, 갈판, 돌끌, 보습, 가락바퀴 등 청동기
시대 덧띠무늬 토기 주거유적에서 출토되는 전형적인 유물이 나타
난 것 역시 주목할 만하다.

학계에서도 양구군 해안면이라는 첩첩산중에 구석기시대 사람들
이 둥지를 틀었다는 점과, 구석기시대 사람들이 물러간 다음에도
신석기시대 사람들과 청동기시대 사람들, 그리고 초기 철기시대 사
람들이 연이어 같은 곳에 터전을 잡고 살았다는 점 때문에 이 발굴
성과를 높이 평가했다.

이 유적을 조사했던 차재동 씨(한국 국방문화재연구원)는 "신석기의

경우 빗살무늬 토기가 북한강 최북단 내륙지역에서 나왔다는 게 큰 의미가 있다.”고 말한다.

피안의 세계

최복규 교수는 해안중학교 발굴단의 발굴성과 중에서도 특히 청동기 유물상에 주목한다.

“사람이 도저히 살 수 없을 것 같은 이런 심산유곡에 10만 년 전부터 사람이 살았다는 것 자체가 신기한 일이죠. 그리고 덧띠무늬 토기인들의 경우 지표 채집만으로도 주거유적에서 볼 수 있는 전형적인 유물 갖춤새를 충분히 반영하고 있어요.”

최 교수는 “(이 유적은) 하나의 부족이 해안면을 거점으로 해서 둥지를 틀고 살았음을 보여 준다.”고 해석했다. 청동기 주거지만 놓고 보면 기원전 3세기 때의 대규모 취락지라는 해석이 가능하다. 그런데 여전히 풀리지 않는 의문점. 왜 하필 이곳이었을까? 왕성한 이동력을 기반으로 사냥이나 채집을 한 구석기시대 사람들이야 이런 첩첩산중에 들어올 수 있었다고 치자. 하지만 어느 정도 정착생활에 적응해 나름대로 편안한 생계기반을 갖고 있던 신석기시대 사람들과 청동기시대 사람들은 왜 이 오지에 둥지를 틀었을까?

“처음 조사하러 올 때도 혀를 내둘렀습니다. 사람이 들어와 살 것 같지 않다는 생각이 들었어요. 들어가는 입구가 얼마나 가팔랐는지…….”

최복규 교수는 1987년 당시 해안면 답사를 떠날 때의 일을 생생하게 떠올렸다.

한번 추정해 보자. 도로가 없던 시절에는 강과 바다가 고속도로의 역할을 했다. 옛사람들은 선사시대의 고속도로인 소양강을 거슬러 올라가 최상류 지류인 인북천에 닿았을 것이다. 그 뒤 해안분지 동쪽지역인 당물골로 올라왔을 것이다. 아닌 게 아니라 당물골은 해안분지의 유일한 출입구였으리라.

첩첩산중, 그 험한 물길과 계곡을 아슬아슬하게 통과해서 닿은 땅. 그리고 그들의 눈앞에 갑자기 펼쳐진 광활한 초원. 거기서 유물의 주인공들은 별세계를 보았을 것이다. 힘겨운 여정을 거친 그들에게 그곳은 어쩌면 피안(彼岸)의 세계처럼 다가왔을지도 모른다. 그래서 그들은 괴롭고 힘겨운 세상사는 모두 잊어버렸으리라.

2007년 8월 어느 날 나는 '왜?'라는 궁금증을 안고 해안분지에 닿았다. 수속을 밟고 군인이 지키는 초소를 지나 가파른 외길을 10여 분 달려 올라갔다. 여정의 끝은 을지전망대. 비무장지대에 속한 해발 1,049미터의 전망대에 섰다.

구름도 피해 간 펀치볼

"야. 정말 대단하네!"

그야말로 심장에서 우러나오는 감탄사가 터졌다. 하늘을 뒤덮었던 짙은 구름 사이로 환한 햇빛이 펀치볼(해안분지)을 비추고 있었다. 희한한 일이었다. 왜 구름은 저토록 초록의 분지만을 피했을까? 스포트라이트를 받는 무대? 아니면 환한 조명 아래 야간경기를 벌이는 축구장을 관중석 맨 꼭대기에서 바라본 느낌이랄까?

우여곡절 끝에 해안(亥安)에 들어온 선사시대 사람들도 이곳(을지

전망대)에 올랐겠지. 신이 내린 듯한 저 찬란한 땅을 바라보며 경외
감을 느꼈겠지. 그러고 나서 마음의 본향으로 삼았으리라.

"해안분지, 즉 펀치볼은 그야말로 자연현상이 빚은 경이로운 땅
입니다. 저기 좀 보세요. 눈으로 봐도 해발 1,000미터가 넘는 험산
준령이 병풍처럼 둘러싸고 있잖아요. 서쪽으로는 가칠봉(1,242미
터)·대우산(1,179미터)·도솔산(1,148미터)·대암산(1,304미터) 준령이
보여요. 동쪽에는 달산령(807.4미터)·먼멧재(730미터)가 떡하니 버티
고 있고, 저기 저 북쪽 휴전선 너머 저편에 보이는 금강산 1만
2,000봉이 손에 잡힐 듯하죠."(이우형 씨)

자연현상의 조화

분지의 남북 방향은 11.95킬로미터, 동서 길이
는 6.6킬로미터다. 분지의 단면은 U자 형인데,
맨 밑바닥의 고도가 400~500미터이니, 주변 산
지보다 400~800미터 낮은 셈이다.

대체 무슨 조화일까? 왜 이 첩첩산중에 이런
엄청난 분지가 생겼을까? 어떤 이들은 거대한 운
석이 떨어져 지금과 같은 거대한 분지가 조성되
었다고 주장한다.

하지만 요즘에는 이른바 "차별침식"이라는 전
문용어로 설명하는 게 대세다. 즉 분지 중심부는
중생대 쥐라기(1억 8,000만 년~1억 3,500만 년 전)에
지각을 뚫고 올라온 화강암이다.

지형 단면도

분지 바깥쪽은 선캄브리아기(5억 4,000만 년 전까지)의 변성퇴적암으로 이뤄졌다. 그런데 분지 중심부의 화강암은 고온 습윤한 기후 때문에 주변 산지의 변성퇴적암보다 훨씬 빠르게 침식됐다. 원래 지표 깊숙한 곳에서 만들어지는 화강암은 일단 지표상에 노출되면 심한 풍화작용을 일으킨다.

그러니까 중심부의 화강암은 빗물과 바람 같은 환경에 쉽게 깎여 주변의 퇴적암 지대보다 낮은 지역이 되었다는 것이다. 한번 들어가기만 하면 누구도 쉽게 찾을 수 없는 이런 천혜의 터전에서 구석기시대 · 신석기시대 · 청동기시대 · 초기 철기시대 사람들이 살았던 것이다.

무릉도원 주민들이 했다는 말이 이랬던가.

"우리 조상들은 진(秦)나라 때 난리를 피해 이곳에 온 이후 한 번도 나가지 않았습니다. 그런데 지금 (밖은) 어떤 세상입니까?"(도연명의 『도화원기(桃花源記)』에서)

무슨 사연인지는 몰라도 북한강 계곡의 심산유곡을 따라 거슬러 올라온 선사시대 사람들 앞에 별안간 나타난 확 트인 세상. 그들은 이곳에 짐을 풀고 터를 잡아 부족을 이뤄 오순도순 살았을 것이다. 세상 사람들은 아무도 그들의 존재를 알지 못했을 것이다. 세상이 바뀌어도 골백번 바뀌었을 지금. 하지만 해안분지로 가는 길은 유비쿼터스(Ubiquitous)시대에 접어들었다는 지금도 만만치 않다.

무릉도원의 꿈

"인제 가면 언제 오나, 원통해서 못살겠네."

2008년에 완공된 양구~해안면을 연결하는 돌산령 터널. 비오는 날 안개 자욱한 이 터널을 통과해서 해안분지로 들어서면 마치 무릉도원의 세계로 빨려 들어가는 느낌이 든다. / 이다일 촬영

　'군대얘기'라면 절대 빠지지 않는 대한민국 남자들이라면 귀에 못이 박히도록 들었을 이야기. 일행은 바로 그 인제·원통을 거쳐 해안분지로 들어갔다. 민간인은 드물었고, 최전방 군인들의 모습만이 눈에 띄는 여정. 간간이 마주치는 장병들의 군기 바짝 든 새까만 모습에 진심어린 박수를 보냈다.

　그런데 내가 가는 이 길은 선사인들이 그들만의 무릉도원을 찾아 걸었던 바로 그 길이다. 해안분지의 서쪽 높은 산지에서 발원한 물은 비교적 낮은 동쪽의 당물골로 합류하는데, 합류한 물은 해안분

해안분지는 시래기와 곰취 등의 특산물로 유명하다. 사진은 펀치볼 시래기축제 장면 / 양구군청 제공

지를 빠져나와 인제 방면으로 흐른다. 하지만 20세기 들어 이 길은 무릉도원이 아닌, 분단·냉전의 한 많은 마을로 들어가는 길이 되었다.

1956년 4월 25일. 수천 년 전 선사인들이 둥지를 틀었던 그 별천지에 150가구 965명의 개척민이 이주했다.

해방 이후 북한 땅이었던 이 해안분지는 한국전쟁 후 수복되었다. 1954년 유엔군 사령부는 이른바 수복지구의 행정권을 한국정부에 넘겼다. 정부는 북한의 선전촌에 대응하고, 국토의 효과적인 이용을 위해 민북지역에 대한 이주정책을 추진했다. 해안면에 도착한 개척민들도 바로 그런 사람들이었다.

그들이 닿은 해안면은 면 전체가 민통선 이북지역에 있는 유일한 곳이었다. 이 특수한 곳에 온 사람들 역시 그 옛날 선사시대 사람들처럼 그들만의 유토피아를 꿈꾸었을 것이다. 그리고 나서 '피와 땀으로 얼룩진 괭이와 호미'로 불발탄과 지뢰가 지천에 깔린 땅을 일구었을 것이다. 50년이 훌쩍 넘은 지금, 해안분지에는 555가구 1,439명이 살고 있다.

『신증동국여지승람』에 따르면 양구의 특산물은 방산 고령토로 만든 자기(磁器)와 잣, 오미자, 인삼 등이었다. 한동안 주로 감자, 무, 배추 등 고랭지 농사를 주업으로 삼았는데 최근에는 또 달라졌다. 4~5개월만 키우는 시래기와, 맛과 향기가 최고인 곰취는 물론이고, 극심한 일교차 덕분인지 사과 또한 당도가 최고란다.

"온난화 때문인가요. 대구와 청도 등에서 자라던 사과가 이제는 최전방지역인 해안분지에서 고랭지 채소의 대용품으로 각광받고 있어요."(방영선 해안면장)

무슨 말인가 하면 최근 소양호로 밀려드는 토사의 원흉이 해안분지에서 키우는 고랭지 채소 탓이라는 분석에 따라 대체작물로 사과나무를 검토하게 되었는데, 이는 날씨가 따뜻해졌기에 가능하게 되었다는 것이다.

해방 이전에 살았던 원주민의 수는 5퍼센트 선이며, 주민 가운데 70퍼센트가 이주정책에 따라 옮겨온 사람들이다. 휴전선 바로 아랫마을에는 200명의 외국인 노동자가 주민들의 농사를 돕고 있는 것도 이채롭다. 이들 역시 이역만리 먼 곳에서 코리안드림을 꿈꾸며 이곳을 찾았을 테지.

분쟁의 땅으로?

21세기에 접어든 이때 이곳에 사는 주민들도 수천 년 전 선사시대 사람들이 그랬듯이 유토피아의 꿈을 이뤄냈을까? 이곳 주민들의 삶은 다른 지역 농가보다는 넉넉하다. 주민 이호균 씨(해안면 오유2리)는 "다른 지역보다는 1.5배 정도 소득이 높은 편"이라고 전한다. 하지만 해안분지에 들어온 사람들이 그린 삶의 궤적은 그리 평탄하지 않았다. 함광복 GTB DMZ연구소장은 "현대사의 흐름에서 보면 해안분지는 전쟁·분쟁의 땅으로 정리할 수 있다."고 말한다.

"한국전쟁 때는 한 뙈기의 땅이라도 더 빼앗기 위해 남북 간에 처절한 전투를 벌였잖아요. 그리고 그 뒤에는 이주민과 토지 원소유주 사이에 치열한 토지분쟁이 일어나기도 했죠. 지금도 다툼은 끝나지 않았어요. 정부를 상대로 국유지를 불하받으려는 줄다리기가 계속되고 있죠."

특히 1980년대에 일어난 해안면 토지분쟁은 민북지역 가운데 가장 유명한 사례였다. 1956년 이주정책을 추진한 정부의 방침은 "주인 없는 땅을 마음껏 개간해서 먹고 살라."는 것이었다. 하지만 전쟁을 피해 떠났던 토지 원소유주들이 돌아오자 토지분쟁이 일어난 것이다. 대법원은 결국 토지 원소유주의 손을 들어주었다. 이는 '좋은 세상'을 꿈꾸며 피땀을 흘린 개척자들에게는 청천벽력 같은 소식이었다. 하지만 문제는 그것으로 끝나지 않았다.

이주자들이 일군 땅(1,980만 평방미터)이 속속 국유화되기 시작했고 그들은 소작농으로 전락했다. 정부는 국유화한 땅을 다시 경작자에게 불하하겠다는 방침이지만 1만 평방미터 이상은 불허한다는 방침이다. 농사짓는 사람에게 1만 평방미터(3,000평)는 너무 작은 땅. 그러니 정부를 상대로 또 힘겨운 싸움을 벌이고 있는 것이다.

사람들이 그토록 꿈꾸는 무릉도원을 만들기란 이처럼 쉽지 않다. 하기야 이곳에 둥지를 튼 선사시대 사람들도 맨손으로 이 땅을 개척했을 터. 노동, 갈등, 타협과 같은 지난한 과정 끝에 수천 년의 터전을 꾸몄을 것이다.

얼마 전까지도 힘겨운 여정을 거쳐야 맛볼 수 있었던 유토피아의 땅. 하지만 이제는 타임머신을 탄 기분으로 쏜살같이 빨려 들어간다. 2008년 12월 개통된 돌산령 터널(453번 도로) 덕분이다. 그런데 비 오는 날 2,995미터에 이르는 이 터널에 들어서면 지독한 안개로 한 치 앞도 분간하기 힘들다. 그 까마득한 길을 반쯤 지나면 반달 모양의 터널 끝에 새하얀 별천지가 모습을 드러낸다. 이윽고 터널을 벗어나면 운무 사이로 넓디넓은 무릉도원의 세계, 피안의 세계가 꿈처럼 펼쳐진다. 선사시대 사람들이 둥지를 틀었던 바로 그곳, 해안분지다.

1,280미터의 고층습지, 용늪

지금은 돌산령 터널이 생겨서 그렇지, 불과 얼마 전까지만 해도 해안분지로 가는 길은 만만치 않았다. 특히 대암산(1,304미터)을 넘어가는 동안 안개비가 무섭게 내릴 때면 더욱 험하게 느껴지는 길.

그런데 대암산 정상 바로 밑 북 사면, 해발 1,280미터나 되는 곳에 엄청난 습지가 있다니 상상이나 할 일인가? 그곳은 바로 용늪이다. 용늪은 둘레 1,045미터, 면적 3.15헥타르에 달하는 고층습원이다. 이런 고원에 습지가 생긴 이유는 기온차가 크고 연중 5개월 이상 영하권이기 때문이다. 게다가 동해에서 불어오는 습한 바람 때문에 안개일수도 170일 이상 된다. 이런 혹독한 기후 때문에 식물이 분해되지 않은 채 끊임없이 퇴적됐다. 5,000년 동안 1.4미터 가량의 이탄층이 시대별로 켜켜이 쌓인 것이다.

용늪은 1966년 비무장지대(DMZ) 조사단에 의해 발견됐는데, 현재는

용늪. 고층습원으로 식물이 분해되지 않은 채 퇴적됐다. / 양구군청 제공

"람사르(Ramsar)협약"*에 의해 습지(1997년)로 지정됐다. 가히 살아있는 자연사박물관이다.

금강초롱, 개불알꽃, 진퍼리새, 꼬리조팝나무, 왕삿갓사초, 솔잎사초 등 각종 식물 190여 종, 곤충 220여 종이 보고되었다. 하지만 현재 용늪의 출입은 철저하게 통제되고 있다. 군부대 주둔지역이기도 하고, 늪의 육화현상이 빠르게 진행된 탓이다. 또한 도로사면에서 토사가 계속 유입되면서 용늪으로 들어오는 물길이 끊어지는 현상이 일어나고 있다. 요즘에는 원주지방환경청과 국립환경과학원, 관할 군부대 등이 주체가 되어 용늪에 대한 지속적인 모니터링을 벌이고 있다는 소식이다.

군부대와 생태 전문가 등으로 용늪 보존 클러스터를 만들어 늪의 변화를 세밀하게 관찰하고 보존 대책을 세우고 있다는 것이다. 한때는 육화의 책임을 두고 논쟁이 빚어졌다고 한다. 1970년대 말 군부대가 스케이트장을 만들려고 용늪에 둑을 쌓았다는 둥, 지나친 학술조사로 사람들의 발길이 잦아 육화가 가속화되었다는 둥…….

군부대 주둔이 용늪의 상황을 악화시켰을지도 모른다. 하지만 지금 보면 군부대가 사람들의 무분별한 접근을 막아 그나마 현상유지라도 할 수 있게 되었다는 말도 나올 수 있겠다. 어찌됐든 사람이 문제다. 5,000년간 보존된 자연생태계를 하루아침에 무너뜨리는 것도 사람인 것을. 그런데 요즘에는 걱정이 하나 더 늘었다. 심상치 않은 한반도의 기후 변화가 그것이다. 기후 변화가 용늪, 아니 우리 자연생태계에 어떤 영향을 줄까?

* 람사르(Ramsar)협약
생태·사회·경제·문화적으로 큰 가치를 지닌 습지를 보존하고 현명한 이용을 유도하기 위한 국제협약. 1971년 이란 람사르에서 체결되었다. 2008년 8월 현재 당사국은 158개국인데 아프리카에 47개국, 아시아에 30개국, 유럽에 45개국, 북미에 3개국, 오세아니아에 7개국, 중남미에 26개국이 분포해 있다.

제2부

난세의 여울

4 온조 · 소서노의 발자취, 백제 적석총

일의대수(一衣帶水)로 이어진 백제 적석총

연천 최전방 태풍전망대에서 바라보면 북한이 세운 임진강 댐이 또렷하게 보인다. 강은 어느덧 북한 땅을 빠져나와 커다란 곡류를 그리며 유장하게 흘러온다. 이우형 씨가 속삭인다.

"저기, 저 강변 좀 보세요. 뭔가 주변의 지형과는 어울리지 않게 봉긋한 지형이 있죠? 저 모양을 보면 혹시 적석총일 수도 있을 것

북한과 남한 사이에 자리한 비무장지대를 흐르는 임진강 곡류. 멀리 보이는(역삼각형 모양의 물) 북한 임진강 댐이 보인다. 사진 왼쪽 밑에 주변과 어울리지 않은 봉긋한 지형(원 안)은 적석총일 가능성이 있다. 군남 홍수조절지는 바로 임진강 댐에 대한 대응댐의 역할도 한다.

같아요."

그러고 보니 주변의 지형과 어울리지 않게 생뚱맞은 모습이다. 손에 잡힐 듯하지만 비무장지대라 갈 수 없으니 궁금증만 쌓일 뿐이다. 안타깝지만 할 수 없는 일.

"재미있어요. 어찌 그렇게 일정한 간격으로 강변에 붙어있는지……."

이재 원장과 이우형 씨가 입을 모은다.

비무장지대 안에 있는 이 '유사 적석총' 말고도 남방한계선 바로 아래에 있는 연천 횡산리부터 임진강변을 따라 일의대수(一衣帶水)로 이어진 백제 적석총을 두고 하는 말이다.

"7킬로미터 정도의 일정한 간격으로 임진강변 충적지에 분포해 있잖아요."

적석총은 개풍 장학리(북한)~연천 횡산리~삼곶리~삼거리~우정리 1·2호분~동이리~학곡리로 이어진다. 한탄강의 전곡리 적석총과도 지근거리에 있다. 그렇다면 임진강·한탄강변에 이렇듯 일정하게 무덤을 만들어 놓은 이들은 대체 누구일까?

우선 무덤의 형식과 연대를 살펴보자. 학곡리 적석총은 이른바 다곽식 적석총인데, 적어도 4기 이상의 묘곽이 시차를 두면서 축조된 무덤이다. 이는 기원전 4500년부터 기원전 3000년까지 이어진 중국 발해연안의 뉴허량 적석총과 인연이 닿아 있다. 뿐만 아니라 기원전 2500년부터 기원전 2000년까지 거슬러 올라가는 랴오

둥 반도 뤼순[旅順·여순]의 라오톄산[老鐵山·노철산] 및 장쥔산[將軍山·장군산] 적석총으로 이어진다. 가깝게는 고구려 적석총들, 즉 우산하 3232호분 및 3296호분, 고력묘자 23~25호분, 산성하 365호분 등 고구려 적석총과 궤를 같이 한다. 여기서 2002년 학곡리 적석총을 조사한 김성태 씨(경기문화재연구원 조사연구실장)의 보고를 들어보자.

"전형적인 고구려식 적석총입니다. 연대는 이르게 잡으면 기원후 1세기, 늦게 잡아도 2세기 전반까지로 볼 수 있어요."

김성태 씨가 이렇게 확신하는 근거는 많다. 우선 압록강 중·하류 및 훈장[渾江·혼강] 본·지류에 집중 분포하는 고구려 적석총과 마찬가지로, 이 무덤이 임진강 상·중류와 북한강·남한강 본·지류에 분포한다는 점이다. 또한 기원전에서 기원후로 넘어가는 시점에 낙랑에서 직수입한 낙랑유물이 보인다는 점과 매장주체부가 지상에 자리 잡고 있다는 점도 중요한 근거다.

"학곡리의 무덤은 최소 4기의 묘곽이 시차를 두고 조성된 다곽식 적석총입니다. 죽은 순서대로 매장했다면 최소 50~100년은 걸렸겠죠. 기원후 1세기라지만 처음 묻힌 사람은 기원전에서 기원후로 넘어가는 시점에 살았던 사람이 아닐까요?"

그의 말은 계속된다.

"기원전에서 기원후로 넘어가는 시점에 낙랑유물을 직수입했고 2세기경에는 그걸 토대로 모방제품(방제경·화살촉)을 만들었어요. 학곡리 무덤에서 바로 그런 유물들이 나왔죠."

기원전부터 기원후로 넘어가는 시점에서 기원후 1세기까지라. 『삼국사기』에 따르면 백제 시조 온조왕이 나라를 세운 것이 기원전

18년이니 이 무덤은 그 시기와 얼추 맞아 떨어진다. 그렇다면 이 무덤은 고구려 추모왕(鄒牟王·주몽)의 태자 유리(琉璃)에게 "용납되지 않을까 두려워" 어머니 소서노와 형 비류, 그리고 오간·마려 등 열 명의 신하들과 함께 남으로 내려와 백제를 세운 온조 세력의 흔적이 아닐까? 추모왕을 도와 나라(고구려)를 세웠지만 끝내 배신당한 이들의 피맺힌 사연이 『삼국사기』에 고스란히 담겨 있다.

소서노와 정략 결혼한 추모왕

잠깐 그 내막을 『삼국사기』「고구려본기」'동명성왕조'를 통해 정리해 보자.

천제의 아들로 북부여에서 태어난 추모(주몽)는 북부여 태자 대소(帶素) 등에 쫓겨 졸본부여(卒本夫餘)로 망명한 뒤 기원전 37년 고구려를 세운다. 추모는 북부여에 있을 때 예(禮)씨와 혼인하여 아들을 낳았는데, 그가 바로 유리(類利·琉璃)다. 추모가 망명했을 당시 유리는 예씨의 뱃속에 있었다.

학곡리 적석총의 위치. 강변의 아트막한 충적지에 조성되어 있다. / 경기문화재연구원 제공

그런데 망명한 뒤 졸본천에서 고구려를 건국한 22세의 추모는 졸본부여왕의 둘째 딸에게 새로 장가를 들어 아이 둘을 낳았는데, 이 두 아들이 바로 비류(沸流)와 온조(溫祚)다.

『삼국사기』는 이 대목에서 "일설(一說)에는"이라는 단서를 달아 소설 같은 이야기를 소개한다. 즉 비류와 온조의 생부(生父)

는 추모가 아니라 북부여왕 해부루(解扶婁)의 서손(庶孫)인 우태(優台)였다는 것이다. 우태는 졸본사람 연타발(延陀勃)의 딸인 소서노(召西奴)와 결혼해서 두 아들을 낳았으며, 이 두 아들이 바로 비류와 온조라는 것이다. 여기서 주목할 부분은 유리와 비류, 온조가 누구의 아들이건 간에 그들의 뿌리는 모두 부여(夫餘)라는 점이다. 『삼국사기』「백제본기」'온조왕조'는 "백제의 조상이 고구려와 함께 부여에서 나왔기 때문에 성(姓)을 부여(夫餘)로 삼았다."고 했다.

다시 돌아가서 우태가 죽자 소서노는 미망인으로 두 아들을 키운다. 그 와중에 북부여를 탈출한 추모가 등장, 재력가의 딸이자 과부인 소서노와 결혼하기에 이른다. 망명자의 초라한 신분이었던 추모로서는 소서노가 구세주였을 것이다. 이 결합에는 정략결혼의 냄새가 물씬 풍긴다. 그렇다면 『삼국사기』에 나오는 소서노의 맏아들 비류의 말을 들어보자.

"대왕(추모)이 부여에서 이곳(졸본)으로 도망쳐 왔을 때 우리 어머니(소서노)가 가산(家産)을 털어 추모왕이 대업을 달성하도록 도왔으니 어머니의 성력과 공로가 많았다."

상식적으로 보면 비류 혹은 온조가 추모왕의 뒤를 이었어야 옳았다. 추모도 비류와 온조를 끔찍하게 사랑했다.

학곡리 적석총에는 4기 정도의 석곽무덤이 조성되어 있다. / 경기문화재연구원 제공

토사구팽당한 소서노와 두 아들

추모의 뒤를 이어 당장이라도 대권을 이어받을 것처럼 보였던 비류와 온조. 하지만 현실은 그렇게 간단하지 않았다. 부여에 남아 있던 추모의 맏아들 유리가 우여곡절 끝에 아버지를 찾아 고구려로 오자 상황은 급반전된다. 『삼국사기』 「고구려본기」 '유리명왕조'를 살펴보자.

"(추모왕은 부여를 떠날 때 부러진 칼을 두고 떠났는데) 유리가 부러진 칼을 가져와 추모왕이 가졌던 칼과 맞춰 보니 완전한 칼로 연결되었다. 이에 왕이 기뻐하며 그를 태자로 삼았다."

비류와 온조의 배신감은 극에 달했을 것이다. 비류가 동생 온조에게 내뱉은 피를 토하는 한마디.

"어머니(소서노)께서 재산을 기울여 대왕의 건국을 도왔거늘……. 이제 나라가 유류(孺留 : 유리왕)에게 속하게 되었으니, 우리는 군더더기살(贅) 같구나. 어머니를 모시고 남쪽으로 가서 따로 도읍을 세우는 게 낫다."

비류와 온조는 어머니(소서노)와 오간(烏干), 마려(馬黎) 등 열 명의 신하들, 즉 10신(臣)과 함께 남쪽으로 내려온다. 『삼국사기』는 "비류・온조를 따라 남쪽으로 내려온 백성들이 많았다."고 기록했다. 민심이 비류・온조 세력에게 기울어 있었음을 보여 주는 대목이다. 그렇다면 백제, 즉 비류・온조 세력이 남하할 수밖에 없었던 이유를 좀 더 구체적으로 살펴보자.

선왕의 위업이 땅에 떨어진다고 반기를 든 협보

　우선 기원전에서 기원후로 바뀌는 시점부터 100년까지의 상황을 살펴보자. 중국은 기원전 1세기부터 혼란에 빠져 왕망의 신(新 : 기원후 5~24년)에서 후한으로 이어지면서 세력이 약화된다. 낙랑도 마찬가지였다. 기원후 25~30년에 왕조의 난이 일어날 정도로 통제력을 잃어갔다.

학곡리 적석총의 내부 모습

　기원전에서 기원후로 넘어가는 시점에 임진강 및 한강유역에는 기존의 진국(辰國)세력이 한사군(漢四郡)의 통제 밖인 소백산맥 이남으로 이주했다. 따라서 임진강 유역은 정치적 공지로 남게 되었다.

　기원후 3년(유리왕 22년)에는 고구려가 국내성으로 도읍을 옮긴다. 도읍을 옮긴다는 것은 그 시기가 정치적 격변기임을 뜻한다. 또한 도읍을 옮긴 뒤 두 달 만에 왕(유리왕)이 질산(質山) 북쪽으로 사냥을 나간 뒤 5일이 되어도 돌아오지 않는다. 그러자 대보(大輔) 협보(陜父)가 가만히 있지 않는다.

　"도읍을 옮겨 백성들이 아직 안정되지 못했는데 (중략) 사냥이나 즐기다니요. 왕께서 만약 허물을 고치고 새로운 결심을 하지 않으면 나라 정사는 거칠어지고 민심이 흐트러질 것입니다. 선대 임금의 업적이 땅바닥에 떨어질까 두렵습니다."

협보가 누구인가. 오이(烏伊)·마리(摩離)와 함께 북부여를 탈출했을 때 선왕(추모왕)과 운명을 같이 한 창업공신이 아닌가. 하지만 유리왕은 아버지의 혁명동지이자 창업공신의 간언을 받아들이지 않고 가차 없이 칼질을 해댄다. 협보의 관직을 빼앗고 관원(官園 : 정원지기)으로 좌천시킨 것이다. 협보는 분을 감추지 못하고 남한(南韓)으로 가버린다.

『삼국사기』의 이 기록은 매우 의미심장하다. 즉 창업세력과 유리왕을 중심으로 한 신진세력 사이의 알력을 적나라하게 보여 주는 것이다.

어쨌든 고구려 창업공신인 협보 역시 남한, 즉 비류·온조의 품으로 떠난 것이 틀림없다. 창업(創業)보다 수성(守成)이 어렵다지 않는가. 유리왕은 친정체제를 구축하고 영토를 넓히며 나라의 기틀을 잡기 위해 스스로 세운 태자까지 죽이는 비정한 군주의 면모를 보인다. 즉 기원후 5년 태자로 세운 해명(解明)을 불과 4년 만에 석연치 않은 이유로 옥박질러 자살하게 만든다. 그 내막을 살펴보자.

태자 해명은 힘이 장사였는데, 황룡국(黃龍國)이 보낸 활을 사신이 보는 앞에서 부러뜨린다. 그러자 비정한 아버지는 "내가 도읍을 옮긴 것은 백성을 안정시키고 국가의 위업을 공고히 하는 것인데, 힘센 것을 믿고 이웃나라와 원한을 맺었으니 자진하라."고 명령을 내린다. 태자는 아버지의 명에 따라 자결하고 만다.

『삼국사기』의 저자 김부식은 "왕(유리)은 아들에게 깨우치는 일이 없다가 지나치게 미워하여 죽여 버리고 말았으니, 아비도 아비답지 못하고 자식도 자식답지 못하다."고 논평했다. 어쨌든 유리왕의 등장과 천도, 온조 세력의 남하, 그리고 창업공신 협보의 반발과 축출, 태자의 책봉과 죽음 등은 당시의 복잡한 상황을 상징적으로 보여 준다.

유리왕의 핍박을 피해 남쪽으로

결국 온조 세력은 이런 정치적 갈등을 피해 남하해 낙랑군의 혼란을 틈타 임진강·한강 유역으로 정착했을 가능성이 높다.

어머니(소서노), 형(비류), 열 명의 신(臣)과 함께 내려온 온조 세력은 어느 길로 왔을까? 얼마 전까지만 해도 고대 교통로를 강계~함흥 길이라고 보고, 원산만 지역에서 광주산맥과 마식령산맥 사이에 있는 추가령 지구대를 통한 동북지방 경유설이 대세였다. 하지만 최근에는 동북이 아닌 서북, 즉 비류·온조 세력의 근거지였던 환인(졸본지역)~낙랑지역 우회~패수(예성강)~대수(임진강)를 건넜을 것이라는 견해도 나온다. 『삼국사기』 「백제본기」 '온조왕조'에서

학곡리 적석총에서 출토된 다양한 유물들

기원전 6년의 일을 살펴보면 다음과 같다.

"왕(온조)이 강역을 구획했는데, 북쪽으로는 패하(浿河 : 임진강)를, 남쪽으로는 웅천(熊川 : 남한강 상류)을 경계로 하였고, 서쪽으로는 큰 바다에 막혔고, 동쪽으로는 주양(走壤 : 춘천)에 이르렀다."

그런데 함께 내려온 비류와 온조는 상반된 길을 걷는다. 한산(漢山)에 이르러 부아악(負兒岳 : 북한산)에 올랐을 때 맏아들 비류는 "바닷가로 가자."고 고집했다. 하지만 『삼국사기』의 기록에서 보듯이 열 명의 신하들은 극력 반대한다.

"이곳 강남의 땅은 북으로는 한수(한강)를 면해 있고, 동으로는 높은 산악에 의지했으며, 남으로는 비옥한 들판을 바라보고 있고, 서쪽에는 큰 바다가 막고 있습니다. 이곳이야 말로 천연요새이니 도읍지로 적격입니다."

비류는 이런 반대에도 불구하고 결국 바닷가, 즉 미추홀(彌鄒忽 : 인천)로 향한다. 하지만 땅이 습하고 물이 짜서 견딜 수 없게 되자 온조가 도읍한 하남위례성으로 돌아와 죽고 말았다.

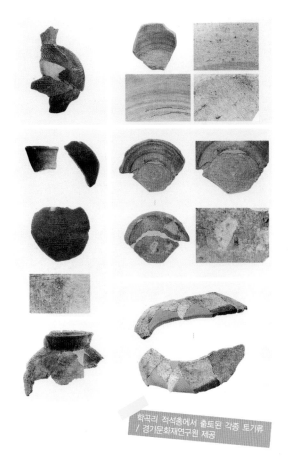

학곡리 적석총에서 출토된 각종 토기류 / 경기문화재연구원 제공

"비류가 이곳 도읍(하남위례성)에 와 보니 도읍이 안정되고 백성들이 태평한 것을 보고 그만 부끄럽고 한스러워 병들어 죽고 말았다. 그의 신하와 백성들이 모두 위례로 귀속하였다."(『삼국사기』)

뜨내기라 할 수 있는 유리에게 권력을 송두리째 잃고 쫓기듯이 떠나온 온조 세력은 기원후 100년도 안 되어 고대국가가 아니면 엄두도 내지 못했을 풍납토성을 쌓았다. 하지만 온조 세력이 이미 어느 정도 발전된 기술을 보유하고 있었다는 점을 감안하면, "기원전 4년, 봄 정월에 새 궁실을 지었는데 검소하되 누추하지 아니하고 화려하되 사치스럽지 않았다."는 『삼국사기』의 기록은 설득력이 있다.

임진강과 한강은 2,000년 전의 고속도로

어쨌든 남하한 온조 세력은 임진강을 비롯해 남한강과 북한강 등 강을 매개로 세력을 넓힌 듯하다. 유태용 씨는 "백제 적석총은 임진강에서 9기, 북한강에서 7기, 남한강에서 19기 등 주로 강변에서 발견된다."고 하면서, "당시에는 강이 지금의 고속도로 역할을 했을 것"이라고 말했다. 적석총의 분포는 곧 온조왕이 다스렸던 초기 백제의 강역을 보여 준다.

삼곶리 적석총. 한국 국방문화재연구원 팀이 적석총을 답사하고 있다.

물론 임진강 유역을 띠처럼 이은 적석총을 말갈계 혹은 예(濊)계로 본 연구자도 있지만, 적석총이라는 묘제는 기본적으로 동이의 전통을 이어받은 고구려계통의 것이라는 해석이 대세를 이루고 있다. 더구나 온조왕 18년(기원전 1년) "말갈이 습격하자 왕이 군사를 거느리고 칠중하(七重河 : 파주 적성 구읍 일대의 임진강을 일컫는 말)에서 싸워 대파했다."는 기록이 있는데, 만약 임진강 유역에 조성된 적석총들이 말갈계라면 말갈이 자기 영역을 침범했다는 모순에 빠지게 된다.

이종욱 교수(서강대)는 온조 세력의 남하 및 백제의 건국 시점을 기원전 2세기로 본다. 풍납토성에 대한 탄소측정연대가 기원전 2세기(199년 · 184년 · 109년±50년)로 나왔기 때문이다. 그는 온조 세력은 『삼국사기』의 초기 기록에 나온 십제(什濟)의 건국세력이라고 주장한다. 평양을 도읍으로 했던 고조선이 망하고, 위만조선이 형성된 시기 또는 위만조선 시기(기원전 2세기)에 온조의 십제가 형성됐다는 것이다. 그리고 나서 십제는 기원전 1세기경에 경기도 일원의 소국을 병합한 왕국으로 성장했다는 것이다.

풍납토성과 함께 백제 건국의 비밀을 간직하고 있는 임진강 유역의 백제 적석총. 하지만 세월의 무게에 내려앉고 흩어져 지금은 아무렇게나 방치된 상황. 누가 알랴. 천하의 여걸 소서노와 백제시조 온조왕, 비운의 비류왕 등의 흔적이 어디에 묻혀 있을지…….

점심을 먹다가 발견한
학곡리 적석총

"점심이나 먹을까?"

연천군 군사보호구역 조사 지도위원들은 강변 식당 뒤편 숲속에서 이상한 낌새를 느꼈다. 호박돌이 쌓여 있는 "활짝각담"이라는 곳이었다. 마을에서는 마귀할멈이 치마폭에 돌을 날라 와 쌓았다는 전설이 담긴 곳이었다.

"하지만 보자마자 이 돌무더기가 적석총이라는 것을 금방 알 수 있었어요."(이우형 씨)

학곡리 적석총이 세상에 모습을 드러내는 순간이었다. 1991년부터 국립문화재연구소가 진행한 민통선 인근 군사보호구역 문화재 지표조사는 필설로 다할 수 없는 성과를 얻어냈다.

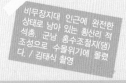
비무장지대 인근에 완전한 상태로 남아 있는 횡산리 적석총. 군남 홍수조절지(댐) 조성으로 수몰위기에 몰렸다. / 김태식 촬영

"조사기간 내내 감동 그 자체였어요. 어느 날에는 반나절 동안 산성 3개를 새로 찾아내는 진기록을 세우기도 했습니다. 이 모두가 굽이굽이 한 많은 사연을 담고 있는 임진강·한탄강 덕분이었습니다."(이우형 씨)

특히 조사단의 일원이기도 한 이우형 씨는 개인적인 답사로 5곳의 적석총을 발견하는 수확을 올리기도 했다.

"1990년대 초반 연천군 향토사료집을 만들려고 임진강과 한탄강 일대를 답사했는데요. 이때 우정리 적석총 1·2호, 전곡리 적석총, 횡산리 적석총을 확인했어요. 나중에는 강원도 화천군의 위라리 적석총 등도 찾아냈고……."

이밖에 삼곶리 적석총은 삼곶리 괴미소가 고향인 고 김상희 씨의 제보에 의해 처음 확인된 유적이다. 귀룽나무·뽕나무·스무나무가 운치 있게 우거진 강변의 쉼터로만 여겨지던 '소산이등치'. 바로 그곳이 하루 만에 백제 초기 적석총으로 팔자가 바뀐 것이다. 연천군 군남면 삼거리 적석총은 1991년 조사 당시 연천군청 문화공보실장으로 재직한 임재한 씨의 제보로 학계에 보고되었다. 하지만 이 적석총들의 운명은 '비운의 왕국' 백제의 운명을 꼭 닮았다.

우정리와 전곡리, 삼거리 적석총은 새마을사업과 농지개간으로 파괴된 지 오래다. 학곡리 적석총은 1995년 소유주의 식당 증설로 매장 주체부 보호시설이 잘려나갔다. 삼곶리 적석총은 '도문화재'로 지정되었지만 이 역시 1996년 임진강 홍수로 적석부 하부층인 사질충적층이 무너져 내렸다. 삼곶리와 횡산리 적석총의 경우 북한의 임진강댐 건설과 우리 측의 대응댐 건설(군남 홍수조절지)로 수몰위기에 몰린 것이다. 설계대로라면 해발 40미터 최대홍수위인 수몰선에 자리한 두 개의 적석총은 꼭대기 매장주체부를 빼고는 수장될 수 있으니 말이다.

5 육계토성은 한성백제의 첫 도읍?

고대사의 수수께끼, 하북위례성

"기원전 18년, 온조는 한수 남쪽 위례성에 도읍을 정하고(溫祚都河南慰禮城)"(『삼국사기』「백제본기」'온조왕조')

"기원전 7년, '낙랑과 말갈이 영토를 침략하므로 (중략) 도읍을 옮겨야겠다.(必將遷國) 한수 남쪽의 땅이 기름지므로 마땅히 그곳에 도읍을 정해야겠다.' 이듬해(기원전 6년) 정월 천도했다."(『삼국사기』「백

연천군 횡산리 구석기 유물층. 임진강변을 따라 조성된 충적대지에서는 구석기 유물들을 쉽게 찾아볼 수 있다. / 이우형 촬영

우리 고대사에는 아직까지도 풀리지 않은 수수께끼가 많다. 그 가운데 하나가 유리왕의 핍박을 피해 남하한 온조 세력의 첫 도읍지다.

온조는 첫 도읍지를 도대체 어디에 세웠을까? 온조왕 13년·14년 기록에는 천도 사실을 언급한 뒤 한수 이남, 즉 하남위례성으로 도읍을 옮겼다고 한다. 그렇다면 하남위례성 이전에 하북위례성이 있었다는 얘기가 아닌가?

하남위례성의 위치 논쟁은 한강변 '풍납토성'으로 사실상 결론이 난 상태다. 하지만 『삼국사기』의 기록에 따르면 기원전 18년부터 기원전 6년까지 백제의 첫 도읍지였을지도 모르는 하북위례성의 존재는 아직 밝혀지지 않았다. 심지어 몇몇 연구자들은 하북위례성의 존재조차 의심하기도 했다.

다산 정약용(1762~1836)은 "하북위례성의 옛 자리는 경성 동북쪽 십리 되는 곳 삼각산 동록(東麓)에 있다."고 비정했다.(『여유당전서』 「강역고」) 그 뒤 대다수 학자들은 다산이 말한 "삼각산 동쪽기슭"이라는 표현을 중시해 하북위례성의 위치를 짚어 갔다. 그들은 중랑천변, 즉 서울 동대문구, 중랑구, 성동구 일대를 주목했다. 중랑천변을 따라 내려가면 한강과 만나고 그 한강 건너편에 하남위례성(풍납토성)이 있으니 그런대로 일리 있는 추론이었다. 게다가 이 중랑천변 일대에는 일제 강점기 때까지만 해도 토루(土壘)의 흔적이 뚜렷했고, 중곡동 일대에서는 백제 석실분이 발견되기도 했다. 하지만 하북위례성의 실체를 뚜렷하게 입증할 만한 기록이나 증거가 없는 상황이었다. 그런데 1993년 윤무병 교수(당시 원광대)는 「고구려와 백제의 성곽」이라는 글에서 의미심장한 내용을 슬쩍 얹어 놓았다.

"풍납토성과 비슷한 성격을 가진 유적이 1곳 있는데 경기도 연천군 적성읍 서북방에 해당하는 임진강변에 위치해 있다. 그 존재가 학계에 잘 알려져 있지 않지만 1/50,000지도에는 육계토성지(六溪土城址)라고 표기되어 있다. 유적은 상당 부분이 파괴되었지만 원래는 한 변의 길이가 600~700미터를 넘는 규모로 축조된 토성인 것으로 짐작된다."

전체 18쪽의 논문 가운데 반쪽도 안 되는 간단한 내용이었다. 하지만 그는 한강 북쪽이 아니라 그보다 훨씬 위쪽인 임진강 유역에 풍납토성과 비슷한 성이 있음을 알린 것이다. 윤무병 교수는 자신의 논문에서 그 성의 성격에 대해 "적성(積城)은 『삼국사기』에 칠중하(七重河)라는 이름으로 등장하는 임진강변의 중요한 거점인 바 육계토성은 그 도하점을 수비하기 위한 방어시설로 축조된 것으로 보인다."고 했다. 사실 김정호의 『대동지지』에도 "육계성은 주위가 7,692척인 성"이라고 언급되어 있다. 어쨌든 윤무병 교수가 언급한 뒤에 육계토성은 서서히 학계의 주목을 받기 시작했다. 하지만 육계토성을 하북위례성으로 연결시키는 일은 꿈에서도 못할 일이었으리라.

꿈처럼 펼쳐진 고대사의 세계

그런데 온조왕이 나라를 세운 지 2,014년이 흐른 1996년 여름. 이상기후에 따른 집중호우가 한반도, 특히 임진강 유역을 덮쳤다.

경작지로 변한 육계토성 내부 모습

7월 26일 340밀리미터를 쏟아 부으면서 시작된 집중호우는 27일에는 557.7밀리미터를, 그리고 28일에는 598.7밀리미터를 토해내면서 하늘에 구멍이 뚫린 듯 쏟아 내렸다. 3일간 내린 강우량은 연평균 강우량의 50퍼센트에 달했다. 재앙이 닥친 지 한 달가량 흐른 8월 24일 아침. 당시 향토사학자였던 이우형 씨가 행장을 꾸렸다.

"범람한 물이 빠지고 어느 정도 뒷정리가 끝나면서 혼자 임진강을 따라 나섰습니다. 맨 처음 백제 적석총이 있는 연천의 삼거리를 찾았는데요. 거기서 홍수로 무너져버린 사구(沙丘) 단면에서 빗살무늬 토기 같은 선사시대 유물들을 발견했죠. 그리고 강변을 따라 내려가다가 오후 4시쯤 육계토성에 들렀는데……."

바로 이곳, 눈앞에서 고대사의 세계가 꿈처럼 펼쳐져 있었다.

"홍수가 휩쓸고 간 토성 내부는 정말 끔찍했습니다. 그런데 정말 희한한 장면이 펼쳐졌죠. 수마가 깊이 1미터나 되는 지표면을 휩쓸고 지나간 자리에 엄청난 토기편들과 철제유물들이 노출되어 있었어요. 홍수가 마치 체질하듯 흙을 휩쓸고 지나간 자리에 유물과 유구들이 햇빛에 노출된 거죠."

온몸에 전율이 흘렀다. 이우형 씨는 급한 대로 구획을 설정한 뒤

육계토성에서 바라본 임진강. 멀리, 사미천이
임진강으로 흘러드는 모습이 보인다.

곧바로 파주시청에 보고했다. 그러자 경기도박물관이 나서 '토기밭'으로 일컬어질 만큼 유물이 널려 있는 표토층 수습작업을 시작했다.

그러던 10월 12일, 당시 답사 차 현장에 들렀던 김기태 씨(현 겨레문화재연구원 학예실장)가 급한 목소리로 경기도박물관에 연락했다.

"우연히 주민들이 유실된 경작지를 중장비로 복토하는 장면을 목격하게 됐습니다. 유적이 훼손되고 있었어요."

다급해진 경기도박물관은 즉각 공사 중지를 명령한 뒤 더 이상의 유적 파괴를 막기 위한 긴급 수습조사를 벌였다.

"빨리 조사를 하라."는 주민들의 민원에 경기도박물관은 조사를 최대한 빨리 끝내고 싶었지만, 파면 팔수록 유구와 유물이 쏟아지는 데야 어쩔 도리가 없었다. 게다가 홍수로 마구 떠내려 온 지뢰가 유적 전체에 나뒹굴어 있었다. 지뢰는 널려 있고 조사면적은 넓고 시간은 없고……

상황이 심각해지자 한양대박물관까지 조사에 참여하게 되었다. 하지만 경작지를 복구해야 수해에 따른 보상 문제가 해결되는 미묘한 상황에서 주민들의 불만은 점점 더 쌓여갔다.

어느 여성 조사원의 유적 사수

발굴조사가 막바지로 치닫던 그해 12월 초, 한양대박물관이 조사를 맡았던 구역에 포클레인과 덤프트럭이 나타났다.

"지금 복토하지 않으면 내년 농사를 망친다."는 게 주민들의 항변이었다. 당시 한양대박물관 담당구역의 발굴을 책임졌던 황소희 씨(현 한양대문화재연구소 연구원)가 나섰다. 막 복토를 위해 흙을 쏟아 부으려던 덤프트럭을 몸으로 막아선 것이었다.

황소희 씨는 "차라리 나를 묻으라."는 듯 트럭 뒤에 앉아버렸다.

"방형, 여(呂)자형 주거지 바닥면이 잘 남아 있는 곳이었는데 흙을 가득 싣고 온 덤프트럭이 막 쏟아 부을 참이었어요. 여차하면 흙더미에 깔렸을 겁니다. 하지만 다른 생각은 없었죠. 어떻게든 유적만은 살려야 한다는 생각으로……."

경지정리반도 황소희 씨 등 여성 조사원들의 죽음을 무릅쓴 유적 사수에 두 손을 들고 말았다. 그런데 이 장면에서 "풍납토성과 육계토성이 비슷하다."고 쓴 윤무병 교수의 언급이 떠오르는 것은 왜일까? 풍납토성 발굴 때도 주민들과의 충돌로 유적 일부가 훼손되는 비운을 겪지 않았던가? 따지고 보면 풍납토성도 1925년 을축년(乙丑年) 대홍수로 휩쓸려 나가면서 일부 유구와 유물이 드러났는데, 육계토성도 1996년 홍수로 똑같은 상황을 재현한 것이다.

2007년 4월 말. 나는 11년 전 홍수가 휩쓸고 간 자리, 고대사의 흔적들이 홀연히 펼쳐진 바로 그곳, 파주시 주월리의 육계토성을 찾았다. 첫 느낌은? 실망 그 자체였다. 농사를 짓느라 땅을 갈아엎은 경작지, 그리고 성인지 둑인지 구별할 수 없을 정도로 방치된 현장.

'어디가 성벽인가?'

콘크리트로 어설프게 만들어 놓은 구조물(물탱크)에 올라서서 성 전체를 조망했지만 확인하기가 쉽지 않았다. 하지만 찰나의 실망감 도 잠시.

데자뷰

토성 건너편 임진강을 보는 순간 어디서 본 듯한 느낌이 들었다. 이걸 데자뷰라고 하던가.

그랬다. 몇 년 전에 보았던 풍납토성의 모습과 너무도 흡사했다.

"정말 비슷하군요."

감탄사를 연발했다. 육계토성을 발굴한 김성태 씨(경기문화재연구원 학예실장)나 백종오 씨(당시 경기도박물관 학예사·현 충주대 교수) 등도 마찬 가지였을 것이다.

육계토성, 풍납토성과 비슷한 입지조건 등을 고려하면 백제 최초의 도읍지일 가능성도 배 제할 수 없다. / 권순진 제공

육계토성 주변도

육계토성 주변도, 적석총, 주거지, 성이 규칙적으로 조성되어 있다.

하남위례성으로 확정된 풍납토성, 육계토성과 비슷하다. / 국립문화재연구소 제공

풍납토성 주변도

아차산보루
아차산성
구의동 보루
한강   풍납토성

암사동 선사주거지

미사리 선사유적지

이성산성(210m)

석촌동 고분군
          몽촌토성
          방이동고분군
          가락동고분군

남한산성(497m)

육계토성보다 한층 정형화된 도읍의 모습이다. 성 내부에 주거지를 비롯해 몽촌토성과 이성산성이 배후에 있고, 석촌동고분군 등 많은 고분들이 밀집해 있다.

북서쪽으로 한강을 끼고 강안을 따라 축조된 평지성인 풍납토성. 그리고 역시 북서쪽으로 임진강이 굽이굽이 돌아가는 강안을 따라 축조된 평지성인 육계토성. 둘레 3.5킬로미터인 풍납토성과 그것의 절반 규모인 1.858킬로미터인 육계토성. 한강변 풍납토성은 이미 온조왕이 기원전 6년에 천도했던 하남위례성으로 사실상 확정된 상태다.

그렇다면 임진강변에 방치된 채 서 있는, 풍납토성의 아우뻘 되는 이 육계토성의 정체는? 혹 온조왕이 기원전 18년 어머니 소서노와 함께 고구려 유리왕의 핍박을 피해 내려와 처음으로 세운 나라(백제)의 첫 도읍지인 하북위례성이 아닐까? 그렇다면 이 육계토성은 『삼국사기』에 나온, 13년간 이어진 백제의 도읍지일까?

이제 육계토성 발굴을 이끌었던 김성태 씨의 논문과 해설을 중심으로 분석해 보자. 그는 육계토성 인근의 임진강변에 자리 잡고 있는 학곡리 적석총 등 일의대수로 이어진 백제 적석총을 발굴한 주역이다.

그는 기원전에서 기원후로 넘어가는 시점부터 1세기까지 축조된 것으로 보이는 학곡리 적석총에 대한 장문의 보고서를 쓰면서 "하북위례성"이란 항목을 삽입했다. 한마디로 하북위례성은 임진강변에 있었을 것이며, 그 위치는 바로 "육계토성"일 수밖에 없다고 지목한 것이다.

온조왕이 천도를 감행한 5가지 이유

김성태 씨는 육계토성이 하북위례성일 수밖에 없는 5가지 이유를 댄다. 우선 두 성 모두 하중도(河中島)에 입지하고 있다는 점이 꼽힌다. 풍납토성의 경우 현재 강 반대편은 평지로 되어 있지만 일제 강점기 지도를 보면 자연 해자(垓字)처럼 되어 있다. 마치 섬처럼 보인다는 얘기다. 육계토성도 물길을 따라 성을 수축한 흔적이 보인다. 또한 두 성 모두 도강이 가장 유리한 교통로의 중심에 자리 잡고 있다는 점과, 평지성인 토성이면서 수성을 위한 산성을 배후에 두고 있다는 점도 공통점으로 꼽힌다.

알다시피 온조는 고구려계다. 그런데 고구려의 '청야전술'은 유명하다. 적이 쳐들어오면 주변에 적의 보급품이 될 만한 것들을 없앤 뒤 모든 백성이 배후의 산성에 들어가 적을 지치고 굶주리게 하는 전술이다. 고구려가 수나라와 당나라를 연이어 격파할 수 있었던 것도 모두 이 청야전술 덕분이었다. 지안[集安]의 국내성과 풍납토성은 바로 이런 청야전술을 펼치는 데 꼭 필요한 산성을 지척에 두고 있다. 평지성인 풍납토성의 배후에는 남한산성이, 육계토성의 뒤에는 칠중성이 서 있는 것이다.

또한 두 성 모두의 인접한 곳에 백제 적석총이 분포하고 있다는 점도 유사하다. 육계토성 인근 임진강변에는 학곡리 적석총을 비롯해 삼곶리·삼거리 등 모두 7기의 백제 적석총이 있다. 그런데 풍납토성 인근에도 그 유명한 석촌동 고분군이 밀집해 있다.

마지막으로 토성 안에 대규모 취락지가 있다는 점도 동일하다. 풍납토성과 마찬가지로 육계토성에도 발굴단이 온몸으로 지킨 취락유적이 있다. 결국 육계토성 일대의 공간배치 구조는 고구려의 수법이 반영되었고, 13년 뒤 하남위례성의 모범이 되었다는 게 김성태 씨의 단언이다. 그렇다면 다른 증거들은 없을까?

온조왕은 기원전 13년 하남위례성 천도 불가피론을 밝히면서 "말갈과 낙랑의 위협 때문"이라는 점을 분명히 했다. 그도 그럴 것이 『삼국사기』에는 "기원전 16년 말갈이 북쪽 경계를 쳐들어왔다."

1996년 임진강 대홍수로 노출된 주거지 모습. 백제 초기의 주거지로 보인다. / 한양대문화재연구소 제공

거나 "말갈 적병 3,000명이 와서 위례성을 포위하자 왕은 성문을 닫고 나가 싸우지 않았다."는 등의 말갈 침입 기사가 도처에 깔려있다. 견디다 못한 온조왕은 마수성(馬首城)이란 성을 쌓고 목책을 세웠다. 그러자 낙랑태수가 사자를 보내 협박했다.

"혹시 우리 땅(낙랑)을 야금야금 침

범하려는 수작인가? 한번 해보겠다는 건가?"

하지만 그런 협박에 굴복할 온조왕이 아니었다.

"요새를 설치하는 것은 당연한 일 아닌가. 정 너희들이 쳐들어온
다면 우리도 좌시하지 않겠다."(『삼국사기』 「백제본기」 '온조왕 8년조')

낙랑은 말갈과 연합해 백제를 끈질기게 괴롭혔다. 결국 온조왕
은 낙랑과 말갈의 위협 때문에 하북위례성에서 하남위례성으로 천
도를 결심하게 된 것이다. 김성태 씨를 비롯한 발굴자들은 여기에
도 착안점을 둔다. 한국사에서 천도라는 것은 특정 대하천 유역에
서 다른 대하천 유역으로 공간적 이동을 해온 게 일반적이기 때문
이다.

백제 탄생의 비밀이 담긴 곳

그렇다면 다산 정약용 이후 많은 학자들이 지목했던 것처럼, 하
북위례성이 한강 유역 어딘가에 위치해 있었을 가능성은 적다고 봐
야 한다. 당시 백제와 낙랑의 접경이 예성강을 중심으로 형성되었
을 가능성이 높다고 보면, 백제의 배후 중심지는 임진강일 수밖에
없다는 게 이들의 주장이다. 또한 육계토성 일대는 예나 지금이나
북방 및 남방세력이 침공하던 길이었다는 점도 무시할 수 없다.

물론 아직까지 육계토성이 하북위례성이라는 결정적 증거는 드
러나지 않았다. 하지만 육계토성은 2,000년 수수께끼로 남아 있던
한국고대사의 진실, 즉 백제 탄생의 비밀을 밝혀줄 열쇠다. 그럼에
도 불구하고 현실은 방치, 그 자체다.

경기도박물관과 한양대박물관이 조사한 결과, 육계토성의 성벽

타날문 토기. 백제 초기의 것으로 보인다.

토성 내부에서는 '사이호 토기'(귀 4개 달린 토기) 등 고구려 토기가 수습되었다. 이것은 유적이 백제에서 고구려로 이어져 활용되었다는 증거다.

은 2~4단 높이의 석축기단 위에 성토해서 쌓아올려졌는데, 기단부에는 화강암 또는 현무암을 장방형으로 치석한 석재가 사용되었다. 성벽에서는 문지와 옹성, 고대지, 수구 등 관련시설이 확인됐다.

성 내부에서는 철(凸)자형, 여(呂)자형 주거지를 비롯한 수많은 주거지와 다량의 백제유물이 쏟아졌다. 한양대가 조사한 주거지 내부에서는 온돌시설과 판재로 만든 벽체시설이 확인됐다. 이곳에서는 사이광구호(四耳廣口壺 : 귀가 네 개 달렸고 입이 넓은 항아리)를 비롯한 고구려계 토기들과 철모(鐵矛), 찰갑(刹甲) 등이 나왔다. 백제인이 처음 세운 이 성을 훗날에는 고구려가 군사적으로 활용했다는 얘기다.

나는 이곳 육계토성에 자주 들르는데 갈 때마다 실망만 안고 돌아오게 된다. 요즘은 육계토성임을 알려주는 팻말이 제법 그럴듯하게 서 있지만 그것뿐이다. 백제 초기의 비밀을 풀어 줄 수도 있는 중요한 유적이지만, 갈 때마다 성의 윤곽을 찾느라 생고생을 할 정도로 정비 상태는 최악이다.

백제 초기의 수수께끼를 안고 있는 이 육계토성은 우여곡절 끝에 '경기도문화재'로 지정되었다. 경기도는 장기적으로 육계토성에 대한 복원계획을 마련했다고는 한다. 하지만 육계토성의 중요성은 필설로 다할 수 없다. 유적의 가치로 볼 때 육계토성은 당연히 국가 사적급이다.

만약 육계토성이 요즘의 트렌드인 고구려 유적으로 취급되었다면 어땠을까? 고구려성으로 평가되어 2006년 사적으로 지정된 호로고루성(사적 467호)과 당포성(사적 468호), 은대리성(사적 469호)과 견주면 여전히 합당한 대우를 받지 못하고 있는 것이다. 여기서 육계토성을 발견한 이우형 씨의 말을 들어보자.

"저에게는 누구에게도 자랑할 수 있는 자부심이 하나 있는데요, 그것이 바로 육계토성 발견입니다. 1996년 임진강 대홍수로 강 유역이 쑥밭이 되었을 때 제가 목격한 토성 내부의 엄청난 유적과 유물들이 지금도 눈에 선합니다. 도처에 산재한 유실 지뢰로 인한 불안감, 악취 속에서 온몸에 날거머리처럼 달라붙던 파리떼들, 속살의 상처를 드러낸 대지 위에 뒹굴던 그 많던 유구와 유물들, 그리고 기나긴 치유의 고통이 기억나는군요."

군부대가 실시한 지뢰탐색 작업의 결과로 여기저기 수북하게 쌓여 있던 주·단조 철부와 각종 철제유물들…….

"구석기와 빗살무늬 토기편, 완형의 경질무문 토기옹, 백제 초기의 다양한 토기편들과 주거지 바닥들이 뒤엉킨 상태에다 강변으로는 무수한 석곽분들이 셀 수 없을 정도였는데……."

2009년 4월, 나는 다시 육계토성을 찾았다. 성벽의 존재조차 희미한 곳, 경작지만이 눈앞에 펼쳐지는 바로 그곳이다. 이재 원장이 한마디 한다.

"육계토성이 서울 풍납토성의 전철을 밟으려 하니 답답하지 않을 수 없어요. 풍납토성도 만약 처음 존재가 드러난 1960년대에 보존했다면 천문학적인 보상 없이도 한성백제의 500년 역사를 완전하게 되살릴 수 있었잖아요."

이제 자칫하면 육계토성도 풍납토성 내부의 쭉쭉 뻗은 아파트촌처럼 바뀔 수 있다. 개발의 유혹에 견뎌내지 못할 것이기 때문이다. 처녀지이며 한반도 문명의 중심축인 임진강과 휴전선 일원. 지금 그 일대 어느 땅을 밟더라도 조바심을 낼 수밖에 없다. 지금 제대로 조사하고 보존하지 않으면 더는 기회가 없음을……. 짐작하겠지만 땅값이 지금도 말도 못하게 치솟아 있다.

반드시 풀어야 할
수수께끼

파주는 예로부터 참 매력적인 고을이었던 것 같다. 천도 이야기가 나올 때마다 각광 받은 걸 보면 도읍지와 무슨 인연이 있는 게 아닌가 싶다. 광해군 4년(1612년)의 일. 술관(術官) 이의신이 한양의 왕기가 쇠하였으니 길지인 교하(파주)로 천도하자는 상소를 올렸다.(『광해군일기』 「1612년 11월 15일조」)

광해군은 그 뒤 비밀리에 비변사에 전교를 내려 교하지역의 형세를 살피게 했다. 하지만 수포로 돌아간다.(『광해군일기』 「1616년 3월 24일조」) 승정원과 대신들이 "배후도시를 에워쌀 만한 고산준령이 없고, 측면으로 도시를 옹위하는 하천이 없는 습지라는 점" 등을 들어 반대했기 때문이다. 그런데 허균

육계토성에서 확인된 주거지. 백제의 첫 정착지일 가능성이 제기되고 있다. / 한양대 문화재연구소 제공

도 1617년 김제남과 역모를 모의하면서 수도를 교하로 옮기자고 주장했다고 한다.(『광해군일기』「1617년 12월 24일조」) 그리고 최근에는 풍수학자인 최창조 교수(전 서울대)까지도 통일한국의 수도로 파주 교하를 지목했을 정도다.

그런데 만약 2,000년 전 백제 온조왕의 첫 정착지가 바로 이곳 파주 육계토성이라면? 400년 전 이의신이나 허준의 교하천도론은 온조왕이 첫 도읍지를 이곳으로 정한 것과 무슨 연관이 있지는 않을까? 각설하고 한강변 풍납토성과 임진강변 육계토성의 입지와 규모, 형태는 놀라우리만치 유사하다. 또 지금까지의 조사결과를 보면 풍납토성과 육계토성의 위상에는 많은 차이가 있다.

풍납토성에서는 청동초두, 외래계 도·토기(가야, 왜, 중국자기, 도기편), 와전류 등이 출토되었다. 한성백제가 중국을 비롯하여 가야, 왜 등과 문물 교류를 했다는 사실을 알 수 있다. 또한 제사유구는 물론 도로시설까지 발굴되어 왕성으로 추정해도 무리가 없을 정도다.

육계토성 발굴조사 결과 풍납토성에 비해 유구의 종류와 출토유물의 종류가 비교적 단순한 편이다. 하기야 최초 정착지이기도 하고 만 12년 정도만 사용됐기에 그럴 만도 하다. 하지만 육계토성에서도 한성백제 전기 주거지와 백제 성립기의 토기인 흑색마연토기 등 헤아릴 수 없을 만큼 많은 백제 초기 유구와 유물들이 나왔다. 몇몇 기종은 한강유역에서 출토되는 유물보다 그 시기가 앞선다.

앞으로 진행될 육계토성에 대한 연구조사에서는, 그 성이 백제의 최초 정착지였다는 점과, 한성백제 전성기에 북쪽 국경지역이었다는 특수성까지 함께 고려되어야 할 것이다. 육계토성은 한강 이북 고대사의 수수께끼를 풀어줄 역사의 비밀창고라는 점에서 반드시 정밀조사가 이뤄져야 한다.

고구려-백제 106년 전쟁의 분수령이 된 관미성 전투의 무대, 오두산성

동족상잔의 비극

"저기가 북한입니다. 한 3킬로미터 떨어졌을까요. 저기 보이는 곳은 북한의 선전촌이고요. 김일성 사적관도 보이고……."

경기도 파주시 탄현면 성동리에는 오두산성이 자리 잡고 있다. 요즘은 통일전망대로 더 유명한 야트막한 산(해발 112미터)이다. 뿌연 안개 사이로 갈 수 없는 땅 북한 관산반도가 어렴풋이 보인다. 손에

통일전망대가 조성된 관미성(오두산성) 앞 한강과 임진강의 합수부

잡힐 듯 지척이다.

"조금 더 가면 썰물 때 걸어서 건널 수 있는 지점도 있어요."

임진강과 한강이 만난다 해서 교하(交河)라 했던가. 윤일영 씨(예비역 장군)의 말이 새삼스럽다. 팽팽한 남북 분단의 상징. 1,600년 전에도 그랬다. 이곳은 예나 지금이나 쟁탈의 무대임을 금방 알 수 있다. 4~5세기 이곳을 무대로 대서사시를 썼던 고구려와 백제의 피비린내 나는 전쟁 상황은 역사에도 적나라하게 남아 있다.

"신(臣)의 근원은 고구려와 함께 부여에서 나왔습니다.(臣與高句麗源出扶餘) 하지만 쇠(釗 : 고국원왕)가 신의 국경을 짓밟아 (중략) 화살과 돌로 싸워 쇠의 목을 베어 달았습니다."(『삼국사기』 「백제본기」 '개로왕조')

472년, 고구려 장수왕(재위 413~491년)의 압박에 위기감을 느낀 백제 개로왕(재위 455~475년)은 중국 위나라에게 원병을 요청하지만 수포로 돌아간다. 장수왕은 3년 뒤 백제 수도 한성을 공략한다.

망명한 백제인이었던 고구려 장수 걸루(桀婁)와 만년(萬年)은 한때의 주군이던 개로왕의 얼굴에 3번이나 침을 뱉은 뒤 죽인다. 이로써 106년에 이르는 피어린 4~5세기 고구려와 백제의 전쟁은 고구려의 승리로 끝난다.

개로왕의 언급처럼 고구려와 백제는 그 뿌리가 부여로 같았다. "선대 때는 옛 우의를 도탑게 하였는데……."라고 했던 개로왕의 표현대로 4세기 중반까지 고구려와 백제는 별다른 충돌이 없었다. 하지만 백제 근초고왕(재위 346~375년)이 백제를 침략해 온 고국원왕(재위 331~371년)을 평양성에서 죽이면서(371년) 피나는 혈투가 이어진다. 때는 바야흐로 마한의 소국들을 병합한 한성백제가 최전성기에 이를 무렵이었다.

최종택 교수(고려대)에 따르면 369년부터 390년 사이에 고구려－백제전의 승자는 백제였다. 백제는 10번의 전투에서 5승 1패(4번은 승패불명)의 압도적 우위를 보인다. 비명횡사한 아버지(고국원왕)의 원수를 갚으려던 소수림왕(재위 371~384년)과 고국양왕(재위 384~391년)의 복수전은 실패로 끝났다는 뜻이다. 하지만 고국원왕의 손자인 광대토대왕(재위 391~413년)이 즉위하자(392년) 승부의 저울추가 고구려 쪽으로 기운다.

21일간의 혈투 끝에 고구려에게 떨어진 관미성

* 396년 혹은 391년 설 이와 관련해서 『삼국사기』에는 391년, '광개토왕비문'에는 396년으로 되어 있다. 아무래도 당대의 금석문기록인 '광개토왕비문'이 더 정확할 듯하다.

광개토대왕은 396년(혹은 391년)* 4만 군사를 이끌고 백제 석현성 등 10성을 함락시킨다. 그 뒤 그해 10월 『삼국사기』에 기록된 대로 "사면초절 해수환요(四面峭絕 海水環繞 : 사면이 가파르고 바닷물에 둘러싸인)" 형국의 관미성(關彌城)을 함락시킨다. 관미성을 얻은 광개토대왕은 수군을 이끌고 아리수(한강)를 건너 백제의 국성을 포위한다. 당시 백제를 다스리던 아신왕(재위 392~405년)은 남녀 1,000명과 세포 1,000필을 헌납하면서 "지금부터 영원한 노객(奴客)이 되겠다."고 맹세하며 무릎을 꿇는다.

광개토대왕은 백제 58개 성과 700촌을 얻고 개선한 반면, 아신왕은 피눈물을 흘린다. 특히 관미성을 잃음으로써 굴욕을 당했다고 생각한 것이다. 아신왕은 1년 뒤 동명묘에 절하고 제단을 쌓아 기도를 올린 뒤 진무 장군에게 특명을 내린다.

'사면초절 해수환요' 형국의 관미성 원경. 육지 쪽도 원래는 물이 둘러왔다고 한다. / 파주시청 제공

"관미성은 우리 북쪽 변경의 요충지인데 고구려에게 빼앗겼다. 과인은 너무 분하다. 반드시 설욕하라!"(『삼국사기』「백제본기」'아신왕조')

백제로서는 임진강 이북의 석현성 등 빼앗긴 10성을 되찾기 위해 반드시 먼저 탈환해야 할 관미성 공략에 나선 것이다. 하지만 고구려의 보급로 차단으로 아신왕은 뜻을 이루지 못한다.

"왕(아신왕)이 병사 1만 명을 이끌고 고구려 남경을 치려고 계획한 뒤에, 몸소 날아드는 화살과 돌(矢石)을 무릅쓰고 석현(石峴)성 등 5개 성을 회복하려 했다. 먼저 관미성을 에워쌌지만 고구려인이 굳게 성을 지켰다. (설상가상으로) 양도(糧道 : 보급로)가 끊기자 군사를 이끌고 돌아왔다."

관미성은 이렇게 고구려─백제의 치열한 격전지였던 것이다. 고구려가 이 성을 수중에 넣은 뒤 전세는 급격하게 고구려로 기울었고, 한성백제는 몰락의 길로 접어든다. 급기야 475년 백제의 개로왕이 장수왕의 공격을 받아 전사하고 한성이 함락된다. 고구려는

최전성기에 접어들었고 한성백제는 493년에 역사의 종지부를 찍는다. 웅진으로 천도한 백제는 더는 웅비의 꿈을 펼치지 못한다.

육군 중령이 찾아낸 관미성

관미성은 고구려-백제의 치열한 106년 싸움을 상징하는 천혜의 요새다. 게다가 광개토대왕의 병신년 기사(396년)에 보이는 58개 성 가운데 유일하게 성의 모습이 구체적으로 기록됐다. 하지만 관미성이 과연 어디인지는 누구도 밝혀내지 못한 채 설(說)만 설설 끓는 형국이었다. 강화도설(이병도, 신채호)과 예성강 유역설(김성호, 이마니시), 그리고 임진강 · 한강 교회지점설 등이 어지럽게 제기되었다.

그러던 1985년. 지금의 오두산 지역 관할부대 대대장으로 부임한 윤일영 중령이 주목할 만한 발견을 하게 된다. 그는 육사생도 시절부터 임진왜란 당시의 70개 전투를 줄줄 암기할 정도로 전쟁사에 관심이 많았던 사람이었다.

"우연히 김정호의 『대동지지』(1864년) 「교하편」을 보았습니다. 거기에 오두산성은 '임진강과 한강이 만나는 곳이며 본래 백제의 관미성이다.'(臨津漢水交合處 本百濟關彌城)라는 문구가 있었어요. 육사시절 은사인 허선도 교수에게 보여 주니 그분이 무릎을 탁 치더군요."

관미성의 위치를 문헌상으로 처음 확인하는 순간이었다.

"자네, 이걸로 석사논문을 쓰게. 대학원에 바로 들어와."

허 교수는 「관미성 위치고」라는 논문 제목까지 정해주면서 제자의 발견을 격려한다. 어찌 보면 '어이없는 발견'일 수도 있다. 사료에 분명히 적혀 있는 걸 모르고 학계에서는 그동안 지형조건과 고대어의 음운체계, 고구려군의 진출경로 등에 사로잡혀 탁상공론에만 몰두했기 때문이었다.

윤일영 씨는 여기서 독일의 전사가(戰史家)인 델브뤼크가 1900년에 쓴 『정치사의 테두리 안에서 본 전법사(戰法史)』를 인용했다. 즉 델브뤼크는 "현대 전쟁사가들은 고대의 사록(史錄)을 대조·검토함으로써 고대전쟁의 양상을 조명할 수 있다."고 설파했다는 것이다.

"만약 전쟁사가들이 과거에 전투가 벌어졌던 곳의 지형을 알고 있다면 현대 지리학의 모든 자료들을 이용해 역사기록을 검토할 수 있다. 또 전투에 사용된 무기와 장비를 알고 있다면 논리적인 추리로 전술을 다시 추정할 수 있다."

윤일영 씨는 "또한 보통의 병사들이 수행하는 행군능력, 그리고 보통의 말(馬)이 짊어질 수 있는 부하(負荷) 능력 및 대규모 병력의 기동성 등을 판단할 수 있기 때문에 현대 전쟁의 연구 또한 역사가들에게도 좋은 자료가 된다."고 보았다.

대륙으로 진출하기 위한 뒷문 단속

이런 점에 착안해 윤일영 씨는 『대동지지』의 내용, 즉 오두산성이 관미성이라는 기사를 확인하고는 군인의 입장에서 396년에 일어난 '광개토대왕의 남침'을 복원해 나간다. 사실 광개토대왕의 남침 자체가 군사작전이고 엄연한 전쟁과정이기 때문에 윤일영 씨 같은 군사적 접근은 만시지탄이 아닐 수 없었다. 우선 '광개토대왕비문'에 나타난 남침기사를 자세히 살펴보자.

"병신년(丙申年) 6월 왕(광개토대왕)이 몸소 수군을 이끌고 백제를 토벌해 먼저 18개 성을 공취했다. 그 국성(國城)에 이르렀음에도 적이 굴복하지 않고 나와 대항했다. 왕이 크게 노하여 아리수(阿利水 : 한강)를 건너 국성에 대한 압박을 가하면서 측방으로 가로질러 공격하자 적은 도성으로 퇴각했다. 이에 왕은 급히 도성을 포위했다. 백제왕은 곤핍해 방법이 없자 남녀 생구(生口) 1,000명과 세포 1,000필 (細布千匹)을 헌납하고 나와 항복했다. 백제왕은 영원한 노객이 되겠다고 맹세했다. 이에 왕은 58개 성과 700촌을 얻고 백제왕의 형제와 대신 10인을 데리고 귀환했다."

기사를 보면 고구려는 수군과 육군을 동원해 수로와 육로로 양동 작전을 펴서 18개 성을 공취한 다음 백제를 굴복시켰고, 그 다음 강화(講和)에 의한 2단계 작전으로 40개 성을 추가로 복속시킨 뒤 철수했음을 알 수 있다.

전쟁사의 측면에서 볼 때 광개토대왕의 남침은 영토 확장이 아니라 장차 대륙으로 진출하기 위해 후방을 단속하자는 의미에서 이뤄졌다.

관미성(통일전망대) 광개토대왕 침공로

『삼국사기』「고구려본기」 '광개토대왕조' 등에 따르면 광개토대왕의 남침과 같은 해 (396년)에 북중국에서는 고구려와 접경하고 있던 후연(後燕)과 북위(北魏)가 피어린 전쟁을 벌이고 있었다.

고구려를 위협하던 후연이 북위와의 전쟁을 위해 전력을 다하는 상황에 이르자,

군사적 부담이 줄어든 고구려는 백제를 겁박할 수 있는 절호의 기회를 잡은 것이다. 광개토대왕의 남침은 바로 북중국에서 벌어지고 있던 '5호16국(五胡十六國)시대'의 혼란에 능동적으로 대처하기 위한 '뒷문 단속'이었다. 즉 광개토대왕의 목적은 백제 수도인 하남위례성(풍납토성)을 포위하고 백제왕을 굴복시켜 강화를 하여 혹 있을지 모를 백제의 침략을 사전에 차단하는 것이었다.

윤일영 씨는 '광개토대왕비문'과 『삼국사기』등에 나오는 기록을 토대로, 고구려가 남침으로 빼앗은 18개 성의 기동로를 지도상에 그려 보았다. 그러자 도상에는 두 개의 축선이 이어지면서 최종 목표인 하남위례성에서 만나는 것을 알 수 있었다. 즉 고구려군은 지금의 파주 장단[長湍 : 고모야라성(古模耶羅城)]과 적성 마전[麻田 : 미사성(彌沙城)]을 공격했다. 이것은 지금의 파주와 적성지역에 배치된 백제의 전방 방위군을 고착시키고 견제함과 동시에 주력부대인 광개토대왕이 직접 인솔하는 수군의 진공을 들키지 않으려는 전술이었다.

"평소 백제군은 수도를 방어하기 위해 파주 봉서산성과 적성 칠중성 등 2개 성에 전력을 집중시켰습니다. 지금의 기준으로 말하면 개성~파주 방면과 토산(황해)~적성 방면에 이르는 도로를 방비하여 하남위례성으로 가는 길을 차단하려 한 거죠."

결국 고구려군은 조공(助攻)부대를 파주성과 칠중성 전면에 배치해 백제군을 기만한 것이다. 그때까지 고구려군은 남침할 때 대부분 이 길을 활용했기 때문에 백제군은 깜박 속고 말았다.

북한군의 남침을 빼닮은 광개토대왕의 남정

"한국전쟁 때도 북한군과 중국군은 바로 이 파주, 적성 길을 주 공격로로 활용했습니다. 한국전쟁 개전 당시 북한군 1·6사단과 206기계화연대·203전차연대가 이 파주·적성을 통해 물밀듯이 쳐내려왔어요. 특히 칠중성이 있는 적성 가여울이라는 곳은 수심이 얕아서 특별한 도섭장비가 없어도 건널 수 있는 곳입니다."

고구려군은 파주·적성 부근에 대한 제한공격과 우회를 통해 돌파한 뒤 미사천 통로를 따라 영평[舍薦城·사천성]~고리성(古利城 : 의정부 동남쪽)을 거쳐 아차성(阿且城 : 아차산)으로 진격했다. 하지만 고구려군의 주력부대는 광개토대왕이 이끄는 수군이었다.

이것을 전사의 측면에서 양공(兩攻)작전이라 하는데, 흔히 말하는 양동(兩動)작전과는 다르다. 양공(兩攻)작전은 적을 속이기 위한 제한된 공격작전으로 적이 아군의 주공방면으로 투입되지 못하도록 제한된 공격을 벌이는 것이다. 반면 양동(兩動)작전은 전투를 벌이지 않는 측면에 있는 적군 앞에서 병력과 장비 등으로 무력시위를 벌이는 것이다. 제한전투를 벌이는 '양공'과 무력시위만 벌이는 '양동'은 이렇게 다른데 당시 고구려군은 양공작전을 벌인 것이다.

윤일영 씨는 이 양공작전의 주력부대인 광개토대왕의 수군 공격로를 예성강~조강

한국전쟁 당시 북한군 남침도

강화도 최북단에서 바라본 조강(祖江 : 임진강과 한강이 만나 흐르는 강)의 모습. 가운데 검은색의 돌출부 옆으로 예성강이 흘러든다. 광개토대왕은 바로 저 예성강 하구로 빠져 나와 강화도에 잠시 머문 뒤 관미성으로 출격했을 것이다.

(祖江)~관미성(오두산성)~한강~마포~아차성 등으로 분석했다.

그는 군사학적인 측면에서 광개토대왕 남침경로와 시간까지 계산했다. 그것에 따르면 고구려 수군 1만 명이 출전했다면 선단의 전체 길이는 무려 65킬로미터가 되는 대단한 위용을 과시했을 것이다. 1만 명의 수군과 보조인원 2만 5,000여 명을 합한 3만 5,000명이 540여 척의 배에 분승했을 것이다. 황해도 조읍포에서 출발한 고구려 해군은 나흘간의 대장정 끝에 관미성(106킬로미터)에 도달

천혜의 요새였던 관미성의 잔존 성벽

했을 것이다. 그런데도 천혜의 요처인 관미성은 쉽게 함락되지 않았다. 4면이 가파르고 해수로 둘러싸인 관미성이었기 때문이었다. 더구나 백제군의 항거 또한 사생결단이었을 것이다.

강력한 저항에 직면한 고구려군은 군사를 나누었을 것이다. 관미성 공격부대와, 한강을 따라 일사천리로 백제 수도인 한성을 공략하는 부대로……. 관미성 공격에 나선 부대는 7개 방면으로 20일간 치열한 접전을 벌인 끝에 성을 함락시켰을 것이다.

공수의 요처는 이렇게 천신만고 끝에 고구려의 수중에 들어온다. 관미성을 수중에 넣지 않으면 한성을 도모할 수 없기에 피나는 전투를 벌인 것이다. 이것은 지금도 우리 군대가 김포반도의 한강·임진강 교회지점을 지키는 이유다.

한편 마포에서 상륙한 고구려군은 아차성으로 진격해, 동쪽에서 내려온 육군과 함께 아차성을 압박했을 것이다. 백제 도성, 즉 한성(하남위례성)으로 달아난 백제 아신왕은 결국 고구려군의 포위에 손을 들고, 관미성을 빼앗긴 백제는 쇠락의 길을 걷는다.

백제의 축성기법을 닮은 관미성의 성벽 구조

각설하고 관미성으로 비정된 오두산성에 대한 고고학 발굴성과는?

이 오두산성이 통일전망대로 개발되기에 앞서 1990년 경희대 발굴팀이 지표조사를 벌인 적이 있다. 하지만 조사단은 이 성이 관미성이라는 확증을 찾지 못했다. 최전방이라는 특수성 때문에 군 시설물 등으로 성 내부가 상당부분 파괴됐기 때문이었다. 다만 성이 백제 초기의 축성방식을 따랐다는 사실은 확인했다.

"여러 점의 토기편과 기와편을 수습했다. 성벽 축조방식은 백제 초기의 성 축조방식을 그대로 따랐다. 치석된 돌로 성벽을 쌓는 방식을 흔히 고려(고구려)식이라고 부르는데, 이것은 백제 초기에 사용했던 방식이기도 하다."(경희대 조사단)

즉 백제성인 중원의 장미산성과 오두산성의 축조방법이 동일하다는 것을 지적하고 있다. 따라서 경희대 조사단은 "확실한 결론을 내리기는 힘들지만 여러 정황으로 보아 일단 관미성일 가능성이 높다."는 결론을 내렸다.

광개토대왕이 7개 방면으로 20여 일에 걸쳐 힘겹게 공략한 뒤 겨우 함락시킬 정도로 '사면초절' 하다는 점과, 밀물 때는 바닷물이 밀려들어오는 것을 감안한다면 '해수환요'의 조건에 딱 맞기 때문 이었다. 그리고 2006년 7월 오두산성 성곽보수 및 정비와 관련된 유구조사 등 몇 차례 조사에서 백제 토기가 발견되었다는 점도 심 상치 않다. 심정보 교수(한밭대)의 말을 들어보자.

"백제식 축성기법(정상부를 띠로 두르듯 쌓았고, 산기슭을 ㄴ자로 파낸 뒤에 한 쪽만 석축한 성)을 충실하게 따르고 있어요. 백제 기와도 나오 고……. 지금까지의 상황으로 보면 오두산성이 관미성일 가능성은

관미성의 흔적

백제의 축성기법을 따른 관미성

높다고 봅니다. 다만 고고학적인 발굴이 더 진행되고, 더 많은 백제 유물이 나와야 하긴 하지만……."

지금 성을 지키는 초병의 얼굴에서 1,600년 전 백제 병사의 모습을 떠올려본다. 불안한 정적이 흐르는 최전방 초소에서 건널 수 없는 강을 무시로 나는 갈매기를 보며 고향의 어머니를 그리워하겠지.

바둑에 빠져
나라를 망친 개로왕

통일신라시대 분황사 터에서 발견된 바둑판. 크기가 현대의 바둑판과 비슷하다고 한다. / 국립경주문화재연구소 소장

고구려 장수왕(재위 413~491년)이 몰래 사람을 모집한다. 백제를 치기 위한 사전작업으로 간첩을 찾은 것이다. 이때 승려 도림(道琳)이 나선다.

"제가 한번 백제를 도모해 보겠습니다."

도림은 장수왕의 격려를 받으며 백제로 간다. 거짓 망명을 하기 위함이었다. 도림은 알고 있었다. 백제 개로왕이 바둑[奕 · 혁]에 빠져있다는 것을……. 그래서 당대 최고의 국수(國手) 도림은 개로왕에게 접근한다.

"제 바둑 솜씨가 신묘한 경지에 올랐다고들 합니다. 제가 대왕 곁에서 한 수 가르쳐 드리겠습니다."

반신반의하던 개로왕은 도림의 바둑실력을 보고는 "과연 국수의 솜씨다."라고 하면서 기뻐했다. 개로왕은 도림을 너무 늦게 만났다고 하면서 한탄한 뒤에 상객(上客)으로 삼아 곁에 두고는 연일 날이 새는 줄 모르고 바둑공부에 심취했다. 하지만 왕의 마음을 사로잡은 도림은 결국 마각을 드러낸다.

"한 말씀 드리겠습니다."

"말해 보거라."

"백제는 강국입니다. 강국에 걸맞은 위세를 보여야 하는데, 성곽과 궁실은 고쳐지지 않았고, 선왕의 해골은 맨땅에 매장되어 있습니다. 백성의 집은 강물에 자주 허물어집니다."

"그래 옳은 말이다."

개로왕은 도림의 유혹에 빠져 화려한 궁실, 성곽에 이어 선왕의 무덤을 조성하기 시작했다. 대역사로 백성은 도탄에 빠졌고 국고는 텅 비었다. 나라가 누란의 위기에 빠진 것이다.

이제 됐다고 생각한 도림은 백제를 탈출해 장수왕에게 이 사실을 보고했다. 475년 9월 장수왕은 크게 기뻐하면서 3만 명을 내어 백제를 맹공격한다. 개로왕은 뒤늦게 후회했지만 만사휴의. 전력이 크게 약화된 한성백제는 고구려와의 '7일 전쟁' 끝에 대패하고 만다. 396년 광개토대왕의 남침으로 욱일승천의 국세가 꺾인 한성백제.

이로 인해 백제는 중흥의 길로 접어드는 대신 나락의 길로 떨어진다. 개로왕은 바둑에 빠져 창업주인 온조왕(재위 기원전 18~기원후 28년)의 가르침을 까맣게 잊은 것이다.

"온조왕은 새 궁실을 지었는데, 검소하되 누추하지 않았고 화려하되 사치스럽지 않았다."(儉而不陋 華而不侈)

역사의 가르침은 시공을 초월해서 두고두고 되새겨야 하는 것이다. 초심을 잃어서는 안 된다는 교훈도 역시…….

천자를 칭한 고구려의 최전방 사령부, 호로고루

고구려 기마부대와 북한군 전차부대가 건넌 곳

　　연천군 장남면 원당리. 포장된 농로를 따라가면 멀리 벌판 위에 야트막한 구릉 하나가 보인다. 여전히 전쟁과 분단의 기운을 머금은 채……. 하기야 그곳에서 조금만 올라가도 1968년 김신조가 이끈 북한군 특수부대의 1·21사태 침투로이고, 경순왕릉을 호위하는 남방한계선이 지근거리이며, 8킬로미터만 더 가도 북한군이 파

고랑포구 방향에서 찍은 호로고루 원경. 고루 옆에는 고구려 기마부대와 북한군 전차부대가 도하했을 만큼 수심이 얕은 임진강이 흐르고 있다. / 김태식 촬영

놓은 고랑포 땅굴(1호)이 있으니 더 말해 무엇 하랴.

강변 북안에 천혜의 자연조건을 이용해 구축한 고구려 최전방 사령부 / 토지박물관 제공

내가 서 있는 구릉은 바로 호로고루(瓠蘆古壘)다. 그래 '고루'라고 했으니 국경선을 지키는 옛 보루(堡壘)일지니. 이곳은 1,500년 전 고구려·백제·신라의 국경지역이었고, 한국전쟁 때는 남북이 총칼을 앞세우며 싸웠던 격전지였음을 떠올리자.

돌이켜보면 삼국의 역사는 전쟁의 역사라 해도 과언이 아니다. 4~7세기까지 고구려와 신라는 16차례, 고구려와 백제는 31차례(혹은 33차례), 백제와 신라는 29차례에 걸쳐 피 말리는 전투를 벌였다.

호로고루와 마주보고 있는 육계토성이 한성백제의 영역이었듯이 이곳의 첫 번째 주인은 백제였다. 근초고왕대에 고구려 고국원왕을 죽이는 등 전성기를 이룬 백제는 396년(혹은 392년)부터 시작된 광개토대왕(재위 391~412년)의 남진정책에 눌려 이곳의 권리를 잃게 된다. 급기야 광개토대왕의 뒤를 이은 장수왕(재위 391~412년)은 475년에 백제 개로왕을 죽이고 한성백제 500년 역사를 종식시킨다. 그 결과 백제는 웅진으로 천도하고 고구려와 백제의 국경선이었던 임진강 유역은 고구려의 영역이 된다.

고구려는 남하루트에 호로고루(瓠蘆古壘)를 비롯해 당포성(堂浦城), 은대리성(隱垈里城) 등 크고 작은 성과 보루를 축조하기 시작한다. 그리고 백제가 멸망한 뒤에는 고구려와 신라, 신라와 당나라가 임진강을 두고 혈투를 벌인다. 그 대표적인 혈전지가 바로 이 호로고루가 있던 호로하와, 칠중성이 있던 칠중하, 그리고 매소성이 있던 한탄강이다.

칠중성과 매소성 전투에 대해서는 차차 알아보기로 하고 우선 호로고루 일대의 전투를 살펴보자. 때는 바야흐로 나당연합군이 고구려를 치던 662년(문무왕 11년).

멀리 고랑포구가 있다. 그 북쪽으로는 경순왕릉이 있고, 1968년 1·21사태 때 북한군 특수부대가 침투한 곳이 있다. / 심현철 촬영

"굶주림과 추위 때문에 죽은 병사들이 헤아릴 수 없었다. 행렬이 호로하(瓠瀘河 : 호로고루 인근 하천)에 이르렀을 때 고구려군이 쫓아와서 강 언덕에 나란히 진을 쳤다. 신라군은 적(고구려군)이 미처 강을 건너기 전에 먼저 강을 건너 접전하였다."(『삼국사기』「신라본기」'문무왕조')

우여곡절 끝에 백제와 고구려를 제압한 신라는 당나라와 맞선다.

"673년, 당나라군이 북쪽 변경을 침범하자 아홉 번 싸워 이겨 2,000여 명의 목을 베었고, 호로(瓠瀘 : 호로고루)강에 빠져 죽은 당나라 군사가 이루 헤아릴 수 없었다."

이렇게 호로고루는 삼국의 국경하천이었으며, 훗날 신라와 당나라가 양보할 수 없는 한판 승부를 벌인 곳이기도 하다. 왜 하필 호로고루 일대인가 하면 깊이가 무릎 정도밖에 되지 않는 이곳은 임진강 하류에서 배를 타지 않고도 건널 수 있는 최초의 여울목(임진강

정비사업의 일환으로 한창 발굴조사를 하고 있는 토지박물관 조사팀

하류 쪽에서 볼 때)이기 때문이다.

조선시대에도 이 지역은 호로탄(瓠蘆灘)이라 하여 장단에서 개성으로 들어가는 길목이었다. 1950년 한국전쟁 발발 당시 북한군 전차부대도 개성에서 문산 쪽으로 직진하지 않고 20킬로미터나 우회해서 호로고루 여울목을 도하했다. 북한군은 바로 이 호로고루 정상에 포대를 설치했으니 이곳은 현대사 측면에서도 '보루' 역할을 했던 것이다. 한국전쟁이 끝난 뒤에도 호로고루 일원은 민간인통제선 북쪽에 자리 잡고 있어 금단의 땅으로 남아 있었다.

이곳에 한번 올라 보면 누구나 요처라는 사실을 확인할 수 있다. 고루에서 하류 쪽을 바라보면 자갈 띠가 마치 다리처럼 강의 양안을 이을 것 같다. 예전에는 고구려 기마부대가, 한국전쟁 때는 북한군 전차부대가 저곳으로 건너왔겠지.

뱀의 틈바구니에서 확인한 고구려 사령부

그런데 1990년대 들어 민통선이 북상하면서 이곳에 민간인들이 드나들기 시작했다. 사람의 손을 타면 유적은 훼손되고 만다. 도로가 생기고 축사가 설치되었으며, 버섯을 재배하기 위해 포클레인이 동원되었다. 이미 북한군이 포대를 설치하면서 기다란 참호 때문에 정상부가 훼손되었던 터. 여기에 마을 주민들이 뱀을 잡으려고 중장비를 동원해 성벽을 무너뜨리기까지 했다는 것이다.

더는 좌시할 수 없게 되자 1998년부터 토지박물관이 정밀조사에 나섰다.

"역시 마을주민들이 탐을 냈다는 뱀이 우글거리더군요. 돌로 쌓은 산성은 원래 뱀들의 서식처로 안성맞춤이어서……. 제가 본 뱀만 해도 50종류는 족히 됐어요. 맹독성 뱀들도 눈에 띄었는데, 조사하는 과정에서 한 20마리 정도는 잡은 것 같아요."

심광주 토지박물관장의 말이다.

조사 결과 호로고루의 독특한 성벽 축조기법이 시선을 끌었다. 바닥을 점토로 쌓아 올리고 중간부분에는 사질토로 판축을 한 뒤 그 양쪽에 거의 대칭으로 돌성을 쌓았다는 점 때문이다.

발굴되는 지하벽체신 구조물. 지하창고 같은 구조다.

호로고루에서 켜켜이 쌓인 고구려 기와를 발굴하는 장면

"삼국시대의 축성기법은 일반적으로 흙성(土城)이나 돌성(石城), 혹은 내부를 돌로 쌓아올리고 외부를 흙으로 덮어 쌓은 석심토축성(石心土築城)인데……. 호로고루는 석성과 토성의 장점을 적절히 결합해 축성이 용이하면서도 견고하게 쌓은 것입니다."

호로고루에서 확인된 각종 명문토기들 / 토지박물관 제공

호로고루의 전체 둘레는 401미터가량 됐다. 남벽은 161.9미터이고 북벽은 146미터이며, 동벽은 잔존길이가 89.3미터(진입로 부분을 포함하면 93.1미터)였다. 성 내부의 전체 규모는 2,000평 정도였다.

성 내부는 해발 22미터로 성벽은 '한들벌'로 이어지는 동쪽 부분만 남북으로 가로막는 지상구조물을 쌓아 성벽을 조성했고, 나머지 두 벽은 암벽의 윗부분에서 현재의 지표에 이르는 높이 4~5미터만 돌아가면서 쌓았다. 특히 동벽은 삼각형 모양의 돌출부위를 틀어막아 성(城)의 기능을 하게 만드는 결정적인 부분으로 유일한 지상구조물이다.

동벽 구축에만 1만 6,000평방미터의 흙이 들어갔다. 남벽은 임진강을 따라 형성된 긴 석벽을 활용하여 구축했고, 북벽은 40~60도 가량의 급경사를 이루고 있었다. 전체적으로 적이 임진강을 통해 접근하지 못하도록 막는 요새였다는 얘기다. 유물 발굴성과로

쏟아지는 와당과 마구리 기와들. 엄청난 규모의 사령부 건물이 존재했다는 증거다.

정나리 토지박물관 과장이 가장 예쁜 연화문 와당을 선보이고 있다.

보면, 임진강과 한강 유역에 위치한 40개의 고구려 유적 가운데 가장 많은 고구려 기와가 발견됐다. 392년(혹은 396년)부터 7세기 후반까지 250여 년간 이 지역을 지배한 고구려의 입장에서, 이 호로고루는 '매우 중요한 최전방 사령부'였다.

고급 곡식을 먹은 부강한 고구려

2006년 7월부터 9월까지 실시된 조사에서 더욱 재미있는 성과가 나왔다. 성 안에서 지하보급 창고가 확인된 것이다. 놀라운 것은 3미터 깊이로 땅을 파서 조성한 창고 안에서 소·말·개·사슴·멧돼지 등 6종의 동물뼈와 쌀·콩·조·팥 등 탄화곡물이 다량으로 출토됐다는 점이다. 확인된 동물뼈는 200여 점에 이르렀다. 소가 47점으로 가장 많았고, 말 40점, 멧돼지 26점, 개 4점, 사슴 2점 순이었다.

심광주 관장은 "소의 경우 최소 3마리분이 나왔는데 두개골, 척추골, 늑골, 견갑골 등 소의 모든 부위가 고르게 출토됐다."고 하면서 "뼈에 난 칼자국은 부위별로 살을 발라내는 행위가 있었다는 증거"라고 설명했다. 야생동물 가운데 겨울에 사냥하기 쉬운 멧돼지의 빈도가 가장 높은 것은 이 창고가 겨울용이라는 점을 반증한다.

곡물 가운데 탄화콩은 임진강 유역의 고구려성에서 처음 확인됐다. 당시 조유전 토지박물관장(현 경기문화재연구원장)의 말이다.

"사실 콩은 중요한 단백질원이라 없어서는 안 될 곡식인데, 지금까지 임진강 유역에서는 쌀과 조만 나와 이상하게 생각했어요. 동물뼈와 탄화곡식이 다량 발견된 것은 고구려인의 식생활을 복원하는 데 중요한 자료가 될 겁니다."

결국 이 지하창고는 최전방 사령부에 주둔했던 고구려군의 지하보급창고였던 셈이다. 사실 고구려군의 식생활에 관한 자료는 이미

흑색마연단경호와 직구호

고구려 벼루

호로고루에서 확인된 탄화된 곡식(왼쪽 위로부터 시계방향으로 쌀·조·팥·콩)들이다. 고구려군은 당시만 해도 고급 음식인 쌀밥을 먹고 전투에 나섰다. / 토지박물관 제공

출토된 동물뼈들. 고구려군은 쇠고기와 돼지고기 등 다양한 고기를 섭취했다.

1998년 8월에 확인된 바 있다. 즉 호로고루에서 동쪽으로 20킬로미터 떨어진 연천 왕징면 무등리 2보루에서 엄청난 양의 탄화곡물이 발견된 것이다. 탄화곡물이 확인된 지점은 땅 밑 약 1미터 지점이었다. 그리고 발견된 탄화곡물은 가마니로 치면 수백 가마니가 될 정도였다. 당시 발굴단은 허문회 교수(서울대 명예교수)에게 탄화미 분석을 의뢰하는 한편 국립문화재연구소 등 3곳에 탄소연대측정을 의뢰했다. 그 결과 당시 고구려 군사들이 쌀과 조를 섞어 먹었다는 사실과, 그 쌀의 품종이 자포니카(Japonica)임을 입증했다.

또 쌀도 현미와 잘 도정된 백미를 적절히 섞어 먹었음을 알 수 있었다. 현미는 벼 껍질만 벗긴 것이고 백미는 현미 상태에서 한 번 더 다듬은 쌀이다. 현미는 소화에 문제가 있고, 백미는 쌀이 지니고 있던 영양분이 많이 파괴되며 현미보다 보관하기가 어렵다. 일장일단이 있는 것이다.

국립문화재연구소가 그 쌀의 연대를 측정한 결과 440~536년이었고, 보정연대는 534~685년이었다. 그것은 고구려가 이곳을 장악하고 있던 시기와 정확히 겹친다. 또 추론할 수 있는 것은 고구려가 당시로서는 고급 곡물인 쌀을 최전방 군사들에게까지 먹였을 정도로 부강했다는 점이다. 탄화미를 분석한 허 교수의 말을 들어 보자.

"당시에도 한반도 북쪽에는 논보다는 밭이 많았을 것이고 조밥을 많이 먹었을 겁니다. 그런데 고구려 군사들이 조와 함께, 당시로서는 고급 곡물인 쌀을 섞어 먹었다는 건 중요한 의미가 있습니다. 이는 쌀을 대량으로 수확하지 않았다면 불가능한 일이지요."

그 뒤에 8년 만에 고구려 최전방 사령부인 호로고루에서도 보급창고가 확인되었다. 그렇다면 이 모든 발굴성과는 만주와 요동을 석권한 고구려의 욱일승천하는 국력을 보여 주는 상징이 아닐까?

또 하나 재미있는 사실은 고구려인들의 "밥심"이다. 2007년 토지박물관은 개관 10주년을 맞아 "땅에서 찾아낸 역사"라는 제목의 특별전을 열었는데, 이때 호로고루에서 출토된 6~7세기 고구려 밥그릇을 공개했다. 그런데 요즘의 밥공기에는 350그램의 쌀이 들어가지만, 고구려의 밥그릇에는 무려 1,300그램이 필요했다. 고구려인들은 지금보다 4배 가까운 밥을 먹었다는 얘기다. 이는 고려시대 주발(1,040그램)과 조선시대 주발(690그램)보다 훨씬 많은 양이다. 조선 말기에 찾아온 서양인들은 조선인들이 먹는 모습을 보고 "대식국(大食國)"이라고 했다는데 고구려인들을 보면 뭐라 했을까? 고구려인들은 "밥심"으로 천하를 호령한 것일까?

점령하되 통치하지 않은 이유

각설하고 고구려가 임진강 유역에 쌓은 보루 가운데 당포성과 은대리성은 호로고루와 같은 강안평지성이다. 그런데 고구려의 남침을 유심히 살핀 연구자들이 주목한 것이 있다. 바로 고구려의 남침 경로와 점령지 정책이다.

심광주 관장에 따르면 임진강과 한강 유역에서 조사된 고구려의 성과 보루는 대략 38곳에 이른다. 그런데 재미있는 것은 고구려 유적들은 면(面)이 아니라 선(線)의 개념으로 분포되어 있다는 점이다.

"다시 말해 고구려가 백제의 영역을 점령한 뒤 면(面)의 개념, 즉 차지한 영역을 정치적·행정적으로 다스리는 군사 루트만을 개척한 뒤 보루 위주의 성을 쌓았다는 걸 말해줍니다."(심광주 관장)

예컨대 한강유역 아차산 일대에 분포된 보루는 20여 곳인데, 요충지를 따라 100~500미터 거리에 하나씩 배치되어 있다. 이런 현상은 양주 일대의 고구려 유적에서도 마찬가지다. 임진강의 경우에는 남북 방향이 아니라 동서 방향을 유지하지만, 임진강이 국경선이라는 점을 감안할 때 기본적인 성곽 및 보루 배치는 같다고 할 수 있다.

눈에 띄는 것은 38곳에 이르는 고구려 유적들이 대부분 둘레 400미터 안팎의 소규모 보루들뿐이라는 점이다. 랴오둥[遼東]과 지안[集安]은 물론 평양과 황해도 일대에 분포하는 고구려 산성들이 크게는 10킬로미터가 넘는 것들이 많다는 점을 감안하면, 남침 이후 점령지에 쌓은 소규모 성과 보루는 점령지역에 대한 고구려의 통치방법을 알려 주는 단서라는 점에서 시사하는 바가 크다. 이 모든 것은 신라가 삼국을 통일한 뒤 한강유역에 이성산성과 아차산성, 대모산성 등 큰 성을 쌓고 주변지역을 행정적·정치적으로 지배한 것과도 크게 구별된다.

심광주 관장은 이를 토대로 475년 장수왕이 이끄는 고구려군의 남침루트를 복원했다. 즉 고구려의 주력부대는 개성에서 장단과 파주를 지나 고양으로 진입하는 루트 대신 기마부대가 건널 수 있는 호로하나 칠중하를 건넜을 것이다. 이것은 1,500년이 지난 한국전쟁 때도 동일하게 적용되었다. 즉 현대전의 기마부대라 할 수 있는 전차부대도 쉽게 건널 수 있는 길을 택한 것이다.

그 뒤 고구려군은 감악산 동로인 368번 지방도 혹은 37번 국도를 따라 적암리 쪽으로 우회해 의정부에서 상계동을 거쳐 아차산에 이른 뒤 한성백제의 도성인 풍납토성을 공격해 개로왕을 죽였다는 게 심광주 관장의 추론이다.

고구려는 천자(天子)를 칭했다?

다시 흥미로운 추론 하나. 고구려는 왜 이런 점령지 정책을 썼을까?

쉽게 내릴 수 있는 해석은 효율성 때문이다. 대규모 성을 건설하려면 많은 인력과 경제적 부담이 필요하지만 그 성을 유지·관리하는 데는 더 많은 부담을 안아야 한다. 따라서 점령지에 대한 정치·행정적인 통솔권을 장악하기보다는 신속한 군사작전을 벌인 뒤 적은 비용과 인력으로도 관리할 수 있는 작은 성과 보루를 거점에 세우는 것이 효율적이었을 것이다. 그런데 좀 더 살펴보면 더 재미있는 해석이 가능하다. 광개토대왕비문을 보자.

"(396년) 왕이 백제의 성을 포위하니 백잔왕(백제 아신왕)이 무릎을 꿇고 영원히 고구려왕의 노객(奴客)이 되겠다고 했다. 58성과 700촌을 획득하고 백잔왕의 아우와 대신 10인을 데리고 수도로 개선했다."

또 중원고구려비문에도 "신라 매금(왕)과 세세토록 형제와 같이(如兄如弟) 상하가 화합하여"라는 구절이 있다. 이것은 무엇을 말하는가? 천자국을 자처한 고구려가 백제와 신라를 '노객' 혹은 '형제국'으로 삼았다는 말이 아닌가? 점령지를 정치적으로 지배하지 않고 인질과 노획물만 가지고 귀국했다는 점은 시사하는 바가 크다. 이것은 "만주일대를 정복한 대제국 고구려가 황제의 나라를 칭하여 백제와 신라를 조공국가로 삼았을 가능성도 있다."는 심광주 관장식의 추정도 해볼 수 있다는 얘기다.

나는 다시 호로고루 정상에 섰다. 유적 정비와 발굴에 여념이 없는 곳. 막 조성해 놓아 양생 중인 탐방로를 훌쩍 뛰어넘어 탐방용 데크에 서 본다. 저편에 깎아지른 현무암 단애의 절경, 그리고 그 앞에 고구려 기마부대가 벼락같은 함성을 내지르며 건넜을 여울이 파노라마처럼 펼쳐진다. 옛사람들은 이곳 고랑포를 중심으로 한 임진강을 흔히 고호팔경(皐湖八景)이라 했다지. 현무암 대지가 오랜 강물의 침식으로 깎아지른 수직절벽(垂直絶壁)으로 변해 병풍처럼 펼쳐진 천혜의 절경을…….

"낚시터 바위 위를 비추는 깊은 밤 고운 달빛(釣臺暮月), 자지포 여울에서 고기 잡는 어선의 등불(芝灘漁火), 자미성(호로고루) 위로 떠오르는 초승달(嵋城初月)……."

저 천혜의 비경을 바라보며 대제국 고구려의 기상과 웅지를 한번 맛보고 싶다는 생각이 든다. 하기야 어찌 연작(燕雀)이 홍곡(鴻鵠)의 뜻을 알고, 대제국 고구려가 품었던 붕정만리(鵬程萬里)를 가늠하기나 할까.

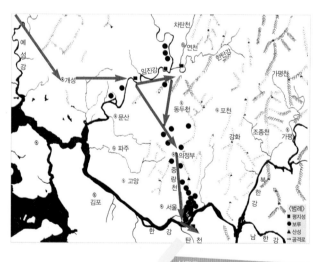

심광주 씨가 그린 고구려군 남하 루트

진군을 독려한
'변방의 소리'

"실장님, 명문이 나왔습니다!"

2009년 5월 26일. 유적정비를 위해 정밀조사를 벌이던 토지박물관 이형호 학예사의 목소리가 떨렸다. 호로고루에서는 이미 깜짝 놀랄 만한 유구와 유물들이 쏟아졌지만, 이번에는 명문이 새겨진 아주 재미있는 토기가 출토된 것이다.

"그래?"

곧 비상이 걸렸다. 심 관장은 버선발로 달려가 유물을 실견했다. 지하식 벽체 건물지 서쪽에 있는 구덩이 내부의 고구려 기와 폐기장에서 확인된 명문 토기편.

"여느 고구려 토기처럼 고운 점토로 제작된 토기는 표면이 마연된 검은색이었는데, 곳곳에 구멍이 뚫려 있었어요."(심광주 관장)

그런데 겉면 한켠에 음각으로 새긴 '상고(相皷)'라는 글자가 또박또박 선명하지 않는가. 상(相)자의 일부가 잘려 나갔으나 누구나 읽을 수 있는 글자였다.

'고(皷)'는 북을 뜻하는 고(鼓)의 이체자(異體字)로, 손환일 교수(경기대 연구교수)에 따르면 이체자 '고(皷)'는 6~7세기에 한정적으로 쓰인 글자다. 그렇다면 이 유물은 6~7세기 무렵, 즉 고구려가 이 호로고루를 점령했을 때 '흙으로 만든 북'이 분명했다. 그렇다면 토기 표면 곳곳에 정연하게 뚫려 있는 구멍은 가죽을 꿰매어 칠 수 있게 만든 것일까?

만약 명문이 없었더라면 이 이상한 구멍이 뚫린 유물의 용도를 도무지 알 수 없었을 것이다. 두께 1.7센티미터 정도로 15편의 토기편을 맞춰서 크기를 추정한 결과 지름 55센티미터에 이르렀다. 조사단은 곧 관련 자료를 찾기 시작했다.

사전에는 "흙으로 만들었고 모양은 작은 북과 같으며 손에 들고 장단을 맞추어 두드린다."고 나와 있다. 그런데 『악학궤범(樂學軌範)』에는 더 자세히 나와 있다.

"찾아보니 나오더군요. 고려시대부터 조선시대 초기까지 아악에서 쓰던 북의 일종으로 모양이 꼭 기병(騎兵)이 말 위에서 치는 작은 북인 비(鼙)와 같은 악기라고……."

'상고' 명문이 또렷한 토기편. 고구려군 사령부에서 '변방의 북소리'로 사용한 것으로 추정되는 북이 확인됐다.

15편이 출토된 '상고'로, 지름이 55센티미터로 추정된다.

44.044

76.384

비율 1/5

안악 3호분 벽화에서 보이는 고구려 북. 작은 사진은 『악학궤범』을 토대로 복원한 모습이다.

『악학궤범』에는 그 통의 길이가 2척 4촌 8푼, 양쪽 가죽면의 지름은 1척 4촌 3푼으로, 북통에 달린 2개의 고리에 끈을 꿰어 수평으로 들고 연주한다고 기록되어 있다. 또한 겉은 가죽이고 속은 겨(糠)를 넣는다고도 했다. 이 악기는 고려 예종 때 송나라에서 들여와 아악의 무무[武舞 : 武功(무공)을 찬미할 때 추었던 의식무용]에 쓰였다고 한다.

이 악기는 세종 때 회례연 · 헌가(軒架)의 무무에 사용됐지만, 지금은 그 실물이 전해 내려오지 않는다. 또한 『문화원형사전』에 따르면 '상고'는 고려시대부터 독(贛) · 요령 · 탁(鐸) · 금순(金錞) · 금정(金鉦) · 아고(雅鼓) 등과 함께 '도고'라는 이름으로 제례악의 무무(武舞)를 인도하는 무구(舞具)로 사용되었다고 한다. 원래는 악절의 끝에 한 번씩 흔들어 무원들이 춤동작을 할 때 음악의 흐름과 잘 조화를 이루도록 도와주는 역할을 했다고 한다. 그런데 조선 세종 이후에는 제례악에서 음악의 시작을 알리는 북으로 사용되었단다.

그렇다면 수수께끼 같은 노릇이다. 송나라 때 우리나라에 들여왔다는 이 '상고'가 어떻게 고구려 유적에서 나오게 되었을까? 또 하나 이 '상고'가 왜 군영, 즉 고구려 최전방 사령부에서 나왔을까? 그렇다면 이것은 『악학궤범』의 내용대로 고구려군의 무공을 찬미하면서 춤을 출 때 쓰였던 의식무용의 악기였을까? 아니면 적의 습격을 알리거나 아군의 진격을 독려하는 북이었을까?

8 다섯 번째 진흥왕순수비로 추정되는 적성 감악산 비석

감악산 몰자비(沒字碑)의 수수께끼

감악산(紺岳山)이라는 산이 있다. 경기도 파주시, 양주시, 연천군 사이에 있는 해발 675미터의 산이다. 예로부터 바위 사이로 검은 빛과 푸른빛이 함께 흘러나온다 해서 감악(紺岳), 즉 감색바위라고

감악산 정상에 우뚝 서 있는 고비(古碑). 진흥왕 순수비일 가능성이 있다.

하였다. 전형적인 바위산이다. 날씨가 맑은 날이면 임진강 하류의 넓은 평야지대가 보이며, 개성의 송악산과 북한산이 보인다.

감악산에서 바라본 임진강 이북 땅. 언제나 그렇듯 답답한 건물들이 없는 임진강 · 한탄강 유역을 바라보면 뼛속까지 시원해진다. 정상에 지금도 군부대가 주둔해 있는 이곳에는 수수께끼 같은 옛 비석이 떡하니 버티고 있다. 비석은 저 멀리 개성 송악산을 바라보고 있고, 삼국시대부터 요처였던 칠중성을 품에 안고 있다. 굽이굽이 사연을 담은 임진강은 말없이 흐르고 있고……

이곳은 군사적인 측면에서 요처 중의 요처다. 1976년 어느 날. ○○사단 정보과장인 윤일영 소령은 작전구역인 감악산 정상을 오르내렸다. 그런데 그는 정상에 나 홀로 서 있는 이른바 '몰자비(沒字碑 : 명문이 마멸된 비)'를 볼 때마다 심상치 않은 느낌을 받았다.

"직무상 감악산 정상을 늘 오르내리고 있었는데 이 비석을 볼 때마다 고개를 갸우뚱 거렸어요."

그런데 들리는 말로는 정상의 비석이 원래는 묻혀 있었는데 누가 똑바로 세운 뒤 갓(개석)까지 새로 만들어 얹어 놓았다고 했다.

"영험하다는 소리가 있어 아들을 낳게 해달라는 여인네들의 기도가 끊이지를 않았다네요."

윤일영 소령의 뇌리를 스치는 대

멀리 북한 땅까지 볼 수 있는 감악산 정상. 남북의 길목에 자리 잡고 있다.

목이 있었다.

"육사시절 허선도 교수님이 '관방지리'를 가르치면서 진흥왕 순수비가 있는 곳은 한결같이 전략적 요충지라는 말씀을 하신 게 번뜩 떠올랐어요."

이곳 감악산은 칠중성이 눈앞에 보이는, 삼국시대부터 그야말로 요처 중 요처였던 것이다. 그렇다면 이 '몰자비'는 혹시 진흥왕 순수비가 아닐까.

웬 설인귀 전설?

속전에 따르면 이 비석과, 비석이 있는 감악산 주변은 실은 당나라 장군 설인귀와 깊은 관련이 있는 곳이었다. 우선 『대동지지(大東地志)』「적성(積城)」 '감악산단조(紺岳山壇條)'는 "높이가 3장(丈)이나 되는 석단 위에 고비(古碑)가 있다."고 기록했다. 또한 『고려사절요』「지리조」와 『신증동국여지승람』, 『적성군지』 등 사료를 종합해 보면 재미있는 기록이 있다.

"감악산은 신라 때부터 소사(小祀)를 지내던 곳이었다. 봄과 가을에 향과 축문을 내려 제사를 지냈다. 현종 2년(1011년) 거란병이 장단악(長湍嶽)에 이르렀는데 감악신사(神祠)에 군기와 군마가 있는 것처럼 보여 거란병이 두려워 감히 진격하지 못했다. 이에 (설인귀) 신에게 감사하였다. 민간에 전하길 신라 사람이 당 장군 설인귀를 산신으로 삼았다고 한다."(『고려사절요』 「권3」 '목종 11년조') 조선시대 『세조실록』「1464년 10년 9월조」에는 더욱 재미있는 기록이 등장한다.

"권람(權擥)이 병이 들자 감악에서 기도하는데 비바람이 몰아쳤다. 권람이 신(神)에게 말했다. '감악산 신(神)이 당나라 장수(설인귀)라 하지만, 저는 일국(조선)의 재상입니다. 그러니 설인귀와 맞먹어도 되는 게 아닙니까?' 그러자 화가 머리끝까지 난 무당이 '그대가 감히 나와 서로 버티는데 돌아가면 병이 날 것'이라고 신어(神語)를 해댔다."

그런데 왜 뜬금없이 당나라 장군 설인귀가 이곳에 등장하는가? 속전에는 설인귀가 감악산 인근인 주월리 육계토성에서 태어나 맹훈련하여 당나라 장수가 되었다고 한다.

설인귀의 고향이라는 적성의 주월리 백옥봉, 그의 용마가 났다는 율포리, 무건리와 설마치에서 했다는 무예연습 전설, 감악산에 있다는 그의 수도석굴, 죽어서도 신으로 추앙되어 제사가 받들어졌다는 정상부의 사당 등 설인귀와 관련된 이야기들이 봇물을 이루고 있다.

설인귀가 누구인가? 그는 신라를 욕보이고 누란의 위기로 빠뜨린 철천지 원수였다. 『삼국사기』 「신라본기」 '문무왕조'를 보자.

"지금 (문무)왕은 천자의 명을 어기고 이웃나라의 우호를 속이고 (중략) 오호라! 전에는 충성스럽고 의롭더니 지금은 역적의 신하가 되었구나."(설인귀)

"창고에 쌓아둔 양식을 (당나라 군사들에게) 주느라 신라의 백성들은 굶고 있는데, 웅진의 (당나라) 군사들은 양식이 남아돕니다. (중략) 당나라는 이유도 묻지 않고 군사 수만 명을 보내 신라를 뒤엎으려 합니다. (신라는) 억울하며 절대 반역하지 않았습니다."(문무왕)

감악산 비석

북한산 순수비

　671년 당나라 행군총관 설인귀(薛仁貴 : 613~683년)가 신라 문무왕을 협박하는 장문의 편지를 띄운다. 이에 문무왕은 "태양(당)이 빛을 비춰주지 않아도 해바라기와 콩잎의 본심은 여전히 해를 향하고 있다."고 하면서 당나라에 충성을 다짐한다. 동맹군에서 점령군으로 변해버린 당나라군의 끊임없는 요구에 백성이 굶어죽게 생겼는데도……

　문무왕은 그야말로 피를 토하는 심정으로 설인귀의 협박에 굴복한다. 약소국의 비애인가, 외세의 도움을 받아 고구려 · 백제를 멸망시킨 대가인가. 아직 (당군을 한반도에서 몰아낼) 때가 아니니 온갖 수

모를 꾹 참았겠지.

이렇게 문무왕이 피를 토하듯 지은 「답설인귀서(答薛仁貴書)」가 역사의 뼈저린 기록물로 남아 있다.(『삼국사기』「신라본기」'문무왕조') 그런데 그 설인귀가 감악산 주변에서는 전설로 남아 있다니.

설인귀는 분명 당나라 사람

신라에게 뼈아픈 수모를 안겨준 설인귀는 왜 이토록 우리 땅에서 신격화되었을까? 전설에 따르면 설인귀가 '모국'인 고구려를 정벌한 것을 자책하여 "죽은 뒤에 감악산의 산신이 되어서라도 우리를 돕겠다."고 했다는 것이다. 연천 현감이며, 감악산 소사의 제관이었던 명문장가인 청천(青泉) 신유한(申維翰 : 1681~?)이 『감악산기』(1742년)에서 언급한 내용을 보자.

"설인귀는 본래 우리나라 사람으로, 아버지를 감악산에 장사지냈고, 안동도호부에 머물 때 여러 번 성묘를 했다고 한다. 설인귀의 사당 옆 '몰자비'는 혹시 아버지 묘 앞에 있는 비석이 아닐까?"

하지만 당대의 중국기록인 『구당서(舊唐書)』「열전」'설인귀전'에 따르면 설인귀는 당나라 강주(絳州) 용문(龍門) 출생이다. 그런 그가 신라 땅 감악산의 산신이 되었다니……

오죽했으면 『여지도서(輿地圖書)』「보유편(補遺篇)」'적성현지(積城縣誌)'가 "설인귀의 육계토성 출생설과 산신설 등은 어디까지나 속전일 뿐 제동지언(齊東之言)에 불과하다."고 일축했을까. 여기서 '제동지언'은 춘추전국시대 때 제나라의 동쪽 변경에 사는 사람들을 지칭하는 것으로 사리분별을 할 줄 모르는 어리석은 사람들을 일컫는다. 설인귀와의 관련설은 '제동지언'으로 폄훼될 수 있지만, 중요한 것은 감악산이 신라시대 때부터 나라의 제사를 지내던 곳이었음은 분명한 사실이다.

감악산은 신라가 제사지낸 곳

『삼국사기』「잡지(雜誌)」'제사(祭祀)'에 따르면 신라는 나마(奈麻), 골화(骨火), 혈례(穴禮) 등 왕경과 왕경 부근에 있었던 3산(山)에서 대사(大祀)를, 토함산·지리산·계룡산·가나갑악(加耶岬岳)·웅곡악(熊谷岳) 등에서는 중사(中祀)를, 상악(霜岳 : 강원 고성)·설악·부아악(負兒岳 : 북한산)·감악산에서는 소사(小祀)를 지냈다.

그런데 제사를 지낸 곳을 보면 대·중·소로 구분한 국가제례의 면모를 간파할 수 있다. 즉 대사는 신라의 영역이 경주 일원이었던 초창기부터 지냈던 큰 제사였고, 영토가 확대됨에 따라 중사와 소사가 추가되었던 것이다.

감악산의 소사 역시 부아악(북한산)과 함께 신라가 한강 유역에서 임진강 유역까지 영역을 넓히는 과정, 즉 6세기 중엽부터 7세기 초엽까지 추가한 제사일 것이다.

이 시기는 신라 진흥왕(재위 540~576년)이 한강과 임진강 유역은 물론 함경도까지 영역을 넓힌 뒤 척경(拓境)과 순행(巡行)을 기념하기 위해 비석, 즉 순수비를 세운 시기와 일치하지 않는가?

윤일영 소령의 지적 호기심이 발동했다. 그는 비석의 형태와 크기, 위치, 그리고 비석과의 관방시설과의 관계에 천착했다. 역사를 공부하는 군인에게는 일반학자들이 갖기 어려운 장점이 하나 있는

데 그것은 바로 전쟁사의 측면에서 유적과 유물을 살필 수 있다는
점이다.

요충지에만 세운 순수비

윤 소령은 우선 신라의 순수비가 확인되는 곳을 곱씹어 보았다.
진흥왕은 영토를 넓힌 뒤 그 땅에 순수비를 세웠는데, 북한산(555년)
과 창녕(561년) · 황초령(黃草嶺 : 568년) · 마운령(磨雲嶺 : 568년)비가 그
것이다. 그런데 순수비가 건립된 곳은 한결같이 중요한 관방시설의
인근지역이라는 점이 주목된다. 국경지역을 둘러보던 진흥왕은 아
마도 요처 중의 요처만을 골라 순수비를 세웠을 것이다.

예컨대 창녕비 인근의 화왕산성(火旺山城)은 낙동강 남쪽의 의령
과 함안으로 통하는 길목에 서 있고, 마운령비 인근의 운시산성(雲
施山城)은 청진과 함흥을 잇는 통로를, 황초령비 인근의 중령진(中領
鎭)은 강계와 함흥을 잇는 통로를 각각 통제하는 곳이다. 물론 북한
산비가 있는 북한산성은 개성과 서울을 잇는 통로를 감시하는 군사
요충지다. 좀 더 구체적으로 살펴보자.

신라 진흥왕은 한강 유역을 점령한 뒤(553년) 북한산 순수비를 세
운다. 그런 뒤 북진을 계속한다. 이제 신라는 고구려와 국경을 맞대
게 된다. 국경선은 지형과 기동로의 측면에서 3개 지역으로 나눌
수 있다.

첫째는 파주 · 연천을 기준으로 한 임진강 · 한탄강 지역이고, 둘
째는 임진강 동쪽인 철원지방이며, 셋째는 낭림산맥 동쪽의 함흥
지역을 꼽을 수 있다. 지금까지 신라-고구려 국경지역에서 발견된

진흥왕 순수비는 북한산비와 황초령비, 마운령비다.

여기서 드는 의문점 하나. 북한산이 개성-파주-서울을 잇는 요충지였으므로 순수비를 세웠다면, 또 하나의 요충지인 적성지역에는 과연 순수비를 세우지 않았을까? 누차에 걸쳐 『삼국사기』를 살펴보았듯이 칠중성과 감악산이 있는 적성지역에서는 7차례의 대규모 전투가 벌어졌다. 고구려군의 남하루트와 한국전쟁 때의 북한군·중국군 남침로 등을 검토해 보아도 적성을 통과하면 북한산성을 거치지 않고도 서울로 쏜살같이 빠져나갈 수 있다. 그렇다면 진흥왕은 칠중성을 품에 안고 있는 감악산 정상에도 순수비를 세우지 않았을까?

북한산 순수비를 빼닮은 감악산 고비

또한 이 감악산비는 북한산에 있는 진흥왕 순수비와 너무도 흡사하다. 감악산비는 높이 170센티미터, 너비 74센티미터, 두께 15센티미터이다. 북한산비는 남아 있는 비신의 높이 154센티미터, 너비 69센티미터, 두께 15센티미터다. 석재도 화강암으로 똑같다. 나중에 얹어 놓은 덮개돌을 빼면 두 비의 형태와 규모는 동시대 작품이라고 봐야 한다. 게다가 『삼국사기』「잡지」 '제사조'에서 나와 있듯이 북한산은 감악산과 마찬가지로 신라시대부터 제사(소사)를 지냈던 곳이 아닌가.

또 다른 관점은 감악산비가 해발 675미터의 높은 곳에 세워졌다는 점이다. 북한산비 역시 해발 556미터 비봉 정상에 자리 잡고 있다. 이뿐이 아니라 창녕비(화왕산)와 마운령비(운시산), 황초령비(중령진) 역시 고지에 서 있었다.

이 모든 자료와 해석을 토대로 윤일영 씨는 북한군 게릴라의 침투로와 관련된 군 전술 세미나에서 칠중성과 감악산의 중요도를 밝혔다. 예나 지금이나 도섭(渡涉)할 수 있는 임진강의 칠중성 인근이 전술적으로 얼마나 중요한지를 전사(戰史)의 개념에서 설명하기 위함이었다.

그러면서 신라 진흥왕은 국경선 가운데서도 가장 중요한 성(城)이나 진(鎭)을 선정한 뒤 그 배후의 높은 산에 순수비를 세웠을 것이며, 따라서 감악산비는 또 하나의 진흥왕 순수비일 가능성이 높다는 견해를 발표했다.

이 원고는 1981년 1월 30일 『임진강 전사 연구초(研究抄)』라는 책자에 소개됐고, 군 내부에만 알려지게 되었다. 그런데 동국대 학군단장으로 전출한 이덕렬 대령이 이 자료를 동국대박물관 측에 알려주었다. 그 뒤 비석에 대한 정식학술조사는 1982년 동국대 박물관이 맡는다.

12~13자의 자흔(字痕)

당시 황수영 동국대 총장도 1975년 이래로 감악산 고비(古碑)를 찾으려 양주군청 공보실을 자주 왕래했던 터였다. 당시만 해도 비석의 정확한 위치는 양주군 황방리로 알려져 있었다. 이용범 당시

비석은 북한 땅을 배경으로 우뚝 서 있다.

정상 바로 밑에서 금방 찾아낸 성벽

동국대 박물관장이 남긴 「칠중성과 감악산 고비 조사」(『불교미술』, 1983년) 특집기사를 보면 그 내막이 자세하게 나온다.

"감악산 비석은 현재(1982년) 파주시 적성 설마리와 연천 금곡면 천파리, 양주 남면 황방리의 경계에 있는데, 군청의 행정구역 자료에는 감악산비의 정확한 위치는 '황방리'라고 적혀 있었기 때문에 그동안 찾지 못했던 것이다."

어쨌든 당시 황수영 총장 · 이기백 교수(서강대) 등이 참여한 학술조사에서 이 고비가 삼국시대의 것이 틀림없다는 결론을 얻는다.

"진흥왕대의 순수비를 염두에 두고 감악산 고비를 살펴보면 외관과 규모가 이상하리만치 북한산 진흥왕 순수비와 흡사하다는 것을 누구나 느낄 수 있을 것이다."

당시 임창순 · 고병익 · 황원구 · 남도영 · 이병도 등 당대 내로라

하는 학자들이 비문을 판독하려 애썼다. 하지만 12~13자의 자흔(字痕)만을 확인하는 데 그쳤다.

동국대 조사단은 "삼국시대의 고비는 틀림없지만, 기적적으로 어떤 새로운 자료가 나오거나 새로운 판독방법이 개발되지 않는 한 이 고비에 대한 판단은 유보하는 것이 타당하다."고 결론을 내린다.

그러나 힘들게 정상에 올라 감악산비를 친견하고 있노라면, 그리고 북한산비와 비교하노라면 둘 사이에 깊은 친연관계를 느끼지 않을 수 없다.

따사로운 햇볕이 감악산 정상 군 초소를 지키는 초병의 얼굴을 비춘다. 정상에 마련된 헬기장 인근 땅을 살피던 이우형 씨가 외친다.

"(땅에) 건물의 흔적이 보이네요. 건물선이 이렇게 이어진 것 같아요."

성벽조사를 위해 70~80도쯤 돼 보이는 가파른 경사면에 몸을 의지해 본다.

이우형 씨와 권순진 씨(한국 국방문화재연구원 조사팀장)가 씩 웃는다.

"막 성벽을 찾아냈는데요……. 아마도 처음 확인하는 걸 겁니다."

그러나 저기 모진 풍파에 몸을 맡긴 채 1,500년 전의 사연을 잃어버린 비석은 무심한 낯으로 저렇게 서 있다.

철원 고석정 비(碑)의
주인공은 진평왕? 진흥왕?

이곳 감악산비 말고도 또 하나의 수수께끼 같은 비석이 철원에 있었다고 전해진다.

앞에서 검토했듯이 철원은 신라와 고구려 국경선 가운데 전략적으로 중요한 3곳 가운데 한 곳이었다. 철원지역은 함경도 함흥지역과 임진강 이서(以西)를 잇는 중요한 연결고리다. 한국전쟁 때도 이런 중요성이 강조되어 백마고지 전투를 비롯해 대규모 전투가 벌어지지 않았던가.

그런데 고려 충선왕 5년(1313년)에 국통(國統)의 존호를 받았던 무외(無畏)가 쓴 『고석정기(孤石亭記)』의 내용을 보면 흥미로운 대목이 나온다.

철원 고석정. 오리산에서 흐른 용암이 수직단애와 함께 큰 바위정자를 만들어냈다.

고석정 윗부분에 동굴이 있다. 고려 때의 국통 무외 스님은 이 동굴에 신라 진솔왕의 비가 있었다고 전했다.

"철원군 남쪽으로 만보를 가면 신선의 구역이 있는데, 이곳을 고석정이라 한다. 정자는 큰 바위가 우뚝 솟아 일어나 높이가 300척가량 되고, 주위가 10여 장(丈)쯤 된다. 바위를 따라 올라가면 구멍 하나가 있는데, 기어 들어가면 집의 층대처럼 생겼고 10명쯤 앉을 수 있다. 그 옆에는 옥돌로 된 돌비가 있는데 신라 진솔왕(眞率王)이 놀러 와서 남긴 비(碑)다."

고석정은 기록에 나온 대로 사람이 만든 누정(樓亭)이 아니라 큰 바위가 만들어낸 바위정자다. 하지만 『고석정기』에 나오는 이 진솔왕비는 안타깝게도 남아 있지 않다.

그런데 이 『고석정기』에 나오는 진솔왕은 누구인가?

"다산 정약용의 제자인 이청(李晴)은 진솔왕은 진흥왕(眞興王 : 540~576년), 진지왕(眞智王 : 576~579년), 진평왕(眞平王 : 579~632년) 가운데 한 분이라고 보았어요."(이우형 씨)

이와 관련해서 1481년에 편찬된 『동국여지승람』과 『동국여지지(東國輿地志)』, 『여지도서(輿地圖書)』, 『대동지지(大東地志)』, 『관동읍지(關東邑誌)』 등은 진솔왕을 진평왕이라고 했다. 하지만 1931년 고석정을 실사한 이마니시 류[今西龍]는 "진평왕 치세 53년간 고석정을 방문했다는 기록은 없다."고 하면서 "오히려 진흥왕일 가능성이 많다."고 진평왕설에 회의감을 드러냈다.

1982년에 감악산비를 조사한 이용범 교수도 "고석정의 고비는 마운령-황초령에서 북한산순수비를 연결하는 고대 교통의 요충지에 서 있다."고 하면서 "이 비는 임진강 유역의 감악산비와도 어떤 관련성을 상정할 수 있다."고 조심스럽게 해석했다.

물론 윤일영 씨는 "철원지역에 존재했을 진흥왕 순수비는 지형과 전략적 측면을 고려한다면 강원도 평강과 이천, 철원 경계에 있는 대왕덕산(大王德山 : 해발 788미터) 부근에 있었을 가능성이 크다."고 보고 있다.

9 국제 전쟁터가 된 파주 적성 칠중성

3국의 각축장

경기 파주 적성 구읍리에 자리 잡고 있는 해발 148미터의 야트막한 고지. 삼국시대 사람들은 이 중성산(重城山)을 칠중성(七重城)이라 했다. 그 뒤 1,300년 가까이 흐른 1951년 4월, 한국전쟁에 참전한 영국군은 캐슬고지(일명 148고지)라 했다. 벌목으로 시야를 확보한 고지에는 군부대의 참호 및 군사시설이 설치되어 있다. 당연히 옛 성벽은 군 시설물이 들어서면서 철저하게 파괴되었다. 옛 성벽의 돌들은 참호를 만들 때 재활용된 것이 분명하다.

"무너진 성벽의 높이는 확실하게 알 수는 없지만 대략 15미터쯤

칠중성에서 내려다 본 임진강.
북쪽으로 북한 땅이 보인다.

되는 것 같아요. 그리고 성은 여러 번 중수한 듯합니다. 단이 이렇게 져 있잖아요."(이재 원장)

성의 뒤편으로 올라가는 길, 즉 적성향교에서 오르는 길을 따라가 보면 성 입구에 성벽의 단면이 나타나 있는데, 암반을 깎은 뒤 석축한 곳이 보인다. 이곳이 바로 남문지인 것 같다.

성안으로 들어서면 오른쪽에 3개의 저장공 단면이 노출돼 있다. 지표조사 때 이 주머니 모양의 저장공 안에서는 숯이 보이고 회색 경질토기편과 연질토기편, 토제구슬 등이 수습됐다. 성 내부에서는 굵은 선문을 중심으로 한 기와편과 격자문, 승문(繩紋 : 꼰무늬), 인화문(印花紋)의 토기편이 보였다.

재미있는 것은 성 내부의 유물들을 정리하면 백제-고구려-신라-고려 및 조선시대 기와편이 차례로 나온다는 점이다. 1982년 칠중성에 대한 지표조사를 처음 펼친 동국대 조사단의 견해로는 이 성은 "한성백제 시기, 즉 4~5세기 사이에 처음 축성되었을 것"이라는 결론을 내린다. 그 뒤 고구려-신라로 그 주인이 바뀌었음을 보여 주는데, 이는 칠중성이 백제-고구려-신라 등 3국의 각축장이었음을 웅변해 주고 있다.

동국대 조사단은 이어 "성 내부의 기와가 쌓인 상태, 즉 와적(瓦積)을 보면 삼국 간 전쟁의 흔적을 고스란히 보여 준다."고 결론을 내리고 있다.

한국사를 빼닮은 칠중성의 역사

누누이 강조하지만 이곳은 요처 중의 요처다. 좀 '초를 쳐서' 저

칠중성에 설치된 벙커

참호 및 훈련시설

멀리 스멀스멀 기어가는 개미 한 마리까지 관측할 수 있는 확 트인 공간. 구불구불한 임진강 북쪽으로 황해도가 손에 잡힌다. 눈길을 뒤로 돌리면 감악산이 눈앞에 펼쳐진다. 설마리 계곡을 따라가면 의정부와 서울이 지호지간(指呼之間)이다.

황해도와 한강을 잇는 교통 요지이자 지름길이다. 칠중성(캐슬고지)의 팔자는 그야말로 사연 많은 한국사를 쏙 빼닮았다. 삼국과 남북을 비롯해 심지어 외국군대(영국–중국)들까지 처절한 전쟁을 벌였다.

"기원전 1년 온조왕이 말갈의 추장을 잡아 (중략) 나머지 적들을 모두 구덩이에 묻은 곳이 바로 칠중하(七重河)"(『삼국사기』「백제본기」'온조왕조')라는 기록으로 보면 2,000년 전에는 필경 백제의 땅이었을 터.

이곳 칠중하, 아니 임진강은 북방세력의 남하를 막아야 하는 백제의 북쪽 국경선이었다. 기원전 1년 말갈의 습격을 막아냈다는 첫 기록을 필두로, 백제는 낙랑과 대방, 말갈의 침공을 번번이 좌절시킨다. 기록을 정리하면 백제는 낙랑과는 6회, 말갈과는 무려 26회의 전투를 벌였다.

이 지역은 5세기 후반에는 고구려 영역이었지만 신라가 한강 유역에 진출한 6세기 후반에는 신라에 편입되었다. 그러나 7세기부터 이곳은 고구려－신라, 신라－당나라 간 피비린내 나는 전쟁의 무대가 되었다.

"638년, 고구려가 칠중성을 침범하니 백성이 놀라 혼란해져 산골짜기로 들어갔다. 왕(선덕여왕)이 대장군 알천에게 명하여 그들을 안도케 하였다. 알천이 칠중성 밖에서 고구려군과 싸워 적을 많이 죽이고 사로잡았다."(『삼국사기』「신라본기」'선덕여왕조')

"660년, 고구려가 칠중성을 쳐서 필부가 전사하였다."(『삼국사기』「신라본기」'태종무열왕조')

드라마 같은 필부의 전사

'필부(匹夫)'의 이야기는 한 편의 드라마와 같다.

"백제가 멸망한 뒤(660년 7월) 그해 겨울(10월) 고구려군이 쳐들어

발굴 당시 칠중성 남벽의 흔적

왔다. 칠중성 현령 필부는 고구려군의 침략에 맞서 20일이나 성을 지킨다. 이에 고구려 장수는 포기하고 퇴각하려 했다. 그런데 반역자 대사마 비삽이 은밀히 고구려군에 사람을 보내 '성안에 양식이 떨어졌으니 치라.'고 내응했다. 필부가 이 사실을 알고 반역자 비삽의 목을 친 뒤 상간(上干)인 본숙, 모지, 미제 등과 더불어 군사들을 독려했다. 고구려군은 바람을 이용하여 화공(火功)으로 성을 핍박했다."(『삼국사기』「열전」'필부전')

하지만 중과부적. 필부는 빗발치는 고구려군의 화살에 맞아 몸에 구멍이 뚫리고 피가 발꿈치까지 흘러내릴 때까지 싸우다 죽었다.

신라는 고구려 멸망(668년)을 위해 당나라와 연합작전을 폈는데, 그때도 칠중성은 요처였다. 칠중성을 차지해야 고구려를 멸망시키기 위한 탄탄대로가 뚫리는 셈이었다. 다음은 신라 문무왕이 당 태종에게 보낸 편지의 내용 가운데 일부다.

"667년, (당나라 대총관이) 요동을 친다는 소식에 나(문무왕)는 군대를 국경(임진강)으로 집결시켰다. (중략) 나는 당나라군이 평양에 도착하기를 기다렸다. 하지만 당군이 아직 오지 않았다는 소식에 신라군은 (당군이 도착할 때까지는) 우선 고구려 칠중성을 쳐서 길을 통하게 하고는 대군이 평양에 이르기를 기다렸다."(『삼국사기』「신라본기」'문무왕조')

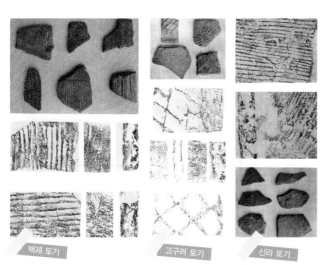

백제 토기

고구려 토기

신라 토기

이 기록을 보면 신라는 667년 당나라의 고구려 공격을 지원하려고 우선 칠중성을 공격해서 "길을 통하게" 했음을 알 수 있다.

이것을 보면 필부의 전사(660년)로 칠중성은 최소한 667년까지 잠시 고구려의 수중에 들어갔다가 다시 신라의 영역으로 바뀌었음을 알 수 있다. 신라가 백제통합전쟁에 총력을 기울이는 틈을 타 고구려가 임진강을 넘어 쟁탈의 요소인 칠중성을 차지했던 것으로 보인다.

그 뒤 나·당 연합군은 고구려 공략에 전념했는데, 칠중성은 고구려를 멸망시키기 위해 반드시 통과해야 하는 교통의 요처였다. 고구려가 멸망하자 칠중성은 신라의 국경이 되어 당나라군을 저지하는 역할을 해냈다.

"675년, (당) 유인궤가 우리 군사를 칠중성에서 깨뜨리고 돌아갔다. (중략) 당군이 거란·말갈 군사와 함께 와서 칠중성을 포위하였으나 이기지 못했다."(『삼국사기』 「신라본기」 '문무왕조')

인해전술

정확히 1,278년이 흐른 1951년 4월. 칠중성은 남북 분단과 동서 냉전의 "칼날의 끝"이 되어 또 한 번 역사의 전면에 나선다. 이번에는 외국 군대끼리, 즉 영국군과 중국군이 혈투를 벌인다. 22일, 캐슬고지(칠중성)에는 영국군 29여단 휘하의 글로스터 대대가 따사로운 한국의 기운을 맞으며 전선을 응시하고 있었다. 이 전투에 참전했던 영국군 안소니 파라-호커리 대위(당시)의 회고를 들어보자.

"4월의 싱그러운 향기가 묻어난 임진강 북안에는 정적이 흘렀

임진강을 건너 인해전술로 캐슬고지(칠중성)를 향해 돌진하고 있는 중국군 / 출처 : 『그들이 본 한국전쟁 1』(해방군화보사, 눈빛출판사)에서

다. 정말로 아무런 움직임이 없었다. 그런데……."

"저기 건널목에 사람이 나타났습니다."

정적을 깨는 병사의 고함소리. 하나 둘, 아니 수많은 중국군이 함성을 지르고 총을 쏘면서 임진강을 도하하기 시작했다. 1,276년 전 당나라 유인궤 부대가 그랬듯이, 중국군 3개 사단이 서울행 직행로인 바로 그 칠중성(캐슬고지)을 친 것이었다.

"습격자들이 등장했다. 연카키색 군복을 입고 허름한 싸구려 면 모자를 쓰고 고무창을 댄 신발을 신고 가슴과 등에는 탄띠를 교차되게 멘 수백 명의 중국군들이 기어오르고 있었다. 한 명이 쓰러지면 두 명, 세 명, 네 명의 중국군이 자리를 메웠다."

영국군의 총포에 중국군의 공세가 4번이나 좌절되었지만 중국군의 가없는 돌진이 이어졌다. 도리어 습격자들의 수는 기하급수적으로 늘어나기 시작했다. 그들은 카빈소총, 벌프총, 토미총 등 예전에 미국이 장제스(장개석) 군대에게 제공한 무기로 무장했다.

노새와 조랑말로 총과 탄약을 운반했으며, 땀에 젖은 등이나 두 사람이 어깨에 멘 대나무 막대기로 박격포와 기관총을 운반했다. 두 말 할 것도 없이 장비는 영국군과 비교할 바가 못 됐다. 하지만 그들의 가장 큰 무기는 사람, 즉 인해전술이었다.

22일 그날 밤이 깊어가면서 영국군의 앞에 나타나는 중국군의 수는 수천 명으로 늘어났다. 한 번에 수백 명의 중국군이 고지로 기어올랐고, 다른 중국군은 후방의 논을 가로지르고 있었다. 온 들판과 고지 기슭이 사람으로 가득 찼다. 그들이 불어대는 풀피리와 꽹과리는 마치 저승사자의 고함 같았다.

고지는 불과 6시간 만에 함락되고 말았다. 영국군이 그야말로 '낫으로 풀을 베듯' 기관총을 쏘아댔지만 만사휴의. 영국군은 후퇴하여 감악산 설마리(설마치) 계곡, 즉 서울행 계곡 쪽으로 빠졌다.

『삼국사기』의 기록을 보면 "신라 선덕여왕(638년) 때 고구려의 침략에 놀란 사람들이 산곡(山谷 : 산골짜기)으로 도망갔다."고 하는데, 바로 이 산골짜기가 영국군이 후퇴한 설마리 계곡이겠지.

유인궤 부대는 성을 함락시키고 돌아갔지만 한국전쟁 때의 중국군은 달랐다. 순식간에 계곡의 양쪽을 점령한 뒤 계곡을 따라가는 영국군을 완전히 무력화시켰다. 중국의 입장에서는 대단한 전과였을 것이다. 아편전쟁 때 힘 한번 써 보지 못한 채 당한 치욕을 되갚았다고 생각했을 테니까.

칠중성(캐슬고지) 전투도

삼국시대 이래 국제전쟁터가 된 칠중성의 전투요도

중국군 63·64·65군
(1951년 4월 22일~25일)

고구려(553~668년)
당나라, 말갈(668~675년)

연천

칠중성
(캐슬고지)

감악산

동두천

설마리전투
(영국군 29여단
글로스터 대대 궤멸)

신라

임진강

서울

양민학살에 핏물이 된 임진강

사흘간의 격전 끝에 글로스터 부대는 800명 가운데 불과 49명만이 포위망을 벗어나 탈출했고 529명이 포로가 되었을 정도로 궤멸당했다.

한국전쟁사는 1951년 4월 22일부터 30일까지 임진강변의 문산,

고랑포, 적성, 도감포 등에서 벌어진 전투를 '임진강 전투'라 일컫었는데, 그 가운데 가장 치열했고 의미 있는 전투로 캐슬고지 전투와 그 인근에서 벌어진 설마리(雪馬里) 전투를 꼽고 있다. 중국군의 인해전술에 맞서 백병전까지 벌였던 글로스터 부대는 훗날 영웅으로 남았다.

중국군의 제5차 1단계 공세를 사흘이나 지연시켜 서울의 재점령을 막은 공로가 컸기 때문이다. 그리고 빼놓을 수 없는 한 가지. 글로스터 부대가 속한 영국군 29여단에는 벨기에-룩셈부르크 병사들이 배속돼 있었다. 그들 역시 중국군의 공세에 고립된 뒤 가까스로 전곡으로 탈출했다. 캐슬고지 전투는 이렇게 4개국 젊은이들의 피가 서린 곳이다.

더욱 잊지 말아야 하는 대목이 있으니 바로 죄 없이 떼죽음을 당한 양민들이다. 이우형 씨가 이곳 적성지역을 답사하면서 마을주민들과 나눴던 대화내용을 들려준다.

"적성주민인 봉수길 옹(78세)이 혹시 '맷돌질이라고 아느냐?'고 물어요. 그래 모른다고 했더니 한숨을 푹 쉬고 설명해 주더군요."

'맷돌질'은 돌아가면서 서로 죽이는 행위를 반복한 것을 뜻한다.

할아버지는 이우형 씨에게 한국전쟁 때 일어났던 끔찍한 적성 이야기를 해주었다. 칠중성에 우거진 가시나무처럼 너무도 저리고 아팠던 이야기를……

"1950년 9월 중순쯤 됐을까. 한 무리의 국군이 적성구읍에 들어와 마을사람들에게 '국군이 왔으니 환영회를 하자!'고 외쳤어. 그러자 마을사람들이 급히 태극기를 만들어 읍내에 나와 환영회 준비에 분주했지. 그러나 잠시 후 그 국군의 총부리가 들뜬 군중들을 향해 겨눠졌어. 그들은 국군복장을 한 인민군들이었지…….”

할아버지의 증언이 이어진다.

“주민들은 한 사람씩 차례로 끌려나와 그들이 휘두르는 도끼날에 맞아 비명을 지르며 모조리 죽임을 당했지……. 100여 명이 넘게 말이야……. 도랑에 핏물이 철철 흘렀어…….”

기막힌 이야기는 계속된다.

“그들이 떠나자 국군과 경찰이 들어왔어. 그리고 적색분자들을 색출했지. 소리 없이 손가락질 하나에 운명이 결정됐어. 이때 또 많은 주민들이 줄줄이 끌려가 마지리 새능에서 총살당하고 암매장되고……. 그걸 ‘맷돌질’이라고 했어…….”

영국군이 주둔하던 1951년 4월. 적성의 모든 민간인은 군용트럭에 짐짝처럼 실려 소개(疏開)된다. 중국군의 춘계 대공세로 소개령이 내려졌기 때문이었다.

“이렇게 해서 ‘한양 북쪽 100리 사이에는 닭과 개소리가 들리지 않았다!’는 말이 생겨나게 됐어요. 그런데 『정감록』을 보면 ‘연천·마전·적성 사이에 핏물 강이 흘러간다.’는 기사가 있는데, 그 기사가 맞아 떨어진 겁니다.”(이우형 씨)

해마다 4월 말이면, 설마치 계곡에서는 이역만리에서 산화한 영국군들을 위한 진혼곡이 울려 퍼진다. 하지만 죄 없이 맷돌질을 당한 채 죽어나간 민간인들의 넋은 어쩔 것인가.

대검의 칼날을 향해
온몸을 던진 영국군

해마다 4월이 되면 영국군이 궤멸당한 설마리 계곡에서 뜻 깊은 행사가 펼쳐진다. 캐슬고지와 설마리 전투에 참전한 글로스터 부대를 기리기 위한 행사다. 엘리자베스 영국여왕이 추념사를 보내고, 앤드루 왕자가 직접 참석하기도 한다. 백발이 성성한 참전용사들이 속속 모여들어 전쟁의 추억을 되살리기도 한다. 생존한 참전용사 50여 명은 지금도 런던에 있는 선술집 '임진 퍼브(Pub)'에서 모인다고 한다.

비록 중국군 3개 사단의 인해전술로 800여 명의 대대원 가운데 불과 50여 명만이 포위망을 뚫고 살아남았지만, 영국은 이 전투에 무한한 자부심을 느끼고 있다. 서울 재탈환을 노렸던 중국군 7만여 명의 전진을 사흘간이나 막아냈다. 결국 중국의 춘계 대공세는 실패로 끝났고, 그들이 노렸던 서울 재

설마리 계곡에 새겨진 영국군 참전비

점령의 꿈도 접어야 했다.

당시 밴플리트 미8군 사령관은 "현대전에 있어서 단위 부대의 용기를 과시한 가장 뛰어난 귀감"이라고 극찬했다. 특히 포로가 된 파라-호커리 대위는 무려 7번이나 탈출을 감행했다.

1953년 8월 31일, 포로귀환 때 풀려난 그는 1년 뒤 『대검의 칼날(The edge of the sword)』이라는 회고록(번역판은 『한국인만 몰랐던 파란 아리랑』, 한국언론인협회 간행)을 펴냈다. 이 책은 바로 캐슬고지(칠중성)와 그곳에서 불가능한 싸움을 벌였던 영국군의 운명을 표현한 것이다. 파라-호커리 대위는 훗날 기사작위까지 받았으며 북유럽연합군사령관(대장)이 되었다.

글로스터 부대가 전멸한 설마리 계곡의 입구(적성면 마지리)에는 영국군 전적비가 있다. 전적비가 서 있는 곳은 원래 천연동굴이었다고 한다. 영국군이 최후의 항전을 펼치면서 전사자들을 이 동굴에 안치했다고 한다. 1957년 세워진 전적비는 훗날 세계 디자인계의 거장이 된 아널드 슈워츠먼의 첫 작품이라는 점에서도 주목을 끈다.

지난 2005년. 뜻 깊은 행사가 캐슬고지 정상에서 열렸다. 이병으로 참전했다가 2005년에 별세한 스콧 베인브리지의 유골이 뿌려진 것이다. 베인브리지는 "내가 죽거든 유골을 중성산(칠중성)에 뿌려 달라."고 유언을 남겼다는 것이다.

칠중성 정상에 서면 젊은 날의 아픈 추억을 간직한 베인브리지의 넋을 느낄 수 있다. 어디 베인브리지뿐이랴. 1,500년 전에 숨져간 고구려·신라·당나라군, 그리고 역시 이역만리에서 피를 뿌린 수많은 중국군의 '단발마의 비명'도 귓전을 때린다.

방치된 매소성 대첩의 현장, 대전리 산성

10

'한국적 민주주의'와 매소성 대첩

"이미 (양주)대모산성을 조사하고 있었고, 대통령(박정희)에게 보고까지 한 상황이니……."

1979년 어느 날. 연천 대전리 산성을 몇 차례 답사했던 최영희 당시 국사편찬위원장과 김철준 교수(서울대)는 마음을 바꾸었다.

어느 모로 보나 이 대전리 산성이 매소성(買肖城 : 매초성이라고도 함)

대전리 산성에서 바라본 전곡읍 내. 사통팔달의 요충지다.

일 가능성이 더 크다고 판단한 것이다. 하지만 1년 전 국사편찬위원회 이현종 실장의 조사에 의해 매소성으로 비정된 양주 대모산성에 대한 발굴조사가 진행되고 있었고, 이미 대통령에게 보고까지 한 상황이었으니 어쩔 수 없었다는 것이다. 따라서 대전리 산성 조사는 뒤로 미루자고 의견을 모았다.

여기서 짚고 넘어가야 할 한 가지. 일개 성 발굴과 대통령이 무슨 상관인가?

바로 당시 박정희 대통령의 이른바 '한국적 민주주의'와 관련이 있다. 당시 박 대통령은 10월 유신을 표방하면서 이른바 한국적 민주주의를 내세웠다. 그에 따라 국수주의라 할 만큼 지나친 민족주의가 성행했으며, 그 영향이 학계에까지 미쳤다. 우리 민족의 자긍심을 고취시킨다는 명목으로 고대의 전적지를 찾은 것이다. 신라가 크게 부각되었으며, 그 가운데 가장 빛나는 승전보로 꼽힌 것이 매소성 전투였다.

당나라의 가없는 착취와 배신

매소성 전투라. 대서사시를 방불케 하는 기사가 『삼국사기』에 기록되어 있다. 때는 바야흐로 신라와 당나라가 손을 잡고 백제와 고구려를 차례로 멸망시킨 뒤로 거슬러 올라간다. 일단 675년의 기록을 보자.

"문무왕 15년(675년) 가을 9월 29일 당나라 장군 이근행(李謹行)이 군사 20만 명을 거느리고 매소성에 주둔했는데 우리 군사가 공격하여 쫓고, 말 3만 380필을 얻었으며 노획한 병기도 이만큼이었

무너져 버린 대전리 산성

다."(『삼국사기』 「신라본기」 '문무왕조')

이렇게 신라가 당나라를 한반도에서 몰아
낸 결정적인 승부처가 바로 매소성이었다.

'매소성 대첩'은 외세의 침탈에 수난을 당
해 온 우리 역사를 통틀어 가장 의미 있는 승전의 기록으로 남아 있
다. 그런데 왜 신라는 이 매소성에서 혈맹이었던 당나라와 건곤일
척의 싸움을 벌였을까?

천하가 다 아는 것처럼 나당 연합군은 백제(660년)와 고구려(668
년)를 차례로 멸망시켰다. 하지만 동상이몽. 당나라는 백제의 고토
에 5도독부를 설치했으며, 백제의 부흥운동을 은밀하게 지원했다.
또한 고구려가 멸망한 뒤에는 9도독부와 안동도호부를 설치했다.
이에 대해 신라는 669년부터 옛 백제의 땅을 점령하였고, 고구려

의 부흥운동을 지원하면서 당나라와 맞서게 된다. 신라와 당나라의 전쟁이 벌어진 것이다.

671년 신라가 가림성(加林城)을 공격하여 백성(百城 : 부여 임천)에서 당군 5,300명의 목을 벤다. 그러자 그 유명한 당나라 총관 설인귀(612~683년)가 문무왕을 능멸하고 겁박하는 편지를 보낸다. 앞서 잠깐 살펴보았지만 구체적인 내용을 들여다보면 기가 막힌다.

"(문무왕이) 음흉한 생각을 품고 거짓으로 예절을 나타내 사욕을 이루려 하고 (당나라) 천자 앞에서는 은혜를 바라고 뒤에서는 반역을 도모한다면……."

설인귀는 서신 말미에 "미혹에 빠져 날뛰지 마라."고 하면서 "제사를 제때 받고 사직이 바뀌지 않으려면 조심하라."고 일국의 왕을 협박하였다. 이에 문무왕은 문장으로만 보면 너무도 굴욕적인 답신을 보낸다.

"신라는 백제와 고구려를 치면서 충성을 다해 당나라를 등지지 않았거늘 무슨 죄가 있기에 하루아침에 버림을 받아야 하는가? 우리는 끝까지 배반할 마음이 없다."

그런데 구구절절 충성의 낯을 절대 바꾸지 않았음을 다짐하는 문무왕의 답신을 보면 한 가지 분명한 사실을 알 수 있다. 양국 간 불화의 원인은 바로 오만불손한 당나라라는 점을 분명히 한 것이다.

"(신라는) 남쪽 웅진으로 식량을 나르고 북으로는 평양에 공급하였다. 조그만 신라가 두 곳으로 나눠 보급품을 대느라 피로감이 극에 달했고, 소와 말은 거의 다 죽었으며, 농사 때를 놓쳐 곡식도 자라지 못했다. 창고에 쌓아둔 양식을 다 써버려 신라 백성들은 풀뿌리도 부족했는데 (백제 땅에 장기 주둔한) 웅진의 당나라 군사들은 양식에 여유가 있었다. 1만 명의 당나라 군사들은 신라의 옷을 입고 신라의 식량을 먹었으니 (중략) 당나라의 은혜가 끝이 없다지만 신라의 충성도 가엽게 여길 만하다."

그야말로 피를 토하는 심정이었으리라. 점령군이 된 당나라의 가없는 착취에 신라 백성들이 도탄에 빠진 상황을 알린 것이다.

매소성 대첩에서 패해 한반도에서 쫓겨난 당나라

또 하나의 원인은 당나라의 배신이다. 원래 당나라는 "백제·고구려를 평정하면 평양 이남의 땅을 모두 신라에게 줄 것"이라고 약속했다. 하지만 손바닥 뒤집듯 약속을 파기했다. 신라군을 평양성까지 오라 가라 해서 계속 허탕을 치게 만들어 힘을 빼더니 668년에는 "신라가 군대의 동원기일을 어겼으니 신라의 공은 아무 것도 없으며, 마땅히 응분의 조처가 필요할 것"이라고 선언해 버린 것이다. "응분의 조처"란 곧 처벌을 내리겠다는 뜻이 아닌가. 670년이되자 양국관계는 걷잡을 수 없는 파국에 이르게 된다.

당나라에 입조했던 김흠순(金欽純)이 귀국하면서 당나라가 백제·고구려 멸망 이후에 강역을 나눈 지도를 가져왔다. 그런데 지도를 보면 백제의 옛 땅을 백제 부흥군에게 모두 다 돌려주도록 되어 있었다. 신라의 배신감은 극에 달했다. 문무왕의 「답설인귀서」를 보자.

"3~4년 사이에 (땅을) 주었다 빼앗으니 신라 백성들은 희망을 잃었다. 그래서 백성들은 '신라와 백제는 불구대천의 원수인데 지금백제의 상황을 보니 100년 뒤에는 자손들이 백제에게 먹힐 것이

전차부대의 전진을 막기 위한 용치. 이 또한
전쟁유산으로서 가치가 있다. / 심현철 촬영

다. 신라는 이미 중국의 한 주(州)이니 하나의 나라로 만드는 게 낫
다.'고 말한다."

외교적인 표현인지는 몰라도 일국의 왕이 보낸 답서에 "차라리
당나라 땅이 되는 게 낫다."고 할 정도니 얼마나 딱한 일인가. 문무
왕은 답서의 말미에서 이렇게 한탄했다.

"오호라! 두 나라를 평정하기 전에는 혹독한 부림을 당하더니 들
에 짐승이 없어지자 요리사에게 쫓기는 신세가 되었구나. 백제는
옹치(雍齒)의 상을 받고, 신라는 정공(丁公)의 죽음을 당하는구나!"*

문무왕은 양국 관계가 이 지경이 된 모든 책임은 당나라에 있으
며, 이렇게까지 굽실대는 데도 신라를 핍박하면 더는 참을 수 없음
을 암시한 것이다. 신라는 672년 당나라군의 반격에 예성강 이북
을 잃었다. 675년 2월에는 요처 중의 요처 칠중성에서 대회전을 벌

* 옹치는 한나라 때 고조(유
방)를 배신한 전력이 있음에
도 공신이 된 인물. 반대로
정공은 유방의 라이벌 항우
의 수하에 있다가 죽을 고비
에 빠진 유방을 구출한 공로
가 있었지만 도리어 "제 주인
(항우)을 배신한 충성심 없는
자"라는 낙인이 찍혀 죽임을
당한 인물이다. 극도의 배신
감을 표현한 것이다.

인다.

칠중성 전투 후 당나라 장수 유인궤(劉仁軌)가 군사를 이끌고 돌아가고, 대신 부사령관 이근행이 그 직을 인계 받는다. 문무왕은 이때 양동작전을 벌인다. 당나라에 사죄사신을 보내 조공한다. 당나라는 문무왕의 사죄를 받아들이고는 빼앗았던 왕의 관작을 회복시킨다. 하지만 이것은 당나라의 기세를 누그러뜨리기 위한 문무왕의 시간 벌기였을 것이다.

신라는 이 틈에 야금야금 옛 백제 땅을 접수했으며, 급기야 그 영역이 고구려 남쪽에 이르렀다. 이에 화가 난 당나라군은 675년 9월 설인귀를 대장으로 삼아 침공했으나 신라군의 반격을 받아 1,400명과 병선 40척, 군마 1,000필을 잃었다.

설인귀가 도망가자 당군은 본때를 보여 주겠다면서 20만 대군을 동원한다. 하지만 신라는 매소성에 주둔한 당군을 공격하여 쫓아냄으로써 매소성 대첩에서 승리를 거둔다. 그 뒤에 신라는 당나라와 벌인 전투에서 18전 전승을 거두었다. 당나라는 이듬해 2월 안동도호부의 치소를 평양성에서 요동성으로 옮겼다. 한반도에서 완전히 쫓겨난 것이다.

여전히 수수께끼로 남은 매소성 대첩

2007년 5월, 나는 연천군 대전리 산성을 찾았다. 이재 원장과 강성문 교수(육사 명예교수), 이우형 씨 등이 동행했다. 산성에 올라보니 과연 요처였다. 한탄강 줄기를 건너 그 유명한 경원선 철도와 3번 국도가 통하고 37번 도로, 322번 도로가 사통팔달로 이어진다. 멀리 전차부대의 진로를 막는 용치(龍齒 : 전차부대 전진을 막는 인공요철)가 길게 설치되어 있다.

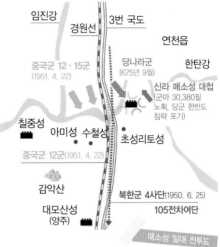

그럴 만도 하다. 멀리는 신라와 당나라가 한반도 패권을 놓고 건곤일척의 싸움을 벌였고, 1950년 한국전쟁이 발발했을 때는 이곳에서 바라보이는 3번 국도로 북한군 주력부대인 제4사단과 제105전차여단이 남하했으니까. 뿐만 아니라 1951년 4월 22일 중국군의 대공세 때는 중국군 12군과 15군이 강을 건넌 곳이기도 하다.

지금도 전곡의 넓은 땅을 한눈에 볼 수 있는 산성 곳곳에는 군진지가 설치되어 있다. 옛 산성의 흔적은 거의 대부분 무너져 있고, 삼국시대 기와·토기 편들이 곳곳에 흩어져 있다.

한 30분이 흘렀을까. 답사 차 이곳을 찾은 국방대학원 학생들과 맞닥뜨렸다. 보훈처장을 지낸 안주섭 씨(예비역 육군중장)와 허남성 교수, 노영구 교수(국방대학원)가 이끄는 학생들이었다. 전사(戰史)의 측면에서 매소성 전투가 얼마나 중요한지를 알 수 있는 대목이다. 당나라군 20만 명을 궤멸시킨 매소성(買肖城) 전투. 외세를 몰아낸, 그래서 역사에 길이 남을 대첩으로 기록될 전투지만 여전히 풀지 못한 수수께끼가 많다.

여기서 아주 근본적인 질문 하나를 던져 본다.

『삼국사기』「신라본기」 '문무왕조' 는 "675년 당나라 이근행군이 20만 명을 이끌고 매소성에 주둔했는데 우리 군사가 공격하여 쫓고 말 3만 380필을 얻었으며 그와 비슷한 수의 병기를 얻었다.(我軍 擊走之 得戰馬三萬三百八十匹 其餘兵仗稱是)"고 기록했다. 그런데 중국 측 자료, 즉 『신당서』와 『자치통감』은 정반대로 신라가 패배한 것으로 기록했다. 또한 『구당서』는 매소성 전투에 대해서는 일언반구 언급하지 않았다. 중원의 제국 당나라의 패배 사실을 알리고 싶지 않아서 그랬을 가능성이 높다. 당나라는 매소성 전투가 일어난 이듬해 (676년 2월) 안동도호부를 평양에서 요동성으로 옮긴다. 매소성 전투에서 치명타를 맞은 당나라의 퇴각이라고 볼 수밖에 없다.

매소성 전투에 대한 최초의 기록인 『구당서』에서 한 마디도 언급하지 않았다는 사실은 시사하는 바가 크다. 충격적인 패배를 당대의 기록에서는 빼고 오히려 후대의 역사서(『신당서』와 『자치통감』)에 조작하여 기록했을 가능성이 크다. 그렇다면 이것은 요즘의 동북공정 같은 역사왜곡인가?

다른 질문 하나. 당군 20만 명을 깬 것과 관련, 『삼국사기』의 기록은 가시 하나가 목에 걸린 듯 개운치 않다. "신라군이 당나라군 20만 명을 쫓아냈다."라고만 표현했을 뿐 사상자가 몇 명인지, 전과

매소성 대첩의 현장을 찾은 국방대학원 학생들. 전사적인 측면에서 대전리산성은 매우 중요하다.

를 구체적으로 기록하지 않았다. 왜일까?

기록에 군마 3만 380마리와 그만한 숫자의 병장기를 노획했다고 쓰면서, 즉 노획한 말의 숫자는 매우 자세하게 기록해 놓고는 사상자와 포로숫자는 얼마인지 구체적으로 밝히지 않은 채 그저 20만 명을 쫓아냈다는 내용만 담긴 희한한 기록인 것이다.

'20만 명 격퇴'는 정확한 이야기일까?

이 때문에 20만 명이라는 숫자는 과장이라고 보는 이들도 있다. 나당 전쟁을 위해 672년 평양에 도착한 당나라 군사의 숫자는 기병 1만 명과 말갈과 거란의 군사 3만 명 등 모두 4만 명이었다. 그런데 그 뒤에는 증원군을 파견했다는 기록이 없다. 당나라가 고구려 및 백제 유민과 사로잡은 신라 군사를 동원할 수도 있었겠지만 20만 명까지 되지는 않았을 것이라는 게 이들의 주장이다. 따라서 당군 그들은 20만 명이라는 것은 실제로는 3~4만 명 선일 것이라고 본다.

고금을 통해 보아도 전과(戰果)는 자기 입맛대로 부풀리는 게 다반사다. 예컨대 현대사 기록인 한국전쟁에서도 쌍방 간의 전과는 상상을 초월할 정도의 과장과 축소가 되풀이되고 있다. 물론 전사에 정통한 윤일영 씨(예비역장군)는 "당군이 20만 명을 동원하는 것은 가능한 얘기"라고 분석한다.

"전투병력뿐만 아니라 보급병력과 동원된 일꾼까지를 모두 계산한 숫자가 20만 명이 아닐까요? 신라는 아마도 당나라의 보급로를 끊어 대승을 거두었을 겁니다."

예비역 장군인 윤일영 씨의 계산은 언제 보아도 새롭고 흥미롭다. 그에 따르면 병사 1인당 하루에 필요한 식량은 850그램이다. 당나라군이 20만 명이라면 하루 170톤이 필요할 것이고 10일 동안에는 1,700톤이 소요된다. 그런데 전쟁 때 말은 60킬로그램의 식량을 싣고 하루에 12킬로그램을 이동한다.

『삼국사기』에 따르면 신라 김유신(金庾信) 장군은 662년 2만 6,000섬의 곡식(쌀 4,000섬, 조 2만 2,000섬)을 수레 1대당 233킬로그램씩 나눠 싣고 평양에 주둔한 당나라 소정방(蘇定方)군에게 수송했다. 만약 당나라 병사 20만 명의 1일 식량(170톤)을 수송하려면 2,832필의 말이나 730여 대의 수레가 있어야 한다. 이렇게 볼 때 당나라군이 한 달간 필요한 군량(5,100톤)을 수송하려면 8만 5,000필 정도의 말이 있어야 한다. 보통 체격의 말이 하루에 먹는 마초(馬草)는 10킬로그램 정도다. 신라가 당나라에서 탈취한 말 3만 380필을 운용하려면 하루 303.8톤의 마초가 필요했을 것이다. 이를 수송하는 데만 1,300대가량의 수레가 뒷받침되어야 했다.

조랑말의 길이는 대략 190센티미터. 3만 마리의 말이 일렬종대로 보급부대를 형성할 경우 행군종대의 길이는 무려 113.9킬로미터에 이를 것이다. 그런데 야전에서는 보통 15~30일간의 보급식량을 준비해야 한다. 그렇다면 보급품 수송에만 4만 2,500필(15일)에서 8만 5,000필(30일)의 말이 필요했다는 얘기다. 그러니까 윤일영 씨의 계산대로라면 신라가 3만 380마리의 말을 노획했다는 말은 허언이 아니라는 얘기다. 그리고 '당나라군 20만 명'이라는 기록을 믿는다면 윤일영 씨의 말대로 20만 명이 모두 전투병이 아니라 보급부대와 부역꾼들까지 모두 합친 인원이었을 것이다.

매소성은 대전리 산성이다?

나는 대전리 산성을 찾은 국방대학원 학생들과 함께 양주 대모산성으로 향했다. 대모산성 역시 유력한 매소성 후보지였기 때문이었다. 앞서 밝혔듯이 대모산성(大母山城)은 박정희 대통령 시절 "이곳이 매소성"이라고 비정하여 발굴조사를 벌인 곳이 아닌가. 하지만 1979년 최영희 선생과 김철준 선생의 답사 이후 8년이 지났을 때 다시 대전리 산성을 찾은 당시 국사편찬위원회의 최근영 씨와 교육연구관 민덕식 씨 역시 "매소성이 바로 대전리 산성"이라고 주장했다.

학계 주류도 매소성이 대전리 산성일 가능성을 가장 높이 치고

또 하나의 매소성 후보지
였던 양주 대모산성

있다. 대전리 산성이 자리 잡고 있는 한탄강 유역은 천혜의 방어요새다. 두 말 할 나위 없이 전곡읍 지역에서 한탄강을 도하하여 남하하는 세력을 한눈에 보면서 저지할 수 있는 곳이기도 하다.

또 하나, 나당 전쟁의 최대 분수령은 임진강과 한탄강을 중심으로 한 일련의 전투였다.

중요한 칠중성 전투가 벌어졌고, 그 이후 당나라가 말갈 및 거란의 군사들까지 동원해서 침략을 획책하자 신라는 9군을 출동시킨다. 적(당)의 남하를 막으려면 임진강과 한탄강을 막아야 했기에 신라와 당나라 사이에 피어린 싸움이 벌어진 곳은 바로 이곳 대전리 산성일 수밖에 없다는 것이다. 5개년 계획으로 진행된 양주 대모산성 발굴 결과 매소성임을 입증할 자료가 드러나지 않았다는 점도 대전리 산성이 매소성일 가능성을 높인다.

전투의 현장에는 무너져 내린 성벽뿐

물론 여전히 "대모산성이 매소성"이라는 가능성을 제기하는 이도 있다. 윤일영 씨는 "675년 2월 칠중성(파주)에서 전투를 벌인 당나라군이 왜 게걸음 을 걷듯이 옆으로 빠져 대전리 산성(연천)에서 싸웠겠느냐."고 반문한다. 신라가 전투병력과 보급부대 등 20만 명을 동원한 당나라군을 양동작전으로 격퇴했을 것이라는 주장이다.

즉 매소성(대모산성)에서 당나라군을 묶어 두고는 고읍리 평지와, 보급부대가 주둔했을 칠중성 인근과 감악산 일대를 동시에 쳐서 당군을 혼란에 빠뜨렸을 것이라는 주장이다. 그런데 알다가도 모를 일은 왜 현장에는 매소성 전투에 대한 명문이 하나도 없는 것인지……. 작은 시설물 하나를 세우더라도 군수이름에, 이장이름, 일꾼 이름까지 줄줄이 새겨 넣는 마당인데…….

당나라 군사 20만을 깬 불멸의 전적지인데 문무왕을 비롯한 신라인들은 승전기록을 새긴 비석 하나쯤은 세워 놓지 않았을까? 못 찾는 것일까, 아니면 정녕 없는 것일까? 나 또한 무너져버린 대전리 산성 주변을 홀린 듯 샅샅이 뒤져 보았으나 역부족이었다. 특히 현장을 목도하면 끔찍하고 부끄러운 생각이 든다. 다 허물어진 대전리 산성. 참을 수 없는 절망감이 가슴을 찌른다. 우리는 늘 왜 이 모양인지 모르겠다. 비에 젖고 이끼가 잔뜩 묻은 1,300여 년 전 토기편과 기와편들이 눈앞에 아른거린다.

명문가의 기본을 보여 준
김유신 가문

　매소성 전투는 신라 지도층 가문의 가없는 충성심을 보여 주는 사례다. 김유신과 둘째 아들 원술(元述)을 두고 하는 말이다. 671년 당군 5,300명을 깨고 백제 고토를 회복한 신라는 이듬해 석문(石門 : 황해 서흥)에서 당나라군의 반격을 받아 패퇴한다. 이때 비장(裨將 : 군사참모)이었던 원술도 '임전무퇴(臨戰無退)'의 정신으로 싸우다 죽으려 했다.(『삼국사기』「열전」'김유신전') 하지만 보좌관 담릉(淡凌)이 나섰다.

　"대장부는 죽는 것이 어려운 게 아닙니다. 죽을 곳을 찾아 죽는 것이 어려운 것입니다."

　"사나이는 구차하게 살지 않아야 한다. 무슨 면목으로 아버지(김유신)를 보겠느냐."

1961년 개봉된 영화 〈원술랑〉

　원술이 박차를 가하려 하자, 담릉이 고삐를 잡아당겨 질질 끌려가면서도 끝내 놓아주지 않았다. 원술은 결국 물러서고 만다. 하지만 그것은 죽음보다 더 엄청난 치욕이자 고통이었다.

　"원술은 왕명을 욕되게 하였고, 가훈마저 저버렸으니 목을 베야 합니다."

　아버지(김유신)가 아들의 목을 벨 것을 왕에게 주청하는 것이 아닌가. 원술은 왕의 특전

으로 풀려났으나 시골로 숨어 버렸다. 이듬해(673년) 아버지가 죽자 어머니
(智炤 · 지소)를 뵙기를 청했다. 하지만 어머니는 단호했다.

"여자에게는 삼종지의(三從之義)가 있다. 지아비가 죽었으니 이제는 아들
을 따라야 하나 아들이 아들 구실을 못했으니……."

원술은 가슴을 두드리며 통곡했지만 어머니는 끝내 허락하지 않았다. 화
랑으로서 불충과 불효를 저지른 원술에게 675년 매소성 전투는 와신상담의
일전이었다. 원술은 수치심을 씻으려 힘껏 싸워 큰 공을 세웠다. 하지만 원
술은 "부모에게 버림받은 자가 무슨 상이냐."고 하면서 끝내 벼슬길에 몸담
지 않았다.

극작가 유치진(柳致眞)은 1950년 4월 국립극장 창단 기념작으로 "원술랑"
을 무대에 올렸는데, 무려 5만 명의 관객을 끌어 모았다. 당시 서울의 인구
가 40만 명이었으니 지금으로 치면 100만 명이 훌쩍 넘는 관객이 든 공전
의 히트작이었던 셈이다. 1961년에는 영화 "원술랑"이 개봉되어 인기를 끌
기도 했다.

궁예가 웅지를 편 대동방국의 도읍, 태봉국 도성

풍천원 저 너른 벌판에서

"저기가 정녕 비무장지대인가?"

강원도 철원군 홍원리 평화전망대에 오를 때마다 늘 새롭다. 비무장지대란 높고 깊은 산악지대, 즉 사람들의 발길이 닿을 수 없는 곳에 있다는 게 상식인데……. 게다가 이곳은 '철의 삼각지대'가 아닌가.

"적(북한·중국)의 생명선인 철원·김화·평강의 '철의 삼각지대(Iron Triangle Zone)'를 깨뜨려야 합니다."(밴플리트)

한국전쟁 때 밴플리트 장군이 이름 붙인 바로 그 유명한 요충지

궁예가 대동방국의 기치를 내걸며 도읍으로 삼은 풍천원 들판. 태봉국 도성은 군사분계선을 딱 반으로 가르고 있다.

인데……. 하지만 해발 220~330미터 위 용암대지에 펼쳐진 드넓은 평원이다. 금방이라도 가서 농사를 짓고 싶은 충동이 일어날 만큼. 하지만 평야를 품에 안고 있는 저편 고지와 능선의 이름, 그리고 사연을 알게 되면 나른한 평온이 깨진다.

전망대에서 맨 왼쪽에 자리 잡고 있는 곳이 백마고지다. 이곳에서는 1952년 10월 6일부터 백마고지를 둘러싼 치열한 전투가 벌어졌다. 그리고 수만 명의 인명피해를 주고받은 치열한 전투는 마침내 한국군 9사단의 승리로 끝났다. 하지만 백마고지는 지금 민간인들은 갈 수 없는 남방한계선 북쪽에 있다. 주변의 산인 고암산(780미터)은 일명 김일성 고지이며, 그 옆 능선의 별칭은 피의 500능선이다. 또 이어 낙타고지……. 그리고 또 하나, 철의 삼각지대 맨 위 꼭짓점인 평강은 지금은 갈 수 없는 북한 땅이다.

평강은 한국전쟁 때 미 극동사령부가 핵무기 사용을 고려하여 지목한 핵무기 가상표적이기도 했다. 비록 영국 등의 반대로 실행에 옮겨지지는 않았다. 하지만 비극의 현장이 될 뻔한 평

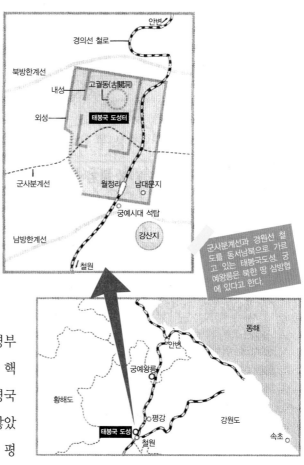

군사분계선과 경원선 철도를 동서남북으로 가르고 있는 태봉국도성. 궁예왕릉은 북한 땅 삼방협에 있다고 한다.

강이다. 이런저런 상념에 빠져 있을 무렵, 이재 원장과 이우형 씨가 손가락을 내민다.

"저기입니다. 저기 나무 하나 보이시죠?"

손에 닿을 듯, 금방이라도 뛰어가면 10분도 걸리지 않을 곳, 바로 그곳을 가리킨다.

"나무를 따라 쭉 이어진 윤곽이 보이죠? 저기가 바로 태봉국 도성 외성의 흔적입니다."

아! 태봉국 도성. 풍운아 궁예가 1,100년 전에 저기 보이는 풍천원 넓은 들판에 도읍을 정하고 대동방국의 기치를 높이 들었던 바로 그곳이라지.

"어마어마한 들판 아닙니까? 이곳을 한번 보면 왜 궁예가 이곳에 도읍을 정했는지 깨닫게 되죠."

아니 이 원장의 말처럼 왜 다른 왕조가 이곳에 도읍을 정하지 않았는지 의문이 들 정도였다. 태봉국 도성이 단순히 비운의 왕 궁예의 야망과 좌절을 묻은 곳이라는 의미에서만 주목을 끄는 것은 아니다.

한마디로 태봉국 도성은 전쟁과 분단이 갈라 놓은 비극의 상징이다. 남북 분단과 냉전의 상징인 휴전선(군사분계선)이 도성을 딱 반으로 가르고 있으니 말이다.

휴전선을 중심으로 남북 2킬로미터씩 물러난 공간 사이, 즉 북방한계선과 남방한계선 사이에 팔자 센 도성이 떡하니 버티고 있다. 그뿐인가. 그것도 모자라 서울~원산 간 경원선 철도도 도성을 갈라 놓았다.

휴전선으로 쪼개진 도성

남북으로는 끊어진 경원선이, 동서로는 군사분계선(휴전선)이 도성을 갈라 놓은 것이다. 비운의 궁예는 죽어 1,000년이 훨씬 지나 백골이 진토가 되었을 텐데도 사지(四肢)가 잘리는 신세가 된 것이다.

"천우 2년(905년)에 새 서울(철원)에 들어가 대궐과 누대(樓臺)를 수리하였는데 극히 사치스러웠다."(『삼국사기』 「열전」 '궁예조')

"궁예는 혹독한 혹정으로 백성을 다스리며 (중략) 국토는 황폐해졌는데 오히려 궁궐만은 크게 지어 (중략) 원망과 비난이 일어난 것이다."(『고려사』 「태조」 '원년조')

굳이 옛 사료를 들추지 않아도 태봉국 도성의 규모는 어마어마하다는 것을 알 수 있다. 일제 강점기 때 지도를 보면 도성의 외성은 12.5킬로미터, 내성은 7.7킬로미터에 이른다. 백제의 풍납토성(3.5 킬로미터), 신라 월성(1.8킬로미터), 고구려 국내성(2.7킬로미터)과는 비교할 수 없을 만큼 크다.

조선의 서울 성곽(17~18킬로미터)에 견줘도 손색이 없을 정도다. 그러나 금단의 땅. 그저 먼발치로 도성의 흔적만을 추측할 뿐이다. 곁눈질로 힐끔힐끔. 비무장지대의 관할권이 유엔사 정전위에 있고 비무장지대 출입 자체가 정전협정에 따라 금지되어 있으니 그럴 수밖에 없다.

먼발치에서 본 궁예의 흔적

2007년에는 행사 차 평양까지 드나들었던 당시 유홍준 문화재청 장조차 우여곡절을 겪은 끝에 태봉국 도성을 친견할 수 있었다. 그

일제 강점기 때 확인된 석등

것도 군 수색로를 따라 먼발치에서……. 현재 가장 잘 남아있는 흔적은 바로 내가 서 있는 이 필승전 망대에서 볼 수 있는 도성의 동남벽 부분. 지금까지 태봉국 도성을 4번 조사한 이재 원장의 말을 들어보자.

"흙으로 쌓은 흔적입니다. 사다리꼴 단면으로 성벽 단면 하단 폭은 6~7미터, 상단 폭은 5미터 정도이며, 높이는 1.2미터 정도 남아 있었습니다."

물론 성 자체가 비무장지대 안쪽인 데다 지뢰지대인 만큼 이재 원장도 제한된 수색로를 따라가며 제한된 지역만을 먼발치에서 확인했을 뿐이다.

끊어진 경원선과 3번 국도의 흔적은 잘 남아 있었다. 남북이 합의한다면 경원선과 3번 국도 복원사업은 어렵지 않게 이뤄질 수 있음을 알 수 있었다. 궁궐터도 짐작할 수는 있었지만 유구를 확인할 수 있을 만큼 가까이 갈 수는 없었다.

일제가 만든 『조선보물고적도보(朝鮮寶物古蹟圖報)』를 보면 태봉국 도성터에서 많은 유적 · 유물이 확인됐음을 알 수 있다. 왕궁성 부근에 있었던 석등은 일제 때 국보 118호로 지정되었다. 또한 외성 남대문터에서는 귀부(거북 모양의 비석 받침돌)가 확인되기도 했다. 그렇다면 궁예가 꿈꿨던 세계는 어떤 세상이었을까?

"신라는 운수가 다하고 (중략) 뭇 도적이 고슴도치 털처럼 나타났다. 가장 악독한 자들이 궁예와 견훤 두 사람이었다."

『삼국사기』 편찬자인 김부식(金富軾)은 궁예와 견훤을 「열전(列傳)」

에 담으면서 두 사람을 이렇게 혹평했다. 특히 궁예에 대한 김부식의 평가는 각박하기 이를 데 없다.

처음에는 "사졸들과 고락을 함께 했으며, 인사에도 사사로움이 없어 백성들이 추앙했다."고 칭찬해 놓고는……

이 시점에서 역사는 늘 승자의 편임을 상기하자. 궁예가 웅지를 펼 무렵 중원은 혼란기였다. 당나라에 망조가 들고 중원은 5대10 국 시대(907~979년)에 접어들고 있었다. 또 천년왕국 신라도 기울어 가고 있었다.

『삼국사기』「열전」'궁예조'에 따르면 "궁예는 신라 헌안왕(재위 857~860년) 또는 경문왕(재위 861~875년)의 아들"이었다고 한다. 신라의 왕자라는 소리다. 나면서부터 이빨이 있었고, 지붕에서 하얀 빛깔이 무지개처럼 하늘 위로 뻗치었다. 일관(日官 : 나라의 길흉을 점치는 사람)이 "저 아이는 나라에 이롭지 못하니 길러서는 안 된다."고 했다.

불안에 떤 왕이 사람을 시켜 포대기 속에서 아이를 꺼내 다락 아래로 던졌는데, 아이의 유모가 그 아이를 받다가 눈을 찔러 애꾸가 되었다. 유모는 그 아이를 안고 달아났다. 유모의 손에 큰 어린 궁예는 10여 살 때 출생의 비밀을 알게 된다. 구슬피 울던 궁예는 곧바로 세달사(世達寺)*로 가서 머리를 깎고 승려가 되었는데 스스로 법명을 선종(善宗)이라 했다.

궁예는 나라가 어지러운 틈을 타 웅지(雄志)의 뜻을 품고 지방 호족의 우두머리인 기훤(箕萱)과 양길(梁吉)에 차례로 의탁하여 세력을 넓힌 뒤 민심을 얻어 장군으로 추대된다.

* 세달사
후에 흥교사(興敎寺)라 일컬어졌다. 강원도 영월군 흥월리 태화산 서쪽에 있었다고 전하는데 지금은 폐사됐다.

수색로를 따라 조사하고 있는 조사단의 모습 / 한국 국방문화재 연구원 제공

『삼국사기』에 따르면 그는 사졸들과 고락(苦樂)을 함께 하면서 공(公)과 사(私)를 분명히 하여 민심을 얻었다고 한다. 세력을 얻은 그는 송악(개성)에서 찾아온 왕건을 철원태수에 임명했다.

드디어 궁예는 901년 스스로 왕이라 칭한 뒤 "평양 구도(舊都)에 잡초만 무성하니 반드시 원수를 갚겠다."고 선언하고는 국호를 고려라 했다. 고구려 재건의 기치를 든 것이다. 그러나 시간이 갈수록 야망은 커진다.

대동방국의 기치를 들다

궁예는 904년에 국호를 마진(摩震)으로 바꾸었고, 911년에는 다시 태봉(泰封)으로 고친다. 마진은 '마하진단(摩訶震檀)'의 줄임말. '마하'는 범어(梵語)로 '크다'는 뜻이고 '진단'은 동방을 말한다. 또 『주역』에서는 '태(泰)'는 천지가 어울려 만물을 낳고 상하가 어울려 그 뜻이 같아진다.'고 했고, '봉(封)'은 봉토를 뜻한다. 결국 궁예는 '영원한 평화가 깃든 평등 세계', 즉 대동방국의 기치를 높이 든 것이다. 그는 철원(896년 : 현재 구 철원 동송)에서 송악(898년)으로 도읍을 옮긴 데 이어 905년 다시 철원(풍천원)으로 도읍을 옮겼다. 철원에만 두 번이나 도읍을 정한 것이다.

그렇다면 궁예는 왜 이 풍천원 들판에 도읍을 정했을까? 사실 우리 같은 '장삼이사(張三李四)'가 어찌 궁예의 뜻을 알까마는…….

"풍천원의 지리적인 특징은 서울~원산 간의 단층대인 추가령곡과 대륙충돌대라는 일정한 방향성을 가진 두 습곡단층대에 의해 결정됐는데, 너무도 예민한 접촉대입니다. 엄청난 에너지 충돌의 한복판에 있는 셈인데, 바로 그곳에 궁예의 태봉국 도성이 위치합니다."(이우형 씨)

도식적인 풍수이론이 통하지 않은 독특한 이곳. 혹 궁예는 이곳이 바로 용암벌판이었다는 것을 알고 있지 않았을까? 한반도의 중심이면서 철원의 광활한 용암대지를 낳은 오리산을 진산으로 하고, 청정했던 지장신앙의 메카인 보개산을 앞에 둔 바로 이곳.

태봉국 도성 안에서 보이는 경원선
철교 교각의 흔적 / 한국 국방문화
재연구원 제공

"궁예는 이곳에서 미륵 세상을 펼치려 했던 게 아닐까요. 철원 도피안사 비로자나불상을 도성의 품에 안아 반야용선을 띄우며 해가 지지 않는 불국토를 건설하려 했던……."

궁예가 뜻을 폈던 시기에 신라 천년왕국이 뿌리째 무너지면서 백성들은 유리걸식하고 있었다. 그런 와중에 궁예가 미륵불을 자처하고 나타나자 백성들은 궁예에게 홀딱 빠졌다. 세상이 끝나는 날 홀연히 출현하여 세상을 구원하는 미륵불이 현신했다니까. 그는 세상을 구원한다는 원대한 포부를 세운 것이다.

철원 환도 이후 궁예는 907년 무렵 삼한 땅의 3분의 2를 품에 안았다. 실로 대단한 기세였다. 하지만 너무 과속했던 탓일까. 궁예에게 귀부했던 고구려 부흥세력, 즉 왕건을 중심으로 한 송악세력이 반발의 기미를 보인다. 당초 궁예가 구철원에서 송악으로 도읍을 옮긴 이유는 왕건세력의 도움을 받기 위해서였다. 북원(원주)을 중심으로 영향력을 떨친 양길을 제압하려면 송악 호족들과의 제휴가 필요했던 것이다.

비참한 최후를 맞은 '과속스캔들'

하지만 궁예는 뜻을 이루자 다시 철원으로 복귀했다. 그러면서 청주지역의 1,000가구를 철원 땅으로 이주시킨다. 이것은 궁예가 송악세력 말고도 새로운 지지세력을 확보하려는 뜻이었다. 남으로 남으로 세력을 키워간 궁예로서는 '고구려 세력'만으로는 천하를 경영할 수 없게 된 것이다. 그러자 그동안 궁예를 도왔던 송악세력, 즉 고구려 부흥세력은 불안에 떤다. 게다가 도읍지 건설에 엄청난

공력을 쏟았고, 때마침 흉년이 들면서 민심이 돌아섰다. 불승들도 관심법(觀心法)*을 내세워 신하들과 심지어 부인, 아들까지 죽인 궁예를 외면했다.

"미륵불을 자처하고 외출 시 복장이 화려하며 행렬도 호사스러웠고 따르는 비구만도 200명이 넘었다. 직접 불경 20여 권을 지었으며 이를 비난한 석총(釋聰)스님을 철퇴로 때려죽였다."

"궁예의 무도함을 보다 못한 부인 강씨가 정색을 하고 간하자 궁예는 도리어 강씨가 다른 사람과 간통했다고 몰아붙였다. 강씨가 부인하자 '내가 관심법(觀心法)으로 다 보았다.'고 하면서 강씨의 음부에 달군 쇠방망이를 쳐 넣어 죽였다."

이는 은나라의 마지막 왕인 주왕(紂王)의 악행과 무엇이 다른가? 결국 궁예는 918년 보수 호족들에 의해 축출된다. 그의 최후는 너무도 비참하다.

"궁예는 암곡(巖谷)으로 도망하여 이틀 밤을 머물렀는데, 굶주림이 심하여 보리이삭을 몰래 끓여 먹다가 부양(평강)사람들에게 죽임을 당했다."(『고려사』)

역사서는 한결같이 궁예를 역사의 패륜아로 기록하고 있다.

"임금과 신하 베기를 마치 짐승 죽이듯 풀 베듯 했으니 실로 천하의 극악한 사람이었다."(김부식의 평가)

하지만 과연 100퍼센트 맞는 얘기일까? 재미있는 대목이 있는데, 철원지역에서 지금도 채록되는 구비전설은 궁예왕을 결코 미워할 수 없는 인물로 전한다는 것이다. 백성들의 입에서 입으로 전해내려온 전설을 들어 보자.

* 관심법
미륵관심법(彌勒觀心法)이라 한다. 미륵보살의 신통력으로 남의 마음을 알아내는 독심술이다.

잘 드러나 보이는 도성의 외성
서남부 회절 부분

"구례왕(궁예왕)이 재도(再圖)할 땅을 둘러보는데 어떤 중이 나타나자 (중략) 이에 왕이 혹시 용잠호장(龍潛虎藏)할 땅이 없겠느냐 하매 중은 이 병목 같은 곳에 들어와 살 길을 찾는 것이 어리석다 하자 (중략) (궁예가) 아아 천지망아(天之忘我)로다 하고 심연을 향해 몸을 던지니 (중략) 우뚝 선 채로 운명하였다."

육당 최남선이 궁예왕 묘가 있는 삼방협(三防陜 : 평강과 안변 사이의 협곡)에서 채록하여 쓴 『풍악기유(楓嶽記遊)』의 한 토막이다. 이 책은 또한 "(궁예왕은 이후) 이 지방의 독존신(獨存神)이 되었다."고 했다. 유인순 교수(강원대)의 채록을 살펴보자.

"(왕건과 강비의 사통이) 들키니까 (중략) 왕건을 죽일 수 있었지만 자기를 보살펴준 사람이기 때문에 (후략)."

대부분 긍정적인 내용이다. 구비전설은 물론 궁예왕의 실정을 잘못된 대궐터 선택, 방탕한 여성관계, 가학증세, 그로 인한 민심의 이반과 왕건과의 갈등으로 이해한다. 하지만 원인에 대해서는 역사서와는 분명 다르게 해석하고 있다.

각박한 평가

유인순 교수는 "전설 전승 집단의 의식 속에 왕건에 대한 강한 부정의식이 숨어 있는 것"이라고 보고 있다. 또한 구비 및 지명전설에는 궁예왕이 추종세력과 함께 보개산성(포천 관인), 명성산성(철원 갈말), 운악산성(포천 화현) 등에서 치열한 항전을 벌인다.

"궁예 관련 지명전설을 보면 무려 네 곳의 대궐터가 보입니다. 풍천원 벌판을 비롯해 명성산성과 보개산성, 그리고 운악산성 등이 그곳입니다. 궁예는 쫓겨난 뒤 바로 죽은 게 아니라 왕건에 대항해 10~15년가량을 더 항전했다는 자료입니다."

한 가지 예를 더 들면 궁예왕이 지었다는 20여 권의 불경에 대해 『삼국사기』에는 "그 내용이 모두 요망한 것이라 하여 석총이 비난하자 쇠몽둥이로 쳐 죽였다."는 대목이 있다. 이 대목은 궁예를 '미치광이 사교(邪敎)의 교주'로 몰아붙이는 데 결정적인 근거를 마련해 준다.

하지만 유인순 교수의 말대로 혈혈단신 적수공권으로 전쟁터를 누빈 장수가 불경을 20여 권이나 썼다면 얼마나 비범하다는 얘기인가.

"전쟁터에서 천하를 얻은 궁예는 이제 종교적 신앙심으로 국력을 강화하기 위해 불경을 저술했다는 얘기잖아요. 기존의 정치체계와 종교생활에 익숙해진 이들에게 궁예의 새로운 도전은 낯선 공포와 혐오의 대상이 됐을 겁니다."

새로운 미륵세계를 꿈꿨던 궁예는 이처럼 기존 세력을 제거했고, 그에 맞선 기존 세력은 왕을 패륜아로 몰았던 것이다.

사실 궁예는 원대한 포부를 지닌 개혁가였다. 하지만 기득권 세력과의 대결에서 끝내 패했다. 역사서는 승자의 기록이 아닌가. 궁예를 어떻게 폄훼하든 어쩔 수 없는 것이다.

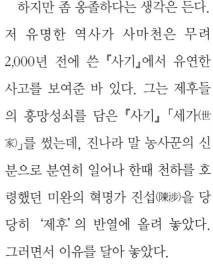

도성 안을 흐르는 역곡천의 모습

두루미는 철책에 상관없이 남북을 오가며 지뢰지대 안에 둥지를 튼다.

하지만 좀 옹졸하다는 생각은 든다. 저 유명한 역사가 사마천은 무려 2,000년 전에 쓴 『사기』에서 유연한 사고를 보여준 바 있다. 그는 제후들의 흥망성쇠를 담은 『사기』「세가(世家)」를 썼는데, 진나라 말 농사꾼의 신분으로 분연히 일어나 한때 천하를 호령했던 미완의 혁명가 진섭(陳涉)을 당당히 '제후'의 반열에 올려 놓았다. 그러면서 이유를 달아 놓았다.

"진섭이 죽었으나 그가 봉립하고 파견한 왕후장상(王侯將相 : 항우와 유방이 대표적)이 마침내 진을 멸망시켰다. 이것은 진섭에 의해 처음으로 반란이 시작되어 그런 결과를 촉진한 것이다. 고조(유방) 때는 진섭을 위해 분묘를 간수하는 30가구를 배치해 놓고 지금도 가축을 잡아 진섭에게 제사한다."

승리자로서, 최소한 이 정도의 아량은 베풀 수 있지 않을까? 또 하나, 군사분계선을 딱 반으로 가르고 있는 태봉국 도성을 보고 있노라면 갖가지 상념이 생긴다.

남북화합의 상징

도성의 흔적을 4번 조사한 이재 원장의 말.

"'출입'이라는 말은 가당치도 않아요. 그저 수색로

를 맴돌며 '관측'했다고 하는 표현이 옳을 겁니다."

그동안의 조사는 힘들고 외로운 작업이었다. 군지도와 미군이 찍은 항공사진, 일제 강점기 때 자료를 참고로 남아 있는 도성을 '눈'으로 찾는 작업이었다. 하지만 도성의 잔존 구간이 서로 다른 데다 높이도 알 수 없었다. 지도를 기준으로 보면 도성의 성벽이 있어야 하는 곳인데, 수풀이 우거져 확인할 수 없는 경우도 많았다.

"조사 후 만나는 사람마다 도성의 규모가 얼마나 엄청난지를 물어오곤 했어요. 그러나 제대로 대답할 수 없었습니다. 다만 태봉국 도성이 그곳에 있다는 것만큼은 분명했어요."

하지만 참으로 초라하게 남아 있었다. 1,100년 전에 쌓은 대제국의 도성을 후손들이 이렇게까지 철저하게 파괴하고 훼손시킨 것이다. 궁예를 폄훼한 고려와 조선, 그리고 파괴의 절정이었던 한국전쟁. 이렇게 해 놓고 과연 역사와 전통을 말할 수 있겠는가?

"그러나 늦지는 않았어요. 한국전쟁 당시 '힘을 합해' 도성을 파괴했던 남과 북이 이제 다시 '힘을 합해' 도성을 조사한다면 나름대로 큰 의미가 있으니까."

휴전선을 반으로 가르고 있는 태봉국 도성에 대한 공동조사야말로 분단 극복과 민족 통일의 상징이니 말이다.

궁예 전설이 깃든
'철의 삼각지대'

학이 앉은 형세의 금학산 앞 철원평야. 궁예가 금학산을 주산으로 이 평야에 도읍을 정했으면 300년 왕국을 건설할 수 있었지만, 고암산을 주산으로 했기에 30년을 버티지 못했다는 전설이 있다.

"그 양반(궁예)이 금학산(947미터 : 철원군 동송읍)에 도읍을 정했으면 300년 갈 거였는데, 그만 고암산(780미터 : 철원군 북면) 앞쪽, 즉 지금 풍천원에 도읍을 정하는 바람에 30년도 가지 못했다는 거야."

실패한 군주 궁예왕에 대한 안타까움이 젖어 있는 구비전설이다.

철원, 포천, 평강 일원에는 이렇듯 궁예의 이야기가 아니면 설명이 되지 않는 숱한 유적과 구비 및 문헌전설이 남아 있다. 명성산(鳴聲山 : 923미터)과 관인봉(655미터), 그리고 운악산(936미터)에 남아 있는 산성들은 대표적인 궁예의 흔적이다.

이밖에도 지금도 왕건과 대치하면서 여우처럼 엿보았다고 해서 붙은 '여우고개', 200명이 들어갈 수 있다는 '궁예왕굴(명성산)', 궁예가 자신의 운세와 국운을 점치려 '소경과 점쟁이'들을 불렀다는 '소경의 절터', 궁예와 왕건이 투석전을 벌였다는 운악산 인근의 '화평장터', 대패한 궁예군의 피가 흘렀다는 '피나무골' 등 궁예 관련 지명과 전설이 허다하다.

궁예왕이 기생들의 연주를 보고 빙그레 웃어 이름 붙였다는 완이정(莞爾亭 : 평강 화현산 기슭), 사냥 할 때의 휴식터였다는 계현(憩峴), 몸소 농사를 지었다는 전중평(典仲坪) 등은 궁예의 최후 보루이자 마지막 안식처에서 전해 내려온 구비전설이다. 하지만 왕건군의 추격에 궁예의 짧은 행복은 끝난다. 왕건군과 싸우던 궁예는 갑기천(甲棄川 : 갑천)에서 무거운 갑옷을 던져버리고 도주하고, 궁예의 옹주(翁主)는 옹주포(翁主浦)에서 자살한다.

궁예 사망 이후의 이적(異蹟)은 예사롭지 않다. 궁예는 죽은 뒤 삼방(三防) 지역의 독존신(獨尊神)으로 추앙받는다. 그의 무덤 앞에서는 반드시 말에서 내려야 했다. 그렇게 하지 않으면 말발굽이 땅에 들러붙는다. 구비전설에 따르면 일제 강점기 때 경원선을 건설하는 동안 계속 인명사고가 났는데, 궁예왕 무덤에 제사를 올리자 사고가 뚝 끊어졌다고 한다. 또한 기차가 궁예왕 무덤을 지나갈 때 앞으로 나아가지 못했는데, 제사를 지내자 움직였다고 한다. 유인순 교수는 이 모두가 궁예왕에 대한 주민들의 숭모와 연민, 안타까움을 상징하고 있다고 해석했다.

"역사 기록과 달리 궁예왕은 이곳 백성들을 사랑하고 백성들로부터 사랑받은 왕이었을 겁니다. 이곳에 전해지는 숱한 전승의 내용은 바로 궁예왕에 대한 깊은 경외심을 보여 주고 있어요."

제3부

영욕의 강산

임금이 백성을 버리고 신하가 임금을 버린 무대, 파주 임진진

1번 국도의 효시

민간인 통제선을 지나 포장 및 비포장도로를 거치자 확 트인 임진강 북안에 닿았다.

꽤나 고운 드넓은 모래사장이다. 때마침 썰물 때다 보니 강폭이 제법 넓어 보였다.

"저 맞은편이 임진진(임진나루 : 파주시 문산읍 운천리)입니다."(이우형 씨)

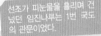
선조가 피눈물을 흘리며 건넜던 임진나루는 1번 국도의 관문이었다.

다시 민통선 이남으로 건너가 맞은편 임진진으로 달려갔더니 군부대다. 민통선 이남이지만 군 시설이니 역시 민간인은 들어갈 수 없다. 믿음직한 전진부대 장교의 안내로 임진진, 즉 임진 나루터에 닿았다. 고깃배 몇 척이 동양화폭에서처럼 고즈넉이 떠 있다. 고기잡이가 허락된 몇몇 어부의 것이라고 한다. 홍수에다 만조가 겹치는 날이면 이곳 임진강 나루는 완전히 물에 잠긴다.

지금은 건널 수 없는 곳이 되었지만 임진나루는 파주에서 개성을 거쳐 평양을 지나 의주까지 이어지는 교통의 요충지였다. 1번 국도의 효시인 셈. 그런데 이 임진진은 200년 태평성대, 전쟁을 모르고 살았던 조선의 수치스러운 패배 사연을 담고 있는 곳이다. 그리고 누란의 위기에 빠진 상황을 접한 온갖 군상(群像)들의 행태를 낱낱이 볼 수 있는 곳이기도 하다.

1592년 4월 30일 새벽. 선조가 피란길에 오른다. 왜군이 파죽지세로 한양 근처까지 밀고 올라오자 조정은 패닉 상태에 빠진다. 조정은 피란을 결정한다. 『선조수정실록』과 유성룡의 『징비록(懲毖錄)』* 등 사료를 보면 그야말로 눈물 없이는 볼 수 없는 한 편의 드라마다.

"나라님이 백성을 버리시면 누굴 믿고 살란 말입니까?"

피란길에 오른 선조임금이 벽제와 혜음령을 거쳐 마산역을 지날 무렵. 비는 억수같이 내리고……. 밭을 매던 백성들이 통곡했으나 소나기에 파묻혀 버릴 뿐이었다.

임진나루를 건널 때는 이미 밤이 되었다. 날은 어두운 데다 비까지 내리자 앞길을 구분할 수 없을 정도였다. 왕 일행은 임진강 남쪽 언

* 징비록
서애 유성룡(1542~1607년)이 임진왜란 때의 상황을 기록한 책이다. '징비'란 미리 징계하여 후환을 경계한다는 뜻이다. 임진왜란 이전에 일본과의 관계, 명나라의 구원병 파견 및 제해권의 장악에 대한 전황 등이 가장 정확하게 기록되어 있다.

임진나루는 지금 군부대의 통제를 받고 있다.

선조 임금이 망명길에 넘었던 해음령. 선조가 고양과 파주 광탄을 있는 이 고개를 넘자 백성들은 통곡했다고 한다.

덕에 있는 승청(丞廳 : 나루터를 관리하던 청사) 건물을 헐어 불을 피웠다. 동파역(파주시 진동면 동파리)에 닿은 것은 밤 8시였다. 파주 목사 허진과 장단 부사 구효연이 왕을 위해 음식 준비에 여념이 없었다. 하지만 위기가 닥치자 왕이고 뭐고 없었다.

하루 종일 굶었던 호위병들이 주방에 들어가 음식을 닥치는 대로 먹어치운 것 이다. 급기야 임금이 먹을 음식마저 없어지자 문책이 두려워진 허진과 구효연의 선택은? 삼십육계 줄행랑이었다.

꼬리 무는 도주 행렬

하기야 임금이 백성을 버리고 도망가는데 무슨 할 말이 있겠는가. 『선조수정실록』「1592년 4월 14일조」의 피눈물 나는 후회.

"태평을 누린 이래로 내병(內兵) 없애기에 힘썼다. 때문에 위태로운 시기에 임하여 흩어지는 것이 적을 본 군사들보다 심했다."

목에 칼이 들어와도 이 피눈물 나는 치욕의 역사를 서술해야 할 사관(史官)들도 도망쳤다.

"사관 조존세, 김선여, 임취정, 박정현 등은 (중략) 상(임금)이 자식처럼 대우했다. 그런데 왕이 요동으로 건너가기로 결정하자 도망칠 것을 몰래 도모했다. 먼저 사초책(史草冊)을 불구덩이에 넣고 불을 지른 뒤……."(『선조수정실록』, 「1592년 6월 1일조」)

그렇다면 명망이 높았던 대신들은 임금을 따랐을까? 천만의 말씀.

"임금이 경성을 떠날 때 국가가 틀림없이 망할 것이라는 요사스러운 말이 퍼져 (중략) 명망 높은 진신(縉臣)들이 보신책을 품었다. 경성에서 의주에 이르기까지 문무관은 겨우 17인이었으며……."

시골 백성들은 도리어 백성을 버리고 도망가는 임금이 때때로 굶는 상황이 연출되자 '껍질만 벗긴 현미로 밥을 지어 바치기도' 했다. 언제 봐도 착하디 착한 우리 백성들이다.

이제 '한심 스토리 2편'을 보자. 무주공산인 한양을 점령한 왜군의 가토 기요마사[加藤淸正]가 5월 10일 파주~임진진에 도달한다. 하지만 배는 이미 임진강 북쪽으로 모두 끌어다 놓은 상태였다. 왜군은 물살이 세서 쉽게 건널 수 없었다.

선조도 경기도와 황해도 군사들을 모아 임진강 사수에 전력을 기울이라고 명령해 놓은 상태였다. 10일이 넘도록 임진진을 두고 대치하는 상황에 이르자 적이 꾀를 낸다. 우선 강화를 권하는 사신을 우리 측에 보낸다.

"우리가 물러나게 된 것은 강화를 위한 것이다. (중략) 전하(도요토미 히데요시)는 귀국에게 길을 빌려(假道) 명나라에 원한을 갚으려는 의향뿐이온데……."

두 명의 지휘관

그러면서 왜군은 임진진 남쪽 강가에 세운 막사를 불태운다. 소수의 척후부대만을 남긴 채 나머지 병력을 파주까지 후퇴시키는 등 술수를 부린다. 하지만 평양의 임시조정은 엄청난 오판을 내린다. 가뜩이나 적이 임진강을 쉽게 건너오지 못하자 낙관론에 젖어 있던 터였다. 그런 상황에서 왜군이 강화를 요청하고, 군대를 임진강에서 철수하자 잔뜩 고무된 것이다. 13일 경기감사 권징이 장계를 올린다.

"적군의 세가 고립무원입니다. (중략) 기운이 피로하여 급격히 꺾여 막사를 불태우고 도망치려는 징조가 있으니 추격하게 해주십시오."

그런데 임진강 전투의 책임자는 도원수 김명원(金命元)이었다. 조정은 "왜 빨리 진격하지 않느냐."고 교지를 내렸지만 김명원은 주저했다. 그러자 평양의 조정은 "전세가 유리하게 돌아가고 있는데도 반격하지 않는다."고 의심한다. 그러면서 문신인 한응인(韓應寅 : 도순찰사)을 불러 이해 못할 지시를 내린다.

"경은 이명원의 절제(지시)를 받지 말고 기회를 놓치지 마라."

세상에! 전투 현장에서 야전사령관의 지휘를 받지 말라는 명령을 내리다니…….

군대 다루기를 봄날 놀이하듯 하다

선조는 한응인에게 정예병 3,000명을 준다. 이들은 모두 강변 출신 사병들로 오랑캐와의 싸움에서 잔뼈가 굵은 최정예병이었다.

한응인은 쏜살같이 임진진으로 달려간다. 그런데……. 제 아무

선조임금이 묵었던 동파역은 현재 군 훈련장이 되었다.

리 정예병인들 얼마간의 짬이 필요했다. 하지만 한응인의 마음은 급했다.

"빨리 강을 건너 진격하라!"

전쟁터에서 잔뼈가 굵은 병사들 가운데 반론의 목소리가 터졌다.

"멀리 오느라 피곤한데 내일 적정(敵情)을 제대로 살핀 뒤에 진격하는 게 옳을 줄 압니다."

백번 옳은 말이었다. 하지만 문신인 한응인은 "빨리 진격하라."는 왕명을 받았던 터라 마음이 급했다. 불평불만 분자 몇 명을 끌어내 목을 베어버린다. 하늘처럼 여기라는 백성들의 목숨을 개·돼지 취급한 것이다. 야전사령관 김명원은 그 모습을 보고도 눈과 귀를 닫을 수밖에 없었다. 한응인이 전략과 전술을 모르는 문신이었지만 임금이 친히 "김명원의 지시를 받지 말라."는 특명을 내렸으니. 서슬 퍼런 한응인의 명령에 군사들이 임진강을 건너 적 몇 명을 도륙하자 우리 측 진영에서는 이긴 줄 알고 환호성을 터뜨렸다. 하지만 그것도 잠시. 후방의 적 7~8명이 윗옷을 벗은 채 대검을 휘두르면서 뛰쳐나오자 아군은 추풍낙엽처럼 무너졌다. 강안까지 밀린 군사들은 강물에 투신하거나 적의 칼에 찔려 죽었다. 단 한 명도 왜군에게 대항하지 못했다. 그야말로 눈 뜨고는 볼 수 없는 참상이었다.

1592년 5월 17일, 이곳 임진진에서 펼쳐진 임진강 전투의 '한심 스토리'다. 무기력한 조선의 모습을 적나라하게 보여 준 것이다.

"군대 다루기를 봄날 놀이하듯 하니 어찌 패하지 않겠는가?"

서애(西厓) 유성룡의 한탄이 하늘을 찌른다. 서애의 반성을 더 들어 보자.

"순찰사들은 모두 문인 출신이었다. 병무에 익숙하지 않았고, (중략) 요지(要地)를 지키지도 못했으며……."

한때는 철옹성(산성)을 쌓고, 필살의 청야전법을 쓰면서 수나라와 당나라 같은 제국을 망하게 하거나 번번이 골탕 먹인 게 우리 민족인데……. 그러나 농업 국가이자 유교국가인 조선의 방어체제는 어설펐다.

태평성대의 그늘

세조(1417~1468년) 때부터 조선의 방위개념은 진관(鎭管) 체제와 그 뒤를 이은 제승방략(制勝方略) 체제였다. 진관 체제는 평상시에는 생업에 종사하고, 유사시에는 군사 체제로 전환하는 향토단위의 방어

전략이었다. 강성문 교수(육사 명예교수)의 말
을 들어 보자.

서애 유성룡의 『징비록』. 임진왜란 당시의
상황을 생생한 필치로 그리고 있다.

"농업사회였으니 예전처럼 청야전술을 펴
고, 산성에 틀어박혀 적군을 막는 일이 어려
웠을 것입니다. 그래서 평지에 읍성을 쌓고
농민들은 농사를 지으면서 정기적으로 군사
훈련을 받는 식으로 운영되었습니다."

하지만 수령이나 백성들의 입장에서 군사훈련을 정기적으로 실
시하는 것은 귀찮은 일이었다.

"천재지변을 이유로 정기적인 군사훈련을 기피하는 일이 다반사
였습니다. 농사일이 바쁜데 무슨 군사훈련? 뭐 이런 식이었죠."(강
성문 교수)

개국(1392년) 이후 200년간이나 평화를 유지했으니 그럴 만도 했
다. 하지만 양반관료층의 토지 집적현상이 두드러지면서 자영농이
소작농으로 전락함에 따라 병농일치, 양인개병의 원칙이 무너졌다.
그래서 도입한 것이 제승방략 체제였다.

제승방략은 유사시에 여러 지역의 군사들을 특정장소에 집결시
켜 대처하는 체제. 이때 조정은 제승방략의 군사 지도자를 파견하
게 된다. 이런 방어체제는 신속하지만, 대규모의 침공을 받으면 무
용지물로 전락한다.

"(제승방략 체제 아래에서는) 전쟁이 나면 모든 군사가 모여 (조정이 보
내는) 지휘관만을 기다리는 형편입니다. 장수가 오지 않고 적의 공
격을 받으면 군대는 흩어지고 결국 패하게 됩니다."

장수는 오지 않고 왜군은 턱밑까지 쫓아오고

역시 『징비록』의 고발이다. 임진왜란 때도 문경의 수령들이 제승방략에 따라 한 곳에 모여 조정이 파견하는 지휘관을 기다렸다. 하지만 며칠이 지나도록 지휘관(순변사)은 도착하지 않았고, 도리어 왜군의 진격이 더 빠르자 모두 뿔뿔이 흩어지고 말았다. 순변사 이일이 문경에 도착했을 때는 고을에 개미 새끼 한 마리 보이지 않았다.

다시 그런 맥락에서 임진강 전투의 '한심 스토리'를 더듬어 보자. 임진강 전투는 도원수(야전사령관)의 지휘 아래 진행됐다. 하지만 임진강 도하에 어려움을 겪은 왜군이 화해를 청하는 서신을 보내면서 짐짓 군대를 후퇴시키는 등 술수를 부리자 그만 속아 넘어가고 만다. 평양의 망명정부는 "적군이 고립 무원하여 피곤하니 쳐야 한다."는 경기감사의 낙관론에 넘어간다. 그러면서 임진강 도강에 소극적인 야전사령관(김명원)을 의심하여 또 다른 지휘관, 그것도 문신(한응인)을 파견한다. 그리고 "너는 도원수(야전사령관)의 지시에 따르지 마라."고 명령을 내린다. 몸은 하나인데 머리가 둘인 말이 앞으로 나아갈 수 있겠는가?

나폴레옹은 "작전을 펼 때에는 현명한 장수 두 사람보다 용렬한 장수 한 사람이 더 낫다."고 했다. 정 야전사령관의 작전이 마음에 들지 않으면 바꾸면 될 일 아닌가?

임진강 전투에 투입된 인원은 1만 5,000명이었고, 왜군은 1만 2,000명이었다. 병력, 숫자나 지형지물의 측면에서 유리했음에도, 한심한 위와 아래가 연출한 엇나간 이중주로 참패의 고배를 마신 것이다. 『징비록』을 비롯한 각종 사료는 임진강 패전 이후 인간 군

상들의 행태를 소설처럼 묘사한다.

"임진강 도강공격은 절대 안 된다."고 섣부른 공격을 반대했던 유극량(劉克良). 그는 막상 전투가 시작되자 "비록 뜻은 같지 않지만 어찌 가만히 있으리오."라고 하면서 끝까지 싸우다가 전사한다.

이때 '쌍두마차' 김명원(도원수)과 한응인(도순찰사), 그리고 박충간(朴忠侃 : 검찰사) 등은 모두 청단의(파란색의 비단옷)를 입고 있었다. 그런데 박충간이 말머리를 돌려 달아나기 시작했다. 그러자 그를 도원수(김명원)라고 오인한 병사들이 "원수(元帥)가 도망간다."고 소리쳤다. 그러자 강을 지키던 병사들이 모두 '걸음아 나 살려라!' 하고 뿔뿔이 흩어졌다.

대패한 김명원과 한응인은 평양으로 돌아왔지만 특별한 문책은 없었다. 김명원은 훗날 좌의정을 지냈다. 패전의 책임을 진 한응인에게는 공을 세워 보답하라는 뜻에서 강동지구(江東地區) 방수(防守)직이 내려졌다. 한응인은 나중에 우의정에 올랐다. "왜군은 고립무원이니 빨리 쳐야 한다."고 잘못된 정보를 올렸던 경기 감사 권징(權徵)은 가평으로 피했다.

억울한 죽음

왜군은 임진강 전투에서 크게 이겼음에도 쉽게 임진강을 건너지 못했다. 열흘 후에야 임진강 상류로 올라가 조그만 배를 타고 몰래 아군의 상황을 살폈다. 그런데 이게 웬일. 이곳을 지키던 부원수 이빈이 화살 하나 쏘지 않고 도망친 게 아닌가. 모든 군사가 흩어졌다. 이로써 임진강·한탄강 방어선이 무너져 조선은 누란의 위기에 빠지게 되었다.

간신히 목숨을 부지한 사람도 있었지만, 억울하게 죽은 사람들도 많았다. 이전에 김명원과 함께 한강 사수에 나섰던 부원수 신각은 김명원의 곁을 떠나 양주 산골짜기에 들어가 적 60명의 머리를 베었다. 하지만 김명원은 신각(申恪)이 주장(主將)을 버리고 도망쳤다고 보고했다.

조정은 5월 18일 선전관을 시켜 전투에 참전하러 연천(한탄강)에 와 있던 신각의 사형을 집행하게 했다. 그런데 선전관이 연천을 떠난 지 얼마 되지 않아 신각이 양주에서 혁혁한 공을 세웠다는 사실이 조정에 알려졌다.

이에 조정은 사형집행을 중지시키기 위해 급히 다른 선전관을 보냈다. 하지만 이 선전관이 도착했을 때는 이미 신각의 목이 나뭇가지에 효수된 뒤였다. 억울한 신각에게는 구십 살의 노모가 홀로 계셨으니 얼마나 비극적인 일인가.

"조금만 쉰 후에 적정을 살핀 뒤 공격하자."고 건의한 죄로 한응인에게 죽음을 당한 이름 모를 장병들의 넋은 누가 달래줄 것인가. 그리고 이름 없이 빛도

임진나루 대신 남북의 관문이 된 독개다리(자유의 다리)

임진나루와 동파역 인근, 민통선 이북에 조성된 해마루촌

없이 스러져간 백성들은 어떻고…….

역사를 읽으면 전쟁은 절대 일어나서는 안 된다는 교훈을 얻게 된다. 전쟁의 결과가 어떻든 관계없다. 전쟁은 무고한 백성들의 억울한 떼죽음만을 낳는다. 반면 살 수 있는 지위의 사람들은 언제 어느 순간에도 살아남아 떵떵거린다.

임진나루는 임진왜란 때의 뼈아픈 패배를 거울 삼아 숙종과 영조 때 군사요새로서 격을 갖추었다. 서울~평양~의주를 잇는 1번 국도의 관문역할을 하게 된 것이다.

"하지만 이 또한 일제 강점기 초기에 일본군에 의해 이웃한 장산진과 함께 모두 헐려 나갔어요. 문루와 성벽, 부속건물 등은 겸재 정선의 그림에서나 남아 있습니다. 지금은 풀밭에 나뒹구는 화강암 석재 몇 개만이 이곳이 중요한 요처였음을 증명하고 있고…….(이우형 씨)

임진강을 사이에 두고 민통선이 그어져 있다. 경의선 철교인 독개다리(자유의 다리)와 통일대교, 전진교, 리비교가 민통선 남북의 관문 노릇을 한다.

임진나루 북쪽의 진동면 동파리. 선조가 피란길에 머물렀고, 말발굽 소리로 분주했던 왕년의 역터인 동파역(진동면 동파리)은 어떤가. 초여름 수풀 속에 표지석 하나 없는 그 슬픔의 현장에는 군 훈련장이 서 있다. 그리고 바로 곁에는 해마루촌 60여 가구가 들어서 있다. 민통선 이북의 전원주택촌인데 고즈넉한 풍취를 자아낸다. 치욕의 역사를 담고 있는 현장이어서 그런가. 어느 곳에서도 아픈 역사를 떠올릴 만한 흔적을 찾아볼 수 없으니…….

'바보 장군'
유극량 이야기

겸재 정선의 '임진적벽도'. 수려한 절경을 자랑하지만, 임금이 도망가고 유극량 장군이 헛된 죽음을 당한 비극의 장소이기도 하다. / 이화여대 박물관 소장

임금은 백성을 버리고 임진강을 건너 야반도주했다. 하지만 어느 장수는 잘못된 작전인 데다 죽을 줄 뻔히 알면서도 이 강을 거꾸로 건넜다. 유극량(劉克良 : ?~1592년) 장군의 이야기다. 책상물림인 한응인이 조정의 명을 받고 내려와 임진진을 건너 왜군을 치려 할 때였다.

조방장(助防將 : 사령관을 돕는 장수)이었던 유극량은 "그야말로 경솔한 전략"이라면서 반대했다가 목이 베일 처지에 놓인다. "비겁하다"는 게 이유였다. 기가 막힌 유극량의 말.

"오로지 국가 대사를 그르칠까 두려워할 뿐이오."

겨우 죽음을 면한 유극량이었지만 막상 작전이 시작되자 선봉에 섰다. 하지만 강을 건넌 아군은 적의 매복에 걸려 추풍낙엽처럼 무너진다. 노장은 말에서 내려 장탄식한다.

"내가 죽을 곳이 여기구나."

유극량은 활을 당겨 적병 몇 명을 쏘아 죽인 뒤 백병전을 벌였으나 끝내 전사하고 말았다. 유극량의 신의와 충성은 젊을 적부터 뿌리가 있었다. 조선 중기의 야사집인 『부계기문(涪溪記聞)』「중경지(中京誌)」에 나오는 이야기다. 그가 무과에 급제하고 집에 돌아오자 어머니가 구슬피 울었다.

"이 에미는 원래 사비(私婢)였는데 주인집에서 도망쳤다. 후에 네 아비를 만나 너(유극량)를 낳은 것이다. 노비의 소생이라는 것이 들키면 삭과(削科 : 과거 급제 취소 조치)된다는데 이 어찌 원통한 일이 아니냐."

깜짝 놀란 유극량은 어머니가 노비로 있었던 원래의 주인집을 찾았다.

"어머니에게 자초지종을 들었습니다. 삭과된 뒤에 다시 (주인님의) 종이 되겠나이다."

감복한 주인은 도리어 유극량을 종에서 풀어 주는 문권(文券)을 주었다. 그는 노비의 운명에서 완전히 벗어났지만, 죽을 때까지 원 주인집을 섬겼다. 늘 예물을 바쳤으며 주인집에 인사하러 갈 때는 동네 입구에서 말을 내려 예물을 손에 받들고 걸어 들어갔다고 한다.

위기에 빠지자 살길을 찾아 뿔뿔이 흩어진 임금과 고관대작들……. 그들은 살아남아 승승장구했지만, 유극량 같은 장수는 헛된 죽음을 당하고 말았다. 어떻게 살아야 제대로 된 삶인가. 예나 지금이나 유극량 같은 인물이 "그저 바보처럼 착하기만 한 인물"로만 치부되는 세상이니…….

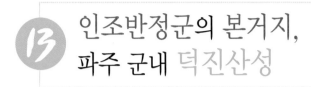

인조반정군의 본거지,
파주 군내 덕진산성

13

불에 탄 초평도를 바라보며

임진강 하류, 곡류지점에 초평도라는 섬이 있다. 초평도는 176
만 5,000평방미터 크기의 무인도다. 섬 전체가 갈대밭과 수목으로
되어 있으며, 만수위 때나 비가 많이 내릴 때면 상당부분이 물에 잠
기기 일쑤인 곳.

이 초평도 서북쪽, 즉 임진강 북안에 백제가 처음 쌓은 곳으로

덕진산성에서 바라보이는 초평
도. 두루미와 재두루미, 말똥가
리 서식처로 알려진 이곳은
2009년 군 사격훈련 도중 불
이 나 상당부분이 타버렸다.

보이는 쇠락한 산성이 하나 있다. 그곳이 바로 덕진산성이다.

덕진산성을 찾으려면 통일대교(문산읍 마정리) 혹은 전진교(파평면 율곡리)를 통해 민간인 통제선을 지나야 한다. 군부대의 승인을 받아야 하는 길목이다. 행정구역상으로는 파주시 군내면 정자리에 있다.

2009년 4월 어느 날. 나는 이우형 씨와 함께 두 번째로 덕진산성을 찾았다. 우선 눈앞에 펼쳐지는 것은 저 건너 초평도. 그런데 예전에 보았던 초평도의 모습이 아니다.

"저기 보이는 갈대밭이 까만 것 같은데……."

"저곳이 군 사격장의 피탄지(被彈地)인데, 3월에 유탄발사기 사격 훈련 도중에 불이 났다네요."

두루미와 재두루미, 말똥가리가 서식하는 곳으로 유명한 초평도가 횡액을 겪은 것이다. 섬에 깔린 지뢰와 불발탄 때문에 진화에 어려움을 겪어 50만 평방미터, 즉 섬 전체의 3분의 1에 육박하는 면적이 불에 탔다니 말이다. 하지만 초평도와 그 섬을 품에 안고 굽이굽이 흐르는 임진강을 보고 있노라면 마음 깊숙한 곳에 숨어있는 감상이 절로 꿈틀거린다.

"저기 서쪽 아래에 보이는 곳이 덕진도(德津渡)라는 곳인데, 저곳은 한국전쟁 때 중국군 주력부대가 남하했던 곳입니다."

나라의 제사터

이제 성의 흔적을 찾아본다. 제멋대로 난 잡초와 갈대를 헤치고 나서야 성벽의 흔적을 찾아낼 수 있는 곳. 황량한 겨울철이나 초봄

덕진산성의 성벽구조를 조사하고 있는 이우형 씨

에는 그래도 동물이나 사람의 흔적을 따라 가다 보면 성의 흔적을 확인할 수 있지만 여름철에는 고역이다.

"더욱이 처음 조사할 무렵에는 성 안에 지뢰가 있었어요."

육군사관학교의 지표조사 결과를 보면 산성의 외성 전체길이는 948미터 정도 된다. 임진강에 닿은 219미터 정도는 미확인 지뢰 때문에 더 이상 측량이 어렵다고 한다. 면적은 1만여 평방미터 정도? 마을 주민들의 말로는 내성 안쪽의 북쪽 경사면에 주초석이 4개 있었는데, 이곳에 당집이 있었다는 것이다.

이곳이 아마도 『장단읍지(長湍邑誌)』「제사조(1842~1843년)」에 나오는 '덕진사(德津祠)', 즉 국가의 중사(中祀)인 제사를 지냈던 곳이 아니었던가 싶다.

성 안 중앙부에는 지름 15미터, 깊이 5미터 정도의 구덩이가 있고, 구덩이 바닥에 3.2미터×3.4미터가량의 석축이 보이는데 아마도 우물이었던 것 같다.

1999년 경기도박물관 조사결과로는 성 안에서 삼국시대부터 조선시대까지를 아우르는 토기편들이 보였고, 주거시설의 바닥이나 벽체로 보이는 짚이 섞인 소토덩어리와 탄화된 쌀, 그리고 철기편도 수습되었다.

그런데 『조선왕조실록』 등의 기록을 들춰 보면 이곳은 역사의 흐름을 뒤바꿔 놓은 '운명의 장소'였다.

심야의 쿠데타

1623년 3월 13일 3경(새벽). 임금(광해군)이 창덕궁의 담을 넘어 달아난다. 『광해군일기』 「1623년 3월 12일조」는 이때의 상황을 드라마처럼 담고 있다.

"왕(광해군)이 북쪽 후원의 소나무숲으로 나아가 사다리를 놓고 궁성을 넘어갔다. 이 사다리는 평상시에 궁인들이 밤에 출입하기에 쉽도록 만들어 놓은 것이다."

반정군의 수색으로 잡힌 상궁 김씨와 승지 박홍도 등 광해군의 총애를 입었던 이들이 즉각 참수된다. 젊은 내시의 등에 업혀 창졸간에 도망친 광해군은 하루도 버티지 못한 채 끌려오는 신세가 된다. 광해군은 그 순간부터 폐주(廢主), 혼군(昏君)의 신분으로 백성의 지탄을 받는 패륜아가 된다. 이것이 그 유명한 인조반정(仁祖反正)* 이다. 그렇다면 덕진산성과 이 인조반정이 무슨 상관이란 말인가?

반정군의 소굴?

바로 이서(李曙)가 이끄는 반정군이 이 덕진산성에서 비밀리에 군사훈련을 받은 뒤 인조반정 거사일인 3월 12일 한양으로 진격했던 것이다. 마치 1979년 전두환·노태우 등이 이끄는 신군부 세력이 일으킨 12·12사태 당시의 쿠데타군이 연상된다.

"이서가 장단부사(長湍府使)가 되어 덕진에 산성을 쌓을 것을 청하

* 인조반정
'반정'이란 『춘추(春秋)』 혹은 『사기(史記)』 등에 나오는 "발난세반제정(撥亂世反諸正)", 즉 어지러운 세상을 다스려 바른 세상으로 돌이킨다는 뜻이다.

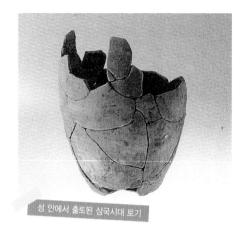
성 안에서 출토된 삼국시대 토기

고 이것이 인연이 되어 이곳에 군졸을 모아 훈련시킨 뒤 이때에 이르러(1623년 3월 12일) 거사하게 된 것이다."(『인조실록』)

사실 광해군을 축출하자는 모의는 1620년부터 시작됐다. 장단부사 이서를 비롯해 신경진(申景禛), 구굉(具宏), 구인후(具仁垕) 등 무인들이 맨 처음 나섰는데, 신경진과 구굉, 구인후는 모두 능양군(綾陽君 : 인조)의 인척들이었다. 다른 세 사람이야 인조의 인척이라지만, 이서는 그야말로 본인의 소신대로 뜻을 세운 것이다.

이들은 광해군대에 조정에서 쫓겨난 서인(西人)의 명망가인 김류(金瑬), 이귀(李貴), 최명길(崔鳴吉) 등도 끌어들였다. 뒤이어 장유(張維)와 유생 심기원(沈器遠), 김자점(金自點) 등도 모의에 합류했다. 이들은 거사 모의 과정에서 숱한 위기를 겪었지만, 후궁에게 청탁을 넣어 아슬아슬하게 화를 피한다. 그리고 1622년 무렵 장단부사 이서는 덕진산성을 쌓고 본격적으로 반정군을 훈련시킨다.

반정군의 위기

절체절명의 위기는 이서가 반정군을 이끌고 파주로 진격했을 때 찾아왔다. 이서는 편비[編裨 : 각 군영의 부장(副將)]를 거느리고 온 이천부사(伊川府使) 이중로(李重老)와 파주에서 만났다. 그런데 이 일을 전해들은 북인(北人) 김신국(金藎國) 등이 서인들의 반란소식을 고변했다. 12일 저녁이었다. 곧바로 추국청(推鞫廳)이 설치되었다. 바야흐로 모든 관련자들의 목이 달아날 판이었다. 하지만……

그 순간 광해군이 후궁과 연회를 베풀고 있을 줄이야. "관련자들을 모두 잡아들이라."는 임금의 명령이 떨어지지 않았던 것이다. 반정군에게는 그야말로 천운이었다.

반정군은 이날 밤 2경(밤 9~11시)에 홍제원(弘濟院)에 모이기로 했다. 이 순간 이곳에 모여든 반정군의 전력은 한심할 정도였다. 아직 이서의 반정군이 미처 도착하기 전의 상황.

출토된 상평통보

"「일사기문(逸史記聞)」* 내용을 보면 한심할 정도였습니다. 홍제원에 집결했던 군사들 가운데 상당수는 유생들과 어중이떠중이들이었어요."(한명기 명지대 교수)

무기를 잡아 보거나 전투를 치른 적도 없는 오합지졸에게 군기를 기대할 수 없었던 것이다.

『일사기문』은 "웃고 떠들며 소란을 피워 제대로 통솔되지 않았다."고 기록해 두었다. 이런 한심한 지경이었던 데다 때마침 고변 소식이 전해지자 분위기가 흉흉해졌다.

* 일사기문
선조 때부터 인조 때까지 세간에 유포된 이야기를 기록한 책이다.

이윽고 이서의 장단군이 뒤늦게 능양군(인조)의 영접을 받으며 연서역(延曙驛 : 지금의 은평구 대조동~역촌동)에 진군하면서 비로소 반정군의 대오가 완성됐다. 하지만 반정군의 규모는 이서의 장단군 700여 명을 포함해 1,000~1,400명에 불과했다. 그나마 앞서 밝혔듯이 훈련을 잘 받은 이서의 정예병을 빼면 나머지는 오합

조선시대 자기류

지졸이었다.

사실 이 정도의 군사로 광해군의 경호를 맡고 있는 훈련도감(訓練
都監)의 정예병을 상대하기란 무리였다. 하지만 반정군은 밤 3경(12
일 밤 11시~13일 새벽 1시), 일사천리로 창의문(彰義門)의 빗장을 부수고
들어간 뒤 창덕궁에 사실상 무혈 입성했다. 광해군은 힘 한번 써 보
지 못한 채 창덕궁 담을 뛰어넘고 만 것이다. 왜일까?

덕진산성에서 출토된 탄화미

최측근 경호실의 배신

"문제는 늘 내부에서 불거졌죠. 대북파의 핵심 이이첨이
서인과 남인을 축출한 뒤 그의 권력이 극도로 비대해졌어
요. 대외정책에서 광해군과 다른 목소리를 내고……."(한명
기 교수)

광해군 또한 말년에는 이이첨을 불신하고 견제했는데,
쿠데타가 일어나자 맨 먼저 "혹시 이이첨의 짓인가."(『광해
군일기』 「1623년 3월 12일조」) 하고 의심했을 정도였다.

"또 하나, 광해군은 폐위되기 전 6년간 자신의 경호실장(훈련도감
대장)을 무려 11차례가 교체했다는 겁니다. 믿을 만한 이가 없었다
는 거죠. 거사 당시 훈련대장이던 이흥립(李興立)마저 반정군에 포섭
되었으니……."

경호실장 이흥립의 경우 반란군이 창덕궁 문 밖에 도착했을 때
"지팡이를 버리고 와서 반란군을 맞이했다."(『광해군일기』 「1623년 3월
12일조」)고 하니 더 이상 할 말이 있을까.

마지막으로는 광해군이 총애하는 상궁 김개시(介屎), 즉 김개똥의

덕진산성을 소개한 안내판

말을 철석같이 믿고 "역모가 일어날 것"이라는 잇단 투서를 무시했
다는 것이다.

　김개시는 용모가 그리 뛰어나지 않았는데도 비방(祕方 : 성적인 기
교술)으로 임금을 사로잡았다. 광해군은 "김개시가 별일이 아니라고
해서 그냥 놔뒀는데, 이것이 최대의 실수"라고 자책했다고 한다.
김개시가 반정 주도세력과 연결되어 있었음을 광해군이 몰랐다는
것이다. 그렇다면 이서 등 쿠데타 세력이 광해군을 몰아내면서 내
건 명분은 무엇인가?

반란의 씨앗

『인조실록』 등은 "윤리와 기강이 이미 무너져 종묘와 사직이 망해 가는 것을 보고 분연히 일어나 반정(反正)할 뜻을 두었다."고 선언했다. 반정세력이 내건 첫 번째 이유는 이른바 '폐모살제(廢母殺弟)'였다.

첩의 아들이자 둘째아들로 태어난 광해군(재위 1608~1623년)은 극심한 정치적 콤플렉스에 시달렸다. 광해군의 어머니는 공빈 김씨(恭嬪金氏). 그는 세자 책봉 문제로 친형인 임해군(臨海君 : 1574~1609년)과 갈등을 빚었지만, 1592년 임진왜란이 일어났을 때 국난에 대비한다는 명분으로 피난지 평양에서 세자에 책봉되었다. 하지만 광해군은 세자 때부터 부왕(선조)의 집중 견제를 받았고, 급기야 선조와 인목대비 사이의 유일한 적자인 영창대군이 태어나자(1606년) 위기에 빠진다. 선조가 세자인 광해군 대신 영창대군을 왕세자로 책봉할 뜻을 은밀하게 내비쳤기 때문이다.

하지만 선조가 갑자기 세상을 떠나자 광해군은 대북파(大北派)인 이이첨 등의 후원을 받아 천신만고 끝에 왕위에 오른다. 하지만 아무리 어리다고 해도 선왕의 유일한 적자인 영창대군의 존재 때문에 광해군과 대북파는 전전반측(輾轉反側)할 수밖에 없었다.

그러던 1613년 4월 문경세재에서 은상(銀商)을 살해한 혐의로 문초를 받던 서얼 박응서(朴應犀)가 뜻밖에 엄청난 역모사실을 실토한다.

자신을 비롯한 300명이 대궐을 습격해 광해군과 세

반정군이 집결한 홍제원터. 지금은 포장마차 옆 다 쓰러져 가는 비석으로만 남아있다.

자를 죽인 뒤 인목대비에게 국새(國璽)를 바쳐 수렴청정을 하도록 요청하려 했다는 것. 그리고 나서 적자인 영창대군을 옹립하려 했으며, 이 역모의 우두머리가 인목대비의 아버지인 김제남(金悌男)이라고 실토한 것이다.(『광해군일기』「1613년 4월 25일조」)

『광해군일기』는 박응서의 고변사실과 함께 "살인죄로 죽을지도 모르는 박응서가 대북파 영수 이이첨의 사주를 받고 거짓으로 고변한 것"이라고 설명해 놓았다.

반정군이 뚫은 창의문의 모습

어쨌든 이 고변은 처절한 피바람의 전주곡이었다. '계축옥사(癸丑獄事)'로 명명된 이 정변으로 인목대비의 아버지 김제남은 사약을 마셨고, 여덟 살 어린이였던 영창대군은 영문도 모른 채 강화도에서 짧은 생을 마감했다. 인목대비는 1618년 서궁(西宮 : 덕수궁)에 유폐되었다.

이것이 이른바 반정 당시 그 으뜸명분으로 내세운 '폐모살제' 사건이다. 반정 주모자들은 이 '폐모살제'를 '금수(禽獸)의 행위'라고 매도했다.

쿠데타 세력이 내건 또 하나의 명분은 지나친 토목공사에 따른 민심의 이반과 부정부패의 만연이었다.

광해군은 임진왜란으로 불에 탄 궁궐들을 중건하면서 왕권강화를 노렸다. 창덕궁 중건(1611년)에 이어 경덕궁(慶德宮 : 경희궁), 인경궁(仁慶宮) 등 대규모 궁궐을 새로 지었는데, 엄청난 비용이 소요됐다. 비용 및 노역의 부담이 자연히 백성들에게 미쳤다. 세금을 대폭 올렸음에도 재원이 부족하자 은과 목재, 석재를 바치는 이들에게 벼슬을 팔기도 했다.

어쨌든 광해군에게 뼈에 사무치는 원한을 품은 인목대비는 거사가 성공한 뒤인 3월 14일, 광해군의 죄상을 낱낱이 폭로했다. 그러면서 앞서 언급한 죄목과 함께 또 한 가지의 죄상을 고했다. 그것은 중국(명나라)에 대한 배은망덕이었다.

"중국을 섬겨온 지 200여 년 (중략) 임진왜란 때 나라를 다시 일으켜준 은혜는 영원토록 잊을 수 없었던 것이다. 이리하여 선왕(선조)께서 40년 간 보위에 계시면서 지성으로 중국을 섬기셨다. 그런데

창의문을 뚫은 반정군은 창덕궁 돈화문으로 입성했다.

광해는 천자의 명을 두려워하지 않았으며 배반하는 마음으로 오랑
캐와 화친하였다. 이리하여 중국이 오랑캐를 정벌할 때 장수에게
사태를 관망하여 향배(向背)를 결정하라고 은밀히 지시하여 (중략) 오
랑캐에게 투항하게 하여 추악한 명성이 온 천하에 전파되게 하였
다. (중략) 예의의 나라인 우리 삼한(三韓)은 금수의 나라가 되었으
니……."

'쥐뿔도 없는 주제에'…… 광해군의 실리외교

하지만 광해군에게 마냥 폭군의 낙인을 찍는 것이 옳을까? 물론 효(孝)사상과 사대(事大)에 뿌리를 둔 조선에서 '폐모살제'는 분명 광해군의 씻을 수 없는 실책이었다. 또한 왕권강화를 위한 무리한 궁궐의 중건 및 신축 역시 비난 받을 소지가 충분하다.

하지만 광해군의 업적 역시 필설로 다하기 힘들다. 그는 임진왜란이라는 절체절명의 시기에 세자로 책봉된 직후부터 전란 내내 분조(分朝)*의 책임자로서 전국을 돌면서 민심을 수습하고 왜군에 대항하기 위해 군사를 모집하기까지 했다.

또한 광해군이 즉위할 무렵 조선은 그야말로 중대한 고비를 맞고 있었다. 안으로는 국난의 상처를 치유하고 바깥으로는 명청교체기(明淸交替期)라는 엄청난 격변기에서 종묘사직을 보전해야 했다.

이이첨과 정인홍(鄭仁弘) 등 북인들이 광해군 즉위의 일등공신이었지만, 광해군은 그들만 편애하지 않았다. 이원익(李元翼), 이덕형(李德馨), 이항복(李恒福) 등 명망가들을 우대하면서 그들의 경륜을 활용했다.

가장 큰 내정의 업적은 아마도 1608년 경기도에서 실시된 대동법(大同法)일 것이다. 대동법은 백성이 왕실이나 관청에 바치는 공물을 현물 대신 쌀로 낼 수 있게 한 제도다.

조선의 공물제도는 원래 각 지방의 특산물을 바치게 하였는데, 부담이 불공평하고 수송과 저장에 불편이 많았다. 예컨대 자기 고장에서 나지 않는 공물을 현물로 납입해야 할 경우 반드시 청부업자에게 비싼 값을 치르고 물품을 구입하여 관청에 납부해야 했던

* **분조**
임진왜란이 일어나자 선조가 의주로 망명길에 오르면서 왕세자인 광해군으로 하여금 본국에 남아 종묘사직을 받들라는 왕명을 내렸다. 이때 광해군의 조정을 분조라 한다.

광해군은 창덕궁 후원문으로 탈출했으나 다음날 잡히는 신세가 된다. / 문화재청 제공

것이다.

이런 폐단은 농민들의 부담을 가중시켰고 국가의 수입을 감소시켰다. 대동법의 실시는 백성들의 입장에서 '복음'과도 같은 소식이었다. 백성을 착취해 떼돈을 벌고 있던 청부업자들 가운데는 사대부와 왕실의 인척과 관련이 깊은 모리배들이 섞여 있었다. 광해군은 이들 뿌리 깊은 기득권 세력의 아우성을 일축하고 대동법을 밀어붙인 것이다. 그야말로 백성을 위한 정치였던 것이다. 또한 지나친 감이 있어서 그렇지, 전란 중에 불탄 창덕궁 수리와 종묘 중건, 사고(史庫) 등 관청들의 건설 등은 반드시 필요한 수습책이었다.

뭐니 뭐니 해도 광해군의 가장 빛나는 업적은 이른바 '명청교체기'에 빛을 발한 '등거리 외교정책'이었다. 전란의 상처가 아물지 않은 상태에서 맞이한 '명청교체기'는 사실 조선으로서는 감당하기 어려운 격변기였다.

명나라의 몰락은 시간문제였다. 1618년 후금(後金)의 누루하치가 랴오둥 반도의 푸순성[撫順省·무순성]을 함락시키자 위기감을 느낀 명나라는 조선의 파병을 요청했다. 말이 '요청'이지 실은 '명령'이었다. 이미 선대왕인 선조가 "임진왜란 때 조선을 멸망의 위기에서 구해낸 것은 이순신도 아니요, 그렇다고 의병들도 아닌 명나라이며, 조선은 명나라에게 재조지은(再造之恩 : 나라를 다시 세우게 한 은혜)"을 입었다고 규정하지 않았던가.

명나라의 '파병 명령'에 신료들은 그 '재조지은'을 들먹거리면서 "부모의 나라인 명을 도와야 한다."고 아우성쳤다. 심지어 대북파의 핵심 이이첨까지 가세했으니……. 하지만 광해군은 흔들리지 않았다. 그는 1618년 5월 1일 신료들에게 내린 전교에서 이렇게 선언한다.

"누루하치는 천하의 강적이다. 그런데 우리나라의 군병이 약한 것도 돌아보지 않은 채 깊이 파병한다면……. (중략) (군이 보내야 한다면) 국경과 가까운 의주(義州) 등에 대기시켜 대치하는 게 낫다."

이는 국경 밖으로는 파병하지 않겠다는 얘기다. 광해군은 나아가 명나라에게도 한마디 충고를 아끼지 않는다. 즉 "후금의 군사력이 막강하므로 경거망동하지 마라."는 것이었다. 광해군은 명나라에 보내는 잇단 국서의 내용에 "국난이 끝난 지 얼마 되지 않았다.", "조선의 군사력이 미약해서 도움이 안 된다."는 등 갖가지 핑계를 댔다.

급기야 명나라는 "지금 요동 땅에는 '조선이 후금, 일본과 내통하고 있으며 후금군 가운데 조선인이 3,000여 명이나 된다.'는 풍문이 돌고 있다."고 하면서 조선을 협박하자 할 수 없이 뜻을 굽혀 파병을 결정한다. 하지만 광해군은 1619년 2월, 강홍립이 이끄는 파병군을 보내면서 "형세를 보아 행동을 결정하라.(觀形向背)"는 지시를 내린다.

인조반정이 끝난 뒤 인목대비가 광해군의 죄상을 조목조목 거론한 내용이 바로 이것이다. 하지만 명나라군은 조선 파병군까지 거든 이 '선허전역(深河戰役·심하전역)'에서 대패하고 만다. 1619년 3월 1~4일까지 벌어진 전투에서 후금군의 전사자는 고작 200여 명이었는데 명군은 무려 10만 명이나 죽었다. 결국 광해군의 예상대로 명나라는 후금의 상대가 되지 못했다. 만약 명나라의 요청에 나라의 명운을 걸고 명나라를 도왔다면 조선은 다시 신흥강국 후금의 침략을 받았을 것이다.

광해군의 실리외교가 빛나는 순간이었다. "털끝만큼도 믿을 형세가 없는데도 고담준론으로만 적을 제압할 수는 없으며, 대의로만 오랑캐를 막을 수 없다."는 신조를 지닌 광해군의 안목이 돋보이는 순간이었다.

향명배금(向明排金)의 대가

인조반정으로 광해군이 실각한 뒤 조선은 다 쓰러져가는 명나라를 사모하는 이른바 '향명배금(向明排金)' 정책을 썼다가 다시 전란의 소용돌이에 빠진다. 정묘호란(1627년)과 병자호란(1636년)이 이어지고, 급기야 '삼전도의 굴욕'을 겪게 된다.

청나라 태종 앞에서 굴욕적인 삼배구고두(三拜九叩頭)의 치욕을 겪은 인조는 스스로 '반정' 당시의 정신을 무너뜨리고 '친청책'을 쓴다. 1643년 9월, 대사간 유백증(兪伯曾)이 인조를 맹비난하면서 올린 상소는 매우 의미심장하다.

"광해군 대에는 그래도 전쟁은 겪지 않았습니다. 그런데 전하(인조)는 당했습니다. 그렇다면 반정은 왜 했습니까? 천재와 시변이 광해군 대에 비해 더욱 많고 흉년이 드는 일도 더욱 잦으며 인심이 원망하고 능멸하는 일이 더 많습니다."

이는 '반정의 정신'을 외면한 채 친청책을 쓰는 인조를 비난하는 것인데, 이 대목은 현실을 도외시한 채 명분만을 찾은 대가가 얼마나 쓰라린지를 웅변해 준다. 또한 인조는 1641년 대제학 이식(李植)이 쓴 유시(諭示)에서 이렇게 자책한다.

"내가 사기(事機)를 잘 주선하지 못하여 조용했던 강토가 갑자기 병자·정묘년의 큰 변란을 당하였구나. (중략) 아, 이번 일을 당한 백성들이 아무리 나를 꾸짖고 원망한다 해도 이는 나의 죄이니 어찌 피할 수 있겠는가."(『인조실록』, 「1641년 1월 2일조」)

그러면서 삼전도의 굴욕에 대해서는 "끝까지 싸울 것을 명령할 수도 있었지만 허겁지겁 항복한 것은 백성들을 살리기 위함이었다."고 변명한다. 그렇다면 광해군이 죄 없는 백성들을 전란의 화에서 구하려 실리외교를 편 것은 무엇이란 말인가?

갈대와 수목 사이에 그 흔적조차 찾기 어려운 덕진산성에서 다시 돌고 도는 역사의 수레바퀴를 떠올린다. 1622년 장단부사 이서는 분명, 나라를 구하기 위해 혼군(昏君)을 쫓아내려 이곳에서 병사들을 훈련시켰을 것이다. 그런데 그가 일으킨 '반정'은 과연 어지러운 세상을 바르게 이끌기 위한 것이었을까? 아니면 한낱 쿠데타였을까?

하얀 깃발에 몸을
내던진 사연

바늘 하나라도 잘못 훔치면 도적이 되어 죽을 수도 있지만 나라를 훔치면 영웅이 된다는 옛 말이 있다.

인조반정 당시 반정군 700명을 이끌고 한양으로 진격한 장단부사 이서(李曙 : 1580~1637년)가 바로 그런 사람이었다. 그가 이끈 군대가 반정군의 영웅이 될지, 아니면 반란군의 수괴가 되어 주륙(誅戮)을 당할지 누가 알았을까? 그는 태종의 둘째아들 효령대군(孝寧大君) 이보(李補)의 후손이었다. 1603년 무과에 급제한 그는 절체절명의 도박을 성공으로 이끈 뒤 완풍(完豊)부원군에 봉해졌다.

덕진당이 존재했을 것으로 보이는 덕진산성 내부의 유구. 반정군 사령관 이서의 부인에 관한 전설로 유명하다.

그런데 덕진산성에 터가 남아 있는 덕진당에는 인조반정과 이서의 부인이 관련된 가슴 아픈 사연이 구전설화로 남아 있다. 장단부사 이서가 반정군을 이끌고 출전하기 직전에 아내의 손을 잡았다. 성공한다면 1등 공신의 반열에 오르겠지만, 만약 실패한다면 가문은 멸문지화를 당할 게 뻔했기 때문이었다.

"부인, 내 반드시 성공하고 돌아오리다. 나라를 위한 일이니 걱정하지 마시오."

이서의 아내는 눈물을 꾹 참았다.

"이번 거사가 성공하면 돌아오는 나룻배에 붉은 기를 걸어놓겠소. 만약 실패하면 흰 깃발을 달 터이니, 부인은 아이들을 데리고 반드시 피하시오."

이서는 신신당부를 한 뒤에 700명의 병사와 함께 임진강을 건넜다. 이서의 아내는 남편이 떠난 뒤 뒤뜰에 단을 만들어, 그곳에 정화수를 떠놓고 빌고 또 빌었다. 그런데 떠난 남편은 열흘이 지나도록 돌아오지 않았다.

'아무래도 일이 잘못된 거야.'

이서의 아내는 남편의 죽음을 예감했다. 그녀는 남편이 죽는 악몽까지 꿨고 점점 더 수척해져 결국 병이 들고 말았다. 남편이 떠난 지 한 달여가 흘렀을 때 임진강을 하염없이 바라보던 계집종이 외쳤다.

"마님, 나룻배가 다가오는데 무슨 깃발이 보입니다."

아내의 목소리는 조바심에 몹시 떨렸다.

"무슨 깃발이냐. 붉은 기냐, 하얀 기냐."

강심을 벗어난 나룻배가 점점 다가왔다. 계집의 목소리에 힘이 떨어졌다.

"흰 깃발이옵니다."

이서의 아내는 핏기 없는 얼굴로 산성 앞 낭떠러지로 걸어가 몸을 던졌다.

나룻배에는 분명 남편이 타고 있었는데……. 분명 붉은 깃발을 걸어 놓았는데, 그만 노를 젓던 사공이 더위를 참지 못해 흰옷을 붉은 깃발에 걸었던 것이었다.

이서의 아내가 몸을 던진 임진강은 하얀 물결을 일으키며 무심하게 흘러가고 있었다. 이서는 아내가 정화수를 떠 놓고 빌었던 그곳에 덕진당을 짓고 아내의 원혼을 위로했다. 이후 임진강 어부들은 풍어를 기원하고 수재를 막기 위해 덕진당에 제를 올렸다고 한다.

14 병자호란 김화대첩의 무대,
김화 생창리 전적지

지뢰밭을 뚫자 숨어 있던 성벽이 우뚝 나서다

"어!"

비무장지대 일원 조사에 잔뼈가 굵은 이우형 씨가 성큼성큼 내딛는다. 이번에는 정말이다. 내색은 정말 하기 싫지만 이번만큼은 그를 따라가는 게 내키지 않는다. 녹슨 철책에 걸린 '지뢰'라는 빨간색 삼각표지판을 휙 걷어내고 들어가는 것이니…….

취재단 일행을 안내한 ○○사단 정훈장교도 한몫 거든다.

"저도 여기(지뢰 지대)는 처음 들어와요."

이곳에 근무하고 있는 장교도 '처음'이라는데……. 모골이 송연해질 수밖에. 그러나 벌써 저만치 걸음을 내딛은 이우형 씨가 "괜찮다."고 하면서 "내 뒤만 따라오라."고 한다. 순간 별의별 상념이 다 떠오른다. 이곳은 해발 471미터의 철원군 김화읍 읍내

지뢰지대에 자리 잡은 성산성

리 성재산. 방치된 채 숨어 있는 성산성을 찾는 길이다. 철의 삼각지대(철원~김화~평강) 가운데 김화 쪽 꼭짓점. 격전지였던 탓에 지뢰와 불발탄이 묻혀 있는 이곳은 비무장지대 안에 있었다. 하지만 1970년대 중반 이후 남방한계선이 북쪽으로 조정되면서 조사할 수 있는 곳으로 거듭났다.

2000년 3월, 이 성을 조사한 이재 당시 육사교수 등 육군사관학교 조사단이 만든 「철원 성산성 지표조사 보고서」는 그 위험했고 어려웠던 조사과정을 무용담으로 풀어 놓았다.

"43일간의 조사 기간 가운데 지뢰확인 및 제거작업과 수목 제거작업이 거의 매일처럼 실시됐다. 실제 경험 없는 병사들과 함께 실시하는 지뢰 제거작업은 대단히 위험했다. 목숨을 내놓고 하는 작업이었다. 두 번 다시 하고 싶지도 않고 또 해서도 안 될 위험한 작업이었다."

지도위원으로 서너 차례 현장을 찾았던 조유전 당시 국립문화재연구소장(현 경기문화재연구원장)은 생각하기도 싫다는 표정을 짓는다.

"아휴! 말도 말아요. 겨우 한 사람만 갈 수 있을 정도로 통로를 개척하고 부들부들 떨고……. 조사단이나 군 장병들이나 죽을 노릇이었을 거예요."

보고서는 전방지역 조사에 이골이 난 이우형 씨의 활약을 특별히 언급하고 있다.

"지뢰 및 불발탄 제거는 김성환(병장), 구정은(상병), 전길호(상병), 김범수(일병) 등 4명이 성실하게 임무를 수행했으며, 이우형 조사원이 솔선수범했다."

언제 어느 곳에서 지뢰나 불발탄이 터질지 모르는 상황. 모두 부들부들 떠는 상황에서 그는 미친 듯 수풀을 헤치고 다닌 것이다.

"지뢰와 불발탄은 물론 수목과 넝쿨이 수십 년간 방치되어 온 지역이어서 기계톱, 수동톱, 낫, 칼 등으로 통로를 개척하는 일도 만만치 않았어요."

그랬던 이우형 씨가 2007년 초여름 부들부들 떠는 우리 일행을 그림자에 두고 휙휙 발길을 재촉하는 것이다.

"지난번에 다 조사한 곳이니 괜찮습니다."

미확인 지뢰지대에서 마주친 멧돼지

그런데 빨간 지뢰 표지판을 제치고 한 30미터쯤 갔을까. 성벽 위를 따라 불안한 발걸음을 옮기는데……. 앞선 이우형 씨가 걸음을 멈춘다.

'이건 또 무슨 일이야.'

갑작스러운 상황에 순간 숨이 멎는데 그가 "저기를 보라."고 한다. 그랬다. 저편에 새끼 멧돼지가 보이는 것이었다.

"멧돼지를 자극하면 안 됩니다. 멧돼지가 흥분하면 호랑이보다도 더 포악해진다고 합니다."

생전 처음 보는 장면이었다. 최전방 지뢰지대에 들어가 보는 것만 해도 '행운이라면 행운'인데 들어가자마자 멧돼지와 조우하다니……. 안내 장교도 "나도 처음 보는 장면"이라고 신기해 한다.

그나저나 발걸음을 내딛을 때마다 가슴이 떨리는 건 어쩔 수 없었다. 불안에 떨면서도 제법 널려 있는 삼국·통일신라시대 기와편을 여러 점 수습했다. 이것도 직업의식인가.

순간 그런 생각도 들었다. 성벽 위와 비탈길을 따라 200미터 정도 내려갔을까. 이씨가 덤불을 젖힌다. 그랬다. 성벽은 하얀 속살을 드러냈다. 때마침 내리쬐는 햇볕에 우윳빛 색깔을 발했다. 감탄사가 절로 나왔다. 높이 5.2미터 가량의 성벽은 65미터 정도 완벽한 상태로 남아 있었다. 얼핏 봐도 우뚝 선 장승처럼 견고한 모습이다.

2000년에 조사한 결과 성산성의 총 길이는 982미터였으며, 높이는 7미터 정도였다. 성 안에서는 성황당지와 우물지가 확인됐다. 또 5곳의 건물터 또는 추정건물터가 확인됐고, 현문

지뢰지대를 뚫고 성산성을 찾아 내려가는 필자와 이우형 씨

(懸門)식으로 된 서남문지를 포함해서 두 곳의 문지가 보였다. 전문가들은 이 성이 처음 축조된 시기는 최소한 통일신라 때였으며 고려·조선대에 이르러 중·개축을 했으리라 여긴다. 특히 이 산성은 '가등(加藤)산성'으로 전해져 내려오기도 하는데 왜장 가토 기요마사가 이끄는 왜군의 주둔지였을 가능성도 있다.

팔자 드센 김화

나는 성산성 답사를 마치고 바로 옆에 위치한 ○○부대 본부를 찾았다. 북쪽으로는 이른바 철의 삼각지대가 훤히 펼쳐졌다. 저 멀리 북한 땅에 오성산(1,062미터)이 보였다.

한국전쟁 때 김일성이 "육사 군번 세 도라꾸(트럭) 하고도 안 바꾼다."고 했을 정도로 중요한 산이다. 동쪽으로는 계웅산(604미터)이 보이고 그 가운데 삼각고지가 손에 잡힐 듯하다. 미군과 중국군이 혈투를 벌였던…… 금단의 비무장지대만 아니었던들 오성산 아래 형성된 드넓은 평지 사이로 가는 평강행 도로를 타고 여행을 떠날 수 있을 것이다.

그리고 남쪽으로는 한탄강으로 이어지는 남대천이 흐르고, 남대천변의 넓은 대지가 눈앞에 펼쳐진다. 성산성과 김화는 서울, 철원, 평강, 화천, 회양, 안변, 개성 등으로 갈 수 있는 사통발달의 요지이며 요충지였다.

이렇기에 분단과 전쟁 이전에는 금강선 김화역을 중심으로 펼쳐진 읍내리 일대는 번성한 시가지였다고 한다. 하지만 지금의 김화는 전쟁과 최전방의 이미지로 인해 텅 빈 고을이 되고 말았다. 지금은 부서진 건물의 잔해조차 남아 있지 않고 그저 휑한 농경지로 변해버렸다.

"한국전쟁으로 함께 사라져 버린 경기도의 장단읍내보다 더 상처가 크다고 할 수 있어요."

아닌 게 아니라 김화처럼 팔자가 센 고을이 또 있을까? 사통팔달의 요충지라는 지리적 특성 때문에 고려시대와 조선시대, 그리고 한국전쟁을 거치면서 벌어진 굵직한 전투들과 사건들은 꼭 이곳을 거쳐 갔다.

예컨대 고려 공민왕 10년(1361) 20만의 병력으로 고려를 침입한 홍건적은 원주의 영원산성에서 패배한다. 그 뒤 북쪽으로 후퇴하던 홍건적은 김화의 근남면 마현리 일대에서 고려군의 포위작전에 또다시 대패한다. 이때 죽은 홍건적의 수급(首級)을 모아 조성한 대형 돌무덤이 읍내리 배고개 정상부에 있다. 수급을 묻었다 해서 매두분(埋頭墳)이라 이름 붙은 그곳은 비무장지대 안이라 접근불허의 지역이다.

또한 고려 우왕 9년(1383년) 왜구가 강원도 내륙의 깊숙한 곳인 회양과 평강까지 진출한다. 하지만 남시좌(南時佐) 등이 이끄는 고려 관군에 의해 역시 김화에서 대패한다. 그리고 임진왜란 당시인 선조 25년(1592년) 6월 19일. 강원도 조방장 원호(元豪)가 이끄는 부대가 20대 약관의 왜장인 시마즈 다다도요[島津忠豊]의 전략에 휘말려 참패한다. 이 때문에 안개 낀 하소리의 남대천이 피로 붉게 물들었다고 한다.

"뿐만 아니라 1930년대를 떠들썩하게 만든 그 악명 높은 백백교(白白敎)*의 본거지였던 오성산, 그리고 조선 숙종 때(1688년) 요승 여환(呂還)이 반란의 계시를 받았다는 천불산 등이 바로 김화에 있잖아요."(이우형 씨)

비무장지대 안 전골총의 비밀

하지만 뭐니 뭐니 해도 성산성 남쪽 남대천변 평지에서 벌어진 병자호란 때의 김화지구 전투를 잊어서는 안 된다. 이우형 씨와 나는 성산성을 답사하고 내려오는 길에 전골총(戰骨塚)을 친견했다.

전골총. 철책 너머 손에 잡힐 듯 조성된 대형 무덤이다. 작은 나무가 무덤을 에워싸고 있고 수풀이 봉토를 덮고 있는데, 무덤 꼭대

* **백백교**
20세기 초 동학(東學) 계통인 백도교에서 파생된 유사종교였는데, 사이비종교로 변질되어 타락과 부패의 길을 걸었다. 전용해(全龍海)가 교주(敎主)가 되면서 백백교는 범죄단체로서 우매한 민중을 현혹하여 재물을 빼앗고 여신도들을 속여 간음을 자행했다. 범죄행위가 밝혀지자 이를 은폐하기 위하여 신도들을 심산유곡(深山幽谷)으로 끌고 가서 죽였다. 그들에게 피살된 시체만 해도 48구(具)가 발견됐다.

기에는 큰 나무 한 그루가 무심히 서 있다. 그 앞에서는 군인들이 뭔가 작업을 하고 있다. 손에 잡힐 듯하지만 갈 수 없는 바로 그곳, 비무장지대 안에 자리 잡고 있는 전골총이다. 전골총은 바로 병자호란 때 김화지구 전투에서 전사한 조선군의 유해를 한데 모아 묻고 봉토한 무덤이며, 전쟁이 끝난 뒤 김화 현감 안응창(安應昌)이 조성했다.

하지만 김화지구 전투는 병자호란 때 기록한 2대 승첩 가운데 하나다. 병자호란 2대 승첩이란 이 김화대첩과, 전라 병사 김준룡(金俊龍 : 1586~1642년)이 지휘한 용인 광교산 대첩을 말한다. 하지만 조선은 병자호란이 발발한 지 두 달도 되지 않아 그토록 멸시했던 '만주족 추장'에게 '삼배구고두(三拜九叩頭)' * 의 치욕을 당했다. 그런 참담한 패배 와중에 승첩이 각광받을 리 만무했다.

또한 이 김화지구 전투는 필설로 다할 수 없는 민감하고 극적인 사연을 담고 있다.

때는 바야흐로 1636년(인조 14년) 12월 8일. 청나라 태종이 직접 12만 8,000명의 대군을 이끌고 압록강을 도하한다. 병자호란의 시작이었다. 청 태종은 영악한 인물이었다. 조선의 산성방어전술을 단숨에 깬 것이다. 이미 9년 전 정묘호란 때(1627년) 후금(청의 전신)의 침략을 받았던 조선은 나름대로 산성을 수축하고 정예병을 평안도에 배치하는 등 산성방어전술을 썼다. 고구려 때부터 수ㆍ당을 괴롭혔던 바로 그 작전. 하지만 기병으로 구성된 청나라군은 조선이 쌓은 산성을 거들떠보지도 않고 한양으로 직행했다. 그때가 1636년 12월 8일이었다.

손에 잡힐 듯 우뚝 서 있는 전골총. 병자호란 때 전사한 조선군의 시신을 한꺼번에 모아 묻은 곳이다.

청나라군이 파죽지세로 내려오자 조정은 사색이 되었다. 수도권 방위를 위해 각 도의 감사, 병사, 수사에게 긴급명령을 하달한다.

"급히 근왕병을 이끌고 수도권에 집결하라."

당시 평안도 감사(도지사)는 홍명구(洪命耈 : 1596~1637년)였다. 그는 평안도 병마절도사 유림(柳琳 : 1581~1643년)에게 격문을 보내 평양에 집결하도록 했다. 근왕군 대열에 참여하도록 한 것이다. 평양에는 홍명구군 2,000명과 유림군 3,000명 등 5,000명의 근왕군이 집결했다.

엇갈린 운명

12월 18일 평양을 떠난 홍명구와 유림의 근왕군은 도중에 노략질을 일삼던 적군 수백 명을 죽인 뒤 이듬해 1월 26일 김화 읍내에 도착한다. 김화는 평안도, 함경도, 강원도 쪽에서 서울로 올라올 때인후(咽喉 : 목구멍)와 같은 곳이다. 그러니 건곤일척의 싸움이 예비되어 있었던 것이다.

김화 읍내는 텅 비어 있는 상황에서 청나라군이 대회전을 위해 속속 집결하고 있다는 척후병의 보고가 들어왔다. 그런데 문제가 생겼다. 전략 구상 및 작전 수행과 관련해 홍명구와 유림 간에 설전이 끝없이 이어진 것이다.

"이곳(현 주둔지)과도 가깝고 아군에 지형적으로 유리한 고성(성산성)에 들어갑시다."(유림)

"평안도에서도 산성전술이 실패하지 않았습니까. 나는 여기서 죽을 때까지 일전을 펴겠습니다."(홍명구)

"적군의 수가 많고 아군이 적으니 양군을 합칩시다."(유림)

"안 됩니다."(홍명구)

홍명구군은 결국 김화 관아 남쪽 3리 지점인 개활지(김화읍 생창리 탑동)에 진을 쳤다. 하지만 홍명구는 문신이었고 유림은 무신이었다. 전쟁에 관한 한 유림은 경험이 풍부했다. 유림은 홍명구군의 진이 삼면이 산으로 둘러싸였고, 퇴로가 불안정한 탑골의 지형 때문에 불리하다고 판단했다.

"지형이 평탄하고 낮아 적의 공격을 받기 쉽습니다. 높은 곳으로 옮기는 것이 좋습니다."

하지만 홍명구는 거부했다. 자신의 제안이 거부당하자 유림은 휘하 3,000명을 이끌고 홍명구군과 인접한 백수봉 정상에 지휘소를 설치했다. 그 다음 백전능선에 진과 목책을 구축하여 전투태세를 갖추었다. 유림의 방어 진지인 백수봉(栢樹峰 : 240미터)과 백전(栢

유림군 진지(백수봉)   충렬사   홍명구군 집결지

김화전투가 벌어진 김화 생창리 탑동 개활지. 유림은 왼쪽 백수봉에, 홍명구는 오른쪽 개활지에 진을 쳤다. 결국 청나라군은 홍명구군을 전멸시켰지만 유림군에게는 대패했다. / 이상훈 촬영

⊞) 능선에는 수령 300년 내외의 잣나무가 **빽빽**하게 우거져 있었다. 더욱이 삼면이 가파른 경사면이었다.

김화전투의 시말

다음날(1월 28일) 새벽. 적군 6,000명이 3개 부대로 나뉘어 접근하기 시작했다. 유림은 다시 "지금 감사께서 포진한 지세는 공격받기 쉬우니 높은 곳으로 옮기라."고 설득했으나 홍명구는 옥쇄를 택했다.

"나는 이미 죽기로 다짐했소."

청군은 삼면에서 홍명구군을 쳤다. 3시간가량의 치열한 접전 끝

에 홍명구군은 와해되었다. 홍명구는 직접 활과 장검을 들고 백병전에 나섰지만 중과부적. 그는 어머니에 대한 유언과 감사(監司)의 관인을 소리(小吏)에게 맡기고는 7발의 화살이 몸에 박힐 때까지 끝까지 싸우다가 장렬한 최후를 마친다.

지옥 같은 순간에도 능선 위 유림군은 꼼짝도 하지 않는다. 홍명구군은 바로 눈앞 능선에 주둔했음에도 구원병을 내려 보내지 않은 유림군을 원망하며 죽음을 맞이한다. 이것은 당시 김화의 관노(官奴)였던 유계홍(劉戒弘)의 전투 목격담이다. 생생한 전쟁의 기록인 것이다. 이 일은 훗날 '유림 탄핵'의 빌미가 된다. 하지만 도움을 주려고 섣불리 능선에서 내려왔다가는 유림군의 운명 또한 장담할 수 없는 일이 아닌가. 어쨌든 홍명구군을 부순 청군은 유림군을 향해 총공격을 퍼붓는다. 하지만 유림은 "동요하지 말라."고 군사들을 독려한다.

홍명구군어 전멸당한 생창리 개활지를 가로지르는 실개천. 이 개천이 피로 물들어 '피냇개울'이라는 이름을 얻었다.

"화살과 탄환이 많지 않으니 낭비하지 마라. 적이 10보 앞에 접근했을 때 내가 깃발을 올리면 쏘아라!"

잣나무 숲과 굵은 목책, 그리고 추상같은 명령……. 청군은 4차례나 능선을 오르려 파상공세를 폈으나 모두 실패했다. 청군의 지휘관은 야빈대(청 태종의 매부)였다.

야빈대는 백마를 타고 혼란에 빠진 청군을 수습하여 4번째 공격을 지휘한다. 하지만 그의 백마를 유심히 본 유림은 저격병 10명에게 "저 백마 탄 장수를 쏘아라." 하고 명한다. 이에 야빈대는 저격수들에게 사살된다. 시간이 흐르면서 목책 밖으로 청군의 시신이 큰 언덕을 이루었다. 날이 어두워지자 전체 병력의 90퍼센트를 잃은 청군은 전의를 상실한 채 후퇴한다. 이것이 김화대첩의 전말이다. 청 태종은 포기하지 않고 계속 증원군을 보낸다. 이때 유림은 중요한 결정을 내린다.

"싸움은 이겼지만 화살과 탄환이 다 떨어져 더는 싸울 수 없다. 철수하자. 샛길로 (임금이 있는) 남한산성으로 가자."

그리고 나서 파손된 총포를 거두고 화승(火繩 : 도화선)의 길이를 각각 다르게 하여 잣나무에 걸어 둔다. 맨 마지막에 철수한 병사들에게 화승에 불을 붙이도록 했다. 그랬으니 밤새도록 총포 소리가 울릴 수밖에. 청군은 유림의 기만 작전에 놀아나 감히 공격할 생각도 하지 못했다. 두 번이나 농락당한 것이다.

유림군은 생창리의 백전을 신속하게 빠져나와 암정리—마현리—말고개—산양리—화천 방향으로 이동한다. 날이 밝자 증원군으로 다시 무장한 청나라가 백전을 점령했지만 만사휴의. 허탈해진 청나라는 전사자의 유해를 모아 화장하는 등 전장을 정리한 뒤 철수한다. 하지만 남한산성으로 향해 가던 유림에게 청천벽력 같은 소식이 들린다. 2월 3일 가평에 이르렀을 때였다. 1월 30일 삼전도에서 굴욕적으로 청나라에게 항복했다는 소식을 들은 것이다.

누란의 위기 속에서 목숨을 바치고(홍명구), 대첩을 승리로 이끈(유림) 기특한 장수와 병사들이 있었는데……. 임금은 그 사이를 참지 못하고 홀랑 항복해 버린 것이다.

김화 전투에서 산화한 전사자들은 전쟁이 끝난 뒤 복귀한 김화현령 이휘조에 의해 수습되어 전쟁터 주변에 가매장되었다. 훗날 이휘조에 이어 김화 현령이 된 안응창(安應昌)은 김화현 북쪽 계곡에 가매장된 시신들을 이장했는데, 이 봉토가 바로 전골총이다. 당시 피아 간 격전이 벌어진 전투지역의 작은 하천은 피로 물들여졌으며, 지금도 이 개울가를 '피냇개울' 이라 한다.

엇갈린 평가

전쟁이 끝난 뒤 홍명구와 유림에 대한 평가는 극명하게 엇갈렸다. 물론 생창리 개활지에서 산화한 홍명구의 죽음도 가상하기 이를 데 없다. "나라를 위해 싸우다가 죽기를 각오했다."고 하면서 몸에 박힌 화살을 뽑아가며 싸웠으니까.

"전투는 이기기 위한 것"이라는 유림과 "적에게 타격을 가하는 것이 우선이며 승패와 목숨은 그 다음"이라는 홍명구의 생각이 달랐을 뿐이다.

확실히 홍명구군이 죽기를 각오하고 싸웠으므로 청나라군은 전력 손실을 입었고 지쳤다. 홍명구의 희생이 김화대첩의 밑거름이 되었음은 물론이다. 인조는 "나라가 이토록 결딴이 난 지금 단지 이 사람(홍명구)이 있을 뿐"이라고 칭송했을 정도였다. 반면 김화대첩의 주역인 유림에 대한 평가는 유난히 각박했다.

"김화싸움에서 비록 공로가 있었으나 형세가 좋은 곳을 먼저 점거한 채 감사의 진지가 공격을 당했는데도 구원하지 않았으니 유림을 잡아다 국문하여 정죄하소서."(『인조실록』, 「1637년 윤4월 11일조」)

유림군이 김화대첩을 이끌어낸 백전. 겸재 정선의 그림이다.

전쟁이 끝난 뒤 3개월이 지난 상황에서 사헌부가 유림을 탄핵해야 한다는 상소를 올린 것이다. 이로 인해 유림이 죽은 지(1643년) 50년이 지나도록 묘도문(墓道文 : 공적을 기리는 비문)조차 만들어지지 않았을 정도였다. 그러다가 남구만(南九萬 : 1629~1711년)이 안주와 김화 등 현지를 답사하고 남겨진 기록과 주민들의 구전을 살핀 뒤 신도문을 완성했다. 드디어 유림에 대한 재평가가 이뤄진 것이다.

그 뒤 또 100여 년이 지난 정조 20년(1796년)이 되어서야 유림은 충장공이라는 시호를 하사 받는다. 반면 순절한 홍명구에게 충렬공이란 시호가 내려진 것은 효종 9년(1658년)이었다. 무려 138년이나 차이가 난다. 똑같이 나라를 위해 싸웠던 두 사람인데, 이토록 다른 대우를 받은 것이다. 균형 잃은 역사의 저울추를 되돌리는 일이 이렇게 힘든 것이다.

홍명구 · 유림 장군의
합사(合祀)를 반길 수 없는 이유

2000년 봄, 막 복원된 충렬사에 김화지구 전투의 두 지휘관인 홍명구 관찰사와 유림 병사의 신주가 함께 모셔진다. 하나의 신앙 공간인 사당 안에……. 비록 전술 · 전략의 차이 때문일 따름이지, 나라를 위한 충정이야 같았던 두 분이었다. 하지만 홍명구 관찰사는 죽어가면서 도와주지 않은 유

유림과 홍명구 두 지휘관을 함께 모신 충렬사

림 장군을 원망했을 것이다. 그런 두 분을 함께 모시다니…….

하기야 대승적 차원에서 "나라를 위해 싸운 두 분을 함께 모시는 게 무슨 잘못이냐?"고 되물을 수는 있다. 하지만 내막을 들춰 보면 그렇지 않다.

"두 분이 합사된 시점이 일제 강점기 말인 1940년대라는 게 문제입니다. 여러 사람의 증언으로는 당시 홍명구 관찰사 한 분만을 모셨던 충렬사의 재정이 어려워 관내 유림(儒林)들이 이 일을 주도했다고 하는데요. 하지만 근저에는 일제의 치밀하게 계산된 식민지 정책과 친일 행적이 깔려있음을 알 수 있어요."

일제는 홍명구의 단향(單享)이었던 충렬사가 재정이 어려웠던 당시의 상황을 간파했다. 그 뒤 지역 유림(儒林)들을 회유해 유림 장군과의 합사를 추진했다. 동시에 생창리 백수봉 아래에 있던 유림 장군의 대첩비를 충렬사의 홍명구 충렬비가 있는 묘정으로 옮겨 나란히 세운다. 일제의 숨은 뜻이 그때 나타난다.

일제가 유림 장군의 병자호란 2대 승첩지인 김화 백수봉 정상에 보란 듯 신사(神社)를 건립한 것이다. 조선의 자랑인 김화대첩을 깡그리 은폐한 채, 김화 읍내를 속속들이 들여다볼 수 있는 산 정상에…….

또 있다.

"김화 하소리 갈동에 있었던 임진왜란의 명장 원호(元豪 : 1533~1592년) 장군의 사당(忠壯祠 · 충장사) 역시 일제 강점기 초기에 소리 소문 없이 헐려 나갔다는 사실을 아시나요? 원호 장군은 여주 신륵사와 구미포에서 왜군을 무찌른 명장이거든요. 이런 이유 때문에 홍명구 장군과 유림 장군의 합사를 마냥 반길 수 없는 거지요."(이우형 씨)

솜옷을 방탄조끼 삼아 외세침탈을 막아낸 강화도 돈대

북한의 속살을 선입견 없이 볼 수 있는 곳

"저기 왼쪽에 강줄기가 흘러나오는 곳이 바로 예성강입니다. 저기 북한 마을이 보이네요. 저 왼쪽 너머에는 말로만 듣던 연백평야가 있고, 오른쪽에는 개성, 그리고 송악산도……."(이우형 씨)

2009년 5월 어느 날, 나는 이우형 씨와 함께 강화도 최북단 제적봉(制赤峰)에 섰다.

언제 보아도 믿음직한 해병대가 지키고 있는 이곳에는 2008년 9

강화도 최북단 평화전망대에서 바라본 북한. 마을주민들의 일상생활을 그대로 볼 수 있는 전망대다. 이 일대에서 5곳의 돈대 흔적이 확인됐다.

월부터 전망대(평화전망대)가 조성되었다. 그래서 민통선 이북이기는 하지만 전망대 관람객은 출입할 수 있다.

다시 유유히 흐르는 강물, 그리고 그 건너편 북한의 마을이 손에 잡힐 듯하다. 한강과 임진강이 관미성(오두산 통일전망대)에서 합수한 뒤 흐르고 흘러 다시 예성강을 품에 안고 저기 서쪽 서해로 빠져나가는 곳.

우리는 한강과 임진강을 품에 안고 예성강까지 보듬은 이 드넓은 강을 할아버지 강, 즉 조강(祖江)이라 부른다. 이 할아버지 강의 넉넉한 품을 사이에 둔 덕분에 남북은 아무런 시야의 간섭 없이 서로의 속살을 바라볼 수 있다. 재미있는 것은 서해로 빠져나가는 이 조강은 군사분계선과 관계가 없다는 것이다.

아니 그 정도가 아니다. 1953년 7월 27일 조인된 정전협정에 따르면 군사분계선을 중심으로 한강이 서해로 유입되는 한강하구에는 민간선박이 다닐 수 있고, 강 양쪽으로 배를 댈 수도 있다.(제1조 5항) 그러니까 정전협정에 의하면 지금도 민간선박은 예성강에서 강화도를 거쳐 한강 하구까지 마음대로 드나들고, 또 남북한 땅에 배까지 댈 수 있다는 얘기다. 즉 한강 하류부터 서해에 이르는 남북한 수역은 일종의 '국제 수로'이며 남북한 민간선박은 '자유통행권'을 인정받고 있는 셈이다. 하지만 현실은 굳게 닫힌 단절의 강일 뿐.

북한까지의 거리가 2.3킬로미터. 얼핏 보아도 옹기종기 모여 있는 북한의 마을들. 망원경으로 보니 북한주민들이 농사 짓는 모습, 뛰노는 아이들의 천진한 모습까지 손에 잡힐 듯 시야에 들어온다.

이제야 그림이 완성되는 것 같다. 396년 광개토대왕이 수군을 이끌고 백제를 치러 지나치던 남침로를 확연히 그릴 수 있는 것이다.

"저 예성강을 빠져 나온 광개토대왕의 수군이 이 조강을 거슬러 올라가 한강과 임진강이 합수되는 지점, 즉 사면이 가파르고 바닷물이 둘러싼 관미성(오두산성)을 20일 동안이나 공격한 뒤 함락시켰다는 얘기잖아요."

넋을 놓고 조강과 그 너머 북한마을을 바라보던 나는 불현듯 궁금증을 풀어 헤쳤다.

"이런 곳이라면 (조선시대 때 세운) 진보(鎭堡)나 돈대(墩臺)가 분명 있었을 텐데……."

"그럼요. 육군박물관 조사 때 이곳저곳에서 그 흔적이 드러났어요. 이곳에는 조선시대 철곶보가 있었는데, 철곶보 소속으로는 5곳의 돈대가 있었어요. 저기 왼쪽으로 보이는 곳이 초루돈, 그로부터 오른쪽으로 불장돈, 의두돈, 철북돈, 천진돈……."

하지만 강 하나를 사이에 둔 대치상황. 그러니 더는 갈 수 없는 상황이라 그 흔적을 실견할 수는 없었다. 이우형 씨가 손을 잡아끈다.

'10만 양병론'보다 앞선 '소나무 양병론'

우리가 도착한 곳은 연미정(燕尾亭)이었다. 한강과 임진강이 합류하여 한 줄기는 서해로, 한줄기는 강화해협으로 흐르는 모양이 꼭 제비꼬리 같다고 해서 붙은 이름. 예전에는 서해에서 서울로 가는 배가 이 연미정 아래 선착장에 잠깐 머문 뒤 만조 때를 기다려 다시 한강이나 임진강으로 거슬러 올라갔다고 한다.

느티나무 두 그루의 호위를 받고 있는 연미정. 제비꼬리처럼 아름답다고 해서 연미정이란 이름이 붙었지만 숱한 사연을 담고 있다. / 이우형 촬영

이곳 역시 민통선 이북지역이었는데 민통선이 200미터가량 전진하는 바람에 누구나 갈 수 있는 곳이 되었다.

과연 이름처럼 아름답다. 500년은 족히 넘었을 느티나무 두 그루가 정자를 품에 안고 있다. 정자가 언제 세워졌는지는 확실하게는 알 수 없다. 하지만 고려 고종 때 연미정에서 구재(九齋)*의 생도들이 모여 여름 강습회를 열었다고 한다. 그 뒤 조정은 1510년 삼포왜란(三浦倭亂)과 1512년 함경도 야인(野人)들의 반란을 진압한 황형(黃衡 : 1459~1520년) 장군에게 이 정자를 하사했다. 정자에 들어서는 입구에는 바로 황형 장군의 비석이 세워져 있다.

그곳에는 황형 장군의 전설 같은 이야기가 퍼져 있기도 하다. 연미정에서 유유히 흐르는 강물을 바라보며 나라 일을 걱정하던 황

*구재
고려시대의 사학으로, 과거시험을 위한 예비학교 구실을 했다.

장군은 동네아이들에게 볶은 콩을 주면서 어린 소나무 묘목을 바닷
가에 심게 했다고 한다.

　사람들이 "왜 그러는 거냐."고 물으면 "훗날 나랏일에 쓰일 것"
이라고만 대답했다고 한다. 그렇게 아이들이 심은 솔밭은 수십 리
에 이르렀는데, 70여 년 뒤에 임진왜란이 일어났다. 그런데 의병장
김천일(金千鎰 : 1537~1593년) 장군이 한양을 탈환하기 위해 강화도에
들어와 병력을 이동시키려 했다. 하지만 난리 통에 나무를 구할 수
없었다.

　이때 마을 노인이 김천일 장군을 찾아와 "옛날 황 장군이 심은
나무가 아름드리나무가 되었다."고 하면서 김천일 장군을 소나무
숲으로 인도했다. 김천일 장군은 황 장군의 선견지명에 크게 감복

북한과의 협의를 끝낸 해병대가
유도에 표류한 송아지를 구출하
고 있다. / 《경향신문》 자료

하여 눈물을 흘렸다고 한다. 이것이야말로 율곡 이이의 '10만 양병론' 보다 수십 년이나 앞선 '소나무 양병론'이다.

이 절경의 정자에는 이 외에도 뼈아픈 역사가 절절이 배어 있을 줄이야. 북으로 개풍, 동으로는 파주와 김포가 한눈에 들어오는 요충지였기에 그랬을까?. 특히나 연미정은 정묘호란 때(1627년) 인조가 후금(청나라)과 굴욕적인 '형제의 맹약'을 맺은 치욕의 장소이기도 했다.

정자는 지금도 뭇 은둔거사들이 세상의 모든 시름을 잊고 음풍농월로 세월을 보낼 으뜸의 장소로 꼽힐 법하다. 하지만 주변을 살펴보라. 현실은 해병대가 철통같은 방어벽을 펼치고 있는 분단의 상징이다.

유도에 머문 통일의 상징, 송아지

"저기가 유도(留島)입니다."

갖가지 상념에 빠져 있을 무렵, 이우형 씨가 조강 한복판에 홀연히 떠 있는 섬을 가리킨다. 유도. 1996년 집중호우로 떠내려가던 두 살바기 송아지 한 마리가 간신히 목숨을 건진 바로 그곳이다.

접근불허지역이라 누구도 손 쓸 수 없었던 상황. 송아지는 굶주림 속에 갈수록 여위어 갔고, 보다 못한 우리 군이 북한군과 극적인 협의를 벌인 끝에 이 섬에 들어가 송아지를 구출했다. 송아지는 1998년 제주도 출신 암소와 혼인해 7마리의 새끼를 낳았고 2006년에 자연사했단다. 이는 분단이라는 절망적인 상황 속에서 평화의 불씨는 그대로 남아 있음을 보여 준 뜻 깊은 사연이다.

천하의 금성탕지

　그런데 이 연미정의 굴곡 많은 역사는 강화도가 겪어냈던 파란만
장한 역사의 일부분일 뿐이다. 돌이켜보면 강화도는 그 지정학적인
위치 때문에 온갖 외세침탈의 수난을 홀로 견뎌내며 '호국(護國)의
보루' 역할을 담당한다.

　몽골의 침략 때 39년간이나 임시수도였던 강화도는 조선시대 때
도 '보장처(保障處 : 전란 때 임금과 조정이 대피하는 곳)'의 역할을 했다.

　유속이 빠른 강화해협, 그리고 4억 4,816평방미터에 이르는 광
활한 갯벌에다, 한강·임진강·예성강을 한 번에 통제할 수 있었
던, 그야말로 천혜의 요새였기 때문이었다. 게다가 해상으로 호
남·호서 지역의 풍부한 물자를 공급받을 수 있어서 장기전을 치르

4억 4,816평방미터에 이르는 광활
한 갯벌은 적의 상륙을 불허했다.

는 데도 제격이었다. 강화도의 중요성을 설파한 『조선왕조실록』의
내용을 보자.

"강화도야말로 하늘이 내려준 금성탕지(金城湯池)*로서 나라의
보장처(保障處)다."(『광해군일기』「1618년 6월 21일조」)

하지만 임진왜란과 정묘호란에 이어 병자호란의 병화는 조선왕
실에 엄청난 교훈을 남겼다. 전쟁이 나자 강화도에는 세자빈과 봉
림대군(鳳林大君 : 훗날 효종), 인평대군(麟坪大君 : 1622~1658년) 등이 신
주를 받들고 피신해 있었다. 하지만 당시 강화도 수비를 책임진 검
찰사 김경징 등은 섬의 견고함만을 믿고 '세월아 네월아' 하다가
용골대(龍骨大)가 이끄는 청나라 군대의 기습공격을 받자 종묘사직
은 물론 자기 식구들까지 버리고 도망가고 말았다. 이 어처구니없
는 패배로 인조는 어쩔 수 없이 남한산성에서 나와 청 태종에게 삼
배구고두(三拜九叩頭)의 치욕을 당하고 만다.

훗날(1655년) 효종(재위 1649~1659년)은 바로 이 병자호란 때의 강화
도 함락을 두고 "강화도가 하늘이 낸 참호라고 하는 것은 지킬 수
있기 때문인데, 지키지 못한다면 무슨 소용인가."라고 하면서 안타
까워했다고 한다.

* 금성탕지
'금성탕지'란 '끓는 연못에
둘러싸인 무쇠 성'을 뜻하는
것으로, 누구도 함락하기 어
려운 철옹성이라는 뜻이다.

요새 구축을 위해 토지보상까지 해준 조정

어쨌든 조선은 병자호란의 교훈을 뼛속 깊이 새겼고, 북벌정책
을 추진한 효종과 그의 손자 숙종은 1678년 강화도에 5진(鎭)·7보
(堡)·8포대(砲臺)·54돈대(墩臺)를 설치했다. 진과 보는 규모에 따라
첨사(僉事 : 종3품), 만호(萬戶 : 종4품), 별장(別將 : 종9품)이 파견되어 통

솔했다. 진과 보에는 3~5곳의 돈대가 속해 있었다. 돈대는 외적의 침입이나 척후활동을 감시하기 위해 접경지역이나 해안지역에 흙이나 돌로 쌓은 소규모 방어시설이다. 황형 장군 소유의 정자였고, 정묘호란 때 굴욕적인 강화를 맺었던 연미정도 월곶진(月串鎭)으로 변한다. 월곶진은 가장 높은 직급인 첨사가 파견된 곳이었다.

『숙종실록』「1678년 10월 23일조」는 연미정에 진(鎭)을 세울 때의 일을 자세하게 쓰고 있다. 즉 연미정에 진을 세울 때 나라에서 토지보상을 해 주려 했는데, 황형 장군의 후손인 황감(대사성을 지냄)이 완강하게 사양했다는 기사다.

하지만 황감의 아들 대에 이르러 가세가 궁핍해지자 조정은 대토(代土)의 형식으로 황장군 가문에 토지보상을 해 준다. 당시 병조판서 김석주(金錫冑 : 1634~1684년)는 시쳇말로 대토(代土)의 형식이라도 토지수용의 대가를 지불해야 한다고 주청을 올렸다.

"뒤늦게라도 간척지라도 내려준다면 (조정이 개인의 땅을 빼앗았다는) 비아냥을 듣지 않을 것입니다."(김석주)

아무리 왕조시대라도 남의 땅을 거저 빼앗지 않았음을 볼 수 있는 대목이다. 어찌 됐든 돈대축조는 함경도 · 황해도 · 강원도에서 파견된 승군 8,000명과 어영군 4,300명 등이 동원되어 40여 일 만에 완공됐다. 이로써 강화도는 그야말로 요새가 되었다.

외세의 침략에 깨진 200년간의 평화

하지만 200년간의 평화는 일본과 서양의 강화도 함포사격으로 여지없이 무너졌다. 1866년 병인양요, 1871년 신미양요, 1875년

운요호[雲揚號] 사건 등 최신식 대포로 무장한 외세의 도발에 강화도
는 쑥대밭이 되었다. 갑곶돈대와 초지진, 덕진진,
광성보 등에는 지금도 처참한 전투의 흔적을 맛볼
수 있다. 하지만 일방적인 패배였을까? 그렇지는
않다.

먼저 병인양요. 1866년 초부터 흥선대원군은 여
러 명의 프랑스 선교사와 조선인 천주교 신자 수
천 명을 살해했다. 이것이 병인사옥(丙寅史獄)이다.
그러자 프랑스는 10월 14~15일 강화해협의 갑곶
진과 강화성을 점령한다. 프랑스군은 이내 강화성
을 약탈하기 시작했다.

이에 흥선대원군은 "잠깐의 고통을 감내하지 못
하고 화친하면 나라를 팔아먹는 일"이라는 등 4개
항의 결의를 내비친 뒤 항전에 나선다.

토지소유자에게 대토와 토지보상까지 해 주고
구축한 진·보·돈대 / 서울대박물관 소장

병인양요와 양헌수 장군

순무천총(巡撫千摠) 양헌수(梁憲洙 : 1816~1888년) 장군이 출전한다.
70여 명의 프랑스군이 강화도 정족산성과 전등사 일대를 휘저으며
우리 문화재를 마구 약탈할 무렵인 11월 7일. 양 장군은 500여 명
의 군사를 이끌고 강화해협을 건넌 뒤, 11월 9일 정족산성에서 올
리비에 대령이 이끄는 프랑스군 150여 명과 대규모 전투를 벌인다.

"프랑스군이 남문 밖으로 나왔을 때 갑자기 복병이 일어나자 적
들이 황급하게 후퇴하므로 그들을 대포로 추격하여 30여 명의 목

갑곶돈대

양헌수 장군이 프랑스군을 격퇴한 정족산성. 단군의 세 아들이 쌓았다고 해서 삼랑성이라고도 한다. / 이우형 촬영

* 매천야록

매천(梅泉) 황현(黃玹 : 1855
~1910년)이 1864년(고종 1
년)부터 1910년(융희 4년)에
이르는 47년간의 정치 · 경
제 · 사회 · 문화 전반에 걸친
역사를 기록한 야사(野史)로
7책 6권으로 되어 있다.

을 베고 개선했다.”(『매천야록(梅泉野錄) 상(上)』)*

지리적 이점을 이용한 매복작전으로 장비 성능의 열세를 극복한 것이다. 이것은 조선군의 탄알이 떨어져 가는 상황에서 맞이한 극적인 승리였기에 더 큰 의미가 있었다. 프랑스군은 30여 명의 사상자를 내고 퇴각한 반면 조선군의 전사자는 단 4명이었다.

프랑스군은 외규장각과 전등사, 관아에서 약탈한 의궤 등 각종 서적과 군기(軍旗), 귀중품 등을 챙겨 군함에 싣고는 외규장각과 장녕전 등 강화성 내의 관청건물과 민가를 불태운 뒤에 11월 11일 갑

곳진을 떠난다. 프랑스 극동함대의 향도 노릇을 했던 리델 신부의 묘사를 통해 프랑스군이 이 전쟁에서 완패했음을 확인할 수 있다.

"갑작스런 퇴각은 흡사 도주와 같았다. (중략) 우리는 비통한 실망에 빠지게 되었으며 원통한 심정을 거친 말로 토로할 수밖에 없었다."

또한 청국 주재 프랑스 대리공사 벨로네는 12월 8일 원정군을 이끈 로즈 제독에게 서한을 보내 조선 원정을 '대실패'로 규정했다.

"이번 원정은 조선에 정신적 타격을 가하기는커녕 실패한 뒤에 성급하게 퇴각함으로써 조선 조정을 더욱 거만하게 하였다. 이것은 프랑스 함대의 패배다."

이렇게 병인양요는 프랑스에게 국제적인 망신만을 안겨준 실패한 전쟁으로 끝나고 말았다. 반면 병인양요를 성공리에 이끈 흥선 대원군의 위상은 하늘을 찔렀고, 그의 쇄국정책은 전폭적인 민심의 지원 아래 더욱 강경해졌다.

어재연 장군과 신미양요

5년 뒤 강화섬은 또 한 번의 전란에 휩싸인다. 제너럴셔먼호 사건(1866년 8월)으로 배가 전소하고 승무원 24명이 익사 또는 피살되자, 1971년 미국은 보복 차원에서 조선 원정에 나선다. 사실 미국의 숨은 뜻은 군사적 원정을 빌미로 통상조약을 체결하는 데 있었다.

미국은 당시 남북전쟁(1861~1865년)을 끝내고 국내가 안정됨에 따라 아시아함대를 대대적으로 개편하고 제국의 길로 향하고 있었다. 미국의 아시아함대 사령관 로저스 제독은 군함 5척, 함재대포 85

미군이 맨 처음 함락시킨 초지진

함락 당시의 초지진. 조선군의 시신이 보인다. / 국립고궁박물관 제공

문, 수·해병 1,230명의 군대를 이끌고 조선 원정에 나선다. 1871년 6월 1일 미국 함대가 강화해협에 나타난다.

급박해진 조선은 진무중군(鎭撫中軍) 어재연(魚在淵 : 1823~1871년) 장군이 이끄는 강화도 병력 400명과 서울에서 급파된 병력 600명을 광성보에 배치한다.

미군은 6월 10일 강화해협의 첫 번째 관문인 초지진(草芝鎭)을 함락시킨다. 조선군은 고성능 총기와 화포, 그리고 남북전쟁을 거치면서 숙달된 병사들로 무장한 미군의 공세를 감당할 수 없었다. 초지진을 공격할 때는 미 해병 800여 명이 야포와 소총으로 무장해 2시간 동안 맹공을 펼쳤고, 조선군은 변변한 응사도 못 한 채 전멸하고 말았다.

초지진에서 하룻밤을 야영한 미군은 그곳에서 2.2킬로미터 떨어진 덕진진(德津鎭)을 공격했다. 역시 점령은 '식은 죽 먹기'였다. 미군은 덕진진에서 또 2.2킬로미터 떨어진 광성보(廣城堡)로 진격했다. 광성보는 강화도 방위의 총사령부. 하지만 전투는 애당초 상대가 되지 않았다.

방탄조끼라고 해서 입은 것이 솜을 아홉 겹으로 겹쳐 만든 핫옷(솜옷)이었으니 무슨 할 말이 있을까. 전쟁사에 유례 없는, 그야말로 눈물겨운 일전이었다. 당시 전쟁에 참전했던 킴벌리 중령의 부관인 슐레이 소령의 회고.

"광성보는 가장 요충지였으므로 조선 수비군은 결사적으로 싸웠다. 대부분은 무기 없이 맨주먹으로 싸웠고 아군(미군)의 눈에 모래를 뿌렸다. 수십 명은 총탄을 맞아 강물에 나뒹굴었고 어떤 자는 스스로 목을 찔렀다. 근대적인 총기 한 자루 없이 노후화된 무기로 미

광성보 전투에서 솜옷(핫옷)으로 무장하고 미군과 백병전을 벌인 뒤 장렬하게 전사한 조선군의 시신들 / 국립고궁박물관 제공

국총포에 대항했던 조선군. 가족과 국가를 위해 이보다 장렬하게 싸운 국민을 다시 찾아볼 수 없다."(슐레이의 『기함에서의 45년(1904년)』)

미국도 인정한 '실패한 전쟁'

미군이 준 맥주병과 신문을 들고 있는 현지 주민 / 국립고궁박물관 제공

이 전투에서 조선군은 352명이라는 전사자를 냈다. 미군은 어재연 장군을 상징하는 지휘관기를 노획한다. 이 깃발은 조선군 사령관 진영에 내거는 깃발로, 누런 삼베에 '수(帥)'자가 적혀 있어 '수(帥)자기'라 한다. 당시에는 국기가 없었으므로 이 '수자기'는 국기 대용의 상징물이었다.

미군이 노획한 이 '수자기'는 미국 메릴랜드 주 애나폴리스에 있는 미 해군사관학교 박물관에 보관되어 있다가 2007년 10월 장기 임대(10년) 형식으로 국내에 들어왔다.

조선군은 전사자가 352명에 이르렀지만, 미군은 사상자가 13명(전사자 3명 포함)에 불과했다. 전투의 결과만 보면 미군의 일방적인 승리였다. 의기양양한 미군은 조선 정부를 향해 "빨리 협상단을 보내라."고 협박하지만 조선은 이를 무시하면서 항전 의지를 불태웠다. 이에 질린 미 국무부는 미국의 아시아 함대에게 전문을 보내 "평화적으로 해결할 수 없거든 철수하라."는 지시를 내린다. 미군은 결국 아무런 성과도 얻지 못한 채 1871년 7월 3일 철수하고 만다.

로우 청국 주재 미국공사는 피쉬 국무장관에게 보낸 서한에서 "이번 철수는 프랑스 실패(병인양요)의 전철을 밟을 수 있었기 때문"이라고 했다. 미국 내 여론도 신미양요를 '실패한 전쟁'으로 규정했다.

"조선과 미국 사이의 소규모 전쟁은 미국의 완전한 실패로 끝났다. 조선 대원군의 조치는 옳은 것이었다."《뉴욕헤럴드》)

"이 사건은 열강인 미국의 국제적 체면을 손상시켰고 조선의 개항을 더욱 어렵게 만들었다."《뉴욕데일리 트리뷴》)

조선 원정에 실패한 미국의 후유증은 컸다. 전쟁이 끝난 지 7년이 지난 1878년 캘리포니아 출신 상원 해군문제위원장인 애런 A. 서전트 상원의원은 미 의회에서 "조선군이 미국 침략군에게 발포한 것은 정당방어였다."고 하면서 이렇게 결론을 내렸다.

뉴욕에서 발행된 미국의 주간지 《하퍼 위클리》. 1871년 9월 9일자는 신미양요를 다루었다.

"미국과 조약을 체결한 나라라도 미국 해역에 들어와 제임스 강을 측량하고 탐사한다면 용납하지 않을 것이다. 하물며 비 수교국인 조선의 해역에 들어가 탐측한 미군함대의 짓은 명백한 침략행위라 규정할 수 있다."

이렇게 강화도를 빙 둘러 마치 톱니바퀴처럼 쌓은 진과 보, 돈·대는 이따금 치욕의 현장으로 기억되기도 하지만 풍전등화에 놓인 나라의 마지막 보루였던 것이다.

미국은 신미양요를 'Corean War'라고 했다. / 국립고궁박물관 제공

푸에블로호와 맞교환될 뻔한 수자기

136년 만에 돌아온 수자기. 어재연 장군의 깃발인데, 신미양요 때 미국에게 빼앗겼다. / 국립고궁박물관 제공

* 푸에블로호 나포사건
푸에블로호 나포사건은 1968년 1월 23일, 원산 앞바다에서 정찰 중이던 미 정보수집함 푸에블로호가 북한 초계정에 의해 납치된 사건을 일컫는다. 당시 베트남전에서 고전 중이던 미국은 한반도까지 확전할 수 없었다. 결국 미국은 지루한 협상 끝에 영해 침범 사실을 시인하고 말았다. 이것은 미 해군 106년 역사상 가장 치욕적인 사건으로 운위된다.

2007년 4월 25일. 신미양요 때 빼앗긴 '수자기' 반환교섭을 위해 애나폴리스 미 해군사관학교 박물관을 찾았던 문화재청 관계자들은 들떠 있었다.

이미 "법적인 문제가 있어 반환은 불가능하지만 장기 대여는 할 수 있을 것 같다."는 박물관장의 긍정적인 답변에 한껏 고무됐기 때문이었다. 현지에 도착했을 때 콜로라도주 출신 웨인 엘러드 상원의원이 "수자기 문제로 한번 만나자."고 연락해 왔다. 그런데 상원의원의 언급은 문화재청 직원들을 애타게 했다.

"나는 (미군이 빼앗은) 이 수자기와 1968년에 나포된 푸에블로호를 맞교환하는 데 관심이 있습니다. 마침 2008년이면 푸에블로호 나포사건*이 일어난 지 40년이 흐르고……"(엘러드)

북한은 나포한 푸에블로호를 원산항에 전시해 두고 '반미승전'의 교재로 삼았으며, 1990년대부터는 배를 대동강변으로 옮겨 전시하고 있다. 이곳은 바로 1886년 미국 상선 제너럴셔먼호가 평양시민들에 의해 불태워진 자리다.

엘러드 상원의원은 승전의 전리품인 '수자기'와, 바로 이 치욕의 유품인 푸에블로호를 맞바꾼다는 계획을 이미 미 국무부에 요청한 상태였던 것이

다. 더욱이 푸에블로호는 엘러드 상원의원의
출신주인 콜로라도주의 도시 이름(푸에블로시)을
딴 것이었다. 자칫하면 수자기가 북한으로 갈
수도 있었던 상황.

"깜짝 놀랐어요. 그래서 우리가 '수자기'는
북한이 아니라 우리나라의 영토인 강화도에
있었던 것이기 때문에, 북한에 있는 미군 함
정과 수자기를 교환하는 것은 적절치 못한 일
이라고 설득했어요."(최종덕 당시 문화재청 국제교
류과장)

미국 상원의원 조차도 강화도가 남한 땅인
지 북한 땅인지도 모르는 상황이니 한심할 수
밖에…… 하지만 그게 현실인 걸 어쩌랴. 문
화재청은 엘러드 상원의원을 끈질기게 설득했
다. 때마침 미 국무부가 "불법적으로 남북된

당시 콜로라도 함상에 걸
린 수자기. 자칫하면 북한
에 나포된 푸에블로호와
교환될 뻔했다. / 국립고궁
박물관 제공

푸에블로호 문제를 두고 북한과 협상할 의사가 없음"을 엘러드 상원의원에
게 통보함으로써 '영문도 모르고 추진된 수자기의 북한행'은 없었던 일로
끝나고 말았다. 그 뒤 문화재청은 미 해사박물관장과 장기 대여 교섭에 나
섰고, 마침내 '10년 장기 대여'를 성사시켰다. 비록 푸에블로호와의 맞교환
은 해프닝으로 끝났지만 만약 진행됐다면 큰 외교적 문제로 비화할 뻔했다.

제4부

믿음의 성지

금강산 끝자락에 걸린
호국불교의 성지, 고성 건봉사

악마의 속삭임

향로봉, 아니 금강산 끝자락에 자리 잡고 있는 건봉사. 만일염불회가 열렸고, 임진왜란 때 사명대사가 승병 700명을 모아 훈련시킨 곳이다.

금강산 일만 이천 봉 남쪽 끝자락, 아니 향로봉 자락 연꽃 모양의 자방(子房)에 자리하고 있는 건봉사다.

"(어릴 적) 다리 아픈 줄 모르고 25리 길을 걸어 할아버지 할머니 손에 매달리며 (건봉사를) 찾았다. 탑 고개를 헐레벌떡 넘어서면 울창한 노송 사이로 들려오는, 염불하는 북소리, 징소리가 울렸다."(이관음행 건봉사 불교부인회장)

"(4월 초파일) 참관하는 사람끼리 비켜서기조차 힘들 정도로 인산인해를 이뤄 각종 장사꾼들, 그리고 흰 포장의 음식점 하며, 문수고개는 전후 10여 일간 시골 5일 장터를 방불케 할 정도로 대성황이었다."(윤용수 전 거진읍장)

2007년 8월 어느 날. 일제 강점기, 건봉사의 추억을 전하는 이들의 감회는 새롭겠지만, 불교신자가 아닌 나에게는 다소 무미건조한 여정이었다. 민통선 이북을 다니면서 심심찮게 험한 일을 당했기에……. 이제는 민통선에서 해제된 데다, 승합차가 불이문(不二門) 밖 주차장에 떡하니 내려 주니 예상 밖에 손쉬운 길이다. 중창불사로 화려해진 사찰 안팎을 둘러보고, 특히나 부처님의 치아진신사리를 친견할 수 있었다는 것은 뜻 깊은 일이었다.

그런데 오후 5시쯤.

'이제 다 둘러본 것인가.' 하면서 다소간 나른해진 몸을 뒤틀고 있을 무렵, 이우형 씨가 속삭인다.

"여기서 한 40분 올라가면 보림암이라고 있는데요. 한번 가보시렵니까?"

"무슨 사연이 있는 암자인가요?"

"한국전쟁 이후 암자가 폭삭 내려앉아 지금도 기와가 그대로 쌓여 있는 곳인데요."

예상과 달리 워낙 편한 여정이어서 찜찜했는데 잘됐다 싶었다.

하지만……. 그건 '악마의 속삭임'이었다. 건봉사 경내를 벗어나자마자 길이 사라졌다. 허리춤, 아니 한 길 높이의 수풀 사이로 끊임없이 펼쳐진 계곡. 제멋대로 넘어진 나무와 수풀, 그리고 시도 때도 없이 눈을 스치는 기분 나쁜 거미줄을 노를 젓듯이 헤쳐 나갔다.

길인 줄 알고 발을 내딛다가는 허방다리를 짚기 일쑤였으니……. 계곡을 가로지르려 이끼 낀 바위를 딛다가 하릴없이 미끄러지곤 했다. 팔과 무릎에 상처가 배어났다.

한껏 긴장했고, 힘까지 든 데다 물기를 머금은 수풀에 휩쓸려 온몸은 물에 한껏 젖어 파김치가 되어 갔다. 그 기분 나쁜 끈적거림이란……. 조바심이 났다.

대웅전 지역과 극락전 지역을 연결하는 능파교. 무지개 형상의 다리다.

"이 선생, 40분이 지났는데……."

휘적휘적 앞서가는 이우형 씨를 놓칠세라 힘껏 외쳤다.

"다 왔습니다."

그건 말뿐. 가도 가도 끝없는 수풀 우거진 급경사길. 1시간이 훌쩍 지났는데도 암자는 도무지 보이지 않는다. 설상가상. 앞서 가던 이우형 씨가 발길을 멈춘다. 아무렇지도 않은 표정이지만 길을 잃은 게 분명하다. 뒤따르던 일행은 한순간에 절망감에 빠져든다.

"여기가 아닌가 봐요."

그럼 어쩌란 것인가. 시간은 벌써 저녁 6시 30분이 되고, 해는 뉘엿뉘엿 산 너머로 빠져나가고……. 다시 오던 길을 내려와 다른 계곡으로 접어든다. 치밀어 오르는 짜증과 절망감.

'한 번만 길을 더 잃으면 내려가자고 해야지.'

폭삭 무너진 1,500년의 역사

큰일 났다 싶었다. 계곡의 땅거미는 분초를 다투며 쏜살같이 달려오는데……. 여기서 길을 잃으면 내려갈 수도 없지 않나. 목표를 잃어 가는 절망감과 길을 잃을 수 있다는 두려움……. 머릿속은 어지러워지고, 몸과 마음의 기운은 바닥을 헤매고…….

이우형 씨에게 묻고 싶은 말이 있

1523년 보림선사가 도를 깨달았다는 보림암터 마루난간. 지뢰의 두려움을 뚫고 천신만고 끝에 답사했다.

었다.

'혹 지금 우리가 지나가는 이 길은 지뢰지대인가?' 하는 질문. 하지만 차마 묻지 못했다. 만약 "그렇다"고 하면 어찌할 것인가. 돌아갈 수도 없고……

절망과 공포가 겹쳐 '그만 돌아가자'는 말이 목구멍까지 치밀어 올라왔다. 하지만 태연하게 앞장서는 길잡이의 의연한 모습에 다시 삼키고 말았다. 오후 7시가 다 되어서야 일행은 천신만고 끝에 보림암(普琳庵)터에 닿았다.

30평 남짓한 암자터는 그야말로 폭격을 맞아 그대로 주저앉은 듯했다. 일제 강점기 때까지 9칸 건물이 있었다고 한다. 얼마 전까지만 해도 초석과 굴뚝의 일부가 남아 있었다는데, 지금은 켜켜이 쌓인 기와가 흘러내리고 있었다. 신라 법흥왕 20년(553년)에 창건되

한국전쟁 때 불에 타 폭삭 주저앉은 보림암터

무너져 내린 기와에 이끼가 끼고 있다.

었으니 20여 개에 달하는 건봉사의 부속암자 가운데 가장 유서 깊은 곳이다.

전해져 내려오는 말로는 한국전쟁 당시 소개령이 내려졌을 때 보림암 스님이 피란을 떠나면서 작은 종을 지고 마을로 내려와 "돌아오거든 반드시 돌려달라."고 부탁하고 떠났지만, 어찌된 일인지 전쟁이 끝난 뒤에 스님도 돌아오지 않았고, 종(鐘)도 사라졌다고 한다.

우리 일행이 사선을 뚫고 올라온 계곡은 절경으로 이름난 보림동 계곡이라 하고, 도중에 고종의 후궁인 엄귀비가 백일기도를 한 뒤 영친왕을 낳았다는 봉암암(鳳巖庵)이 있다. 하지만 유격훈련을 방불케 하는 여정이었으니 한눈을 팔 겨를이 있을 리 만무했다.

털썩 주저앉았던 일행은 쏜살같이 어둠속으로 빠져드는 계곡을 바라보며 급히 자리를 털고 일어났다.

후다닥 대충 사진을 찍고, 암자를 중건한(1523년) 보림선사가 도를 깨달았다는 마루난간에 앉았다가 급히 하산하기 시작했다. 어둠 속 계곡을 통해 탈출하는 것은 무척이나 힘들었다. 그 지옥과도 같은 하산 길의 여정은 필설로 표현할 수도 없고, 하기도 어렵다.

다만 나는 순간순간 '사람이 이러다 죽는 것이구나.' 하는 절망감에 몸서리를 쳤다. 우여곡절 끝에 일행은 밤 9시가 다 되어 건봉사에 도착했다. 한여름이었지만 이미 건봉사 계곡은 칠흑의 어둠에 빠져들었다.

일행은 땀, 풀, 상처, 흙, 물이 뒤범벅이 된 몰골을 서로 바라보며 허허 웃기만 했다. 나는 산행 내내 가슴속에 담아놓았던, 하지만 차마 꺼낼 수 없었던 궁금증을 이우형 씨에게 따지듯 풀어놓았다.

"이 선생이 이전에 마지막으로 올라간 적은 언제죠?"

"한 9년 됐나요?"

9년이라고? 기막힌 일이었다. 까마득한 옛날이 아닌가. 인적이 드문 곳이라 수풀이 하루가 다르게 자라는 길인데 9년이라니. 또 하나 묻고 싶었던 한 마디.

"혹시, 우리가 갔던 길이 미확인 지뢰지대는 아니었겠죠?"

"예전에 보림암을 조사할 때 지뢰탐지기를 써서 조사했어요."

웃음이 나왔다. 이미 조사한 곳이라 괜찮다지만, 도중에 길을 잃어버리지 않았나. 등골이 오싹했다. 또 하나의 문제는 계곡은 상류나 사방에 있을지도 모르는 지뢰가 흘러내려와 모이는 곳이 아닌가. 만약 산행 도중에 이 대답을 들었다면……. 발길이 떨어지지 않았을 것이다.

"우리가 또 이우형 선생한테 속았네요."

번번이 나를 '속여' 힘겨운 여정으로 이끌었던 그가 또……. 이우형 씨가 덧붙였다.

"아까 보림암에 올라간다니까 (건봉사) 주지스님이 고개를 갸우뚱하더군요. 그렇지만 민통선을 답사하면서 보림암은 한 번쯤 올라가봐야 '그래도 답사 좀 했네.' 하는 소리를 듣지 않겠습니까."

호국불교의 상징

그의 너스레에 "그래 맞다. 고맙다."고 하며 맞장구를 쳐 주었다. 하기야 이우형 씨 덕분에 또 하나의 추억거리를 담았으니까. 그리

낙서암 지역

극락전 지역

사리탑 지역

대웅전 지역

1920년대에 번성했던 건봉사 권역. 한국전쟁으로 다 망가졌다.

고 또 하나의 교훈도…….

별 것 아닌 답사 같아 쉽게만 보았던 건봉사의 하루는 그렇게 '건봉사의 역사' 만큼이나 파란만장하게 끝났다. 마음속으로 '이런 밋밋한 답사라니…….' 하고 얕보았던 나에게 사정없이 죽비세례가 날아온 것이다.

건봉사는 그렇게 간단한 절이 아니다. 신라 법흥왕 7년(520년) 아도(阿道)화상이 창건했으니 유구한 역사를 자랑한다. 그 뒤에 발징(發徵 : ?~796년), 나옹(懶翁 : 1320~1376년), 사명(四溟 : 1544~1610년), 만해(卍海 : 1879~1944년) 스님 등이 주석(駐錫)*하며 국난극복과 불교발전을 위해 용맹정진했던 한국불교 부흥의 성지이자 요람이다. 또

* 주석
승려가 입산해서 안주하거나 포교를 위해 어떤 곳에 머무는 것

부처님의 진신사리를 모신 적멸보궁(寂滅寶宮)인 데다 사명대사가 임진왜란 때 승군을 모은 호국불교의 상징이기도 하다.

특히 무려 27년 5개월 동안 염불을 외며 국난극복과 신행을 닦는 염불만일회(念佛萬日會)가 이 절에서 처음으로 시작되었다. 그리고 조선 세조 이후 왕실의 귀의를 받은 한국 4대 사찰 가운데 하나이기도 하다. 이제 유구한 역사만큼이나 파란만장한 사연을 담고 있는 이 절의 역사와 사연을 풀어 보자.

파란만장한 내력

1,500년의 성상을 쌓은 건봉사의 역사는 파란만장 그 자체다.

신라 법흥왕 때인 520년, 절을 창건한 아도화상의 삶부터 예사롭지 않았다. 그는 중국 위(魏)나라 사신으로 고구려에 온 아굴마(阿崛摩)와 고구려 여인인 고도령(高道寧) 사이에서 난 혼혈아였다. 귀국길에 오른 아버지는 1년 뒤에 반드시 돌아오겠다는 약속을 하고 떠났다. 하지만 아버지는 소식을 끊었다.

16세가 된 아들 아도는 아버지를 찾아 "불경을 더 배우고 아버지를 찾겠다."고 하면서 중국으로 떠난다. 아도는 천신만고 끝에 아버지를 만났으며, 아버지의 소개로 고승 현창(玄彰)을 찾아 19년간이나 불경을 공부한다. 36세의 나이로 귀국한 아도는 신라로 건너가 눌지왕(재위 417~458년)의 딸을 치료하면서 신임을 얻는다. 이 인연으로 아도화상은 흥륜사(興輪寺)와 도리사(桃李寺), 그리고 건봉사 등 여러 곳에 절을 짓는다.

27년 5개월간의 수도

건봉사가 인구에 회자된 것은 바로 염불만일회 덕분이다.

때는 바야흐로 758년. 발징스님이 만일선원(萬日禪院)을 베푼다. 만일선원이란 결사를 통해 모인 스님과 신도들이 만일 동안 흐트러짐 없는 몸과 일상생활 속에 아미타불 염불을 외며 신행을 닦는 것이다. 1만 일이라면 27년 5개월가량이니 얼마나 뼈를 깎는 수도인가. 일상생활에서 하는 수도라도 회원들의 결속이 절대적이었다.

바로 이 염불만일회가 건봉사에서 처음 시작된 것이다. 발징스님이 이 결사를 처음 결성했을 때 덕행이 높은 정신(貞信)·양순(良順) 등 31인의 수행승과 향도계원 1,280명이 참여했다. 1만 일이 되던 때인 787년 어느 날, 개울물이 불더니 아미타부처님의 가호로 31인의 육신이 공중으로 날아올라 961인의 향도와 함께 극락세계로 왕생했다.

염불만일회가 자주 열렸던 건봉사. 호국불교의 상징이었다.

염불만일회는 국가가 위기에 닥쳤을 때 국란 극복을 위한 전 국민적인 힘을 모으는 기폭제로 활용되기도 했다.

몽골침입 때 고려 요세(了世)스님이 염불회의 일종인 백련결사운동을 주도하면서 항몽 의지를 심기도 했다. 건봉사에서 시작된 염불만일회는 1802년과 1851년, 1881년, 1908년에 이어 1998년까지 모두 6차례 베풀어졌는데, 1998년 6회 때는 3,050명이 참가했다.

사명대사와 승병 700인

건봉사가 호국불교의 상징이 된 데는 사명대사의 활약 또한 무시할 수 없다. 1592년 임진왜란이 터지자 나라의 운명은 바람 앞에 등불처럼 가물가물해졌다. 사명대사는 "누란의 위기에 빠진 나라를 그대로 둘 수 없다."는 스승 서산대사의 편지를 받는다. 사명대사는 즉시 각처에 격문을 보내 승의병(僧義兵)을 모은다.

대사는 이렇게 모인 700명의 승군을 건봉사에서 조련하여 건봉령을 건너 천리 길을 달려간다. 700명이나 되는 승군을 훈련시킬 정도로 건봉사의 규모가 컸음을 알 수 있는 대목이다. 의승도대장이 된 사명대사는 1593년 1월 명나라군과 더불어 평양성~개성~한양 수복에 혁혁한 공을 세운다.

지금 건봉사에 가면 부처님의 진신치아사리를 친견할 수 있다. 은은한 진주 빛을 띠는 사리는 온도에 따라 색깔이 변한다고 한다. 이 치아사리에 대한 사연도 만만치 않다.

643년(선덕여왕) 자장법사가 당나라에서 불두골(佛頭骨)과 불아(佛牙) 등 불사리 100과와 부처님의 옷인 비라금점(緋羅金點) 한 벌을 가져왔다. 『삼국유사』「탑상」'전후소장사리조(前後所將舍利條)'에 따르면 사리는 셋으로 나눠 황룡사 탑, 태화사탑, 그리고 통도사의 계단(戒壇 : 계를 수여하는 단)에 두었다.

그런데 통도사 사리는 횡액을 당한다. 임진왜란이 일어난 직후

왜군이 통도사에 난입해 금강계단에 모셔진 사리를 탈취해간 것이
다. 1604년 8월 사명대사는 선조왕의 명령으로 일본에 건너간다.
신하들이 "동쪽 오랑캐인 왜가 원래 불교를 숭상하므로 사명대사
같은 분이 강화사신으로 가야 한다."고 추천했기 때문이다.

일본에 도착한 사명대사는 평수길(平秀吉), 즉 도요토미 히데요시
와 일본 왕 앞에서 삼귀의(三歸依)와 오계(五戒)의 불법과 계율을 말했
다. 그러자 도요토미와 일본왕은 "그 말이 모두 청정하고 살생하려
는 뜻이 전혀 없다."고 감복했다.

사명대사는 8개월간 일본에 머물면서 성공적인 외교성과를 얻었
으며 3,000여 명의 포로를 데리고 이듬해 4월 귀국했다. 그때 사명
대사는 왜군이 탈취한 사리도 되찾아 왔다.

도굴범과 부처님

사명대사는 가져온 사리를 통도사
에 다시 모셨고, 그 가운데 12과는 의
승군을 일으킨 건봉사 낙서암(樂西庵 :
사명대사의 본사)에 봉안했다. 훗날 혹 있
을지 모를 재난에 대비하려고 분장(分
藏)한 것이다. 하지만 도굴의 화를 입
을 줄이야.

1986년 6월 10일, 민통선 이북지역
이어서 출입하기 어려운 건봉사에 도
굴꾼 일당이 잠입한다. 민간인 출입금

낙서암에 모신 부처님의 치아진신사리. 임진왜란 때 왜군에게 탈취당한 것
을 사명대사가 되찾아 왔고, 1980년대에 도굴범이 훔쳐갔지만 부처님의
이적(異蹟)으로 되돌아왔다.

지 구역이지만, 관리 또한 어렵다는 허점을 파고든 것이다.

'모 대학 건봉사 복원조사단'임을 사칭한 위장출입증으로 검문소를 지났으나 그 다음부터는 무사통과. 그들은 이틀간 '사적 조사단' 운운하며 유유자적하면서 제초작업을 벌이는 척했다. 일당은 12일 금속탐지기로 문화재의 유무를 확인한 다음 13일 아침 2시간에 걸친 도굴 끝에 치아사리를 훔쳐갔다.

하지만 그들의 판단은 잘못된 것이었다. 6월 하순부터 부처님이 모든 도굴꾼들의 꿈에 나타나 "사리를 돌려주라."고 꾸짖은 것이었다. 일당은 하루도 아니고 며칠간이나 계속된 꿈의 계시에 불안에 떨기 시작했다.

한 달 정도가 지난 7월 14일, 일당 중 주범 ㄱ씨는 결국 공범을 시켜 서울 봉천동 ㄱ호텔로 찾아가 훔쳐간 사리 12과 가운데 8과를 맡겨 놓고 달아났다. 하지만 나머지 4과는 공범 중 한 명이 달아나는 바람에 증발되고 말았다. 건봉사 측은 결국 되찾은 8과 가운데 3과는 적멸보궁 석탑에, 나머지 5과는 법당에 봉안하여 참배불자들의 친견을 허락하고 있다. 불자들은 부처님의 꾸짖음으로 일부나마 사리를 되찾은 이 사건을 불사리의 이적(異蹟)이라 한다.

만일염불회의 정신으로

건봉사는 세조가 1465년 행차해서 닷새 동안 머물며 자신의 원당으로 삼은 이후 전국 최대 규모의 사찰로 자리매김했다. 승병 700명의 훈련장소일 만큼 컸던 것이다.

왕실은 그 뒤에도 부역을 면제해 주거나(예종대 1469년), 사역을 사

건봉사는 일제 강점기 때 수난을 겪는다. 일제는 내선일체의 상징으로 불이문을 일본풍으로 짓는 등 절 전체를 왜색으로 만들었다고 한다.

방 10리로 정해주거나(성종대 1470년), 쌀 10섬을 수확할 수 있는 토지를 내리면서(명종대 1552년) 건봉사를 후원했다.

하지만 1878년 4월에는 대형 산불 때문에 대웅전을 비롯해 3,183칸이 전소되는 비운을 겪는다. 당시 군수를 지낸 이도식(李道植)이 1882년에 쓴 『건봉사 사적기』를 보자.

"옛 기록과 사찰에 달린 임야 등이 한꺼번에 불길에 휩싸여 한 줌 재로 변하니 불상이 땅에 드러나고 승도가 머무를 곳을 잃어 놀라고 참혹한 형상을 어찌 다시 말로 이를까."

일제 강점기를 거치면서 건봉사는 다시 수난을 겪는다. 이우형 씨의 말을 들어보자.

"본디 불이문(不二門)이란 생(生)과 사(死)가 둘이 아니고, 번뇌와 깨

건봉사의 연못 전경. 일(日)자 형태로 조성됐다
는 설이 있다.

달음이 둘이 아니고, 착함과 착하지 않음이 둘이 아니고, 상대적인
것이 둘이 아닌 해탈의 불국토를 상징합니다. 하지만 건봉사 불이
문은 그런 뜻과는 거리가 멉니다. 건봉사 불이문은 일제 강점기 때
내선일체(內鮮一體)의 비수를 감춘 치욕의 상징입니다. 조선 불교의
암울한 식민지 시대상을 그대로 보여 주는 타루문(墮淚門)입니다."

　무슨 말인가. 일제는 1911년 9월 '조선사찰령'을 공포해 조선
불교 무력화 정책을 치밀하게 전개한다. 이로 인해 조선 4대 가람
이면서, 그들에게는 가시 같은 존재인 건봉사는 '치욕의 법난(法難)'
을 겪는다. 먼저 친일 주지의 임명을 시작으로 도량을 일본풍으로

바꾼다. 벚나무 식재와 함께 전각의 석축과 교량의 난간석을 모두 일본식으로 개조한 것이다. 또 1915년에는 만일염불회의 성지에 등공탑을 세우더니, 한국 불교에서는 형식을 찾아볼 수 없는 십바라밀석주를 비롯해 낙서암 지역의 일(日)자형 연못인 연지(蓮池)를 꾸민다. 이곳에서 승병을 도모하고 왜군의 간담을 서늘하게 했던 사명대사의 기적비 또한 조선총독부가 철저하게 파괴했다.

한국전쟁 때도 유엔군의 공습과 10만 발에 이르는 함포사격 등으로 절이 폐허가 되었다. 그 후 50여 년이 더 지난 지금. 보림암 등 일부 암자들은 여전히 사람들의 발길을 허락하지 않지만 건봉사로 가는 길은 쉽고 편해졌다.

1989년 민통선에서 해제된 이후 중창불사를 거듭해 온 덕에 지금은 옛 영화의 풍취를 맡을 수 있다. 하지만 한 가지 더 중창되어야 할 것이 있으니 바로 염불만일회의 정신이 아닌가 싶다. 염불만일회를 결성한 발징 스님의 초심으로 돌아가면 어떨까. 내남할 것 없이 중심을 잃고 정신을 놓아 버린 지금……. 허세, 허명, 거짓의 세상이 아닌, 참삶의 세상을 추구하고 기도하는……. 27년 5개월은 아니어도 좋다. 1년, 아니 단 하루라도…….

무차별 공습, 포탄 10만 발에
초토화된 건봉사

사명대사 기적비(사진 왼쪽)는 한국전쟁으로 완전히 파손됐다.(오른쪽) / 동산법문의 『금강산 건봉사 사적』에서

건봉사는 한국전쟁 때 잿더미가 되었다. 하지만 단순히 전쟁이라는 상황에서 어쩔 수 없이 불타버린 것이라 말할 수는 없다. 건봉사를 불태운 것은 전쟁이 아니라 사람이기 때문에 더욱 개탄스럽다.

1945년 공산 치하에 들고 1948년부터 종교적 기능을 상실했던 건봉사. 한국전쟁이 한창이던 1951년 5월 10일. '부처님 오신 날'을 불과 사흘 앞두고 재앙을 맞이한다.

유엔군은 후퇴하던 북한군의 중간집결지였던 건봉사에 무차별 공습을 벌인다. 3~4대의 폭격기는 대웅전 지역의 모든 전각을 불태웠다. 국보 412호 『금니화엄경』 46권과 도금원불, 오동향로, 철장 등 사명대사 유물이 모조리 소실됐다.

하지만 이게 다가 아니었다. 전선이 고착화되자 건봉사 지역은 2년간 처절한 고지전의 현장이 된다. 향로봉·건봉산 전투는 물론 북한 쪽의 351고지 전투, 월비산 전투 등 전사에 남을 지루한 싸움이 벌어진다. 1951년 4월부터 휴전 직전까지 16차례의 공방전에서 국군이 쏘아댄 포탄만 10만 발에, 미 7함대 함포사격과 공군기 폭격으로 건봉사는 그야말로 초토화된다.

국군 수도사단을 시작으로 이곳에 교차 투입된 국군 부대가 7개 사단에 이르고, 그때마다 이곳에 주둔하던 국군에 의해 건봉사의 남아 있던 전각과 요사는 군부대 막사와 땔감으로 전쟁 중에 헐려 나갔다. 그야말로 뼈까지 다 발라 먹은 것이다. 휴전이 이루어진 뒤에는 주둔한 군부대의 실화로 낙서암 지역이 소실되는가 하면 고승들의 부도탑이 밀반출되고 그 많았던 중요 문화재들이 행방을 알 수 없게 되었다. 1954년 이후에는 불이문 외에는 완전히 폐허로 변해 헐벗고 잡초만 우거진 빈 터가 되어 버렸다. 전쟁 직전 640칸 규모의 건봉사가 사라진 것이다.

과연 그래야만 했을까? 아무리 전쟁 중이었다지만 1,500년 역사를 지켜온 이 귀중한 문화재를 갈갈이 찢어 놓아도 되는 것이었을까? 더 슬픈 것은 그 원인과 가해자가 홍건적도 아니고 왜구도 아니고 몽고족도 아니었다는 점이다. 입만 열면 문화민족임을 자부하는 바로 우리들의 짓이다. 전쟁으로 두 눈이 충혈되어 저지른 부끄러운 50여 년 전의 자화상이다.

지장신앙의 성지마저 불태운
전쟁과 분단의 현장, 보개산 석대암

거미줄, 날벌레, 포격소리, 끝없는 돌길

단숨에 올라가려 했다. 그리 어렵지 않아 보였다. 하지만 그 헛

된 오만함이란……

만만치 않았다. 지장(地藏) 신앙의 성지를 찾는 길은 쉽지 않았다.

경기도 연천군의 최고봉이자 보개산 군의 하나인 환희봉(877미터)

군부대 안에 자리 잡고 있는
심원사지 부도군

정상 밑 해발 630미터에 자리 잡은 석대암(石臺庵) 가는 길.

비무장지대를 벗어난 지역인데도 ○사단 공보 장교가 따라나선 이유가 있었다. 지름길로 가려면 군부대를 관통해야 하기 때문이다.

연병장을 가로지르면 심원사지 부도군이 보이고, 바로 그 위에 옛 심원사(647년 창건) 터가 펼쳐진다. 부도군은 2기의 비석과 12기의 승려 사리탑으로 이뤄졌다. 휴정스님(1520~1604년)의 법맥을 이은 스님들의 탑과 부도란다. 우리나라 제일의 지장신앙 성지인 심원사(深源寺)는 한국전쟁 직후인 1955년 철원 동송 상로리로 이전했고 원래의 자리에는 터만 덩그러니 남아 있다. 내가 찾아가는 석대암은 바로 심원사에 딸린 암자다.

사실 지장보살의 숨결을 담고 있는 석대암을 품에 안은 보개산은 그리 간단한 산이 아니다. 휴전선 인근, 즉 경기도 연천군 신서면과 연천읍, 포천시 관인면, 강원도 철원읍과 동송읍에 걸쳐 있는 군산(群山)이다. 남북으로 25킬로미터, 동서 14킬로미터에 둘레만 해도 180리에 달한다. 보개산군은 고대산(832미터), 환희봉(지도에는 지장봉으로 잘못 표기됨)을 사이에 두고 내보개, 외보개로 구분한다.

그 가운데 최고봉은 금학산(947미터)이며, 환희봉은 내산의 최고봉으로 내가 서 있는 석대암을 품에 안고 있다. 보개산군에는 고려 때만 해도 60곳이 넘는 사찰이 있었다. 지금도 저마다 각각의 사연을 간직한 28개의 봉우리와 36곳의 경승지가 있는 영험한 산이다.

석대암도 단순한 암자가 아니다. 그야말로 지장신앙의 성지다. 원래 석대암 가는 계곡을 '절골'이라 했다. 석대암을 포함해서 무

남북분단 이후 불에 타버린 지장신앙의 성지 석대암 터. 군부대를 관통해서 귀를 찢는 대포소리와 날벌레, 거미줄을 뚫고 돌길을 하염없이 걸어 올라가야 닿을 수 있다.

려 9개의 암자가 있었기 때문이다.

나는 심원사 터에서 차를 '버리고' 산중에 몸을 던졌다. 끝없이 이어지는 돌길. 삐죽삐죽 제멋대로의 돌로 이어지는 산행은 고달팠다. 길목마다 투명한 그물을 꿰어 놓은 거미줄의 훼방. 실로 오랜만에 사람의 땀 냄새를 맡았다는 듯 끊임없이 공격하는 온갖 날벌레들. 막춤을 추듯 연방 두 팔을 휘저어 가며, 그것도 모자라 온몸을 배배 꼬며 쫓아내도 아랑 곳 없다. 귓전을 끊임없이 맴도는 '윙윙' 소리에 절로 진저리가 난다.

'꽈당! 쿵!'

갑자기 하늘이 무너지는 소리가 난다. 벌레와 산새, 그리고 개천의 물 흐르는 소리만이 산행을 재촉하는 순간이었는데……. 이런 곳에서 늘 듣던 총소리와는 차원이 다른 소리다. 가슴이 덜컹 내려앉는다.

"이게 무슨 소리죠?"

"포격 훈련하는 소립니다."

"혹시 이쪽으로 떨어지는 건 아니겠죠?"

"절대 아니니 걱정하지 마세요."

대포 소리가 계속 이어진 탓에 제법 익숙해질 법도 했지만 소리가 너무 커서 들릴 때마다 깜짝깜짝 놀랐다.

불에 탄 지장성지

온갖 악재 속에 힘겨운 발걸음을 옮기니 "석대암 50미터"라는 표지가 보였다. 몇 걸음이면 다 오르려니 했는데 또 끝이 없다. 한 번도 쉬지 않고 속보로 가겠다고 다짐했던 나는 그만 풀썩 주저앉고 말았다. 이럴 때 가장 힘이 빠진다. 다 왔겠거니 하면 다시 가야 할 길이 보이고……. 이제 끝이 났나 하면 다시 고비가 생기고……. 마지막 시험이 아닌가 싶다. 지장보살님을 뵙기 전에 인간의 모든 오만한 찌꺼기를 털어내라는 가르침인가. 단숨에 올라가려던 헛된 욕심을 버리고 말았다.

그렇게 올라간 길. 마침내 환한 공간이 펼쳐졌다. 따사로운 햇빛이 석대암 절터에 쏟아진다. 어둠 속을 비추는 한줄기 빛처럼. 여기가 바로 지장신앙의 본산인가. 불자들의 귀의처가 되었고 한국 불교의 성지로 꼽히던…….

지장보살. 그분은 누구인가. 지옥에서 고통 받는 중생을 모두 구

지장보살이 앉았다는 자리

기우뚱 서 있는 지장영험비

제할 때까지는 영원히 부처가 되지 않겠다는 보살이다. 석가모니
부처님이 열반한 뒤에 미륵불이 세상에 나올 때까지 6도를 윤회하
면서 고통 받는 중생을 한 사람도 남김없이 구제한다는 대원력(大願
力)보살.

　눈부신 햇살에 잠깐 눈이 멀었던 내 눈에 절터의 속살이 펼쳐진다.
물론 인간의 눈으로 보면 실망이다. 축대와 건물지, 우물지, 그리고 밑동만 겨우 남은 채 죽어버린 나무만이 처연하게 남아 있을 뿐.

한 50미터 쯤 떨어져 그것도 숲에 싸여 잘 보이지도 않는 곳에 있는 지장영험비는 제자리에서 뽑혀 나간 채 위태로운 모습으로 기우뚱하게 서 있다. 한국전쟁 때 '인간의 손'에 망가진 흔적이다. 그런데 이상하다. 다른 유적이 이런 몰골이었으면 흥분했을 이우형 씨였지만 웬일인지 담담한 표정이다.

"그냥 두는 게 좋을지도 모릅니다. 괜히 으리으리한 건물을 지어 놓으면 더 흉한 몰골로 변하니까요."

하기야 지장보살은 자비행을 철저하게 실천하려고 중생의 업고(業苦)를 자기 업고로 대비(大悲)하는 보살이 아닌가. 보관(寶冠)이나 영락(瓔珞)으로 치장하지 않고 오로지 가사만 걸칠 뿐이다. 그러니 인간의 헛된 몸치장이 가당키나 한 일인가. 수없이 이곳을 찾았을 이우형 씨였지만 감회가 새로운 듯했다.

"이곳은 지장보살상이 발견된 우물이고요. 이곳은 보살님이 앉아 계셨던 곳이고요. 이곳은……. 이곳은……."

19세 청년의 인생 역정

그의 인생 역정을 품에 안은 곳이니 그럴 수밖에 없을 터이다.

"절터 덕분에 농사꾼이었던 제가 이렇게 문화유산에 빠져 살게 됐습니다."

그가 19세였던 1984년. 석대암과 인접한 보개산 자락에 살고 있던 이우형 씨가 본격적으로 암자터를 찾으러 나섰다.

"동네 사랑방에서 어르신들이 하는 얘기를 귀동냥했어요. 지장보살님의 사연이 담긴 석대암이 이곳 어디엔가 있다는 말씀이었죠."

지금도 이 암자터는 1년에 한두 명이 찾을까 말까 할 정도로 외진 곳이다. 포천 쪽 보개산 정상을 거쳐 넘어오는 길이 있지만 한국전쟁 이후에는 군부대 훈련장이어서 민간인들이 감히 출입할 엄두를 내지 못했다. 청년 이우형은 그런 살벌한 환경에서 서너 번이나 답사를 한 것이다. 하지만 쉽게 찾을 수 없었다. 그러던 어느 날.

"계속 허탕을 쳤는데 하루는 산꼭대기(환희봉 정상)에서 내려다보니 절터로 안성맞춤인 터가 보이지 않겠어요?"

단숨에 달려간 그는 마침내 자연 상태 그대로 남아 있던 암자터를 찾았다. 지장보살의 성지를 일개 농사꾼이 찾아내는 순간이었다. 그는 이때부터 문화유산 답사를 평생의 업으로 삼았다. 그런데 이우형 씨가 찾아낸 석대암은 창건 기록도 소설처럼 흥미롭고, 그 이후에도 헤아릴 수 없는 상서로운 감응과 이적(異蹟)으로 국내 제일의 영험한 생지장도량으로 성가를 높였다.

멀리는 "까마귀 날자 배 떨어진다(烏飛梨落·오비이락)"는 속담이 탄생한 곳이며, 가까이는 광복 사흘 전에 8·15 해방과 남북분단을 한꺼번에 예견한 이른바 쌍방광(雙放光), 즉 두 줄기의 빛이 쏟아진 곳이기도 했다. 오죽했으면 목은 이색이 "보개산 지장석상의 상서로운 감응은 세상이 모두 아는 바이다.(地藏瑞應世所共知)"(『보개산 석대암 지장전기』)라고 했을까.

사냥꾼과 금돼지

"덩굴 쥐고 절벽 잡아 바람 부는 천제 향해 오르니(攀羅們捫壁上風梯)

/ 암자 오랜 뜰 소나무에는 학 한 마리 깃들었네(庵古庭松一鶴棲) / 숲 아래 경쇠소리 바람 밖에서 간절하네(林下磬聲風外切) / 서쪽 봉우리 남은 해는 찬 시내로 떨어지네(西峰殘照落寒溪)"

김시습의 『매월당집』에 묘사된 석대암의 풍경이다. 시에서 "바람 부는 천제 향해 오르니"라는 대목은 풍수지리를 염두에 둔 구절이다.

석대암 뒤편 환희봉 정상에서 뻗은 능선의 많은 봉우리가 풍수지리상 '하늘로 오르는 사다리(天梯) 형세'라는 것이다. 또한 석대암은 예부터 바람이 심하기로 유명했던 곳이다.

과연 석대암에 서면 김시습의 표현이 얼마나 절묘한지를 가슴으로 느낄 수 있다. 자! 이제 고려 말 학자 민지(閔漬 : 1248~1326년)가 지은 『보개산 석대기』를 토대로 창건 설화를 살펴보자.

이순석 형제의 화살에 맞은 지장보살이 발견됐다는 샘물터

지금으로부터 1,289년 전인 720년. 신라 성덕왕 19년 때였다. 사냥꾼인 이순석(李順碩)·순애(順磑) 형제가 한 마리 금빛 멧돼지를 보고 힘껏 활을 쐈다. 멧돼지는 피를 흘리며 달아났다. 형제가 그 혈흔을 추적하니 환희봉(877미터) 쪽이었다.

그런데 이상했다. 돼지가 멈춘 곳에 닿으니 금빛 멧돼지는 간 곳 없었다. 다만 샘물 가운데 머리만 살짝 내놓은 석상만이 보였다. 자세히 살펴보니 왼쪽 어깨 가운데 순석이 쏜 화살이 꽂혀 있었다. 형제는 대경실색했다. 둘은 화살을 석상의 몸에서 뽑으려 했다. 그러나 태산처럼 꿈쩍도 하지 않았다. 형제는 두려워서 선 채로 맹세했다.

"대성(大聖)이시여! 우리를 불쌍히 여기시고 용서하소서. 우리를 이 속계의 죄에서 구해 주시려고 이런 신변(神變)을 나타내신 것임을 알겠나이다. 만약 내일 이 샘물 곁에 있는 돌 위에 앉아 계신다면 우리들은 마땅히 대성의 뜻에 따라 출가해 수도하겠나이다!"

다음날 긴가민가해서 이곳을 다시 찾은 형제는 또 한 번 놀랐다. 석상이 그 돌 위에 앉아 있었던 것이다.

"바로 출가하겠나이다!"

형제는 곧 300여 명의 추종자를 거느리고 암자를 창건했다. 스님이 된 형제는 숲속에 돌을 모아 대(臺)를 쌓아 그 위에서 정진했으므로 '석대'라 이름 지었다. 형제는 훗날 득도(得道)하여 열반했다. 이 지장보살의 영험한 이야기는 시공을 초월해 이어진다.

광복과 남북분단을 예언한 쌍방광

풍악도인 문일장노(聞日長老)라는 인물의 이야기다. 그는 세상에서 견성득도(見性得道)한 사람으로 일컬어졌다. 그런 그가 여러 문도에게 귀에 못이 박히도록 말하는 내용이 있었다.

"내가 중국에 있을 때 경복사의 장노가 나에게 만날 얘기했어.

* 삼악도
악인이 죽어서 간다는 지옥,
아귀, 축생도

'너희 나라에 세 곳의 산이 있는데, 삼악도(三惡道)*에 떨어지지 않
으려면 이 세 곳의 산, 즉 보개산, 풍악산, 오대산에 머무르면 된
다.'고……."

"그래서 두세 도반(道伴)과 더불어 이 산(보개산)에 들어와 심원사
에서 환희봉을 바라봤지. 그런데 봉우리 아래 상서로운 빛이 촛불
을 하늘에 켜놓은 것처럼 서기(瑞氣)가 가득하고 따사로운 바람이
훈훈히 일지 않겠어. 그런데 불보살형상의 구름이 화려하게 피어오
르고 종소리는 은은하게 구름 밖으로 울려 퍼지는 거야."

문일장노의 말이 이어진다.

"그래서 마음에 희열을 느껴 그곳에 갔지. 그러니까 지장석상이
화현(化現)해서 영웅을 보이시는 거야."

문일장노는 곧 샘물로 발을 씻고 마지(摩旨 : 부처님께 올리는 밥)를
올리려 했다. 그러자 지장석상이 큰 형체로 변하면서 자비롭고 밝
은 빛을 두루 비추었다고 한다. 그 밝은 빛 속에 삼천대천세계(三千
大天世界 : 광대무량의 넓은 세계)가 뚜렷하게 보였다고 한다. 이 이적의
기록을 남긴 민지는 "보개산 전체가 지장진신이 늘 머물며 설법하
는 곳"이라고 했다.

또 있다. 사경불사의 위업으로 알려진 남호(南湖)스님(1820~1872년)
은 출가하기 전에 피부병 치료를 위해 이곳에 왔다. 그가 3 · 7일간
기도하며 지장보살을 염송하자 흰옷을 입은 여인으로 변한 지장보
살이 나타나 병을 낫게 해 주었다. 또 구한말 포도대장 한규설의 부
인인 박기우 · 기석 자매는 백일기도 중에 빛줄기가 나타나는 현상
을 경험했다. 그리고 깨진 옥 등잔이 감쪽같이 붙은 일, 불기와 전

곡을 훔쳐 밤새 달아나던 도둑이 석대암의 미나리광 앞에서 잡힌 일 등등…….

그런데 순석 형제가 석대암에 모셨던 지장보살상은 지금은 철원 동송으로 이전된 심원사에 있다. 남북분단의 쓰라린 역사가 석대암을 덮친 것이다.

지장보살마저 괴롭힌 전쟁, 그리고 남북분단

해방 이후 38선 이북인 이곳은 북한 땅이었다. 5년간의 북한정권 치하에서는 보개산 내 여러 사찰이 법난의 아픔을 겪었다. 또 한국전쟁 때 이곳은 피아간 1만 3,000명의 생명을 앗아간 격전지였다. 석대암을 비롯한 암자들은 한국군이 모두 불태웠다. 남북이 교대로 생지장의 성지를 무참하게 짓밟은 것이다.

다행히 지장보살상은 극적으로 돌아왔다. 한국전쟁 직전 지장석상은 인편을 통해 월남한 것이다. 이 석상은 전쟁통에 행방이 묘연해졌다가 1954년 지금의 심원사에 봉안되었다.

석상을 친견하니 소탈한 모습에 왼손에는 여의보주를 받들고 있고, 자비로운 미소는 보는 이의 가슴을 잔잔하게 적신다. 석상의 색깔은 마치 어제 오늘 만든 것처럼 하얗다. 돼지보살로도 일컬어지는데 높이는 63센티미터이고 폭은 43센티미터 정도다.

"원래는 청흑색이었는데 완전히 탈색한 것 같네요."

탈색한 것이 그렇게 좋은지는 잘 모르겠다. 『보개산 석대기』에도 청흑색으로 되어 있는데 인위적으로 색깔을 바꾼 게 옳은 일인지.

불교신자가 아니어도 신령스럽게 느껴지는 것은 이순석 형제가 쏘았다는 화살 자국이다. 『보개산 석대기』에도 "좌측 어깨에 길이 한 치가량 되는 비낀 흔적이 있으니 이는 창건 당시 이순석 형제가 쏜 화살에 맞은 흔적"이라고 되어 있다. 그런데 지금 이 순간에도 그 자국이 남아 있으니 그저 신기할 따름이다.

여기서 한 가지 의문이 든다. 산짐승과 날벌레들의 보금자리와 쉼터로 변해 버린 석대암터는 어찌 할꼬. 걱정이 되어 계속 구시렁대자 이우형 씨는 "괜히 복원한답시고 잘못 놓으면 도리어 망친다."고 누차 강조한다. 되지도 않은 으리으리한 현대식 건물에 지장보살님을 모실까 봐 어지간히 걱정되는 모양이다.

"지금도 민간인들이 출입하기를 꺼려 하는 곳이잖아요."

지장보살은 육도중생(六道衆生)*이 있는 곳마다 임하여 민중의 아픔을 구하고 행복을 얻게 하시는 분이라 하지 않는가. 오늘 이 순간 폐허가 되어 버린 이 석대암 터에서 나는 무엇을 빌 수 있을까? 그래, 이왕이면 거창한 소원 하나. 서로 죽일 듯 미워하고 싸우며 수십 년 살았던 그래서 (지장)보살님마저 이리저리 괴롭혔던 남북이 두 손을 꼬옥 맞잡기를…….

* 육도중생
6도, 즉 미혹의 세계에서 태어나고 죽는 것을 거듭하는 모든 살아있는 것들을 뜻한다.

오비이락에 깃든
깊은 뜻

오비이락(烏飛梨落), 즉 "까마귀 날자 배 떨어진다."는 속담은 좋지 않은 뜻으로 활용된다. "뒤로 자빠져도 코가 깨진다." 혹은 "소금 팔러 가니 이슬비 내린다."는 등의 속담과 함께 재수 옴 붙을 때 쓰는 말이다. 하지만 오비이락은 절대 재수 없는 속담이 아니다. 석대암 창건설화의 주인공 이순석과 지장보살의 사연이 담겨 있으니 말이다.

『불교영험설화집』에 따르면 신라시대 보개산 기슭(석대암 자리)에는 큰 배나무가 있었다. 어느 날 까마귀가 그 배나무에 앉아 울고 있었고, 나무 밑에는 독사 한 마리가 휴식을 즐기고 있었다. 그런데 까마귀가 날아가는 바람에 독사 머리 위로 배가 뚝 떨어졌다. 날벼락을 맞은 독사는 화가 머리끝까지 나서 독 오른 머리를 쭉 내밀더니 사력을 다해 독을 뿜었다. 결국 까마귀는 그 독을 맞아 죽었고 독사도 힘이 빠져 숨을 거뒀다. 그야말로 오해가 부른 참극이었다. 그때부터가 문제였다.

까마귀와 뱀은 죽어서도 원한을 풀지 않았다. 뱀은 죽어서 멧돼지가 되었고 까마귀는 암꿩으로 환생했다. 어느 날 멧돼지가 된 뱀이 먹이를 찾다가 암꿩이 된 까마귀를 보고는 큰 돌을 힘껏 굴렸다. 암꿩은 비명횡사했으며 멧돼지는 속이 다 후련했다. 마침 어느 사냥꾼이 지나다 죽은 꿩을 발견하고는 단숨에 집으로 가져가 부인과 함께 (죽은 꿩을) 요리해 먹었다. 사냥꾼은 그 뒤에 옥동자를 순산했다.

까마귀와 꿩의 업보를 타고 태어난 옥동자는 훗날 훌륭한 사냥꾼이 되었다. 그러면서 전생에 자신을 죽인 멧돼지(뱀)만 사냥하러 다녔다. 어느 날 보개산으로 사냥을 간 사냥꾼은 금빛 찬란한 돼지를 발견했다. 사냥꾼은 힘껏 활시위를 당겼다. 왼쪽 어깨에 화살이 박힌 멧돼지는 환희봉을 향해 치달았다. 사냥꾼은 피를 흘리며 달아나는 금멧돼지를 쫓아갔다. 그런데 멧돼지는 간 데 없고, 지장보살 석상만이 우물에 몸을 담근 채 있었던 것이다. 이것이 "오비이락" 속담의 전말이다.

바로 지장보살이 까마귀와 뱀이 인과를 반복하는 것을 막기 위해 스스로 멧돼지로 화현해서 화살을 맞은 것이다. 지장보살의 희생으로 쓸데없이 죽고 죽이는 악연의 관계가 끝난 것이다. 이런 깊은 사연이 있는데, 오비이락이 좋지 않은 뜻으로만 희화화되고 있으니 거북할 따름이다.

한국전쟁 때 사라졌다가 돌아온 지장보살 석상. 왼쪽 어깨에 이순석 형제가 쏘았다는 화살자국 같은 흔적이 신비롭기만 하다. 석상은 현재 심원사에 있다.

주임원사가 찾아낸 지뢰지대 미륵불
파주 백학산 고려불상

관할부대 주임원사가 미확인 지뢰지대에서 발견한 거대불상. 지뢰지대에 겨우 좁은 길을 내어 불상까지 접근했다. / 박재찬 씨 촬영

거석불의 정체

"여기는 지뢰 같은 것은 없죠?"

내가 농처럼 묻는다. '미확인 지뢰지대' 라는 표지를 스치듯 지나가노라니 왠지 꺼림칙하고, 수풀을 헤치며 나아가려니 더욱 섬뜩하다. 그래서 묻노라면 동행한 이재 원장과 이우형 씨가 씩 웃는다. 그러면서 되받아치는 농담.

"음, 신문도 아무리 철저하게 교정을 보아도 오탈자가 생기잖아요. 여기도 마찬가지죠."

오탈자의 악몽에 시달려 온 기자들에게는 참으로 절묘한 비유다. 지뢰탐사반이 철저하게 훑고 지나가도 간혹 발견하지 못한 지뢰가 남아 있을 수 있다는 얘기니까.

"야! 정말 끝내주는 비유네!" 하고 박장대소하지만 등짝에 맺히는 식은 땀방울을 어찌할꼬.

6·25 전쟁 때 치열한 전투가 벌어졌던 백학

산 고지(해발 229미터로, 파주시 군내면 읍내리에 위치해 있음)는 군사분계선에서 2킬로미터 떨어진 남방한계선에 접한 곳이다.

사방이 '미확인 지뢰지대'임을 경고하는 간이철책 사이에 아슬아슬하게 나 있는 교통호를 따라 내려가는 길. 2005년 2월 8일, 구정 전날 아침. 1사단 ○○연대 ○○대대 주임원사인 임종인 씨도 이 교통호를 따라 내려왔다. 눈 덮인 전방고지. 병사들과 함께 한창 눈을 치우고 있던 중이었다. 그런데……

"저만치 이상한 걸 보았어요. 사람 같았습니다. 미확인 지뢰지대에 사람의 형상이라니……"

자세히 보았지만 '그 사람'은 꼼짝하지도 않고 서 있었다.

"망주석은 아닌 것 같고……. 무슨 불상 같았어요."

임종인 원사는 뭔가 짚이는 것이 있어서 지뢰탐사반을 불렀다. 1981년의 일이 불현듯 떠올랐다.

당시 부대 뒷산인 일월봉 진지 위에 큰 돌이 서 있었다. 그때 임 원사는 돌이 떨어질까 봐 병사들과 함께 돌을 굴려 떨어뜨릴 요량으로 힘껏 밀었다. 하지만 꼼짝도 하지 않았다.

"나중에 보니 그 돌이 마애사면불(磨崖四面佛 : 나중에 '경기도 문화재'로 지정)이었어요. 장정들이 몇 번이나 힘껏 밀었는데도 떨어지지 않은 걸 보면 다 부처님의 뜻이었겠죠."

이렇게 24년 전의 일이 뇌리를 스쳤다. 임 원사는 지뢰탐색기를 앞세워 조심스럽게 한 걸음씩 내디뎠다.

"척 보아도 한 5미터 되는 엄청난 불상이 떡하니 서 있었어요. 목이 달아난 불상이어서 섬뜩하기도 했고……"

야릇한 흥분감에 젖은 임 원사는 불상 뒤를 병풍처럼 두른 바위에 올라가 이리저리 살폈다. 하지만 '신문의 오탈자'처럼 언제 터질지 모르는 미확인 지뢰 때문에 더는 조사하지 못했다. 그는 곧바로 대대장에게 보고했고 관할 군내출장소에 알렸다. 다음날 때마침 구정이었으므로 임 원사는 과일 등 제사음식을 불상 앞에 차려 놓고 제사를 지내드렸다.

누군가가 불상의 목을 몸통 앞에 가지런히 놓은 것 같다.

잘린 목은 몸통 옆에 가지런히

이 석조여래입상은 임원사가 처음 본 것처럼 머리와 몸통이 분리된 상태였다. 머리는 불상 앞에 가지런히 놓여 있었는데, 아마도 한국전쟁 이전에 누군가가 떨어진 머리를 수습해서 잘 모셔 놓은 것이 분명했다.

불상은 잘린 불두(佛頭)의 높이가 134센티미터, 두폭 63센티미터였으며, 지상으로 노출된 불신(佛身)은 334센티미터였다. 따라서 불두와 불신을 함께 계산할 경우 불상의 크기는 468센티미터나 되었다. 머리는 소발이지만 얼굴 면과 분명하게 구분되었고, 얼굴에는 높은 코와 가느다란 눈, 작은 입, 길게 늘어진 귀 등이 표현되었다.

석불 앞쪽에는 예불을 올릴 때 공양물을 올려 놓은 배례석(拜禮石)이 마련되어 있었다. 석불은 평면조각이며 이목구비의 표현이 분명치는 않고, 옷 주름도 간략한 평행선을 그리고 있었다. 두 팔이 다소 길게 표현되었고, 신체의 비례 역시 비사실적인 기법으로 조각되어 있었으며, 어깨가 넓고 당당한 인상을 준다. 석불 주변에 기단과 초석이 남아 있었는데, 이는 작은 규모의 보호각이 있었음을 반증한다. 최선일 씨(경기도 문화재전문위원)의 평가를 들어보자.

"운주사 석불(사적 312호로 전남 화순에 위치해 있음)이나 대저리 석불입상과 비슷한 수인(手印)이었어요. 두 손이 옷자락 안쪽에 놓여 있는데, 가슴 부위에서 두 손을 깍지 꼈거나 지권인(智拳印)*을 한 것으로 추정됩니다."

지금은 누구도 찾을 수 없는 곳에 외롭게 서 있지만, 전쟁 전까지는 지역민들의 예불대상이었을 것이다. 이 입상은 백학산 아래 향교동의 드넓은 농지를 바라보고 있다. 예전에 향교(鄕校)가 있던 지역이라 향교동이라 했는데 한국전쟁이 끝난 뒤에 주민들을 모두 민통선 이남으로 이주시키는 바람에 동네는 폐촌이 되었다. 한때는 지역민들의 존경을 한 몸에 받았을 불상도 전쟁과 남북 분단의 희생양이 되어 잊혀진 존재가 된 것이다.

관촉사 은진미륵. 이 보살상은 경기·충청 일대에서 특징적으로 조성되었던 토착성이 강한 불상으로, 새로운 지방적 미의식을 나타내고 있다. / 문화재청 제공

* 지권인
수인은 부처나 보살이 깨달은 내용이나 활동을 상징적으로 나타내는 표시 가운데, 양쪽 손가락으로 나타내는 모양. 지권인은 집게손가락을 뻗치어 세우고 오른쪽으로 그 첫째 마디를 쥐는 것.

거석불을 세운 까닭은?

그런데 사람들은 왜 이런 엄청난 거석불(巨石佛)을 만들었을까?

연구자들은 고려 광종(재위 949~975년)을 주목한다. 최선주 씨(국립중앙박물관 학예관)는 "특히 고려시대 대불(大佛)은 후삼국시대의 혼란을 극복하고 건국한 고려시대 전기(918~1170년)에 집중적으로 조성됐다."고 말한다.

이때는 왕권 강화를 추진했고, 미륵신앙과 미륵을 주존(主尊)으로 하는 법상종이 성행했으며, 신라 하대부터 대두된 풍수사상이 모든 분야에 걸쳐 영향력을 끼친 시기다.

불교에도 신이적(神異的)인 요소가 나타났던 시기였다. 특히 왕조 초기에 끝까지 저항한 후백제 세력을 통제하고, 상당한 영향력을 발휘했던 지방 호족들을 아우를 필요가 있었다. 태조 왕건이 후백

연산 개태사 석조삼존불 입상. 10세기 후반의 작품이다. / 문화재청 제공

제 고토인 논산에 개태사와 관촉사를 세우고 삼존불상을 조성한 일과, 광종이 논산 관촉사에 무려 18.12미터 크기의 석조보살상을 세운 것이 단적인 예다.

광종 대는 특히 주목할 만하다. 광종은 각 지방의 호족세력을 아우르고 왕권을 강화하기 위해 호족들의 거센 반발 속에서도 956년에 노비안검법을 실시했다. 호족들의 군사적·경제적 기

반을 위축시키기 위함이
었다. 또한 개국 초기에
공신들의 세력을 약화시
키기 위해 중국 후주(後周)
에서 귀화한 쌍기(雙冀)를
등용해 과거제도를 실시
했다. 왕권강화책은 불교
계에도 적용된다.

승과제도를 설치했고
승직을 정비하여 승계제
도를 확립했으며, 여러 종
파를 통합하는 등 불교계
개혁에 나섰다. 광종 14년
(963년)에는 개경에 귀법사
(歸法寺)를 창건하여 빈민을

11세기에 조성된 부여 대
조사 석조보살입상 / 문
화재청 제공

구제하는 제위보(濟危寶)를 설치했으며, 무차대회(無遮大會)*와 수륙회
(水陸會)*를 개설했다.

광종은 이런 정책을 폄으로써 불교계를 개혁의 든든한 후원세력
으로 두게 된 것이다.

당시 귀법사에는 균여(均如)와 탄문(坦文)이 활약했는데, 특히 균여
(923~973년)는 화엄사상에 법상종 사상을 융화하려는 성상융회(性相
融會)의 사상적 경향을 가졌다. 그런데 이 성상융회 사상은 광종이
지방호족을 흡수하여 왕권을 강화하는 데 적합했다.

* 무차대회
승려와 속인을 가리지 않고
누구나 자유롭게 참여하여
법문을 듣는 법회의 하나

* 수륙회
물과 육지의 홀로 떠도는
귀신들과 아귀에게 공양하
는 재

"특히 군소 토호세력 출신인 균여는 당시 중류 이하의 신분층과 연결되어 있었으므로 광종이 군소 토호세력을 자신의 지지기반으로 끌어들이는 데 유리하게 작용했어요. 균여를 귀법사 주지로 임명해 불교계를 지지세력으로 편입시킨 겁니다."(최선주 씨)

광종은 화엄종뿐만 아니라 호족세력의 뿌리 깊은 지지를 받고 있던 선종(禪宗)에도 관심을 기울였다. 그러니 도성을 중심으로 크고 작은 사찰이 건립되었고, 잦은 불교행사가 벌어지게 된 것이다.

"토목공사는 농사철을 가리지 않았는데, 평상시 1년간의 비용이 족히 태조 당시의 10년간의 비용과 같았습니다. 이런 폐단이 광종에게서 시작되었으니 남을 헐뜯는 말을 믿고 죄 없는 사람들을 많이 죽이고는 불교의 인과응보에 현혹되어 죄업을 없애고자 하여 백성의 기름과 피를 짜내 불교행사를 많이 일으켰습니다."(『고려사』「열전」 '최승로조')

훗날 최승로(927~989년)는 성종에게 바치는 시무 28조에서 광종의 숭불정책을 이런 식으로 신랄하게 꼬집었다. 왕조 창건에 따른 새로운 기운을 북돋우면서 왕권 강화책을 펼친 광종은 '작은 것'보다는 '큰 것'을 과시하고 싶은 욕망에 빠졌던 것이다. 유학자인 최승로는 그것을 비난한 것이다.

태조 대부터 광종 대까지 많은 불사가 창건되었고, 그 과정에서 규모가 큰 불상들도 조성되었을 것이다. 이때는 또한 어지러운 후삼국 시대를 반영하는 미륵신앙(이상적인 복지사회를 제시하는 미래불로서의 미륵을 믿는 신앙)이 이어진 시기였다. 미륵불을 자처한 궁예가 대표적인데, 미륵불 신앙은 고려 창건 이후에도 옛 백제 지역을 중심으로 전개되었다.

현존하는 석조대불 대부분이 충청도와 경기도에 밀집된 게 이를 뒷받침한다. 왕조개창(王朝開倉)에 따른 새로운 기운과 왕권강화책을 추진할 때였으므로 작은 상(像)보다는 거대한 상(像)을 선호했을 것이다. 특히 100퍼센트 통제가 되지 않았던 후백제의 고토에서는 더욱 그랬을 것이다.

풍수도참사상 또한 거대불상 조성을 부추겼다. 도선(道詵)은 밀교와 도참사상을 결합하여 전국 곳곳에 사원이나 탑, 부도를 세우고 여러 불보살에게 빌면 국가와 국민이 보호받는다고 주장하였다. 그는 신라가 사찰을 대부분 남쪽으로 지어 지덕이 손실되었기 때문에 망했다고 풀이해 주목을 받았다. 태조는 훈요십조에서 도선이 정한 곳에 사탑을 세울 것을 권하고 비보사원에는 토지를 분할 지급하는 등의 보호정책을 폈다.

『도선밀기(道詵密記)』에 지정된 비보소(裨補所 : 부처의 힘을 빌려 지덕(地德)이 쇠하는 것을 막거나 그 기(氣)를 보충하고자 인위적으로 조성한 곳)는 3,800곳이나 되었는데, 이곳에 전국의 유명사찰이 다 들어찼다. 개경에 7층탑, 서경에 9층탑을 건립한 것도 바로 이런 사상 때문이었다. 이런 와중에 엄청난 규모의 불상이 건설된 것이다.

지역 백성들의 기도처

그렇다면 백학산에서 발견된 석조여래입상도 이런 시대적인 배경에서 세워진 것일까?

박경식 한백문화재연구원장과 최선일 씨, 그리고 최선주 씨 등

보수공사로 목을 붙여놓은 불상. 약간은 촌스러운 느낌이 든다.

은 고려시대의 것이 확실하다고 보고 있다. 문화재 지정을 위해 작성한 최선일 씨의 공식 조사보고서도 '고려시대'라고 시기를 확정지었다.

최선주 씨는 "앞서 언급한 시대적 배경 속에 경기 남부, 충청, 전라도에서는 거석불 조성이 유행병처럼 퍼졌다."고 하면서 "이런 거석불의 계보가 경기 북부(백학산)로 이어진 사례가 확인되었다는 것 자체만으로도 의미가 있다."고 말했다. 또한 왕조가 거석불을 주도적으로 만들었지만, 시대가 지나면서 지역민들이 스스로 나서 불상을 제작했을 가능성이 크며 이 파주 불상도 그 가운데 하나라는 점에서 주목할 만하다는 것이다.

하지만 다른 주장도 있다. 백학석불의 사진을 본 문명대 한국미술사연구소장은 "이 불상은 조선시대, 즉 15세기 무덤에서 흔히 보이는 문관석(文官石 : 문관의 형상으로 깎아 무덤 앞에 세우는 돌)의 양식을 그대로 따랐다."고 본다.

"옷 속에 감겨 있는 손 모양은 두 손으로 합장하는 모습입니다. 이런 신체 표현이라든가, 층단식으로 표현된 옷 주름 등을 볼 때 15세기 중엽에 특징적으로 볼 수 있는 문관석 양식을 빼닮았습니다."

그는 "이런 양식의 불상은 처음 확인되는 것이어서 조선시대 불상 연구에 귀중한 자료가 될 것"이라고 높이 평가했다. 시대 확정과 성격 규명은 전문가들이 앞으로 해야 할 몫. 여기서는 한 평범한 직업 군인의 '소리 없는 활약'에 박수를 보내고 싶다.

지뢰밭에 방치된 문화재를 찾아낸 주임원사 임종인 씨의 활약에……. 나는 2009년 봄, 군부대의 협조를 얻어 다시 이우형 씨와 함께 백학산 불상을 찾아보았다. 백학산 군 도로를 타고 올라가는 길. 남방한계선에 접해있는지라 가는 길은 여전히 쉽지 않았다. 불상이 있는 계곡으로 빠지는 입구에 다다르자 군용 지프가 선다. 2년 전(2007년 4월)에는 볼 수 없었던 안내판이 서 있었다.

2007년 5월 7일부터 26일까지 3,600만 원을 들여 불상의 정비 공사를 벌였다는 내용이었다. 내가 처음 답사했던 게 2007년 4월 무렵이니 그 직후에 공사를 벌인 게 분명했다. 하지만 불상으로 가는 길은 여전히 쉽지 않았다. 교통호를 가득히 채운 낙엽에 발이 빠져 어려운 발걸음을 옮겨 닿은 바로 그곳. 정비는 됐다지만 길의 양편은 여전히 지뢰지대이므로 신경을 바짝 써야 한다. 안내장교를 따라 불상이 있는 곳으로 다가가니 저쪽에 거대한 불상이 온전한 모습으로 떡하니 서 있다.

"아! 저렇게 목을 붙여 놓았네요."

이우형 씨와 내가 거의 동시에 소리쳤다. 지뢰지대 사이에 목과 몸이 떨어진 불상을 처음 친견했던 기억을 둘 다 동시에 떠올린 것이리라. 온전한 모습으로 다시 눈앞에 나타난 불상이 왠지 낯설기도 하고, 다행스럽기도 하고……. 목 잘린 불상을 처음 보았을 때는 느끼기 힘들었던, 불상의 거대한 모습에 절로 경건해졌다. 또 한 가지 느낌은 약간은 촌스럽기도 한 불상의 얼굴이 도리어 시골사람의 넉넉함을 자아내기도 한 것이다. 이곳저곳을 둘러보던 이우형 씨가 안내장교에게 물었다.

"(불상을 발견한) 임 원사님은 지금 어디 근무하세요?"

"제대하셨습니다."

안내장교의 말에 따르면 백학산 불상과 마애사면불을 잇따라 발견한 임종인 원사는 문화재 발견의 공로를 인정받아 표창을 받았다고 한다. 하기야 어디 임 원사가 상을 받으려고 했던 일이던가. 그는 나라를 지키는 것만큼이나 문화유산을 지키는 것이 중요하다는 걸 알았던 참 군인이다.

여의도 면적의 23배에 이르는 미확인 지뢰밭

이우형 씨와 함께 전방을 답사해 온 나는 간간이 모골이 송연해진다.

"지난번에 조사한 적이 있으니 괜찮을 겁니다."

나는 이것을 '악마의 유혹'이라 한다. 그리고 전방에서 흔히 볼 수 있는 빨간 삼각표지, 즉 '지뢰' 표식은 '악마의 혓바닥'이다.

전방에는 숲이 우거져 있고 죽은 나무들이 가로세로로 자빠져 있으면 어김없이 지뢰지대다. 사람이 편하게 오갈 수 있는 곳에 뿌리는 곳이 지뢰이니, 목이 좋은 곳에 깔리는 것은 당연지사.

지뢰지대임을 표시하는 삼각표지판

그러니 옛 사람들의 터전이자 흔적인 문화유산을 조사하려면 지뢰지대를 빠뜨려서는 안 된다. 이우형 씨와 함께 답사를 나서다 보면 나는 그의 유혹에 번번이 넘어가 악마의 혓바닥에 발길을 밀어 넣은 경우가 있다. 물론 이미 지뢰를 조사한 곳이어서 그 길을 따라가면 괜찮다고는 하지만……

'지뢰와의 싸움, 생명을 건 조사.'

전방지역의 문화재 조사는 이렇게 한 마디로 정리할 수 있겠다. 군사보호구역에 대한 문화재 조사가 시작된 것은 1991년. 당시 조유전 국립문화재연구소 유적조사실장과 이재 육사 교수 등의 주도로 실시됐다. 본인 말마따나 농사꾼이었던 이우형 씨도 이 일대 사정에 밝다는 이유로 조사에 참여했다. 하지만 조사는 생명을 걸어야 하는 위험한 작업이었다. 미확인

지뢰 때문이었다.

2003년 국방부 국정감사 자료에 따르면 지뢰 매설지역은 여의도 면적(90만 평)의 30.3배에 이르는 2,753만 평이었다. 확인된 지뢰지대에는 약 108만 발의 지뢰가 깔려 있다고 한다.

문제는 미확인 지뢰지대. 이 자료에 따르면 미확인 지뢰지대는 여의도 면적의 23배(2,090만 평)가 넘는다. 조사단이 세조 때 영의정을 지낸 파주시 진동면 하포리 구릉의 조석문(曺錫文 : 1413~1477년)의 묘를 조사할 때를 생각하면 모골이 송연해진다. 이우형 씨의 회고.

"미확인 지뢰지대여서 관할 군부대 지뢰탐사반의 도움을 받아 한 걸음 한 걸음 나아간 것까지는 좋았는데요. 그런데 탐지기를 댈 때마다 족족 지뢰가 잡혔어요. 막상 발을 들여 놓았으나, 좁디좁은 탐사 반경 밖으로는 꼼짝도 할 수 없고……. 원래 오각형, 육각형 공식이라 해서 한가운데는 대전차 지뢰를, 그 주위에는 5각형이나 6각형 형태로 대인지뢰를 차례로 묻는다고 하니, 아차 실수해서 하나 잘못 밟으면 다 죽는 불상사가 일어납니다."

하지만 돌아올 수는 없는 일. 지금 생각해 보면 만용이었는데 그대로 밀고 들어가 조사를 마쳤다.

"이 밖에도 철원 성산성을 조사할 때는 폐기탄과 수류탄, 지뢰가 무시로 탐지되었어요. 이것들을 제거하는 작업이 조사 기간의 절반에 이를 정도였죠. 파주 덕진산성과 금강산 건봉사 보림암도 지뢰밭을 뚫고 발굴해 낸 문화유적들입니다."(이재 원장)

산불이라도 나면 곳곳에서 지뢰가 터졌고, 홍수로 흙이 흘러내리면 지뢰는 아주 흉측한 모습을 드러냈다. 그런데 아무리 위험한 지대라 해도 시간이 흐르다 보면 무감각해지고 방심하게 된다. 조사단은 그저 아무도 하지 못한, 그리고 누구도 할 수 없는 조사를 담당하고 있다는 책임감과 자부심 때문에 '용기'를 낸 것이다.

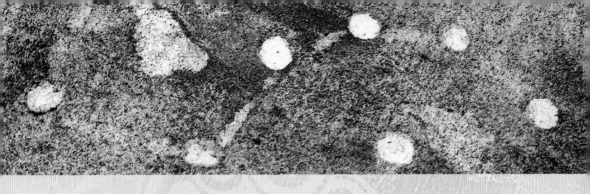

제5부

삶과 죽음의 공간

19 승리한 패배자가 잠든
연천 고랑포 경순왕릉

남방한계선을 알리는 철책과 지뢰지대의 호위
를 받으며 서 있는 경순왕릉 / 김태식 촬영

철책과 지뢰의 호위를 받은 왕릉

경기도 연천군 장남면 고랑포리. 적막하고 한가로운 농가의 모습
이다. 하지만 경순왕릉으로 가는 좁은 길로 접어들자 금세 달라진다.
길 양쪽에 '지뢰' 라는 살벌한 이름표를 단 울타리가 펼쳐져 있다.

"저기가 남방한계선입니다."

'고즈넉한 평화' 를 깨는 소리다. 왕릉과 한 50미터나 떨어졌을
까. 야트막한 산의 능선이 '남방한계선' 이란다. 능선에는 심상치
않은 샛노란 군 시설물이 확연하다.

아뿔싸. 무덤 앞 '신라경순왕지릉(新羅敬順王之陵)' 이라 쓴 비석은

깨끗하게 단장했으나 비석과
석양이 세월의 무게에 파손
되고 훼손된 채 남아 있다.
/ 김태식 촬영

6발의 총탄을 맞았다. 아마도 6·25 전쟁 때의 일이겠지. 또한 능역 오른쪽 하단에는 1986년에 새로 건립된 1칸 규모의 비각이 있는데, 이 안에 경순왕의 신도비로 추정되는 비석 한 기가 있다.

"한국전쟁 전까지 고랑포 시가지 대로변에 있었다고 전해지는 이 비는 한국전쟁이 끝나고 이 땅이 수복된 뒤에 고랑포 초등학교 교정에 옮겨져 있었는데……. 지금의 비각 자리로 옮겨진 것이죠." (이우형 씨)

높이 132센티미터, 폭 66센티미터, 두께 15센티미터인 이 비는 심하게 마모되어 있어 완전한 판독은 불가능하지만 몇 자는 보인다. 왕(王), 응(應), 문(文), 수(守), 계(憩), 성(成), 신(臣), 어(於), 개(個) 등의 글자만은……

미상불 남방한계선 바로 밑에, 그것도 지뢰밭을 호위무장으로

한국전쟁 때 총탄을 맞은 기구한 경순왕릉비

삼아, 비석마저 총상을 입은 채 누워 계신 임금님. 그것도 고향 서라벌이 아니라 머나먼 이곳 장단이라니……

"지금은 민통선에서 해제됐지만(2005년 12월 개방) 무장한 군인들의 사주경계 속에 답사했어요. 답사라기보다는 경호를 받은 셈이랄까."(이재 원장)

얼핏 보면 누워서도 편치 않은 '망국의 왕' 다운 기구한 팔자다. 무덤의 역사를 살펴보아도 그렇다. 임진왜란의 와중에 능의 존재가 실전(失傳)됐다가 조선 영조 때 후손에 의해 겨우 되살아났다.

1746년 10월 14일이었다. 경순왕의 후손인 김응호(金應豪)가 상소를 올렸다.

"신의 선조인 경순왕의 능묘를 오래전에 잃어버렸습니다. 지금 장단에서 그 지석 및 신도비가 나왔으나 왕묘에 대한 일은 사삿집의 무덤과는 그 사례가 달라서 벌목을 금지하는 절차와 석물을 세우고 수호자를 두는 일은 조정의 지시가 아니고서는 할 수 없습니다."(『영조실록』)

임진왜란 이후 실전(失傳)된 조상의 무덤을 찾았기 때문이었다. 이듬해인 1747년 4월 영조는 다음과 같은 전교를 내린다.

"비지(碑誌)의 인본(印本)을 확인해 보니 경순왕릉이 틀림없다. 1,000년 가까이 된 이 무덤을 오늘날 찾았으니 기이하다 하겠다.

무덤을 다시 조성하라."

영조 때 찾은 비석에는 '신라김부대왕지릉(新羅金傅大王之陵)'이란 명문이 새겨져 있었다. 그런데 영조 25년(1749년) 건립된 표석은 비수 전면에 '신라경순왕지릉(新羅敬順王之陵)'이라 새겨져 있고 후면에는 87자 5행으로 이뤄진 음기(陰記)가 있었다.

"왕은 신라 56대 왕으로 (중략) 고려에 나라를 넘겨 주었고 (중략) 978년(고려 경종 3년 4월 4일)에 흥거(薨去)하니 시호는 경순이다. (고려)왕 경종은 장단의 옛 부의 터에서 남 8리 계좌의 언덕에 예로써 안장하였다."

그 뒤에 이 무덤은 왕릉급의 대우를 받아오다가 1910년 한일합방 이후 다시 존재를 잃어갔다. 일제가 향사(享祀)제도를 폐지한 탓이었다. 그리고 8·15해방과 분단, 6·25전쟁의 소용돌이 속에서 완전히 잊혀진 존재가 되었다.

태조 왕건보다 35년 더 산 망국의 임금

하지만 경순왕릉은 '똘똘한' 군인 덕에 극적으로 부활한다. 1973년 1월 육군 25사단 관할 중대장이던 여길도 대위는 무덤 주위에서 총탄에 맞은 명문비석을 확인하고는 무릎을 친다. 바로 '신라 경순왕의 무덤[신라경순왕지릉(新羅敬順王之陵)]'이었던 것이다. 여 대위는 즉각 상부에 보고했고, 이 소식은 경주 김씨 대종회로 통보됐다. 두 번씩이나 사라졌던 '신라 마지막 임금'이 국가사적(1976년 지정)으로 환생한 것이다.

그렇다면 과연 경순왕은 천년 사직을 고스란히 고려에 바친 비겁한 왕으로만 치부될까? 우리는 흔히 "천년 사직이 남가일몽이었고, 태자 가신 지 또다시 천년이 지났으니……, 유구한 영겁으로 보면 천년도 수유(須臾 : 찰나)던가" 하고 한탄했던 정비석의 "산정무한(山情無限)"을 기억한다. 그러니 마의초식(麻衣草食)했던 태자와 견줘, 속 절없이 나라를 들어 바친 아비의 무력함을 탓할 수밖에. 하지만 역사가 그리 호락호락한가.

"비운 속에서도 슬프지 않았던 임금"(이병주), "백성을 전쟁의 참화에서 구해낸 현실주의자"(조범환)와 같은 평가도 만만치 않으니 말이다.

나라를 바친 대가는 필설로 다할 수 없었다. 우선 백성들을 필패(必敗)의 전쟁에서 구해낸 것이 첫 번째였다. 훗날 김부식이 『삼국사기』 「신라본기」 '경순왕조' 에 쓴 사론(史論)을 인용해 보자.

"만약 힘써 싸웠더라면 필시 그 종족이 멸망하고 그 해독이 무고한 백성에게까지 미쳤을 것이다. 하지만 미리 나라의 창고를 봉하고 군현을 기록해 바쳤으니 고려 조정에 대한 경순왕의 공로와 백성들에 대한 은덕이 매우 크다 할 것이다."

고려는 나라를 바친 그를 정승공(政承公)으로 봉했으며, 그 지위 또한 태자보다 위에 있게 했다. 또 그에게 녹봉 1,000석을 내렸고, 신라를 경주(慶州)라 칭한 뒤 그를 사심관(事審官)으로 임명했다. 그 땅은 모두 정승공의 식읍(食邑)이 되었다. 그는 나라가 망한 뒤에도 무려 43년이나 생존했고 왕건보다도 35년이나 더 오래 살았다. 82세(97세 설도 있다)를 살았으니 천수를 누린 것은 분명하다. 그 뿐이런가.

왕건은 경순왕에게 "영원한 구생(舅甥 : 장인과 사위)관계를 맺자."
고 청했다. 왕건의 장녀 낙랑공주가 경순왕의 신부가 되었다. 경순
왕은 그의 큰아버지 김억렴의 딸을 태조에게 시집보냈다. 왕건과
김억렴의 딸 사이에 난 아들은 훗날 현종(재위 1009~1031년)의 아버지
인 안종(安宗)이다. 김부식은 "현종은 신라의 외손에서 나와 왕위에
올랐으며 그 뒤에 왕통을 이은 사람은 모두 그 자손이니 어찌 음덕
(陰德)의 보답이 아니겠는가."(『삼국사기』)라고 기록했다.

그 뒤에도 경순왕 계열의 김씨는 번성한다. 경순왕의 11대손인
김약선(金若先)은 무신정권기에 최충헌(崔忠獻 : 1149~1219년)의 아들 최
이(崔怡)의 사위가 되어 세력을 떨쳤다. 그의 딸은 원종(元宗 : 재위
1259~1274년)의 태후가 되어 충렬왕(재위 1274~1308년)을 낳는다.

어디 경순왕 계열뿐이랴. 같은 경주 김씨로서 독서삼품과(讀書三
品科)로 유명한 원성왕(재위 785~798년)의 후예인 김인윤(金仁允)은 고
려의 삼국통일에 공을 세워 삼한공신(三韓功臣)이 되었다. 그 후손들
인 김원충(金元沖), 김원정(金元鼎), 김경용(金景庸) 등은 고려 전기에 문
하시중을 지냈다.

935년 고려 귀부(歸附)를 결정하던 대신회의에서 중립을 지킨 것
으로 보이는 김위영(金魏英)의 후손들도 고려사에 큰 족적을 남겼다.
무열왕의 후손을 표방한 이 가문은 훗날 김부필(金富弼), 김부식(金富
軾), 김부의(金富儀) 형제가 모두 과거에 급제하는 등 위세를 떨쳤다.
김부식의 『삼국사기』는 누가 뭐라 해도 불멸의 역사서가 아닌가.

김용석 경주김씨계보연구회 연구실장에 따르면 김알지를 시조로
모시는 신라 김씨의 분파가 450여 개에 달하는데, 그 가운데 약 90

퍼센트가 경순왕의 후손이란다. 지금도 해마다 봄·가을에 이곳에서 벌어지는 제사에 2,000명이 넘는 김씨들이 경순왕을 기린다고 한다. 이런 걸 보면 경순왕은 자손 복 많은 '슬프지 않았던' 임금이 분명하다. 그런 경순왕을 '현실론자'로 긍정적으로 평가하는 학자들도 많다.

"나라는 약하고 형세는 외롭게 되었다. 죄 없는 백성으로 하여금 간(肝)과 뇌(腦)를 땅에 바르도록 하는 것은 차마 할 수 없는 바이다."(『삼국사기』)

무너지는 천년왕국

경순왕 9년(935년) 10월이었다. 왕은 신하들을 불러 모은 뒤 고려 귀부를 결정한다. 이것으로 보면 경순왕의 가없는 '애민정신'이 부각되는 순간이다. 나라는 망했으되 그 백성은 살렸으며, 나라 이름은 바뀌었지만 그 후손들이 고려를 이어갔으니 '승리한 패배자'였다는 말이 나오는 까닭이다.

견훤이 쳐들어오는 줄도 모르고 경애왕이 '놀자판'을 벌이다 죽임을 당했다는 포석정. 하지만 경애왕은 이때 나라의 안녕을 비는 제사를 올렸을 것이다. / 문화재청 제공

"어찌 천년 사직을 하루아침에 남에게 줄 수 있습니까."

마의태자의 통곡이 귓전을 때린다. 당연히 다음 왕위를 이어받을 태자와 그 세력의 반발이 컸을 것이다. 그러나 그들은 불행하게도 대안을 제시하지 못했다. 아닌 게 아니라 경순왕은 속 절없이 무너져 가는 천년왕국의 운명을 결정지어야 했다.

좀 거슬러 올라가 보자. 천년 사직에 접어들던 신라는 이른바 하대(下代)로 접어들면서 극심한 왕위쟁탈전과 경제혼란으로 인해 멸망의 길로 접어든다. 진성여왕(재위 887~897년) 3년(889년) 원종(元宗)과 애노(哀奴)의 반란에도 어쩔 줄 모르는 지경에 이르렀고, 효공왕(재위 897~912년) 9년(905년)에는 궁예가 신라를 침범했으나 방어할 힘이 없어 성만 지키라는 지시를 내릴 정도였다. 그야말로 명맥만 남은 나라가 됐던 것이다.

'포석'이라는 글자가
새겨진 기와

이윽고 경애왕 4년(927년) 11월, 세력을 키운 후백제 견훤이 왕경 (경주)으로 쳐들어왔다. 『삼국사기』「신라본기」'경애왕조'에 따르면 경애왕은 포석정에서 잔치를 벌여 즐겁게 노느라 적병이 들이닥치는 줄도 모르고 있다가 일패도지(一敗塗地)하고 만다. 견훤은 왕을 핍박하여 자살하게 만들고, 왕비를 강간했으며 휘하들을 풀어 비첩들을 능욕하게 했다. 하지만 최근에는 아무리 정신없는 왕이라도 그 추운 겨울에, 그것도 나라가 누란의 위기에 빠졌는데 '놀자판', '술판'을 벌였겠느냐는 반론도 제기되고 있다.

당시 신라에는 나라의 안녕을 비는 성스러운 장소인 포석사가 있었고, 포석정은 제사 이후에 음복을 했던 장소일 가능성이 짙다는 주장도 만만치 않다. 그게 맞다면 경애왕은 당시 누란의 위기에 빠진 나라를 위해 제사를 올리고 있었을 것이다.

『화랑세기』에는 바로 "국가의 안녕을 기원하고 귀족들의 혼례장소인 성스러운 곳 포석사(鮑石祠)가 있다."고 했는데, 지난 1998년 포석정 인근에서 바로 포석(砲石)이라고 새겨진 명문기와가 확인됐다. 예전에는 복잡한 글자를 쓸 때 축약해서 쓰는 경우가 많기에 포석(鮑石)을 포석(砲石)으로 쓸 수도 있다는 게 전문가들의 해석이다.

백성들의 간과 뇌를 바를 수 없다

경순왕의 신도비로 추정되는 비석

어쨌든 이때 왕경을 마음껏 유린한 견훤은 927년에 경애왕의 후사로 경순왕을 옹립한다. 견훤은 경순왕을 세우면서 "나는 존왕(尊王)의 의(義)를 두터이 하고 사대(事大)의 정(情)을 깊이 하련다."라고 하며 머리를 낮췄다. 하지만 견훤의 목적은 경순왕을 어르고 뺨치면서 마음껏 요리하기 위해 왕위에 올려 놓았을 것이다.

사실 경순왕이 왕위에 오를 무렵(927년 11월)에는 후백제의 세력이 강했다. 하지만 경순왕은 절대 견훤에게 경도되지 않는다. 기본적으로 "신라의 군인출신으로 반역한 견훤을 인정하면 백성들의 반감을 살 수 있었기에 (견훤을) 기피했을 것"(김갑동 대전대 교수)이다.

또 꺼져가는 신라의 등불을 살려야 하는 경순왕으로서는 바둑으로 치면 끈질긴 형세판단이 필요했을 것이다. 그런데 재위 4년째가 되는 930년에 결정적인 사태가 발생한다.

고려가 고창군(古昌郡) 병산(甁山) 아래에서 견훤의 후백제군을 대파했고, 후백제 30여 개 군이 잇따라 항복한 것이다.(『삼국사기』「신라본기」'경순왕조')

승부의 저울추가 고려 쪽으로 기우는 순간이었다. 승기를 잡은 고려 왕건은 경순왕에게 사신을 보낸다. 사태를 저울질하던 경순왕은 반색한다.

이윽고 이듬해인 931년 2월, 고려 왕건이 50여 명의 기병을 거느리고 경주 부근에 당도하자 경순왕은 백관과 함께 '버선발'로 뛰어나가 맞이한다. 왕건을 모시고 벌인 임해전(臨海殿) 잔치에서 거나하게 취한 경순왕은 닭똥 같은 눈물을 흘린다.

"내가 하늘의 뜻에 부응하지 못해 차츰 환란을 불러일으키고, 견훤은 의롭지 못한 일을 제멋대로 하여 나의 국가를 없애려 하니 얼마나 마음이 아픈지 모르오."

왕이 울자 신하들도 오열했다. 왕건 역시 눈물을 흘리면서 위로했다니 차마 눈 뜨고는 볼 수 없는 한편의 드라마다. 왕건과 휘하의 병사들이 견훤과 달리 신사적인 자세로 93일간이나 머물다 귀국하자 신라 사람들은 엄지손가락을 치켜세웠단다.

"견훤은 승냥이나 범 같았는데, 왕공(王公 : 왕건)은 마치 부모 같구나."

경순왕은 이로써 후백제와 완전 결별을 선언하게 된다. 조범환

교수(서강대 연구교수)는 "(왕건이 경주를 방문한 93일 동안) 신라의 고려 귀부와 관련된 끈질긴 협상이 이뤄졌을 것"으로 보고 있다. 여기서 경순왕은 자신을 비롯한 신라 귀족세력의 안녕과 백성의 안위를 보장받았을 것이다.

경순왕은 드디어(935년) "우리 백성들을 죽일 수 없다."고 하면서 나라를 들어 항복하고 만다. 물론 조정에는 "어찌 천년 사직을 하루아침에 내어 줄 수 있느냐."(마의태자)는 명분론도 만만치 않았지만 별무신통. 태자는 통곡하면서 왕에게 하직인사를 하고 개골산(皆骨山)에 들어가 삼베옷과 나물음식으로 일생을 마쳤다. 마치 백이(伯夷)와 숙제(叔齊)처럼……

반면 경순왕을 비롯한 귀부파, 즉 신라의 지배세력은 고려에 '신라의 정통성을 넘기는' 조건으로 기득권을 유지했다. 왕건도 아무런 희생 없이 민족통합의 위업을 쌓은 것이니 경순왕의 존재가 얼마나 고마웠을까.

귀부 이후 옛 신라 땅에서는 반역의 움직임이 없었다는 것이 이를 증명한다. 역사는 어차피 승자의 기록이 아닌가? 그러니 경순왕은 "비록 마지못해 한(나라를 바친) 것이지만 칭찬받을 만하다."(『삼국사기』)는 고려의 평가를 받은 것이다.

혹시 왕조의 수명이 너무 길었던 것은 아닐까? 중국의 경우 한나라 이후 300년을 넘긴 왕조가 없다. 그것도 이민족의 왕조인 청나라가 296년으로 최고이고, 당나라(289년), 명나라(276년), 서한(西漢 : 209년), 요나라(209년) 등 길어 봐야 200~300년 사이다. 반면 신라(992년)는 천년을 버텼다. 왕조도 인간의 일생처럼 창업-쇠퇴-중

경순왕릉 입구. 해마다 수천 명의 후손들이 이곳을 찾는다. / 김태식 촬영

홍-쇠진-망국이라는 흥망성쇠를 걷게 된다. 그 안에서 내부 모순과 갈등이 생기고 자연스레 왕조 교체의 기운이 생기게 마련이다.

하지만 신라는 그런 모순과 갈등을 안은 채 늙고 병들어갔다는 분석도 있다. 이 또한 경순왕을 위한 변명 한 마디는 될 수 있을 것이다. 물론 망국의 원죄까지 세탁할 수는 없을 테지만……

경순왕이 고랑포에
묻힌 까닭은?

경순왕의 발자취를 따라가다 보면 한 가지 의문점이 남는다. 나라를 들어 귀부하여 갖은 영화를 누렸고, '고려'에 천년 사직의 정통성을 넘긴 경순왕은 왜 고향땅을 밟지 못했을까? 왜 경주가 아니라 고랑포구가 눈앞에 보이는 야트막한 산에 묻혔을까? 그는 고려 경종 4년인 978년 4월 4일 홍거하여 옛 장단부 남쪽 8리 성거산에 예장으로 모셔진다.

임진왜란 이전에 편찬된 지리서인 『신증동국여지승람』 「장단부조」는 경순왕릉은 '장단부 남쪽으로 8리에 있다.(在府南八里)'고 분명하게 서술하고 있다. 풍수지리에 따르면 경순왕릉은 성거산(聖居山) 품 안의 '계좌정향[癸坐丁向 : 묏자리나 집터 등이 계방(癸方)을 등지고 있는 좌향]'과 황계포란(黃鷄抱卵 : 닭이 알을 품고 있는 지세)이라 할 만큼 풍수상의 명당에 위치해 있다고 한다. 고려시대에 왕릉급 관리를 받았던 경순왕릉은 조선이 건국한 뒤에도 국가의 은전을 받는다. 그럼에도 남는 의문. 왜 경순왕릉은 고향땅을 등졌을까? 우선 속전인 『계림문헌록(鷄林文獻錄)』을 인용해 보자.

"왕의 홍거(薨去) 소식을 듣고 신라 유민들이 장사진을 이뤄 경주로 능지를 잡았다. 유민들 전원이 양식과 침구 일체를 지고 다 따라 나서자 송도가 텅 빌 정도였다."

그러자 고려 조정은 긴급 군신회의를 연 뒤 구실을 찾는다.

"왕의 운구는 100리를 넘지 못한다.(王柩不車百里外)"

고려로서는 참으로 '절묘한 구실'을 찾은 것이다. '왕의 대우'를 보장하는 대가로 운구의 임진강 도하를 막은 것이다. 왕의 장례를 옛 신라 도읍인 경주에서 치를 경우 그곳 민심의 향배를 장담할 수 없었을 것이다. 이우형 씨는 고랑포 포구를 주목한다.

지금은 남방한계선과 불과 50여 미터 떨어진 궁벽한 곳이지만 지금의 잣대로 경순왕릉과, 그 코앞에 있는 고랑포 포구를 평가하면 안 된다는 것이다. 임진강 상류로 가는 마지막 포구였던 고랑포는 뭍과 바다의 산물이 모이는 집산지였다.

경순왕릉 바로 앞에 자리 잡은 고랑포구. 민간인 출입금지구역이다.

"일제 강점기 때 화신백화점 분점이 이곳에 있었을 정도였습니다. 고려 초에도 고랑포의 위상은 대단했을 겁니다."

왕건이 항복한 경순왕을 맞이한 곳이 바로 고랑포일 가능성이 높은 이유다.

"(경순)왕이 백관을 이끌고 서울을 출발했다. 수레와 보배로 장식한 말이 30여 리를 이어 구경하는 사람들이 담을 두른 듯했다. 태조가 교외에 나가 위로하고 왕을 영접하고 위로했으며……."(『삼국사기』 「신라본기」 '경순왕조')

30여 리에 달하는 그 대규모 인원이 임진강을 도하해서 개경까지 가려면 이곳밖에는 통로가 없었다.

"전설에 따르면 향수병에 걸린 경순왕이 고향을 바라보며 눈물을 흘렸다고 해서 이름 붙은 도라산(都羅山)이 이곳과 멀지 않아요. 경순왕은 고향을 향해 강을 건너는 황포돛배를 바라보며 지금도 향수를 달래고 있을 겁니다."(이재 원장)

한씨 가문이 안동 권씨 무덤을
600년 모신 서곡리 벽화묘

20

도굴범이 발견한 비무장지대 벽화묘

1989년 어느 날, 당시 정양모 국립중앙박물관 학예실장에게 한 통의 제보가 들어왔다.

지금도 찾아가기 힘든 민통선 내부에 자리 잡은 파주 서곡리 벽화묘

"민통선 이북에서 호리꾼(도굴범) 물건을 꺼내왔다는데……. 무덤에 뭔가 그림 같은 게 있다고 하네요."

이 도굴꾼은 민통선 이북에서 농사를 짓는다고 들어갔다가 어떤 유물을 파헤쳤는데, 그 과정에서 벽면과 천정에 모종의 그림이 그려져 있는 것을 보았고, 이 사실이 정 실장의 귀에 들어온 것이다.

도굴된 벽화묘? 우리나라에서, 특히 한반도 남부에 벽화묘는 극히 드문 것이어서 만약 그것이 사실이라면 대단한 '사건'이었다.

알다시피 고분벽화의 전통은 삼국시대, 특히 고구려에서 화려한 꽃을 피웠으며, 그 전통은 소극적이나마 발해와 고려로 이어졌다. 고려 명종(재위 1171~1197년)의 무덤인 지릉(智陵 : 장단군 장도면)에 그려진 성신도(星辰圖)를 비롯해, 개풍군 수락암동 1호분에서 표현된 사신도(四神圖)와 십이지신상, 장단군 법당방(法堂坊) 벽화고분의 십이지신상과 성좌도(星座圖), 공민왕릉(개풍군 해선리)의 사신도와 십이지신상 등 주로 북한 땅에서 발견되는 고려무덤에서 간간이 보였다. 남쪽에서는 거창군 둔마리의 '주악선녀도(奏樂仙女圖)'와 안동 서삼동의 사신도와 천체도(天體圖) 등 고려시대 벽화전통이 남아있을 뿐.

"그게 사실이라면 굉장한 발견이었죠. 그래서 제보한 이에게 한번 은밀하게 추적해 보라고 했어요."

벽화를 직접 보았다는 도굴꾼은 물론 만나지 못했지만, 제보자는 1년간의 끈질긴 추적 끝에 무덤의 위치를 대강이나마 정 실장에게 전했다.

"파주 서곡리 야산이랍니다. 비석도 있다네요. 청주 한씨, 문열공 한상질의 묘라고 하네요."

한상질(1350?~1400년)이라. 여말선초의 문신이다. 고려 왕조에서 판서, 우상시(右常侍), 예문관제학 등을 거쳤고 조선이 건국되자 예문관학사(藝文館學士)로 주문사(奏聞使)가 되어 명나라에 가서 국호(조선)를 확정 받고 돌아왔다. 그 뒤에 경상도관찰사를 거쳐 예문관대학사(藝文館大學士)를 지냈다. 세조 때의 권신(權臣)인 한명회의 할아버지라는 점이 눈에 띄는 대목이다.

"벽화묘라니까 발굴조사가 필요했어. 당시 국립중앙박물관장이던 한병삼 씨(작고)도 청주 한씨거든. 내 대학 동기이기도 하고……."

정 실장은 당시의 상황을 하나씩 풀어 놓았다.

"확실하냐? 골치 아프네."(한병삼 관장)

한병삼 관장은 난처한 표정을 지었다.

"도굴된 데다 벽화를 봤다는데 어쩌냐. (발굴)해야지."(정양모 실장)

한 관장의 입장에서는 조상의 묘를 파헤친다는 것은 정서상 어려운 일이었다. 하지만 도굴당한 무덤이고, 더욱이 벽화묘이므로 발굴조사는 불가피했다. 정 실장은 겨우 청주 한씨 종중의 양해를 얻었다.

벽화묘가 분명한데 그게 문제가 아니다

1991년 4월 6일, 발굴이 시작되었다. 당시 국립문화재연구소 학예사였던 최맹식 씨의 말.

"무덤을 찾는 데 4시간이나 걸렸어요. 길에서 조금 떨어진 곳에 노출된 지뢰가 보이기도 하고……. 군인 서너 명이 호위하는 가운

데 조사를 시작했죠. 비무장지대 안이라 대남방
송은 귓전을 때리고……."

민통선 밖 여인숙에 숙소를 잡아 놓고 본격적
인 조사에 들어갔다.

무덤은 동서로 길게 뻗은 야산의 정상(해발 90
미터) 가까이의 구릉에 있었다. 무덤은 벽화묘인
제1호 묘와 제2호 묘로 모두 2기였다. 묘역은 동
서·남북 각각 14.20미터, 27미터 안팎인 방형
을 이루고 있었다.

"벽화묘 안에는 과연 고려시대 벽화가 보였습
니다. 사방 벽면에 12명의 인물상을 배치했고,
천장에는 별자리를 그린 성신도가 있었어요. 그
런데 북벽과 별자리 그림은 확연했고, 동서남벽

청주 한씨 한상질 선생의 묘라
고 새겨진 비석

쪽은 많이 훼손됐어요. 전형적인 고려 말 무덤의 모습이었습니다."

인물상의 머리는 12지신을 의미하는 동물형상의 관모를 쓰고 있
었다. 천장은 3매의 판석으로 연결됐는데, 가운데 큰 판석에는 천
계(天界)를 나타내는 커다란 원이 표현되어 있고, 그 안쪽에 북쪽으
로부터 남쪽으로 북두칠성, 삼태성(三台星), 북극성 등이 묘사되어
있었다. 또한 북두칠성 좌우에는 두 무더기의 구름인 듯한 형상이
나타나 있었다. 천장에 죽은 이의 영혼이 향하는 천상의 세계, 영혼
의 세계를 표현하기 위해 명성신(明星辰)과 신수(神獸), 서조(瑞鳥), 영
초(靈草) 등을 그린 것은 고구려 고분벽화에도 잘 나타난다.

하지만 1980년경을 비롯해 여러 차례 무차별 도굴이 자행된 흔

적이 역력했다. 출토유물이 토기와 자기편인데, 모두가 작은 파편으로만 수습됐을 뿐 완형은 단 한 점도 없었다. 다만 개원통보(開元通寶 : 621년 처음 주조)와 치평원보(治平元寶 : 1064~1067년) 등 동전 43점과 주판알 모양의 수정제품, 푸른 구슬옥 1점이 나왔다.

"고려시대 능묘는 광복 이전에 무자비한 수난을 당했어요. 심지어는 백주에 다이너마이트로 폭파해서 부장유물을 깡그리 탈취한 예도 있었죠."(당시 조유전 국립문화재연구소 유적조사실장)

그렇지만 서곡리에서 벽화묘가 확인됐다는 것 하나만으로도 분명 획기적인 발견이었다. 그런데……. 발굴 과정에서 이상한 일이 일어나기 시작했다.

'한씨' 묘에서 확인된 '권씨'의 묘지석

비석이 분명 한상질의 묘, 즉 '文烈公韓尚質之墓'라고 분명히 되어 있었으므로 논란의 여지없이 한상질의 무덤이어야 했다. 그런데……

"이상한 것은 발굴해 보니 '이 비석은 공중에 떠 있는 게 아닌가? 결국 이 비석은 생땅에 세운 게 아니라 나중에 세운 것이 아닌가? 그렇다면 이 비석은 나중에 세운 것이 아닌가?' 하고 의심하게 됐지."(당시 정양모 실장)

그러던 4월 12일, 놀랄 만한 발굴성과를 얻었다. 묘 주변의 구조를 조사하다가 무덤 바로 앞의 흙에서 묘지석(誌石)*이 4편이나 확인된 것이다.

"이 묘지석들이 땅 밑 23~30센티미터 지점에서 네 조각으로 분

* 묘지석
죽은 사람의 인적사항이나 묘소의 소재를 기록하여 무덤에 묻는 돌

안동 권씨 권준의 묘임을 알려준
묘지석 / 국립문화재연구소 제공

리된 채 출토됐어요. 지석의 크기는 가로 54.3센티미터, 세로 100.2
센티미터, 두께 3.7센티미터 규모였는데……. 묘 주인공의 행적을
알 수 있는 결정적인 자료잖아요. 얼마나 놀랐는지……."

　최맹식 씨는 신주단지 모시듯 하면서 이 지석을 숙소인 충남 여
인숙으로 가져가 글자를 판독한다.

　"지석의 상단은 전서체(篆書體)로 되어 있었지만, 그냥 보아도 '증
시창화권공묘명(贈諡昌和權公墓銘)'이라는 글자가 눈에 띄었어요. 그
러니까 묘 주인공이 권씨라는 말이잖아요."

　물론 밑에는 또박또박한 해서체(楷書體)로 가로 27행, 세로 48행
이 새겨져 있었다. 골치 아픈 일이었다. 무덤 앞에 서 있는 비석은
엄연히 청주 한씨, 즉 한상질의 묘라고 해 놓았는데 그 무덤의 주인
공이 권씨라니.

　"정양모 실장(조사단장)에게 전화로 연락하고, 탁본을 떠서 전문가

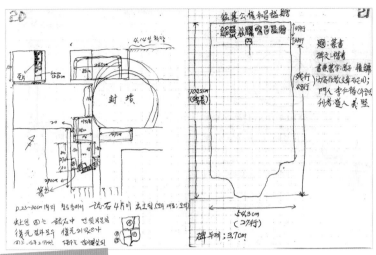

묘지석 발견사실을 적어 넣은 발굴단의 야장. 발굴 당시의 모습을 생생한 필치로 그리고 있다. / 국립문화재연구소 제공

에게 보였죠."

정확한 판독 결과 묘의 주인공은 고려 충렬왕 때부터 충목왕 때까지 문신으로 활약한 창화공(昌和公) 권준(權準 : 1280~1352년)이었다. 묘지석은 권준이 죽은 1352년에 사위 홍언박(洪彦博)의 간청으로 당대 문인인 이인복(李仁復 : 1308~1374년)이 쓴 것이었다.

묘지석의 주인공인 권준은 충렬왕 6년(1280년)에 태어나 공민왕 1년(1352년)에 별세했다. 그는 문과에 급제하여 충선왕(재위 1308~1313년)을 섬기면서 지밀직사사(知密直司事)와 첨의찬성사(僉議贊成事) 등을 지낸 후, 길창부원군(吉昌府院君)에 봉해졌다. 묘지명에는 권준의 증조할아버지, 할아버지, 아버지 및 자녀와 손(孫)까지의 가보(家譜)가 상세하게 실려 있다. 즉 그는 권렴(權廉)과 권적(權適) 등 2남 2녀를 두었으며, 외손녀는 충혜왕(재위 1330년~1332년, 복위 1339년~1344년)의 비가 되었다.

묘지명을 보면 생전에 장지(葬地)를 선정하는 등 처음부터 주도면밀한 장례준비를 했음을 알 수 있다. 이에 따르면 그는 자신의 장지를 폐사된 자효사(慈孝寺)를 중수하여 적덕(積德)을 행한 뒤 절의 서편 언덕에 마련했으며, 30년 동안 10명의 스님에게 아침식사를 공양했다. 그리고 권준의 장례식은 그가 세상을 떠난 지 무려 32일 만에 치러졌다는 사실도 알 수 있다. 이는 고려시대 국왕의 장례 기간(26일 정도)과 비슷하거나 오히려 더 길었음을 알 수 있는 대목이다.

권준의 사망 시기(1352년)를 확정할 수 있는 유물이 벽화묘 주변에서 출토됐는데, 청자대접과 동전, 기와 등 모두 14세기 중반 이후로는 볼 수 없는 유물들이다. 무덤에서 동쪽으로 비포장 길을 따라 300미터쯤 가면 절터로 추정되는 3,000여 평이 나타나는데, 이곳에서는 수많은 기와편과 청자상감뇌문편 등이 확인됐다. 정식 발굴을 하지는 않았지만 이곳은 자효사터일 가능성이 높다.

'공민왕 시역사건' 의 와중에 내외손에게 제사를 맡겼다?

그렇다면 정말 미스터리다. '한상질' 이라고 쓴 비석은 왜 그곳에서 있었던 걸까? 그렇다면 청주 한씨는 무려 600년 가까이 엉뚱한 분의 제사를 지냈다는 말인가? 지석의 파편 일부가 무덤 내 석실에서도 발견됨에 따라 발굴단은 무덤 밖에서 확인된 지석이 원래는 무덤 안에 있었다는 결론을 내렸다. 그리고 더욱 기막힌 것은 묘지석의 주인공인 권준과 비석의 주인공인 한상질이 내외손 간이었다는 사실이다. 권준의 둘째아들인 권적의 사위가 한상질의 아버지인

발굴된 치평원보

무덤 인근에서 자효사 터임을 밝혀주는 유물이 나왔다.

한수(1333~1384년)였던 것이다. 안동 권씨 창화공파 종회는 이것을
'공민왕시역사건(1374년)'을 통해 설명한다.

『고려사』 등을 보면 공민왕은 사랑하는 노국공주가 죽고, 신돈을
통한 개혁정치가 물거품이 되자 엽기적인 성행각을 벌인다. 바로
남색(男色)이었다. 왕은 김흥경(金興慶)이라는 총신(寵臣)을 사랑했고,
김흥경을 통해 자제위(子弟衛)라는 기관을 두어 귀족자제들 가운데
미남을 선발했다. 공민왕은 익비(益妃)와 자제위 홍륜(洪倫) 등이 난
삽한 관계를 맺는 장면을 문틈으로 엿보기도 하고 성행위를 독려
했다.

그런데 1374년 9월 1일, 왕은 내시 최만생(崔萬生)으로부터 익비
의 임신 사실을 보고받는다. 그러자 왕은 최만생에게 "후사가 없는
터에 잘 된 일"이라면서 은밀하게 물었다.

"누구의 씨인고?"(왕)

"홍륜이라 합니다."(최만생)

"내일 홍륜의 무리를 죽여 입을 닫게 할 것이다. 너도 이 계획을 아니 마땅히 죽을 줄 알라."(왕)

밀고했는데 도리어 죽을 운명이라니. 두려움에 떨던 최만생은 홍륜 등에게 이 사실을 알렸고, 홍륜 일파는 그날 밤 술에 만취한 공민왕을 살해한다.

그런데 다음날 '전세'가 역전된다. 친원파(親元派)인 이인임(李仁任 : ?~1388년) 등이 홍륜과 이 사건에 연루된 자제위 권진(權瑨 : ?~1374년)과 한안(韓安 : ?~1384년) 등을 죽인다.

물론 공민왕의 비참한 최후와 관련해 배후세력이 있다는 주장도 많다. 자객이 침입해 왕을 시해한 뒤 자제위에게 죄를 뒤집어 씌웠다는 설과, 이른바 친원파의 음모라는 설 등이 그것이다. 역사적 진실이야 어떻든 이때 죽은 권진이라는 인물은 권준의 증손자다.

1호묘 북벽의 인물상. 묘주인 권준의 상인 것으로 추정되는 벽화.

그 사건으로 멸문지화의 위기에 빠진 권씨 집안이 뿔뿔이 흩어질 때 권준 할아버지의 제사를 내외손 간인 청주 한씨 집안(한수)에게 부탁했을 것이라는 게 안동 권씨 집안의 해석이다.

추정컨대 청주 한씨 집안이 내외손 간인 권준의 제사를 지내 주다가 한수의 아들 한상질(1400년 사망)의 무덤으로 오인했다는 것이다. 무덤 앞에 서 있는 한상질의 비석은 1700년대에 세운 것이다. 하지만 철석같이 조상묘로 여기고 제사를 모셔왔으며, 어렵사리 발굴까지 허락해 준 청주 한씨 집안으로서는 청천벽력 같은 소식이었다. 물론 청주 한씨 집안도 할 말이 있다.

청주 한씨 문열공파 종친회는 "우리 가문인 한안(자제위)이라는 분도 공민왕 시해사건 때 피살되었는데, 그런 상황에서 어떻게 권씨의 제사를 지낼 수 있었겠느냐?"고 반문했다. 앞서 밝힌 대로 공민왕 시해사건에 연루되어 참형을 당한 사람들 가운데는 청주 한씨인 한안이라는 인물이 있었기 때문이다.

'역사 재판'에서 '고고학 재판'으로

결국 이 사건은 대법원까지 가는 법정싸움으로 번졌다. 초점은 문제의 무덤이 이미 1980년경에 도굴된 적이 있었다는 점. 청주 한씨 종친회는 권준의 지석이 4등분으로 절단되어 분산된 채 발견됐고, 일부 파편이 묘실 내부에서 확인된 점에 기초해 이 묘지석이 도굴단에 의해 다른 곳에서 반입됐다고 주장했다.

하지만 발굴단은 다른 곳의 묘지석을 도굴하여 엉뚱한 무덤 앞에 버리고 가는 예는 없으며, 묘실 내부에서 파편이 발견된 것은 도굴 때 원형 그대로인 것을 발출하기 어려워 의도적으로 절단했을 가능성이 있다고 반론을 펼쳤다.

또한 발굴단은 "14세기 중반, 즉 권준이 사망한 1352년 무렵으로 편년되는 청자 등 유물이 묘 주변에서 출토되었지만 한상질의 사망 시기(1400년)를 전후한 시기의 유물이 전혀 확인되지 않았음을 들어 이 무덤은 권준의 무덤이 확실하다."고 주장했다.

법원은 조사단의 발굴보고서를 토대로 이 무덤의 주인공은 '권준'이라는 판결을 내렸다. 권준의 묘지석이 발견되고, 유물이나 고려풍 벽화의 형태 등을 보아 틀림없다고 본 것이다. 하지만 청주 한씨 종친회는 『발굴조사 보고서』(국립문화재연구소 펴냄)가 잘못됐다면서 다시 소송을 제기했다. '역사 재판'에서 이번에는 '고고학 재판'으로 번진 것이다. 재판은 모두 기각되었다.

겨우 승용차 한 대가 덤불을 헤쳐 가며 지날 수 있는 길. 엉덩이를 있는 대로 찧어가며 곡예하듯이 달려간 끝에 맞이한 서곡리 벽화묘. 지금도 '한상질'이라는 이름의 비석이 무덤 앞에 떡하니 서 있었다. 600년의 기구한 사연을 담은 채…….

1호묘 서벽에 그려진 인물상.

무덤의 주인공인 권준 선생은 어쨌든 복 받은 분이다. 비록 남의 집안이 차려준 제사상이지만 그동안 극진한 보살핌을 받았으니까. 그렇다면 한상질 선생은?

고려시대의 전통 양식과는
딴판인 서곡리 벽화

서곡리 벽화는 14세기 중엽, 즉 고려 말기 고분벽화의 변화 양상을 보여 주는 자료라는 점에서 가치가 높다. 1991년 4월 26일 당시 이어령 장관을 비롯해 기자 35명이 민통선 이북이라는 살벌한 환경을 뚫고 달려온 이유다.

고분의 네 벽에 12지신을 배치했는데, 이것은 전통적인 고려 벽화분의 배치법과 구별된다. 즉 동벽의 축(丑)상과 서벽의 해(亥)상은 북벽의 자(子)상을 보좌하듯 좌우대칭을 이루며 앉아 있다는 것이다. 안휘준 교수(명지대 석좌교수)의 재미있는 해석을 들어보자.

"북벽의 자상은 이 무덤의 주인공을 그린 것이 아닐까? 주인공을 표현하기 위해 자상을 단독으로 배치시킨 것 같은데……."

혹 무덤의 주인공은 자시(子時)에 태어난 것이 아닐까? 통일신라시대에 이 12지신은 동물의 모양이었는데, 고려시대에는 사람의 얼굴과 몸에, 동물의 특색을 표현했다. 북벽 자상의 경우 사람의 몸과 얼굴에, '쥐'의 형상을 하고 있다.

주인공은 두 손을 가슴에 모으고 홀(笏 : 임금을 만날 때 손에 쥐는 물건)을 오른쪽으로 삐딱하게 받쳐 들고 있다. 얼굴과 이마가 좁고 볼이 넓어서 마치 잘라 놓은 조선무의 아래토막을 보는 것 같다.

천장의 별자리 그림도 재미있다. 본래는 가장 북쪽에 북극성, 그 다음에 삼태성, 그리고 이어서 북두칠성을 그려야 하는데, 이 천장 그림은 반대다.

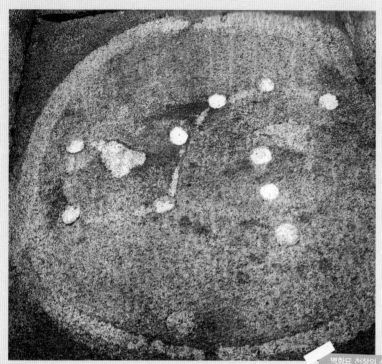

벽화묘 천장의 성신도. 순서가 뒤집혀 있다.

즉 순서가 뒤집어져 있는 것이다.

이것은 명백한 실수. 무덤 밖에서 천장석을 놓고 위에서 아래로 북극성, 삼태성, 북두칠성 순으로 그린 것까지는 좋았지만, 덮을 때 잘못 덮었다. 하기야 무덤 높이가 낮아 무덤 내부에서 천장 그림을 그리기 어려웠을 것이다. 또 하나 별자리 가운데 오직 3개의 성좌를 이루는 11개의 별만 단순화시킨 것도 주목할 만하다. 안휘준 교수는 "이런 실수와 생략된 별자리 표현은 국운이 쇠하고 백성들의 마음이 들떴던 고려 말의 사회분위기를 반영하고 있지 않을까?" 하고 추정한다.

원나라를 쥐락펴락한 전(傳) 기황후의 묘

21

기황후의 묘가 연천에 있는 까닭

경기도 연천읍 상리라는 곳에는 심상치 않은 동리이름과 무덤이 있다. 바로 재궁동(齋宮洞)과 황후총(皇后塚)이다.

재궁이란 능이나 종묘에 제사를 지내려고 지은 집이 아닌가. 그리고 황후총이란 무덤 주인공의 신분이 황후이며, 그 황후는 다름 아닌 원나라의 마지막 황제인 순제(順帝 : 몽골명 토곤-테무르칸)의 부인 '기(奇)

연천 상1리 재궁동에 있는 '전(傳) 기황후묘'의 전경. 안내판이 없으면 무덤의 흔적조차 확인할 수 없을 정도로 무너져 내렸다.

황후'라는 얘기가 아닌가.

하지만 명색이 황후가 묻혀 있는 곳이라는 '문제의 무덤'은 찾기도 힘들다. 멀리서도 눈에 띄는 설명판이 없다면 그 흔적을 확인하기가 쉽지 않을 정도로 무덤은 무너진 상태다.

그야말로 초토화된 상황. 무덤을 두른 돌무더기의 흔적이 어렴풋이 남아 있고 석물

그나마 수풀이 자라지 않는 겨울철이 되어야 겨우 희미한 흔적을 살필 수 있다. / 이우형 촬영

이 하나 누워 있다고 하지만, 수풀이 무성한 지금 그 모습을 찾기란 불가능하다. 몇 그루의 잡목을 두고 온통 수풀이 덮어 싼 형국이니 이리저리 둘러보다가 포기하고 내려올 수밖에 없다. 거기에 "이곳이 황후총이요."라고 쓴 설명판이 머쓱해질 판이다.

하기야 일제 강점기에 두 번이나 도굴을 당했다니 그 흔적조차 제대로 남아날 리 없지 않은가? 하지만 1995년 이우형 씨가 실시한 연천문화원 지표 조사 때 황후총 주변에서 속절없이 나뒹굴던 석물(石物) 2기와 연못지도 확인되었고 청자편과 토기편도 수습되었다.

"석물 2기 가운데 하나는 목이 잘렸지만 나머지 1기는 온전하게 보존되어 있었다. 석물의 모양이나 크기가 재미있는데, 꼭 12지 신상의 하나인 원숭이 같기도 하고 동자상 같기도 했다."(장장식 국립민속박물관 학예연구관)

온전하게 남은 이 석물은 연천문화원 전시실로 옮겨졌다. 지금
은 이것이 석물인지도 가물가물한 나머지 1기만이 처연하게 무덤
을 지키고 있을 뿐이다. 이 모습도 수풀이 사라진 겨울 한철에나 볼
수 있는 광경이다. 다만 무덤이 조성된 이곳 주변에 허다한 무덤들
이 자리 잡고 있는 모습을 보면 이곳이 만만치 않은 명당임을 웅변
해 주고 있다. 그리고 생뚱맞게 서 있는 무덤의 안내판은 이 무덤의
주인공이 '기황후(奇皇后)', 즉 고려 말 대 제국 원나라를 쥐락펴락
한 천하의 여걸임을 알려주고 있다.

대원제국의 마지막 황제인 순제의 황후였으며, 말년에는 명나라
태조 주원장(朱元璋 : 재위 1368~1398년)에게 쫓겨 행방이 묘연했던 기

기황후 묘임을 알려 주는 안내
판. 2007년에 세워졌다.

황후가 왜 이곳에 묻혔다는 것인
가.『동국여지지』「연천조」를 보자.

"속전에 따르면 연천현 동북쪽
15리에 원나라 순제 기황후의 묘가
있고, 석인·석양·석물이 있으나
지금은 밭을 갈고 소를 기르는 곳
이 되었다."

1899년에 간행된『연천현읍지』
를 보면 이곳에 묫자리를 쓴 이유
가 간단하게 나온다.

"(연천현) 동쪽 20리 재궁동에는 원
나라 기황후의 묘가 있는데, 자신이
죽으면 고국에 묻히기를 원했다."

성 노리개가 된 공녀의 비참한 신세

기황후. 행주(幸州) 기(奇)씨의 후손인 기자오(奇子敖)의 막내딸로 태어난 그녀는, 30여 년간 세계를 제패한 몽골제국을 쥐락펴락했던 여걸이었다.

때는 끊임없는 몽골의 침략(1231~1258년)으로 무릎을 고려가 꿇었던 비참한 시대. 당대 고려 여성들은 이른바 공녀(貢女)라는 이름으로 몽골로 끌려갔다. 공녀란 말 그대로 그 여인 자체가 공물이라는 뜻이니 얼마나 비극적인가. 어떤 경우 고려는 집단 혼인을 위한 대량구녀(大量求女)까지도 충당해야 했다. 원나라는 1274년(원종 15년) 귀순한 남송(南宋)의 군사들에게 처를 얻어준다는 구실로 고려에 공녀 140명을 보내라고 요구했다. 최초의 공녀였다.

고려에서는 이 일을 위해 '결혼도감(結婚都監)' 또는 '과부처녀(寡婦處女) 추고별감(推考別監)'을 설치했다. 원나라에 바치는 공녀는 1년에 두 번, 적게는 2년에 한 번 꼴로 모집됐다. 이렇게 끌려간 공녀들은 운이 좋으면 원나라 황족이나 황태자, 혹은 귀족의 배우자가 되기도 했다. 이 글의 주인공인 기황후를 비롯해 원나라 인종(仁宗 : 아요르-바리바드)의 편비(偏妃)였다가 1328년(충숙왕 15년) 황후로 책봉된 김심(金深)의 딸 다마시리-카톤[達麻實利·달마실리]*은 가장 출세한 경우다. 이 외에도 원나라 권신인 엘테무르[燕帖木兒]의 후처로 들어간 보얀테니[不顔帖稱] 등도 처지는 좋았다.

오죽했으면 원나라 황실의 안방을 모두 고려 여성들이 독차지했을까. 목은(牧隱) 이색(李穡)의 아버지 이곡(李穀 : 1298~1351년)은 "고려 부녀자들이 황후나 황비의 지위에 있고, 왕과 제후의 배우자가 되

* 다마시리-카톤
몽골 이름은 박원길 씨의 『조선과 몽골-최덕중, 박지원, 서호수의 여행기에 나타난 몽골인식』(소나무, 2009년)에서 참고했다.

었으니 공경(公卿) 대신 등의 고관대작들이 고려의 외손에서 많이 나왔다."(『고려사』「열전」'이곡전')고 했다.

하지만 이들은 축복받은 케이스. 대부분은 이역만리 타향에서 고된 노동과 성적인 학대에 시달리면서 살아야 했다. 때로는 인신매매 시장에 끌려가 성노리개로 전락하는 경우도 있었다. 그러니 대부분의 규수들은 공녀로 선발되지 않으려고 안간힘을 썼다.

공녀를 선발할 때는 왕의 호위부대가 전국의 민가를 이 잡듯 뒤졌으며, 민가에서는 아직 젖비린내도 가시지 않은 어린 딸을 시집보내는 조혼풍습까지 성행했다. 때로는 위장결혼까지 서슴지 않았다.

조정은 "양갓집 처녀는 관청에 신고한 뒤에 혼인하라."(1287년), "13세 이상 16세 이하의 여인은 마음대로 혼인할 수 없도록 하라."(1307년)는 왕명을 내리기까지 했다.

무덤 옆에서 확인된 추정 석수(石獸)

공녀의 자격은 원래 평민 이상의 양갓집 규수였으며, 일단 공녀로 선발되면 왕족이라도 빠져 나올 수 없었다. 왕족인 서원후(西原侯) 왕영(王瑛)의 딸이 그 대표적인 케이스다. 왕영은 고려 20대 왕인 신종(재위 1197~1204년)의 증손. 그런데 원나라 여인으

무덤 앞에 조성된 추정 연못지
/ 이우형 촬영

로 충렬왕비가 된 제국대장공주(齊國大長公主)가 모국을 방문하기 위해 공녀를 차출했는데, 그 안에 왕영의 딸이 포함됐다.

이 왕영의 딸은 충렬왕과 제국대장공주 사이에서 태어난 세자(충선왕)가 일찌감치 세자빈으로 점찍어 두었던 여인이었다. 하지만 세자도 서슬 퍼런 어머니의 결정에 반기를 들 수 없었다. 어머니와 함께 원나라로 가던 도중, 온천에 잠깐 머물렀던 세자의 안색이 매우 좋지 않자 어머니 제국대장공주가 그 연유를 물었다. 세자는 부들

부들 떨며 겨우 대답했다.

"실은 공녀로 뽑힌 여자 가운데 제가 세자빈으로 점찍어 놓은 여인이 있어서 그렇습니다."

그때서야 어머니 제국대장공주는 왕영의 딸을 풀어주었다.* 당시의 분위기가 어느 정도였는지 짐작할 수 있는 대목이다.

* 결국 세자(충선왕)는 2년 뒤인 1289년에 동성(同姓)인 왕영의 딸과 혼인했는데, 이 여인이 바로 충선왕의 부인인 정비(靜妃) 왕(王)씨 (?~1345년)다.

황제의 넋을 뺀 14세의 고려 공녀

눈물을 뿌리며 원나라 행 가마를 탔을 어린 소녀들의 심정을 잘

재궁동과 황후총의 기록을 남긴 마을과 기황후 무덤 원경. 현재 마을에는 인삼농장과 장어양식장이 있다. / 심현철 촬영

표현한 시가 있다.

"집안 깊숙한 곳에 숨어 조심했는데, 선발하는 저 많은 눈길 어찌 감당할까나. (중략) 부모의 나라가 멀어지니 혼(魂)이 바로 끊어지고, 황제의 궁성이 가까워지니 눈물이 비 오듯 하는구나."[김찬(金贊)의 「동녀시(童女詩)」]

비참한 상황을 보다 못한 이곡은 충렬왕 복위 4년(1335년)에 절절한 사연을 담아 상소문을 올린다.

"공녀로 뽑히면 부모친족이 모여 밤낮으로 곡을 하며 웁니다. 공녀가 가는 날 옷자락을 부여잡고 끌다가 난간이나 길에 엎어집니다. 울부짖다가 너무 비통하여 우물에 몸을 던지거나 스스로 목을 매 죽는 자도 있습니다."

이곡이 피를 토하는 상소문을 올리기 2년 전인 1333년. 기자오의 딸 기씨도 14세의 꽃다운 나이에 원나라로 끌려갔을 것이다. 어린 기씨를 원나라 궁녀로 소개한 이는 고려 출신 환관 고룡보(高龍普 : 몽골명 투멘델)였다고 한다. 기씨의 첫 직책은 원나라 황제 순제(재위 1333~1372년)의 차와 음료를 주관하는 궁녀였다. 하지만 우리네 여인답게 스스로의 운명을 개척한다. 총명한 데다 아름다움까지 겸비한 기씨는 황제의 넋을 빼앗는다.

『원궁사(元宮詞)』*에 나온 기씨의 미모를 확인해 보자.

"기황후는 은행나무 빛 얼굴에 복숭아 같은 두 볼, 그리고 버들처럼 한들한들한 허리로 궁중을 하늘하늘 걸었다."

게다가 『원사』 「후비열전」에는 기씨가 '영할(穎黠)', 즉 지극히 '영민하고 총명하다'고 표현되어 있다. 덧붙여 순제(順帝)의 기구한

* 원궁사
원나라 궁정 내부의 비사를 칠언절구로 읊은 것이다.

사연도 빼놓을 수 없다. 그는 11세의 어린 나이에 숙부인 문종(文宗 : 재위 1328~1329년, 1330~1332년)의 칙명으로 고려의 궁벽한 섬 대청도로 1년간 유배당한 적이 있었다. 그리고 보면 순제는 어릴 적부터 기구한 운명이었던 것이다.

대청도는 고려는 물론 원나라 조정의 죄인들이 유배당한 곳이다. 원나라 태자가 무리를 이끌고 궁궐을 짓고 살았다는 대청초등학교를 중심으로 한 지역에는 순제의 귀양과 관련된 지명과 전설이 남아 있다. 즉 이곳의 지명이 장안(長安)이었으며, 대청도에서 가장 높은 산 이름을 '삼각산'이라 했다고 한다. 또 '신행이' 전설은 원나라 순제와 관련된 이야기라 한다. 대청도에는 1950년대 초반에 초등학교를 세우면서 수많은 기와가 출토됐다고 하며, 순제와 관련되었을지도 모를 전(傳) 고려 고분군의 흔적이 남아 있다.

황제에 오른 순제의 정실황후는 원나라 명문 귀족 엘테무르[燕帖木兒]의 딸인 타나시리[答納失里]였다. 하지만 순제는 전형적인 몽골 여인이자 권신(權臣)의 딸인 타나시리를 좋아하지 않았다. 하기야 춥고 건조한 초원지대에서 사느라 성격이 드세고 피부가 거친 몽골 여인과, 사계절이 분명한 고려에서 금이야 옥이야 하며 귀여움을 독차지하며 살았던 고려 여인은 분명 달랐을 것이다. 황제의 입장에서는 가문의 권세를 배경으로 뻣뻣하게 자신을 대하는 황후가 고울 리 없었을 것이다. 『경신외사(庚申外史)』*는 "타나시리는 권신의 딸이라는 점을 뽐내며 어린 황제를 가벼이 여겼다."고 기록할 정도였다.

그런 상황이었으니 어린 순제의 마음은 아름답고 영특한 기씨에게로 향할 수밖에……. 그러자 질투심에 불탄 타나시리 황후는 기씨를 가만히 내버려 두지 않았다. 여러 차례 채찍으로 기황후를 때렸으며(『원사』 「후비열전」), 야사에 따르면 심지어 인두로 지지기까지 했다.

하지만 기씨는 어려움 속에서도 삶을 개척해 나가는 여느 고려 여인처럼 결코 고개를 숙이지 않았다. 순제가 황위에 오른 지 불과 2년만인 1335년에 원나라에서 정변이 일어난다. 순제의 또 다른 권신인 바얀[伯顔]이 "타나시리 황후 가문이 반역을 일으켰다."고 하면서 일족을 주살한 것이다. 이것이 바로 '순제모역사건(順帝謀逆事件)'이다.

황후 타나시리는 바얀이 이끄는 군사에 쫓겨 도망쳐 온 친동생 타라카이[塔剌海]를 어좌(御座) 밑에 숨기고 어의(御衣)로 감쌌다.

기황후묘에서 수습된 석수 혹은 석인상. 원숭이 같기도 하고 동자 같기도 하다. 연천문화원에 전시 중이다.

황후는 황제에게 "동생을 살려달라."고 애원했지만, 동생을 감싼 어의는 끝내 피로 물들었다. 황제는 황후의 애원을 한마디로 일축했다.

"너의 형제들이 반역했는데, 너는 어찌하여 그들을 감싸려 하는가."

이 역모사건으로 쫓겨난 타나시리 황후는 결국 비참한 최후를 맞이한다. 그러자 순제는 기다렸다는 듯이 그토록 총애해 온 기씨 소녀를 황후로 세우려 한다.

『원사』「후비열전」 '기황후전' 을 보면 "황제가 타나시리가 죽자 기씨를 (황후로) 세울 뜻을 품었다."고 되어 있다.

몽골 건국 790주년을 맞아 그린 기황후의 남편 순제의 표준 영정

* 철경록
원나라 말기인 1366년에 도종의(陶宗儀)가 쓴 수필

제국의 안주인이 되다

하지만 사랑만으로 원나라 황제의 정후(正后)가 될 수는 없는 법. 이는 어린 황제다운 순진한 생각이었다. 왜냐하면 원나라 황실에서는 칭기즈칸 시절부터 황실의 정후는 옹기라트[弘吉刺] 가문 출신이어야 한다는 원칙을 금과옥조로 삼고 있었기 때문이었다. 정변을 일으킨 바얀 가문 역시 옹기라트 가문 출신이었다. 그러니 순제와 기씨의 염원은 일단 일장춘몽으로 끝난 것이다. 바얀을 선두로 한 신료들이 극력 반대해 정후의 자리는 바얀의 딸인 바얀코톡토[伯顔忽都]에게 돌아갔다.

정변으로 실권을 잡은 바얀은 몰락한 타나시리 가문을 능가하는 탐욕가이자 야심가였다. 『철경록(輟耕錄)』*은 "바얀은 직함만 해도 무려 246자에 이를 만큼 대 권세가였다."라고 기록했다. 그러니 어린 황제의 사랑 외에는 배경이 없었던 기씨로서는 어쩌면 자중자애하는 것이 나았을지도 모른다.

그런데 1339년에 기씨가 순제의 아들(황태자) 아요르시리다라[愛猷識理達臘]를 낳으면서 사태가 반전된다. 금상첨화로 나라를 쥐락펴락했던 바얀이 1340년 2월 "국정을 농단하는 등 전횡을 일삼고 황제의 윤허도 없이 황족을 죽였다."는 죄목을 뒤집어쓰고 축출되고 만다. 일거에 바얀을 축출한 황제는 한 달 만에 기씨를 '제2황후'

로 책봉한다. 눈물을 뿌리며 고국을 떠난 14세 소녀가 21세의 나이로 세계를 호령하는 원 제국의 실질적인 안주인이 된 것이다. 그는 황후로서 교양과 기품을 갖추는 데 최선을 다했다.

기황후의 아들 아요르시리다라

"황후는 틈만 나면 여효경(女孝經 : 여성의 도리를 강조한 경전)과 사서(史書)를 탐독했다. 그는 역대 황후의 덕행을 공부했다. 전국각지에서 먹을거리 진상품이 올라오면 반드시 칭기즈칸을 모신 태묘(太廟)에 제사를 올린 뒤에야 비로소 먹었다.

그러면서 자신의 아들을 황태자로 책봉하려는 작업을 착수한다. 남편 순제가 즉위할 때부터 황위 계승자로 지명되었던 황제의 사촌동생 엘터구스[燕帖古思]와 그 어머니인 보다시리[不答失里]를 살해한 것이다. 그 결과 1353년 기씨의 아들은 드디어 황태자로 책봉되었고, 2년 뒤인 1355년에는 성대한 책봉식이 거행된다.

세계경영을 꿈꾼 여인

하지만 그녀는 안주인의 역할에 만족하지 않았다. 원나라를 직접 다스리겠다는 원대한 포부를 지니고 있었던 것이다. 그 자신이 유생들의 강독을 듣고, 아들에게는 유교의 도를 배우라고 강권했다. 보다 못한 제사(帝師)가 "태자는 모름지기 불법(佛法)을 배워야 하는데 무슨 공자의 가르침을 배우라고 하느냐."고 볼멘소리를 했지만 기황후는 끄덕도 하지 않았다.

"지금 천하를 다스리려면 반드시 공자의 도를 배워야 하고 다른 것을 취하면 이단이라 들었소이다. 물론 불법(佛法)도 좋지만 주된 것은 아니고, 천하를 다스릴 수 없는데, 어찌 태자에게 책을 읽지

KBS가 〈역사스페셜〉 방영 때 그렸던 기황후 영정. 현재 기씨 문중의 덕양서원에 소장되어 있다.

않게 할 수 있겠습니까."

불법을 강조하려던 제사는 얼굴을 붉히고 돌아갔다.

바야흐로 원 제국이 몰락의 길로 접어든 시기. 하지만 제국의 주인이자 남편인 순제는 무능했으며 정사를 돌보지 않았다. 기황후는 기울어가는 원 제국을 일으키려면 자신이 나서야 한다고 여겼던 것 같다.

1358년 연경(燕京 : 베이징)에 큰 기근이 들자 기황후는 관청에 명령해 죽을 쑤어 주고, 금은, 포백, 곡식 등을 내어 십여 만 명에 이르는 아사자(餓死者)들의 장례를 치러 주었다. 민심을 잡아가기 시작한 것이다.

그녀는 휘정원(徽政院)을 자신의 재정을 관리하는 황후직속기관인 자정원(資政院)으로 개편하고 조정을 주무르기 시작한다. 또 대상(隊商)이나 귀족계급이 장악해서 엄청난 폭리를 취하고 있던 실크로드와 국제 해상무역의 이권을 자정원이 직접 관리토록 했다.

세력을 얻은 기황후는 남편인 순제를 폐위시키려 부단히 싸운다. 이 과정에서 여러 차례 고비를 맞았으나 미모의 고려 여인으로 미인계를 쓰는 등 갖가지 계책으로 위기를 넘긴다. 그리고 기황후는 1365년 바얀코톡토가 죽자 드디어 제1황후에 오른다.

몽골학자 에르데니 바타르 네이멍구[內蒙古]대 몽골사연구소 박사의 연구에 따르면 기황후는 제1황후가 된 기념으로 황제로부터 '솔롱고스[肅良哈(숙량합)]'라는 성을 하사받았다. 기황후는 이미 1359년에 오르도스 지방의 땅을 식읍으로 받은 바 있다.

에르데니 바타르는 "지금도 오르도스(鄂爾多斯) 지방에는 솔롱고스[肅良哈思]라는 성을 가진 몽골인들이 많다."고 덧붙였다.

하지만 기황후가 제1황후 등극을 자축하고 있을 무렵, 원나라는 이미 손을 쓸 수 없을 지경으로 몰락해 갔다. 1351년에 발생한 홍건적의 난으로 촉발된 천하대란의 소용돌이에서 세력을 확장한 주원장(朱元璋)은 1366년 원나라의 대도 연경을 함락시켰다. 기황후의 야심이 종지부를 찍는 순간이었다. 원나라 조정은 몽골초원으로 쫓겨났고, 남편인 순제는 1년 6개월간의 도피 끝에 죽었으며 기황후의 아들 아요르시리다라는 북원(北元)의 황제가 된다. 그가 소종(昭宗)이다.

실패한 '친인척 관리'

하지만 이상하게도 기황후의 최후에 대해서는 기록된 바가 없으며, 그녀에 대한 역사적 평가도 각박하기 이를 데 없다. 원나라에서도 "황후가 교활하고 스스로 꾸미기를 잘한다."(『신원사(新元史)』)는 식으로 모진 평가를 내렸다. 또한 추악한 황위 계승 싸움을 벌임으로써 원 제국의 몰락을 부채질했다는 악평도 받는다.

우리 역사도 마찬가지다. 기황후의 권세를 업고 고려 조정을 마음껏 주물렀던 황후의 오빠 기철(奇轍)의 전횡도 기황후에 대한 좋지 않은 기억을 심어 주었다. 이른바 친인척 관리에 실패했다고나 할까.

기황후가 원나라에서 출세하자 고려에 있던 기씨 일족은 그 권세를 믿고 발호한다. 기황후의 오빠는 식(軾) · 철(轍) · 원(轅) · 주(輈) ·

네이멍구 초원에 뜬 쌍무지개. 흔히 한국사람들을 일컫는다는 솔롱고스는 무지개일 수도 있고, 족제비를 딴 사람들이라는 뜻일 수도 있다고 한다.

윤(輪) 등이었다. 이들은 백성들의 토지를 빼앗고, 관리의 선발권 및 임명권을 독차지했으며, 법령을 제멋대로 변경했다. 기씨 형제들은 왕(공민왕 : 재위 1351~1374년)마저도 친구 대하듯 했다.

공민왕과 말머리를 나란히 하면서 말을 걸어와 기겁한 공민왕이 호위병을 불러 내치기까지 했다. 고려 조정은 기황후의 어머니, 즉 영안왕대부인을 위해 이른바 보올자르[孛兒札 : 황실 단합을 위해 친인척에게 베푸는 연회]를 열었다. 그런데 이 연회를 위해 만든 꽃에 5,000여 필의 포백(布帛 : 면직물과 견직물) 등 엄청난 비용을 들였다. 이 때문에 고려의 물가가 폭등할 정도였다니……. 심지어 기철의 매부인 염돈소(廉敦紹)의 노비까지도 '왕의 명령'이라 속이고 남의 집 유부녀를 빼앗는 패악을 저질렀다고 한다.

보다 못한 기황후가 나서서 "절대 다른 사람의 토지를 강탈하지 마라. 이를 위반하면 반드시 처벌을 내릴 것이다."라고 추상같은 명령을 내렸지만 기씨 일가는 코웃음을 쳤다. 하지만 기씨 형제를 중심으로 한 친원파(親元派)는 1356년에 반역죄를 뒤집어쓰고 일거에 몰락한다. 『고려사』 「열전」 '기철(奇轍)조'에 따르면 천하가 어지러워지면 그 화가 자신들에게 돌아올 것을 걱정하여 반역을 꾀했다고 한다.

홍건적의 난(1351년) 등으로 원나라의 몰락이 눈앞에 다가왔음을 간파한 공민왕은 1356년 5월 대신들을 위한 연회를 베푼다는 명목으로 기철 일파를 대궐로 불러들였다. 공민왕은 대궐로 들어서는 기철 일파를 철퇴로 내리쳐 죽였다. 기씨 가문은 일시에 멸족했다. 분개한 기황후는 1363년 황태자에게 "너는 이미 장성했는데 어찌하여 어미를 위해 복수하지 않느냐." 하고 독려했다.

원나라 순제가 귀양을 왔다고 전해지는 대청초등학교 전경 / 국립문화재연구소 제공

몰락 직전인 상황에서도 원나라는 기황후의 복수를 위해 군사 1만 명으로 공격을 단행했지만, 최영(崔瑩) 장군에게 대패하고 말았다. 1만 명 가운데 살아 돌아간 자가 단 17명이었으니 그야말로 참패였으며, 기황후의 복수극은 실패로 끝나고 말았다. 이랬으니 기황후에 대한 평가가 좋을 리 없었던 것이다.

여성 비하 풍조의 희생양

한편으로 유교의 관점에서 볼 때 여성이 천하를 주물렀다는 것은 그야말로 몹쓸 이야기였을 것이다. 유사 이래로 여성의 정치참여는 "암탉이 새벽에 우는 격"이며 "암탉이 새벽에 울면 집안이 망한다."는 몹쓸 표현으로 폄훼됐으니 말이다.

대청도에 흔적이 남아 있는 고려 고분군. 원나라 순제의 전설과 관련
해 주목되는 무덤떼다.

이는 기원전 1046년 무렵 주나라 무왕(武王)이 은나라 마지막 왕인 주왕(紂王)을 치러 가면서 던진 출사표의 내용이다. 무왕이 일컫는 암탉은 상나라 주왕을 쥐락펴락했던 달기(妲己)를 뜻한다. 그런데 비장한 각오로 토해낸 무왕의 출사표는 3,000년이 지난 지금 이 순간까지도 회자되는 여성 비하 발언이다.

그런데 재미있는 것은 이 발언이 무왕의 당대 창작품이 아니라, 그 역시 '옛말'을 인용한 것이니, 얼마나 뿌리 깊은 여성비하의 변인가. 이 "새벽에 우는 암탉"은 후대에 와서는 이른바 나라를 기울게 할 만한 '경국지색(傾國之色)'이라는 곁말로도 발전된다. 우리 역사에서도 마찬가지다. 『삼국사기』를 쓴 김부식(金富軾)은 신라의 위대한 여왕으로 추앙받는 선덕여왕(재위 632~647년)마저 각박하게 평했다.

"남자는 존귀하고 여자는 비천하거늘, 어찌 늙은 할멈이 정사를 처리할 수 있겠는가? 나라가 망하지 않은 것이 다행이라 하겠다."
(『삼국사기』 「신라본기」 '선덕왕조')

이런 판국이었던 데다 고국의 식구들이 '반역의 무리'로 멸족되었으니 기황후에 대한 평가가 합리적일 리가 없었을 것이다. 그렇다면 과연 기황후가 마냥 '나쁜 여자'였을까?

기황후를 위한 변명

그녀는 어쨌든 훗날 공녀제도를 폐지했고 고려를 원나라의 지방성(省)으로 삼으려는 정책을 반대하기도 했다. 무엇보다 우리 역사에서 그만한 여걸이 흔치 않다. 14세의 나이로 피눈물을 흘리며 공녀로 끌려갔지만, 스스로의 힘으로 숱한 역경을 딛고 당대 세계를 주름잡은 제국의 안주인이 된 바로 그 고려 여인. 아니 그저 안주인으로 머문 게 아니라 스스로 제국의 주인이 되고자 했던 그 여인을 우리는 너무 홀대하고 있는 것이 아닌가?

한반도 중부 연천의 시골에 쓰러져 방치된 초라한 무덤을 보며 오만 가지 감상에 젖어 본다. 물론 이 무너져버린 무덤이 기황후의 무덤이라고 단정할 근거는 없다. 『동국여지지』와 『연천읍지』에 보이는 내용은 후대의 기록일 뿐이니까. 하지만 천하를 호령했던 여인이었지만, 『연천읍지』의 기록대로 고향에 묻히고 싶은 마음이 있었던 것은 아닐까?

장장식 씨의 말대로 칭기즈칸 군대가 서역을 공략했을 때 전사자가 생기면 반드시 시신을 수습하여 고향으로 보냈다는데 기황후도 그런 예를 따른 것이 아닐까? 아니면 유골이라도? 기황후는 아니더라도 혹시 기황후 어머니를 비롯한 직계존속의 무덤은 아닐까? 어쨌든 뭔가 역사의 수수께끼를 풀기 위해서라도 정밀조사를 벌여야 한다는 생각이 굴뚝같다.

기황후가 퍼뜨린
고려판 '한류'

"연경의 원나라 고관대작들이라면 고려 여인을 얻은 뒤에야 비로소 '명가' 라는 소리를 들었다. 고려 여인은 상냥하고 애교가 넘치며 남편을 잘 섬겨 사랑을 독차지했다. 순제 이후로 궁중에서 일하는 사람들은 대부분 고려 여인이었으며 조정의 의복과 신발, 물건이 모두 고려풍이었다."

원말명초에 살았던 권형(權衡)은 『경신외사(庚申外史)』에서 원나라의 대도(大都) 연경에 불었던 뜨거운 '한류열풍'을 생생한 필치로 전하고 있다. 원나라 간섭기에 고려에 연지곤지, 족두리, 변발 등 몽골풍이 유행했다지만 원나라에서도 그에 못지않은 고려열풍이 거세게 일어난 것이다.

몽골에서 인기를 끌고 있는 김치

이것은 공녀의 몸으로 끌려가 제국을 호령한 기황후가 일으킨 열풍이었다. 지금으로 치면 '고려판 한류열풍'이라고 할까. 초창기만 해도 공녀는 일종의 '정신대' 노릇을 했다지만 기황후가 출세한 뒤에 상황이 달라졌다. 예컨대 원나라에서는 "어젯밤에 들어온 고려 아가씨, 대부분이 기씨의 친족이라 이야기하네."라는 말이 돌았을 정도였다. 원나라 말의 시인인 장욱(張昱)은 『궁중사(宮中詞)』에서 이렇게 증언하고 있다.

"궁중에서 가장 유행하는 옷은 고려풍 옷이네. 정방형 목선과 짧은 허리, 반소매……. 궁중여인들이 다투어 고려 여인의 옷을 구경하러 가네. 고려 여인이 황제 앞에서 입는 옷이라네."

궁중의 급사사령(給事使令)을 모두 고려 여인들이 맡았기 때문에 일어난 현상이었다. 복식(服飾)뿐만 아니라 음식도 고려풍이 대세를 이뤘다. 고려병(餠), 고려다식, 고려조청, 상추 등등……. 궁중에서는 '고려여악(高麗女樂)'이 울려 퍼졌다.

고려여악은 특출한 외모와 재주를 지닌 여성들을 뽑아 화장시키고 꾸며서 가무를 배우게 한 것이다. 이 고려 여인들은 요즘으로 치면 고려의 대중문화를 원 제국에 퍼뜨린 한류스타였던 셈이다. 장욱의 시를 보면 재미있다.

"보초를 서는 병사들은 고려 언어를 배우네. 어깨동무하며 낮게 노래 부르니 우물가에 배가 익어가네.(衛兵學得高麗語 連臂低歌井卽梨)"(『연하곡서(輦下曲序)』)

고려음악이 원나라 병사들에게까지 유행했음을 알 수 있는 대목이다. 이 모든 것이 기황후가 퍼뜨린 '고려판 한류'인 셈이다.

불사이군(不事二君)의 위대한 은둔자, 이양소 선생 묘

22

수풀 가득한 무덤

비까지 추적추적 내렸다. 사람들의 발길이 끊긴 민통선 이북에 속한 연천군 중면 적거리 신포동. 해발 100미터 정도 되어 보이는 야산으로 들어섰지만 길이 보이지 않았다. 고려 말 충신이자 두문동(杜門洞) 72현에 포함된 이양소 선생의 묘를 찾는 여정은 그만큼 험난했다.

키만큼이나 자란 수풀과 나무를 헤치고 힘겨운 발걸음을 옮겼다. 길을 안내한 후손(이희풍 씨)의 낯에는 찾아온 손님들에게 송구스럽다는 표정이 역력했다. 어렵사리 겨우 찾아낸 이양소(李陽昭 : 1367~?)의 묘. 하지만 그 사정은 우리가 걸어왔던 길과 별반 다르지 않았다. 수풀이 점령한 탓인지 무덤은 그 형태를 가늠하기조차 어려웠다.

자세히 보니 15미터 둘레의 봉분에, 화강암

카랑카랑한 선비의 모습 그대로인 문인석

352 분단의 섬, 민통선

재질의 묘비와 상석, 그리고 문인석(157센티미터) 2기가 마주 대하고
있었다. 문인석은 얼굴이 길쭉한 돌하르방을 연상케 한다. 또렷한
턱수염과 이목구비를 자랑하는 카랑카랑한 선비의 모습 그대로였
다.

   묘비는 상단부를 모죽임한 간략한 형태인데, 전면 하단에 '소
(昭)' 자만이 확인되는 것 외에는 마모가 심해 판독하기가 어려웠다.
무자비한 잡초의 공세에다 풍화작용으로 인한 극심한 마모까
지……. 얼핏 보아도 오래전에 쇠락한 가문의 묘소 같다.

120년간 벼슬에 오를 생각을 하지 마라

   이희풍 씨가 무덤 전면에 펼쳐진 12굽이 산등성이를 가리킨다.

   "저기 있는 산등성이가 보이죠?" 할아버지가 그러셨대요. 앞으

내가 찾아갔을 때 무덤은 수풀
에 묻혀 있었다. 민통선 이북지
역이라 관리에 애를 먹는 것
같다. / 이상훈 촬영

로 12대까지 (조선의) 녹을 먹지 말라고……."

그러고 나서 "허허" 하고 미소를 짓는다.

"너무 꼿꼿한 할아버지를 만나 후손들이 고생하셨네요."

"그러게요. 너무나 청렴하게만 사신 것 같아요."

후손은 농처럼 말을 이어간다.

"우리 가문(순천 이씨)은 이상하게 자손이 번창하지 않았어요. 자손이 귀해서 겨우겨우 대를 이었죠."

순천 이씨는 전국적으로 3,000명 정도밖에 안 된단다. 죽음에 이르러 이양소 선생은 명정(銘旌 : 죽은 사람의 관직과 성씨 따위를 적은 기록)에 '고려진사 이양소'라 썼다. 지금 기준으로 보면 얼마나 '요령 없이' 사신 분인지…….

1368년, 즉 고려 공민왕 16년에 태어난 그는 조선을 개국한 이방원(태종)의 동갑내기 친구였다. 두 사람은 1382년(우왕 3년) 나란히 사마시(司馬試)에 급제하여 진사가 되었고, 태학(太學)에도 같이 들어갔다. 시쳇말로 '행정고시 동기생'이었던 것이다. 하지만 조선 개국으로 두 사람은 정반대의 길을 걷게 된다. 불사이군(不事二君)을 외친 이양소 선생은 이성계가 조선을 건국하자 그 길로 연천 땅 도당곡(陶唐谷)에 은거했다. 조선 후기에 기록된 『청구야담』에 나온 얘기를 풀어보자.

태종 이방원의 절친한 벗

태종은 은둔생활에 들어간 옛 동무 이양소를 찾아간다.

『청구야담』에 따르면 '물색(物色)'으로 찾았다 했다. '물색'이란 입은 옷이나 생긴 모양으로 더듬더듬 찾아간다는 뜻이다. 선생을 찾아낸 태종은 술자리를 함께 하면서 한때의 우정을 회상한다. 그러면서 운치 있는 시를 나눈다. 먼저 태종의 차례.

"가을비 반만 개이매 사람이 반만 취함이라.(秋雨半晴人半醉)"

그러자 선생이 화답한다.

"저문 구름이 처음 걷으매 달이 처음 남이라.(暮雲初捲月初生)"

이 대목에서 태종은 무릎을 탁 쳤다. 바로 이양소 선생의 시구 말미에 읊은 '월초생(月初生)'은 태종의 첫사랑 여인이었던 것이다. 옛 동무가 태종의 가슴에 '희미한 첫사랑의 그림자'를 되살린 것이다. 태종은 깜짝 놀라 술상을 걷고 어릴 적 기억을 되살려 준 친구의 손을 꼭 잡았다.

이양소 선생이 은거했다는 연천 도당곡 마을

"그래, 월초생이라. 과연 자네는 내 옛 친구일세."

태종은 가만히 있지 않았다.

"여봐라. (함께 가야겠으니) 이 친구를 당장 후차(後車)에 모셔라."

선생으로서는 자신과 가문의 운명을 결정짓는 절체절명의 순간이었다. 하지만 그 중차대한 시점에서 선생은 '노(No)'를 선택한다.

몇 번의 기회가 더 있었다. 선생과 이방원(태종)은 어릴 적에 곡산(谷山 : 황해도) 청룡사에서 함께 공부한 적이 있었다. 당시 소년 이양소는 곡산의 산수에 흠뻑 빠져 있었다.

"나는 나중에 이곳에서 태수 노릇을 하고 싶어."

태종은 혼잣말처럼 내뱉은 친구의 말을 기억해 두었고, 임금이 된 뒤에 이양소를 곡산군수에 임명해 버렸다. 이것은 옛 친구를 어떻게든 출사하도록 하기 위해 임금이 낸 꾀였다. 하지만 선생은 꿈쩍도 하지 않았다.

태종은 대신 이양소가 날마다 고려의 서울 송도를 향하여 망궐례(望闕禮)를 올리던 산에 청화산(清華山)이라는 이름을 지어 주었다. '백이지청풍희이지화산(伯夷之清風希夷之華山)', 즉 고죽국의 은사(隱士)인 백이(伯夷)의 청풍(清風)과, 송나라 때의 충신 희이(希夷)가 숨어 살았던 화산(華山)에서 한 글자씩 따서 이름을 붙인 것이다.

지독한 절개

태종은 그 뒤에도 기회가 있을 때마다 옛 친구를 등용하려고 무진 애를 썼다. 하지만 수포로 돌아가고 말았다. 태종은 이양소 선생이 살던 곳을 으리으리하게 꾸며 이화정(李華亭)이라는 현판까지 내렸지만 그조차 싫어했다. 대신 선생은 심심유곡에 초가집을 짓고 안분당(安分堂)이라 이름 붙인 뒤에 거기서 살았다. 뜰에는 살구나무를 심고 거문고를 타면서 독서로 남은 생을 보냈다. 선생이 죽자 태종은 깊은 한숨을 몰아쉬었다.

"살아서 그 마음을 굽히지 않았고, 죽어서는 그 몸을 더럽히지 않았다.(此人生不可屈其心 死不可汚其身也)"

태종은 벗에게 청화공이라는 시호를 내렸고 무학대사를 보냈다.

"대사는 (친구의) 산소를 점지해 주시오."

임금의 명을 받은 무학대사는 철원 땅에 선생이 묻힐 길지를 선택했으나 이 또한 좌절됐다. "장지는 연천 땅을 벗어나면 절대 안 된다."는 선생의 유언 때문이었다.

태종은 고개를 절레절레 흔들었다.

"그래, 할 수 없지. 그러면 철원 땅 십리를 베어 연천에 붙여라."

정말 지독한 절개가 아닐 수 없다. 선생과 함께 두문동 72현이었던 저 유명한 야은(冶隱) 길재(吉再 : 1353~1419년)마저도 아들에게는 이렇게 말했다 한다.

"너는 마땅히 고려를 향한 마음을 본받아 너의 조선왕을 섬겨라."

반면 끝까지 절개를 지킨 이양소 선생은 연천군 전곡읍 은대리에 은거했던 김양남(金揚南)과, 조견(趙狷), 남을진(南乙珍), 원천석(元千錫) 등과 함께 5처사(處士)로 일컬어졌다. 연천에는 지금도 이양소 선생과 관련된 지명과 구전설화가 많다.

이양소의 생애가 도연명(陶淵明)을 닮았다고 해서 그가 은거했던

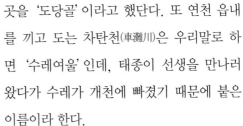
연천군 은대리에는 태종이 이양소 선생을 기다리며 물을 마셨다는 어수물 마을이 있다.

곳을 '도당골'이라고 했단다. 또 연천 읍내를 끼고 도는 차탄천(車灘川)은 우리말로 하면 '수레여울'인데, 태종이 선생을 만나러 왔다가 수레가 개천에 빠졌기 때문에 붙은 이름이라 한다.

또 전곡읍 은대 4리에는 '어수물'이라는 마을이 있다. 태종이 선생을 만나러 오다가 이곳에 이르러 목이 말라 이 우물물을 마시자 '어수정(御水井)'이라는 이름을 얻었는데, 지금은 '어수물'로 일컬어지고 있다.

군남면 왕림리에는 '정자터'라는 곳이 있다. 태종이 행차했을 때 이양소 선생이 왕림리 장진천에서 낚시를 즐기고 있다는 말을 듣고는 어가를 돌려 왕림리에서 쉬면서 그를 기다렸다고 한다. 그 뒤에 마을사람들은 임금이 쉬던 곳에 느티나무 한 그루를 심어 '정자터'라 했다. 물론 이 마을의 이름은 임금이 친행한 마을이라 해서 '왕림리(王臨里)'라고 했다고 한다. 지금은 '왕림리(旺林里)'로 표기되고 있지만……

태종이 찾아왔다고 해서 왕림리라는 이름이 붙은 마을

이양소 선생을 떠올리는 이유

어쨌든 지금의 기준으로 보면 이양소 선생의 절개는 너무 융통성 없는 행동이라 폄훼될 수 있다. 그야말로 밑천까지 다 보여 준 동기 동창 친구가 국왕이 되었고, 그 친구가 그토록 출사하기를 원했는데 그걸 끝내 박차버렸으니……. 거기에 자손들에게까지 앞으로 12대까지는 벼슬 생각을 하지 말라고 엄명을 내렸다니…….

선생에 대한 평가는 시대나 기준에 따라 상반될 수밖에 없다. 천하의 공자도 "사람이란 인간사회를 피해 짐승들과 무리할 수 없다."고 하면서 맹목적인 은거를 꼬집었다. 그리고 "위대한 은둔은 (세상을 피하는 게 아니라) 도시에서 은둔하는 것"이라는 말도 있지 않나. 변화에 순응하지 못하고 '대쪽같이' 옛 주인을 섬긴 이양소 선생에 대한 평가는 오늘의 시각에서 보면 '바보 같은 삶' 그 자체다. 친구가 대권을 잡으면 줄을 서려고 문전성시를 이루는 것이 고금의 작풍이 아닌가.

또한 지도자가 무릎을 꿇고 필요한 인재를 모신다는 소식은 거의 들어본 적이 없다. 그러니 나라의 대권을 꿈꾸는 자들이 오만해지지 않겠는가. 새삼 이양소 선생, 그리고 태종과 같은 인물이 생각나는 이유다.

'은둔'도 고도의 정치적 행위일까?

두문동 72현은 조선의 개국을 반대한 72명의 고려 유신들을 일컫는다.

두문동(杜門洞)은 개성 북쪽 만수산 아래에 있는 동네이며, 고려 유생들이 빗장을 걸어 닫았다는 바로 그곳이다.

그들이 생존했던 시대는 여말선초다. 하지만 두문동 72현이 본격적으로 각광받은 때는 조선 후기로 접어든 영조 16년(1740년) 무렵이었다.

이때 정권을 잡은 노론은 성리학 명분론에 위배되는 과거를 바로잡는다는 명분 아래 고려에 대한 절의를 지킨 두문동 72현을 추승하기에 이른다.

태종이 이양소 선생을 만나러 왔다가 수레가 물에 빠져 이름이 붙은 차탄천, 즉 수레여울

그런데 왜 72현이었을까? 이는 공자의 72제자를 본뜬 것이라 할 수 있다.

『사기』「공자세가」는 "공자의 제자는 3,000명에 달했는데, 육예(六藝)에 통달한 사람만 해도 72명에 이르렀다."고 기록했다. 엄선된 공자의 72제자는 중화의 대표적인 현인으로 인식되었다. 두문동 72현의 삶은 세 갈래로 나뉜다. 정몽주(鄭夢周), 김약항(金若恒)처럼 죽음으로 절개를 지킨 사람들이 있었다. 길재(吉再)와 이양소, 원천석(元天錫), 서견(徐甄), 배상지(裵常志), 민유(閔愉), 김선치(金先致), 맹희도(孟希道), 문익점(文益漸) 등은 은둔·낙향파에 속한다. 또한 은거·낙향·유배 이후 다시 정계에 진출한 이들도 있었다. 특히 안성(安省), 조견(趙狷), 하자종(河自宗), 이행(李行), 김자수(金子粹) 등은 태종대 이후까지 계속 활약했는데, 이들은 조선의 새로운 정치세력이 되었다.

태종은 특히 왕권강화의 일환으로 개국공신들을 견제했다. 이 과정에서 두문동 72현의 일부 자손들이 태종에 의해 임용되었다. 태종은 심지어 그가 직접 죽였던 정몽주의 자손 가운데 2명을 등용하고, 이색의 아들 2명과 손자 5명까지 대간을 비롯한 요직에 기용한다.

그리고 보면 이양소 선생은 같은 두문동 72현 가운데서도 보기 드문 삶을 살아간 분이다. 사실 제대로 은둔한다는 것도 힘들다. '은둔(隱遁)'이라는 것도 고도의 정치활동일 수 있다는 비판을 받을 수 있기 때문이다.

옛날 "나라를 맡아 달라."는 요(堯) 임금의 간청을 듣고 "귀가 더러워졌다."고 하면서 귀를 씻은 은둔의 대명사 허유(許由)라는 인물이 있다. 그런데 그 허유를 두고 "진정한 은둔지식인이 아니다."라고 비꼬는 측도 있다. 은둔을 빌미로 요 임금과 세상을 흥정했으며, 심지어 그 흥정을 즐겼다는 비판이다. 진정한 은둔은 '신체적' 은둔이 아니라 '정신적' 은둔이다. 그런 점에서 보면 이양소 선생의 은둔은 정신적 은둔의 대명사라 할 수 있지 않을까?

두 동강 비석으로 현현한
의성(醫聖), 허준 묘

23

어느 골동품 거간꾼이 전해 준 단서

1982년 어느 날. 서지학자 이양재 씨는 어떤 골동품 거간꾼으로
부터 한 통의 간찰(편지)을 입수하고 눈이 번쩍 띄었다.

"7월 17일 허준 배(許浚拜). 비가 와서 길을 떠나지 못했습니다."

비무장지대 안에서 확인된 허
준 묘. 지금은 쌍분의 형태로
복원되었다.

내용이야 그렇다 치고 글쓴이가 허준이라고? 서지학자는 그만 흥분했다.

"사실 확인에 들어갔죠. 허씨 대종회를 찾아가 종친회 족보에서 준(浚)자를 썼던 분을 몇몇 발견했는데요."

하지만 준(浚)자 이름을 지닌 분들 가운데 이런 초서의 글로 멋들어지게 표현할 만한 학식과 지위에 있었던 이는 단 한 분뿐이었다. 바로 『동의보감』의 저자 허준 선생이었다. 더구나 글자체도 16~17세기쯤으로 추정됐다.

그런데 「양천허씨족보」를 면밀하게 살피던 이양재 씨의 눈길을 잡아끄는 대목이 있었다. 즉 한국전쟁 이후 실전(失傳)된 허준 선생의 묘가 "장단(長湍) 하포(下浦) 광암동(廣岩洞) 동남쪽 방위에 있으며 무덤은 쌍분(雙墳)"이라는 내용이었다.

호기심이 발동한 그는 허준 선생의 묘를 찾기로 마음을 굳혔다. 그러나 그것은 모래 속에서 바늘을 찾는 격이었다. 게다가 '장단 하포리'는 민통선 이북. 하지만 그는 추적을 포기하지 않았다.

'지도도, 지번도 없는 상태에서는 일제 강점기 때의 토지대장을 찾으면

민통선 이북인데도 묘는 도굴로 처참하게 파헤쳐진 상태였다. 위 사진은 어머니, 아래 사진이 선생의 묘다. / 이양재 제공

실마리를 풀 수 있겠지.'

하지만 그것은 미공개 자료였다. 무시로 열람시킬 경우 재산권 분쟁이 생길 수 있기에 군청은 공개를 거부했다.

"허준 묘만 찾으면 된다."고 지역 지주회장 등을 통해 신신당부했다. 그 결과 간신히 토지대장을 열람할 수 있었다. 샅샅이 옛 지번을 확인하다가 하포리라는 곳에서 주목할 만한 이름을 찾아냈다.

"허준의 13대 종손인 허형욱의 아버지 이름이 보이지 않겠어요? '그래! 이제 찾을 수 있겠다.' 하고 생각했죠."

사실 허준의 종손인 허형욱(1924년~?)을 비롯한 자손들은 해방 전까지 황해도 해주 대거면에 살았다. 마을 사람들의 전언에 따르면 남북 분단이 고착화되기 전인 1947년까지 자손들은 38선을 넘어 제사를 지내고 돌아갔다.

향토사학자인 이윤희 씨도 "8·15 광복 이전에 이 근방인 독정리와 우근리에는 100호가 넘는 양천 허씨 집성촌이 있었다."고 전한다.

"그 뒤 전쟁과 분단을 겪으면서 양천 허씨들은 파주시 교하면 송촌리와 연천 지역으로 옮겨가 살게 되었어요."

또한 양천 허씨 족보에 등장하는 인물들, 즉 시조로부터 10세손인 허공(許珙)부터 16세손까지, 그리고 허준의 할아버지인 허곤(許琨)과 허준의 어머니, 그리고 허준의 9세손인 허규(許奎) 등이 모두 장단지역에 묻혔다는 것은 주목할 만했다.

민통선 이북이라 출입이 자유롭지 못하자, 이양재 씨는 이곳 지주회장의 운전기사로 신분을 감추었다. 10년 가까이 옛 허씨 땅을 찾던 1991년 7월 어느 날. 그날도 허씨의 옛 땅을 찾았으나 상황은 심각했다. 무덤이란 무덤은 모두 처참하게 도굴된 상태. 그런데 (역시 마구 파헤쳐진) 어느 무덤으로 눈길을 돌리는 순간 이양재 씨는 숨이 멎는 듯했다.

"이상한 일이었어요. 그 무덤을 보는 순간 갑자기 온몸이 전기충격을 받은 것 같았죠. '바로 이거다!' 하는 느낌이 들었죠."

땅속에서 비석이 나왔다. 그것도 두 쪽으로 동강난 명문비석이었다.

"陽平○ ○聖功臣 ○浚'이란 명문이었어요. 바로 '양평군 호성공신 허준'이었습니다."

의성(醫聖) 허준 선생은 이렇게 초라한 모습으로 후손들에게 나타난 것이다. 그의 자취를 찾기란 이렇게 힘들었다.

대접 받지 못한 의성(醫聖)

출생연도와 출생지, 그리고 유배지와 사망지까지 모두 논쟁의 대상이었던 허준. 아마도 선생이 서자였고, 그때만 해도 대접을 제대로 받지 못한 의사였던 탓이겠지……

조선이 낳은 불세출의 의성(醫聖) 허준은 용천부사를 지낸 허론(許碖)과 그의 소실인 김씨 사이에서 태어났다. 서자(庶子)였다는 뜻이다. 어머니 김씨는 당대의 명관인 김안국(金安國 : 1478~1543년), 김정국(金正國 : 1485~1541년)의 4촌이자 서녀(庶女)였다. 그러므로 김안국·김정국은 허준의 5촌 내종이다.

그런데 허준의 5촌 당숙인 김정국의 묘소가 허준묘와 매우 가까운 거리에 있는데, 재미있게도 봉분이 앉아 있는 방향이 서로 정면으로 마주하고 있다. 허준의 행적은 유희춘(柳希春 : 1513~1577년)이 남긴 『미암일기(眉巖日記)』*에서 일부 남아있는데, 유희춘은 바로 김안국의 제자였다. 미암일기에는 허준이 아직 관직에 나서지 않았던 1569년 유희춘의 얼굴에 생긴 종기를 완치시켜 주었다는 기록이 남아있다.

* 미암일기
조선 선조 때의 학자인 유희춘이 쓴 일기다. 남아 있는 일기에는 선조 즉위년(1567년) 10월부터 선조 10년(1577)까지 11년간에 걸친 내용이 담겨 있다. 조정의 공적인 사무로부터 자신의 개인적인 일에 이르기까지 매일 일어난 일과 보고들은 바를 빠짐없이 상세하게 기록하고 있다.

1777년부터 1782년 사이에 간행된 것으로 보이는 『의림촬요』에는 "본성이 총민하고 어릴 적부터 학문을 좋아했으며 경전과 역사에 박식했다. 의학에 조예가 깊어 신묘함이 깊은 데 이르렀다."는 등 선생의 천재성을 암시하는 대목이 나온다.

허준은 바로 이런 천재성을 바탕으로 독학으로 의학공부에 매진한 것 같다. 드라마에서는 유의태라는 인물이 스승으로 나오지만 실존인물인지는 확인되지 않았다. 다만 경남 산청지방에서 활약한 신의(神醫)였다는 구비전설이 있을 뿐이다.

우리나라 의학사(醫學史)에는 유이태(俞爾泰 · 1651?~1715년)라는 실존인물이 있는데, 그 역시 허준보다 100년 뒤의 사람이다.

다시 『미암일기』로 돌아가자. 당시 유희춘의 집에는 당대의 명의인 안덕수, 양예수와 손사균, 이공기 등이 드나들었으며, 유희춘 스스로도 의학에 조예가 매우 깊었다.

재야의 의학도 허준이 그런 유희춘의 얼굴종

동강난 채 발견된 비석

기를 고쳐 준 것이다. 이 사례는 허준의 의술이 유희춘의 마음을 사로잡을 만큼 이미 경지에 올랐음을 보여 준다. 유희춘은 허준을 이조판서 홍담(洪曇)에게 천거했다. 31~33세 정도였던 허준은 내의원 첨정(僉正 : 종4품)으로 일하게 된다.

신동원에 따르면 첨정이라는 직함은 요즘으로 치면 보건복지부의 서기관(과장급)이나 이사관(국장급) 정도라 한다. 서자 출신인 허준으로서는 굉장한 출세였다.

하지만 어의(御醫)로서의 허준은 그리 두각을 나타내지 못했다. 간간이 왕의 진료에 참여하는 정도였던 그에게 극적인 기회가 찾아온 것은 1590년(선조 23년) 그의 나이 52세 때였다.

비석에는 양평군 호성공신 허준이라는 명문이 확연하게 나타났다.

가장 '장준혁' 다우면서도 가장 '장준혁' 답지 않은 허준

독자들의 이해를 돕기 위해 인기리에 방영됐던 드라마(『하얀거탑』)의 의사 장준혁과 허준을 비교해 보자. 허준은 한마디로 가장 장준혁다웠지만, 가장 장준혁답지 않은 의사였다. 『조선사람 허준』을 쓴 신동원은 "선생은 찾아온 기회를 개척하여 새로운 스타로 떠올랐다." 고 평가한다.

선생은 1590년(선조 23년) 왕자와 공주, 옹주 등의 두창(마마)을 성공적으로 치료한다. 사실 세자(훗날 광해군)

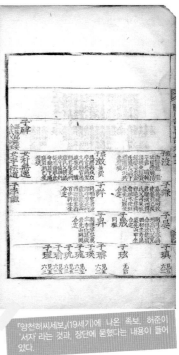

『양천허씨세보』(19세기)에 나온 족보. 허준이 '서자'라는 것과, 장단에 묻혔다는 내용이 들어 있다.

가 두창에 걸리자 아무도 나서지 않았다. 말이 나왔으니 말이지, 두창은 무시무시한 치사율을 자랑한 역병이었다.

태종 대부터 광해군 집권기까지 두창과 관련된 기사는 50여 종이 넘을 정도였다. 문제는 조선 사람들은 두창을 평생 한 번은 겪어야 할 질병으로 여겼으며, 약을 쓰기보다는 무속의 힘을 빌렸다는 점이다. 예컨대 태종의 막내아들 성녕대군이 두창을 앓자 어의들은 "창진(瘡疹 : 두창)이 발병하면 죽고 사는 것은 하늘에 달렸다."고 하면서 전혀 약을 쓰지 않았다. 성녕대군은 약 한번 제대로 쓰지 못한 채 죽고 말았다.

이번에도 마찬가지였다. 왕(선조)은 "세자에게 약을 투약하라."고 과감한 지시를 내렸다. 왕은 이미 아들 둘을 두창으로 잃었던 터. 약 한번 제대로 써 보지 못한 채 왕자들을 비명에 보낸 왕이 이번에는 결단을 내린 것이다. 하지만 실패를 두려워한 의원들은 침묵하고 있는 가운데, 허준이 병을 고치겠다고 나선 것이다. 선생은 드라마 속 장준혁처럼 과감하고 자신감 넘치는 결단을 내린다.

"왕자가 또 이 병(두창)에 걸렸는데 (중략) 모두들 약을 써서 허물을 얻을까 가만히 있어 병이 악화됐지만 (중략) 신이 약을 세 번 써서 (중략) 완전히 회복되었습니다."(『언해두창집요』)

만약 실패했다면 목숨을 보전하지 못했을 터. 하지만 그는 스스로의 판단으로 처방을 내려 세자의 병을 고쳤다. 게다가 그는 세자뿐만 아니라 다른 왕자와 왕녀, 그리고 왕실 이외의 민간인 환자들도 고쳤다. 이때 허준이 쓴 두창약은 저미고(猪尾膏)였다고 한다. 저미고는 작은 돼지꼬리 끝을 찔러 피를 낸 뒤 용뇌(龍腦) 1돈과 말아서 팥알만큼 잘라 만든 것이다. 한 순간도 가만히 있지 않는 돼지꼬리의 성질을 이용한 것이다. 허준은 이 공로로 마침내 당상관의 반열에 오른다.

훗날 죽음을 앞둔 임금(선조)을 치료할 때도 그랬다. 어렸을 때부터 병약해 잔병치레가 많았던 선조는 임진왜란이라는 국난을 겪으면서 정신적인 충격까지 더해 웬만한 약으로는 낫지 않는 고질병에 걸렸다. 이런 증세는 선조가 죽을 때까지 계속되었는데, 허준은 후환을 두려워하던 다른 의관들처럼 대충 처방하지 않고, 더욱 센 약을 처방함으로써 '죽음을 두려워하지 않고' 죽어가는 임금을 살리려 했다. 다른 문관과 의관의 반대에도 아랑곳하지 않고 설사를 일으키는 약을 처방한 것이다.

본디 가망이 없는 왕에게는 두루뭉수리한 약을 처방한다. 잘못됐을 경우에 당할 처벌을 두려워해서다. 하지만 선조의 병세가 보통의 약으로는 회복할 가능성이 없자 극약처방을 내린 것이다. 다른 신료들과 의관들이 아우성쳤다.

"성후의 미령하심이 봄부터 겨울까지 계속되니 약을 쓰는 일은 매우 긴요하고도 중대한 것입니다. 그런데 양평군(陽平君) 허준(許浚)은 수의(首醫)로서 자기 소견을 고집하여 경솔히 독한 약을 썼으니 죄를 다스리지 않을 수 없습니다."

"양평군 허준은 수어의(首御醫)로서 약을 의논함에 있어 마땅함을 잃어 너무 찬 약제를 함부로 써서 성후가 오래도록 평복하지 못하게 하였으니 군하(郡下)의 절박한 심정을 어찌 이루 말할 수 있겠습니까."(『선조실록』「1607년 11월 13일조」)

이렇게 허준은 천생 의사였던 것이다. 그랬기에 드라마 속 '장준혁'과는 달리 정치와는 거리가 멀었다. 임금에 대한 계산 없는 충성심만이 있었을 뿐이다.

1592년 임진왜란이 발발하자 허준은 선조를 따라 의주 피란길에 오른다. 그런데 나라가 누란의 위기에 빠지자 신하들이 줄줄이 임금을 팽개치고 뿔뿔이 흩어진다.

"나라가 망할 것이라는 요사스런 말이 퍼지자 (중략) 명망 진신(縉紳)들이 보신에만 뜻을 품고 (중략) 의주에 이르기까지 문·무관이 17인. 환관 수십 인과 어의(御醫) 허준, 액정원(掖庭員) 4~5인, 사복원(司僕員) 3인이 처음부터 끝까지 (임금의) 곁을 떠나지 않았다. 상(임금)이 이르기를 '사대부가 너희들만도 못하구나!' 하고 한탄하였다." (『선조실록』 「1592년 6월 1일조」) 누란의 위기에서 제 살길을 찾으려 임금도 저버린 사대부와는 달리 허준은 끝까지 의리를 지킨 것이다.

톡톡히 맛본 서얼 출신의 설움

이 공로를 인정받은 선생은 1604년 호성공신(扈聖功臣)에 오른다. 호성공신이란 서울에서 의주까지 임금의 가마를 모신 공신을 뜻한다. 이어 숭록대부에 오르는데, 품계로 따지면 좌찬성이나 우찬성과 같은 반열이었다. 선조의 병세가 호전된 1606년 왕은 허준을 보국숭록대부(輔國崇祿大夫 : 정1품)로 올렸다. 그것은 서얼 출신의 의원이 절대 오를 수 없을 것 같았던 꿈의 직책. 경천동지할 소식에 대간들이 아우성쳤다. 신분질서를 무너뜨리는 인사를 빨리 철회하라는 압박이었다.

"허준이 약간의 노고가 있다고는 하지만 어찌 적격자가 아닌 사람에게 주어 후세의 웃음을 사려하십니까? 의관이 숭록(崇祿)이 된 예도 전례 없는 일이고, 그마저 외람된 일인데, 여기에 보국(輔國)은 또 웬 말입니까? 이것이 어찌 허준이 부당하게 차지할 자리이겠습니까? 물정(物情)이 모두들 놀라워하고 있으니 속히 철회해 주소서."(『선조실록』, 「1606년 1월 3일조」)

왕은 사간원과 사헌부의 빗발치는 상소에도 "그럴 수 없다."고 버텼지만, 집요한 공세에 끝내 손을 들고 말았다. 비록 '3일 천하'에 그쳤지만 허준은 소싯적 꿈도 꾸지 못했을 보국숭록대부라는 엄청난 작위를 받은 불세출의 의원이었다.

온갖 질시 속에서도 승승장구하던 허준에게 하늘이 무너지는 일이 일어났다. 1608년 2월 1일 버팀목이 되어 주던 선조가 세상을 떠난 것이다. 그 조짐은 왕의 병세가 걷잡을 수 없게 악화되기 시작한 1607년 10월부터 나타났다.

그런데 그때부터 "수어의(首御醫) 허준이 약을 제대로 쓰지 못해 임금의 병세가 악화됐다."는 탄핵이 솔솔 피어났다. 급기야 선조가 죽고, 광해군과 대북파가 정권을 잡자 허준은 앞서 인용했듯이 "망령되게 약을 써서 임금이 죽었다."는 탄핵을 받는다.

허준 묘는 민통선 안에 있지만 말끔히 단장되어 요즘은 누구나 관람할 수 있다.

정치 싸움의 희생양이 되다

* 도제조
조선시대 6조의 속아문·군영 등 주요 기관에 설치한 자문명예직, 정1품 의정(議政)이나 의정을 지낸 사람을 임명하였으나, 실무에는 종사하지 않았다.

사실 허준은 정치 싸움의 희생양이었다. 당시 내의원의 의학 책임자는 허준이었지만, 내의원 약방의 도제조(都提調)*는 소북파(小北派)의 영수 유영경(柳永慶 : 1550~1608년)이었다. 그는 선조 말 영창대군을 세자로 옹립하려 하였으나 광해군이 즉위한 뒤에 대북 일파의 탄핵을 받고 죽었다. 그런데『선조수정실록』「1607년 11월 1일조」를 보면 허준을 희생양으로 한 정치 싸움의 실마리가 잡힌다.

"당시 유영경이 약방 도제조였으므로 (대북파가) 먼저 허준에게 '약을 잘못 썼다.'고 논죄한 다음 유영경의 지위를 동요시키려 했다."

한마디로 대북파는 허준을 이용해 소북파 영수인 유영경을 공격하려 한 것이다. 유영경은 결국 사약을 받았다. "망령되게 약을 썼다."는 죄를 덮어 쓴 허준 역시 탄핵을 피할 수 없었다.

사실 광해군은 끝까지 허준을 보호하려 했다. 돌이켜보면 허준은 세자였던 광해군을 두창으로부터 치료해 주지 않았던가. 이런 마음 때문이었던지, 광해군은 빗발치는 상소에도 "(허준이 망령되어 약을 써서 선조가 죽은 게 아니라) 허준의 의술이 부족하여 그랬다."고 변호했다. 대북파가 허준을 논죄함에 있어서 의술만 갖고 따진 것을 보면 허준이 정치적 계산에 따라 움직이지 않았음을 알 수 있다.

허준이 귀양 간 곳은 남해 먼 바다가 아니라 선대 임금과의 추억이 깃든 의주였다. 대간들은 광해군에게 "허준을 '위리안치(圍籬安置 : 유배지 집 둘레에 가시덤불을 쌓아 출입을 제한한 형벌)' 하라."고 끈질기게 주청을 올렸다. 하지만 광해군은 1년 8개월 만인 1609년 허준을 방면한다.

"허준(許浚)은 호성공신(扈聖功臣)일 뿐만 아니라 나에게도 공로가 있는 사람이다. 근래에 내가 마침 병이 많은데 내국(內局)에는 노성한 숙의(宿醫)가 적다. 더구나 귀양살이를 한 지 해가 지났으니, 그의 죄를 징계하기에는 충분하다. 이제 석방하는 것이 가하다."(『광해군일기』「1609년 11월 22일조」)

내의원에 복귀한 허준은 임금의 병을 돌봤고 복권도 했다.

가장 빛나는 업적은 백성에 대한 따뜻한 시선

허준의 업적은 뭐니 뭐니 해도 『동의보감』을 비롯한 많은 의학서를 저술한 것이다. 그가 쓴 책은 7종 정도다. 『동의보감(東醫寶鑑)』 외에 『천도방론맥결집성(纂圖方論脈訣集成)』, 『언해태산집요(諺解胎産集要)』, 『언해구급방(諺解救急方)』, 『언해두창집요(諺解痘瘡集要)』, 『신찬벽온방(新纂辟瘟方)』, 『벽역신방(辟疫神方)』 등이다.

『천도방론맥결집성』(1581년 편찬)은 중국 육조시대(六朝時代)에 간행된 같은 제목의 침구(鍼灸) 관련 서적을 발췌하여 교정한 책이다. 『언해태산집요』는 산부인과 계통의 의서인데, 1608년 노중예(盧重禮)의 『태산요록(胎産要綠)』을 개편하여 언해한 것이다. 『언해구급방』은 세조 때 편찬된 구급방을 1601년 허준이 개찬한 의서로 응급상황 대처법 등이 실려 있다. 『언해두창집요』(1601년)는 앞서 언급했듯이 두창에도 약을 써야 한다는 사실을 널리 알리기 위해 쓴 두창 치료집이다.

『신찬벽온방』과 『벽역신방』은 1613년 무렵 북쪽에서 유행한 전염병에 대한 대비책을 쓴 책들이다. 『신찬벽온방』은 열성질환인 온

역(瘟疫), 즉 요즘으로 치면 급성티푸스 질환으로 추정되는 전염병에 관한 책이다. 『벽역신방』은 같은 해 북쪽에서 유행한 성홍렬에 대한 책이다. 특히 『벽역신방』은 동아시아 3국을 통틀어 성홍열과 유사질환을 구분해 낸 최초의 성과였으며, 세계적으로도 가장 빠르고 정확한 홍역연구서로 꼽는다.

하지만 허준의 '불후의 명작'은 역시 『동의보감』이다. 선조 29년(1596년) 왕은 허준에게 "완비된 우리나라 의서를 찬집하라."는 지시를 내린다. 오랜 전란으로 백성들이 도탄에 빠졌고, 병자들이 속출했지만 쉽게 치료받을 수 없었던 데다 백성들에게 알맞은, 믿을만한 의서(醫書)마저 부족했기 때문이었다.

허준은 1610년까지 무려 14년 동안 집필에 전념해 역작 『동의보감』을 완성했다. 허준은 86종의 의서들을 참고해 정리함으로써 고급 지식을 임상의들에게 제공했다. 그는 내경(內景), 외경(外景), 잡병(雜病), 탕액(湯液), 침구(鍼灸) 등 5대 강목(綱目)으로 나누었다. 그는 각 항목마다 그 항에 해당되는 병론(病論)과 방론(方論)을 빠짐없이 채록한 뒤 그 출전을 밝혀 각 병증에 대한 고금의 치방(治方)을 일목요연하게 알 수 있게 했다.

모두 25책으로 된 『동의보감』은 1,212종의 약에 대한 자료와 4,497종의 처방을 수록했다. 『동의보감』은 예전부터 내려오던 의학의 비현실적인 부분을 타파하고 실용성을 강조했으며, 과학의 입장에서 당대 의학의 모든 지식을 정리했다. 또한 86종에 이르는 국내외 의서들을 총 정리했기에 임상의(臨床醫)들에게는 더할 수 없는 필독서가 되었고, 조선 의학의 수준을 중국과 일본에 알리는 역할을 했다.

그는 특히 중국 의학을 남의(南醫)와 북의(北醫)로 나누고, 조선 의학을 동의(東醫)로 나누면서 이 책의 이름을 『동의보감』이라 했다. 조선 의학을 하나의 독립된 의학으로 자리매김한 것이다. 하지만 뭐니 뭐니 해도 가장 돋보이는 것은 병든 백성들에 대한 따뜻한 시선이다. 그는 우리 국토에서 나오는 637개 향약(鄕藥)의 이름을 한글로 표기하여 백성들이 쉽게 이용할 수 있도록 했다. 이것이야말로 『동의보감』 편찬의 진정한 목적이라 할 수 있다. 허준은 두창과 성홍열, 티푸스 같은 전염병에 걸려 속절없이 죽어가는 백성들을 위해 헌신했다.

"옛 풍속에 어린아이의 마마는 약 쓰는 것을 금하고 죽기를 기다렸는데, 어의 허준이 비로소 이 약을 써서 살아난 사람이 자못 많았다. 이로써 민간인들 가운데 어려서 죽는 것을 면하는 자가 많았다."

허준과 동시대를 살다 간 이수광(1563~1628년)의 『지봉유설』이 전한 허준의 진면목이다. 민통선에 자리한 허준의 고즈넉한 무덤. 문득 불후의 역사가 사마천이 떠오르는 것은 왜일까.

최초의 국제적 베스트셀러, 『동의보감』

국제적 베스트셀러가 된 『동의보감』의 초판본이다.

이른바 '발분(發憤)의 저작'들이 있다. 살아가면 서 가장 어려운 환경에 처해 있던 인물들이 역경 을 이겨내고 불후의 명작을 저술하는 것을 뜻한 다. 2,000년 전 불멸의 역사서 『사기(史記)』를 쓴 사마천의 '발분의 변'을 들어보자.

"서백(西伯 : 주나라 문왕)은 유리(羑里)에 억류되어 『주역(周易)』을, 공자는 진(陳)과 채(蔡)에 연금되었 을 때 『춘추(春秋)』를, 굴원(屈原)은 조국(초나라)에서 쫓겨나 유명한 장편서사시인 『이소(離騷)』를 지었 다. (중략) 손자(孫子)는 다리가 잘린 뒤 『손자(孫子)』 를, 여불위는 촉(蜀)으로 귀양 가서 『여씨춘추(呂氏 春秋)』를, 한비(韓非)는 진(秦)나라에 갇혀 『세난(說 難)』과 『고분(孤憤)』을 썼다."

사마천은 기원전 99년 이릉(李陵) 장군의 흉노 투항을 변호해 주다가 한 무제로부터 궁형을 당했 다. 그는 치욕의 나날들을 승화시켜 10년간의 노 력 끝에 저 유명한 『사기(史記)』를 썼다. 허준의 『동 의보감』도 역시 발분의 역작이었다.

선조는 1596년 허준에게 『동의보감』 편찬을 지시한다. 하지만 정유재란

(1597년)과 선조의 승하(1608년) 등이 겹쳐 진도가 제대로 나가지 않았다. 게다가 선조의 죽음으로 허준은 탄핵을 받아 삭탈관직과 귀양 등 일생일대의 큰 위기를 맞는다. 그때 그는 '발분의 저작'을 집필한 것이다. 신동원 씨는 "탄핵과 귀양 '덕분에' 허준은 『동의보감』 저술에 온 힘을 바쳤을 것"이라면서, "10년간 지지부진했던 저작을 3년 사이(1608~1610년)에 마무리한 셈"이라고 말한다. 1610년 8월 6일 『동의보감』 25권을 받아든 광해군은 감개무량했다.

"허준은 (중략) 심지어 유배되어 옮겨 다니고 유리(流離)하는 동안에도 그 일을 쉬지 않고 행하여 이제 비로소 책을 엮어 올렸다. (중략) 선왕께서 찬집하라고 명하신 책이 과인이 계승한 뒤에 완성을 보게 되었으니, 내가 비감한 마음을 금치 못하겠다. 이 방서(方書)를 내의원으로 하여금 국(局)을 설치해 속히 인출(印出)케 한 다음 중외에 널리 배포하도록 하라."(『광해군일기』「1610년 8월 6일조」)

얼마나 귀하게 여겼든지 광해군은 『동의보감』 초판본을 태백산과 오대산 서고에 보존하도록 지시했을 정도였다.

한편 『동의보감』은 국내뿐만 아니라 중국과 일본에서도 화제를 뿌렸다. 이양재 씨에 따르면 중국판 『동의보감』 고판(1920년 이전)만 해도 조선판의 6배가 되는 23종이나 되었다. 중국판 가운데는 조선에서 중국에 직접 전한 판도 있고, 일본에서 중국을 거쳐 다시 국내에 역수입된 판도 있다. 이양재 씨는 "『동의보감』은 조선인이 저술한 최초의 국제적 베스트셀러였으며, 동양 의학의 대표적인 고전으로 평가받은 것"이라고 말했다. 그러니 이 『동의보감』이 유네스코 기록 유산으로 등재된 것은 당연하다 할 수 있다.

등거리 외교의 영웅 김응하 장군의 '빈 묘'

24

충무공 김응하, 요동백 김응하

철원군 대외리 5초소를 지났다. 이른바 민북지역으로 들어선 것이다. 그런데 늘 느끼지만 철원 쪽에서는 민통선을 과연 지나기나 한 것인지 실감할 수 없다. 비무장지대답지 않은 드넓은 평야가 펼쳐져 있기 때문이다.

후손 김규장 씨가 장군의 사적을 설명하고 있다. 명나라 황제는 파병군 장수로서 장렬하게 전사한 장군에게 요동백의 작위를 내렸다.

논길을 따라 2킬로미터쯤 달리자 제법 그럴듯한 산소가 마주 보고 있다. 철원군 동송읍 하갈리다.

"저기는 김응해(金應海 : 1588~1666년) 장군의 묘소고요. 저기 보이는 곳이 김응하(金應河 : 1580~1619년) 장군의 묘소입니다."

형제는 용감했다는 말이 딱 맞다. 형(김응하 장군)은 랴오둥 파병군을 이끌고 후금군과 접전을 벌인 뒤 전사했고, 동생(김응해 장군)은 병자호란 때 청군과 결사항전을 펼쳤으니 말이다.

하기야 고려 장군 김방경(金方慶 : 1212~1300년)의 12대손이니 그 무장의 피가 어디 갈까. 김응하 장군의 후손 김규장 씨(안동 김씨 부사공파 회장)와 함께 수풀이 무성한 산소에 올랐다.

김응하 장군의 묘는 '빈 묘'다. 요동전투에서 전사하는 바람에 시신을 수습하지 못했기 때문이다.

산소는 북한이 뚫은 제2땅굴 전방 6킬로미터 앞에 서 있다. 산소 맞은편에는 '아이스크림 고지(삽슬봉)'가 버티고 있다. 한국전쟁 때 피아간 얼마나 포를 쏘아댔는지 고지가 아이스크림처럼 녹아버렸다고 해서 그런 이름을 얻었다. 그리고 장군의 신도비(1899년 건립)를 보면 전쟁과 분단의 비극을 실감할 수 있다.

"한국전쟁 때 얼마나 총을 쏘아댔는지 이렇게 됐네요."

김규장 씨가 허허 웃고 만다. 제초제를 뿌려야 그나마 관리가 되는 듯 키만큼이나 자란 잡초가 산소 오르는 길을 방해했다. 장군의 산소는 장군의 아버지 산소보다 위쪽에 모셔져 있다. 그 연유를 물으니 전설에 가까운 대답이 돌아온다.

한국전쟁통에 벌집이 된 비석

"(장군의) 아버님께서 돌아가셨을 때 지금 이 자리(장군의 묘 자리)에 아버님을 모시려 했답니다. 그런데 어떤 스님이 그곳은 빈장의 자리(빈 산소)이니 모시면 안 된다고 경고했다네요. 덧붙여 바로 그 밑에 아버지 산소를 모시면 자손 중에 장군이 나온다고 했답니다."

딱 맞았다. 훗날 아들 김응하는 장군이 되었고, 랴오둥에서 전사하는 바람에 그 시신을 수습하지 못한 채 이곳에 빈 묘를 마련할 수밖에 없었으니 말이다.

"장군 덕분에 가문은 조선 대대로 빛이 났어요. 조정에서는 1년에 두 번씩이나 원을 들어 주었어요. (조상 덕에 과거를 보지 않고도 출사의 기회를 1년에 두 번이나 얻었다는 뜻) 명나라 황제는 장군에게 요동백(遼東伯)이라는 관직을 추증했어요."

2007년 6월 20일 천안에서 의미 있는 행사가 열렸다. 조선조 9명의 '충무공' 가문이 상견례를 한 것이다. 9명의 충무공*은 이순신(1545~1598년) · 조영무(趙英武 : ?~1414년) · 이준(李浚 : 1441~1479년) · 남이(南怡 : 1441~1468년) · 김시민(金時敏 : 1554~1592년) · 이수일(李守一 : 1554~1632년) · 김응하 · 정충신(鄭忠信 : 1576~1636년) · 구인후(具仁垕 : 1578~1658년) 등이다.* '충무공'은 목숨을 초개(草芥)처럼 버리며 누란의 위기에 빠진 나라를 구해낸 무장들을 일컫는다.

이길 수 없었던 파병군

바야흐로 조선이 임진왜란을 치르던 때 만주 벌판에 엄청난 소용돌이가 일어난다. 한낱 오랑캐로 치부되던 여진족 일파인 누르하치가 고개를 쳐든 것이다. 만주 전역을 석권한 누르하치는 1589년경

* 충무공
이순신과 김용하 외에도 조선의 개국공신 조영무, 이시애의 난을 진압한 남이, 임진왜란 당시 진주성 전투를 승리로 이끈 김시민, 이괄의 난을 진압하는 데 공을 세운 정충신, 역시 이시애의 난을 진압하는 데 공을 세운 왕족 이준, 임진왜란 때 의병을 일으켰고 이괄의 난을 진압한 이수일, 정묘호란 때 후금군과 싸운 구인회 등이 충무공의 시호를 받았다.

왕을 칭했고, 1616년에는 명나라에 대한 조공을 중지하는 조치를 내린다.

1618년 명나라는 대대적인 후금 정벌을 계획하고 조선에 파병을 요청한다. 하지만 아직 전쟁의 참화에서 벗어나지 못한 데다 후금의 위세를 온 몸으로 느낀 광해군은 썩 내키지 않았다. 광해군은 첩자를 통한 정보전을 바탕으로 기미책(羈縻策 : 견제는 하면서도 관계는 끊지 않는 외교)을 펴면서 자구책을 꾀하고 있었다.

한명기 교수(명지대)에 따르면 광해군은 "싸움이 벌어진다 해도 사신의 왕래는 있어야 한다."는 지론을 갖고 있었다. 광해군은 조선의 피폐한 경제력, 나약한 군사력, 상존하는 일본의 침략 위협을 두려워하며, 출병 요청에 황제의 칙서가 없다는 이유를 들어 그 요청을 따를 수 없다고 주장한다. 하지만 임진왜란 때의 재조지은(再造之恩 : 망하게 된 것을 구해 준 은혜)을 갚아야 한다는 명나라의 협박과 조정 신료들의 아우성에 광해군은 끝내 굴복하고 만다.

광해군은 랴오둥 파병군 도원수에 강홍립(姜弘立 : 1560~1627년), 부원수에 김경서(金景瑞 : 1564~1624년) 그리고 조방장(助防將)에 김응하(선천군수)를 임명했다. 그러면서 1만 3,000명의 원군을 파견한다. 하지만 '이길 수 없는 전쟁'임을 뻔히 알고 있었던 광해군은 또 하나의 궁여지책을 세웠던 것 같다.

강홍립에게 "관형향배(觀形向背 : 정세를 살펴보고 행동하는 것)하라."는 밀명을 내렸다는 것이다. 원군은 그야말로 느림보 행군을 펼친다. 1618년 7월, 파병군은 무려 7개월이 지난 이듬해 2월, 느릿느릿 압록강을 건넌다. 명나라군의 군사력은 정말 엉망이었다.

두 장의 카드를 쥔 광해군

"중국 장수의 말을 그대로 따르지 말고 오직 패하지 않을 방도를 강구하는 데 힘쓰라."(『광해군일기』 「1619년 2월 3일조」)

"중국의 동쪽 군대가 매우 약하여 오로지 우리 군대만 믿고 있다니 한심한 마음을 금할 수 없다. 당초 내가 염려했던 일이다. 군사들을 호랑이굴로 몰았으니 (비변사) 이 점을 생각하고 있는가."(『광해군 일기』 「1619년 3월 3일조」)

애초부터 패할 전쟁이라는 것을 안 광해군은 강홍립에게 "패하지 않을 방도만을 찾으라."고 지시했으며, 나중에는 '재조지은' 운운하면서 파병을 강요한 신료들을 질타하고 있는 것이다. 급기야 3월 4일 조선 조정에는 조명 연합군이 선허[深河·사르후] 전투에서 후금군에게 궤멸당했다는 비보가 들려온다.

"크게 패전했습니다. (김)응하는 혼자 버드나무에 의지하여 큰 활 3개를 번갈아 쏘았는데……. 적은 감히 다가갈 수 없어 (응하의) 뒤쪽에서 찔렀는데 철창이 가슴을 관통했는데도 활을 놓지 않았습니다. 오랑캐들조차 (김응하의 분전에) 감탄하고 애석해 하면서 '만일 이같은 자가 두어 명만 있었다면 감당하기 힘들었을 것'이라며 의류장군(依柳將軍)이라 불렀습니다."(『광해군일기』 「1619년 3월 12일조」)

그런데 김응하의 결사항전과 달리 총사령관(도원수) 강홍립은 마치 기다렸다는 듯 항복하고 만다. 학계에서는 이런 강홍립의 항복을 광해군의 현명한 실리외교와 묶어 설명하고 있다. 즉 광해군의 밀명을 받은 강홍립은 '관형향배의 책략'에 따라 전황이 불리해지자 후금에 어쩔 수 없이 참전했음을 알린 뒤 항복했다는 것이다. 후금과 조선의 관계가 더 이상 악화되지 않았다는 사실이 이를 증명한다. 강홍립은 후금에 억류되었지만 누루하치와 전장을 누볐고, 꾸준히 광해군에게 후금의 사정을 밀서로 알렸다.

그렇다면 파병군 장수인 김응하 장군의 장렬한 전사는 한낱 '개죽음' 이었나? 아니, 그의 죽음은 절대 '괜한 죽음' 이 아니었다. 김응하 장군의 죽음은 후금과 명나라 사이를 오가며 아슬아슬한 등거리 외교를 편 광해군에게는 없어서는 안 될 '히든카드' 였다. 즉 광해군은 두 장의 카드를 쥔 셈이며, '한 장(강홍립의 투항)' 은 후금을 상대로 한 실리외교의 밑천으로, 다른 '한 장(김응하의 전사)' 은 대명 명분외교의 재산으로 쓴 것이다.

명나라로부터 '요동백'을 추증 받은 김응하 장군

"압수 머리에 작은 사당 세웠으니(一片神祠鴨水隈) / 멀리 노니는 넋은 언제 오시려나.(孤魂迢遞幾時廻) / 오늘 아침 비바람이 강가에 몰아치는데(今朝急雨飜江岸) / 원한에 찬 물결 위에 검을 짚고 서 있네.(白馬潮頭按劒來)"

선허전역이 끝난 지 딱 1년 뒤인 1620년 3월 4일. 월사(月沙) 이정구(李廷龜 : 1564~1635년)는 명나라에 사신으로 가던 중 김응하 장군의 사당을 지나다가 이런 시를 남겼다. 이정구의 회고담이 생생하다.

"압록강을 건너려는데 장대비가 쏟아졌다. 돌이켜보니 김응하 장군 및 2만의 관군이 전사한 날(3월 4일)이니 그 분들의 넋이 비바람이 되어 돌아온 것이겠지. 가슴이 울컥하여 노래 세 수를 지었

파병군이 건넜던 랴오둥 선허. 조선군은 도저히 이길 수 없는 전쟁을 벌였다. / 이숭수 제공

다."(『월사집(月沙集)』권7)

1619년 선허전역에 파병되어 후금군에 장렬하게 전사한 김응하 장군은 전쟁영웅으로서 추앙의 대상이 되었다. 사실 광해군의 밀명에 따라 랴오둥 파병군 총사령관이던 강홍립이 후금군에 투항하자 명나라는 조선을 의심하게 된다.

명나라의 랴오둥 군문(軍門)에서는 항복한 강홍립의 가족을 조선 조정이 어찌 처리하는지를 주목했고, 후금과 조선의 결탁을 의심하는 유언비어가 들끓었다.

이런 상황이었으니 광해군으로서는 김응하 장군의 결사항전이 그렇게 고마울 수 없었을 것이다. 왕은 즉각 김응하 장군 헌창사업에 돌입한다.

광해군은 후금에 항복한 강홍립을 비호하며 후금의 눈치를 살피는 한편 명나라의 환심을 사려고 서둘러 김응하 장군을 치켜세우기 시작한 것이다.

1619년 3월 19일, 왕은 김응하 장군을 '자헌대부 겸 호조판서'로 추증했고, 5월 6일에는 명나라 장수가 지나는 길목에 사당을 세울 것을 전교했다. 6월 21일에는 이 사당에 충렬(忠烈)이란 편액을 하사했다. "급히 중국 장수가 지나는 길목에 사당을 세우라.(急急立祠于唐將所經處)"고 지시한 것은 고도의 외교술로 평가된다. 다분히 전시용인 것이다. 『속잡록』을 인용한 『연려실기술』은 "명나라 신종(재위 1572~1620년)도 김응하를 요동백(遼東伯)으로 봉하고 처자에게 백금을 내렸다."고 기술하고 있다.

이런 노력으로 "김응하의 충절과 의리는 화이(華夷 : 중국과 오랑캐)에게까지 널리 알려졌다."(『광해군일기』, 「1622년 7월 14일」)고 자평했을 정도였다. 하지만 명나라의 의심을 덜기 위한 광해군의 외교는 이에 그치지 않는다.

'김응하' 신격화 프로젝트

국가 차원에서 김응하 장군의 무공을 기리고 추모하는 『충렬록(忠烈錄)』 간행을 지시한 것이다. 선허전역 직후 박희현(朴希賢 : 1566~?)은 김응하 장군의 전설적인 행적과 무공을 담은 『김장군전』을 썼는데, 충렬록은 바로 이 『김장군전』을 저본으로 하여 간행된다.

충렬록의 모태가 된 『김장군전』은 그때까지 제대로 파악되지 않

김응하 장군을 모신 철원 포충사

던 선허전역의 전황은 물론 김응하 장군의 영웅적인 삶과 장렬한 최후를 마치 '신화의 인물'로 그리고 있다. 당대의 문장가 유몽인 (柳夢寅 : 1559~1623년)이 "사마천의 솜씨에 견줄 만한 책"이라 극찬했을 정도였다.

이런 『김장군전』을 토대로 간행된 『충렬록』의 편찬 과정에는 국왕인 광해군은 물론 조정의 대소신료들이 총출동했다. 김응하 장군을 천거한 영의정 박승종(朴承宗 : 1562~1632년)을 비롯해 대북파의 수장 이이첨(李爾瞻 : 1560~1623년)과 서인을 대표하는 이정구(李廷龜 :

1564~1635년) 등이 고루 참여하고 있다. 만시(挽詩 : 죽은 사람을 애도하는 시)를 지은 이가 90명이었으니 '글 좀 쓴다.'는 당대의 문인들이 모두 참여한 것이다.

이 『충렬록』의 편찬은 일석이조의 효과를 낳았다. 우선 외교적인 측면. 광해군은 이 책을 단순히 편찬하는 데 그친 것이 아니라 훈련도감에서 간행하여 국내뿐만 아니라 명나라에 유입되도록 적극 유도했다.

"(『충렬록』 간행은) 장군의 절의를 알릴 뿐만 아니라 (광해군의) 밀교(密敎 : 광해군이 강홍립에게 후금과의 전쟁에서 형세를 봐가며 판단하라고 밀명을 내린 것을 뜻함)의 흔적을 가리기 위한 것"(『청야만집(靑野謾輯)』)이라는 분석이 이를 뒷받침한다.

"조선의 장수도 후금과 치열하게 싸웠으며, 그의 죽음을 온 나라가 추모하고 있음을 부각시키려 한 것입니다."(한명기 교수)

이처럼 김응하 헌창사업은 군주를 비롯해 신료들의 정파와 이념을 초월해 국가적 역량을 집중시킨 가운데 이뤄졌다.

김응하 장군에 대한 추모 열기는 광해군을 실각시킨 인조반정 이후에도 잦아들지 않고 더욱 고양되는 기현상을 빚는다. 이는 주도권을 잡은 서인의 지향과 일치했던 까닭이다. 도리어 장군과 관련된 일화는 신화로 승격된다. 당대에 기록된 『충렬록』과 『김장군전』 등은 물론이고, 장군의 이야기는 그 뒤에도 여러 차례 재창작되거나 재구성된다.

18세기까지 사대부의 문집에 실린 주요 작품만 해도 조경(趙絅 : 1586~1669년)의 『증영의정김장군신도비명』, 송시열(宋時烈 : 1607~1689

년)의 『조증요동백김장군묘비』, 홍세태(洪世泰 : 1653~1725년)의 『김장군전』, 이재(李栽 : 1657~1730년)의 『김장군응하전』 등 다수이다.

이승수 씨에 따르면 『동야휘집(東野彙輯)』과 『역대유편(歷代類編)』, 『연려실기술(練藜室記述)』 등 각종 야사·야담집에도 김응하 장군의 이야기가 꾸준히 전승되고 있다.

"김응하 장군이 세가 다하여 오래된 버드나무 구멍에 숨었는데 한 오랑캐 병사(후금군)가 (장군을) 죽였다. 오랑캐 추장은 "이런 충의의 인물을 죽이다니……."라고 하면서 도리어 죽인 자를 처형했다."(『역대유편』)

"적병이 뒤에서 창을 던지니 목숨이 끊어졌지만 오히려 칼자루를 놓지 않고 노기가 발발(勃勃)하니 적이 감히 앞에 나서지 못했다. 오랑캐 추장이 시신을 묻으려 했는데 공의 시체만은 썩지도 않은 채 칼자루를 쥐고 있었다."(『연려실기술』)

한 번 죽음으로 나라의 체통을 세우다

장군이 평소 생활신조로 삼았던 5조(條) 30계언(戒言)도 심금을 울렸다. 그 내용을 보면 '간사함으로 광명한 것을 미워하거나(以陰譎疾光明)', '자기 말이 쓰이지 않으면 얼굴을 붉히고 성을 내거나(言不見施發怒面赤)', '형세를 가지고 재산을 탐하려 하거나(以形勢取財貨)', '남의 잘못을 끌어내 자기 잘못을 감추려 하거나(誘人誤事欲掩己跡)', '내 입에서 나온 언사는 어기지 말아야 한다.(言出吾口使不敢違)'는 등 장군의 곧은 성품을 알 수 있는 대목이 수두룩하다.

장군에 대한 현창사업은 정조대 후반이 되어서야 대명 의리론의

학문적인 정리 작업과 함께 마무리된다. 1798년 간행된 『중간(重刊) 충렬록』이 그것이다. 이 책에는 선허전역(1619년) 이후 조정이 시행한 김응하 추모사업이 편년식으로 기술되었다. 여기에 실린 민종현 (閔鍾顯 : 1745~1798년)의 서문이 눈에 띈다.

"동방에서 대의(大義)는 배신(陪臣 : 제후의 신하가 천자를 상대하여 자신을 낮춰 부르는 말)으로서 황조(皇朝)를 위해 죽은 것보다 더 성대한 것은 없었다. 배신사절(陪臣死節)의 의리가 김응하로부터 비롯되었으며 김 장군은 한 번 죽음으로써 나라의 체통을 세웠다."

좀 심하다는 생각이 들 정도다. 장군이 한마디로 명나라 황제를 위해 죽었다는 뜻이니 말이다.

이승수 씨(한양대 강사)는 "광해군 집권기에 외교적 실리와 각 정파 간의 이해관계가 맞아떨어져 크게 이름을 떨쳤던 김응하 장군은 인조반정과 병자호란 이후에는 성리학적 명분론과 정권유지 차원에서 더욱 헌창된다."고 밝혔다.

"물론 김응하 장군의 대단한 무공은 필설로 다할 수 없을 정도입니다. 군인으로서 임무가 주어졌을 때 결사항전의 자세로 싸웠으니까요. 하지만 그분의 업적은 정치권력에 의해 너무 신격화됐습니다. 작전권도 빼앗기고 보급조차 제대로 받지 못했으며, 패전이 불 문가지였던 상황인데도 전쟁터에 나서야 했던 장군의 인간적인 고뇌 같은 것이 제대로 그려졌다면 어땠을까요? 죽음을 예견한 장수의 인간적인 측면 같은 것 말이죠."

무릇 사람에 대한 평가는 시대상황에 맞게 바뀐다. 천하의 혼군 (昏君), 그리고 배신자로 낙인찍힌 광해군과 강홍립에 대한 재평가가 최근 들어 활발하게 이뤄지는 게 단적인 예다. 실리외교의 전형처럼 말이다. 조선시대에 그토록 영웅으로 추앙받던 김응하 장군은 상대적으로 저평가되는 감이 있다. 자신의 의지와 상관없이 세태의 눈금으로 이리저리 평가되는 것이다. 김응하 장군이 무슨 후대의 평가를 잘 받으려고 이역만리 먼 곳 선허에서 무모한 죽음을 택했겠는가.

그는 명령을 받은 군인으로서 조선을 위해 싸우다 장렬하게 전사한 것이다. 그의 죽음으로 광해군은 양손에 카드를 들고 명과 후금 사이를 오가며 아슬아슬한 등거리 외교를 펼칠 수 있었다. 나라를 위해 죽은 장군의 넋이 고귀한 가치를 갖는 이유다.

백골이 될 때까지
부림을 당한 파병군 병사

"백수의 늙은 서생은 모래밭에 뒹구는 백골이 되는 신세를 면치 못할 운명인가 봅니다."

1619년 3월 1일. 요동파병군의 일원으로 참전한 이민환이 군량미 보급을 맡은 윤겸진에게 쓴 편지다. 춥기는 하지, 식량 보급은 전혀 이뤄지지 않지, 명나라 장수는 되지도 않는 지시를 내리지……. 이민환(李民寏 : 1573~1649년)의 울부짖음은 조선군의 절망적인 상황을 단적으로 말해 준다.

2007년 1월 말 '선허전역[深河戰役]'의 현장답사에 나서 조선군이 몰살당한 비극의 벌판을 둘러 본 이승수 씨의 말.

"1619년 3월 4일 오후 한나절 동안 김응하 장군이 이끄는 조선군 8,000명이 죽었습니다. 바로 그곳이 지금의 랴오닝성[遼寧省] 번시스[本溪市] 환런[桓仁]의 만족자치현인 홍탕스

파병 조선군이 몰살당한 홍탕스 벌판 / 이승수 제공

[紅塘石] 벌판입니다. 길 왼쪽 언덕에 피신한 강홍립군은 동료들이 도륙당하는 모습을 보고 전의를 상실했을 겁니다. 다음날 항복하고 후금군과 함께 허투알라[赫圖阿拉]*로 갔어요."

* 허투알라
랴오닝성 신빈(新賓) 만주족 자치현에 있는 왕성터다. 누르하치와 홍타이지의 출생지로서, 청나라 건국의 기반이 되었던 흥경노성(興京老城)의 옛터다.

뿐만 아니라 이승수 씨에 따르면 강홍립을 따라 투항한 조선군 가운데 탈출한 뒤 돌아온 조선 군사는 2,700명이었다. 탈출하지 못한 이들은 농노(農奴)가 되었고, 탈출하다가 굶어 죽은 조선군의 시신도 길에 즐비했다. 파병군 1만 3,000명 가운데 1,000~1,500명은 끝내 돌아오지 못했다.

홍세태(1653~1725)가 지은 『김영철전(金英哲傳)』은 선허전역에서 포로가 된 김영철(1600~1684년)의 파란만장한 삶을 그리고 있다. 19세에 참전한 김영철은 후금 장수의 가노(家奴)가 되었다. 혼인해서 아이까지 낳았으나 향수를 이기지 못해 탈출을 감행해 우여곡절 끝에 고국으로 돌아왔다.

하지만 조국은 그가 만주어(滿洲語)와 중국어에 능통하다는 이유로 평생 부려먹었다. 1637년 자다오[椵島]정벌, 1640년 가이저우[盖州]전투, 1641년 진저우[錦州]전역 등에 차례로 차출된다. 그는 무려 84세까지 군역에 시달렸지만 죽을 때까지 수성졸(守城卒 : 성을 지키는 졸병)을 면치 못했다. 홍세태는 김영철을 동정하면서 혀를 끌끌 찼다.

"사정이 이럴진대 무엇으로 천하의 충의지사를 권면할 것인가!(何以勸天下忠志之士)"

김응하 장군은 그래도 전쟁영웅으로 남았다. 하지만 그와 함께 산화한 파병군 병사들의 넋은 아무도 돌봐주지 않았다. 광해군은 1619년 9월 명나라 총병(摠兵) 유정(劉綎)과 유격(遊擊) 교일기(喬一琦)의 제사를 지냈다. 하지만 죽을 줄 뻔히 알면서도 나라를 위해 싸운 조선군 병사들과 그 가족들에게는 아무런 조치를 취하지 않았다.

이승수 씨는 "지배층의 관심은 오로지 의리와 명분을 밝히는 것이었으며 비참하게 죽었거나 포로가 된 파병군 병사들에게는 일말의 관심도 기울이지 않았어요."라고 일침을 놓았다.

제6부

전쟁의 그늘

피의능선

5850M 3700YDS

25 설전(舌戰)의 희생양이 된 혈전(血戰)의 현장들

1만 8,000여 명의 젊은 피가 서려 있는 곳

광활한 태봉국 도성의 흔적을 더듬어 볼 수 있는 철원 평화전망대. 두 눈을 크게 뜨고 뚫어져라 궁예의 옛 자취를 찾다가 잠시 눈을 들어 왼쪽을 보면 야트막한 야산이 있다. 그리고 그 야산을 품에 안고 있는 곳이 효성산(해발 596미터)이요, 또한 그 북쪽으로 뾰족한 산이 하나 우뚝 서 있으니 그것이 고암산(해발 780미터)이다.

고암산은 바로 궁예의 태봉국 도성을 든든히 지켜주는 태봉국의 주산이다. 그런데 고암산은 '김일성고지'라는 얄궂은 별명이 붙어 있다. 궁예의 도성을 보듬고 있는 산에 김일성이라는 이름 석자가

피아 간 1만 8,000여 명의 젊은 피를 뿌린 백마고지, 그 옆에는 '피의 500능선', 그 뒤로는 고암산(김일성 고지)이 눈에 띈다. 하지만 지금은 비무장지대 안에 있다.

들어간 별명이 붙었으니……. 하지만 내가 이야기하고 싶은 것은 바로 태봉국 도성 왼쪽으로 보이는 저 야트막한 야산이다. 바로 그 유명한 백마고지 말이다.

"가까이에서 한번 볼까요?"

이우형 씨와 함께 백마고지를 '친견'하려고 전망대에서 내려왔다. 백마고지가 바로 정면에서 보이며, 백마고지 전적비와 기념관이 있는 철원읍 산명리의 삼봉산 기슭으로…….

"기념비의 원래 위치는 당연히 저기 보이는 고지 정상부 남쪽입니다. 1973년에 세워졌어요. 그런데 저곳이 비무장지대 안이라 1990년에 이곳에 기념관과 새로운 비석을 세운 거죠."

2008년 여름, 이우형 씨는 문화재청이 실시한 '군부대 문화재조사'를 위해 백마고지를 조사한 바 있다. 사실 말이 조사지 군 보급로를 따라 실제 백마고지 전투 전적비만을 보고 온 것에 불과했다. 비무장지대 안이기에 허락된 도로 외에는 조사가 불가능했기 때문이다.

"여름철이라 수풀마저 우거져 전쟁의 흔적을 확인하기는 어려웠어요. 다만 땅이 움푹 파인 흔적이 군데군데 확인되는 것을 보면 엄청난 격전지임을 짐작할 수 있었습니다."

새롭게 세워진 전적기념관 앞에서 손을 뻗으면 닿을 듯 무심한 모습으로 서 있는 백마고지를 바라볼 뿐이다. 폭 2킬로미터, 길이 3킬로미터에 불과한 저 작디작은 야산에서 죽어갔을 1만 8,000여 젊은 넋을 기리며 말이다.

승전의 기록도 아랑곳없이

백마고지 전투다. 이 전투는 1952년 10월초 판문점 포로회담이 해결되지 않자 중국군의 공세로 시작된 1952년의 대표적인 고지쟁탈전이다.

1952년 10월 6일부터 15일까지 고지를 지키던 국군 9사단은 바로 이곳에서 중국군 38군의 공격을 막아내며 10일간 혈전을 벌였다. 이곳은 철원평야를 지키려면 절대 잃을 수 없는 요처였기 때문이다.

강원도 철원군 묘장면 산명리에 있는 이 야트막한 야산은 철원읍 서북방 12킬로미터 지점에 있다. 효성산 남쪽 끝자락에 위치한 평범한 야산이었던 이곳은 휴전회담 이후 군사접촉이 계속되자 일약 핵심지역으로 부상했다.

철원-평강-김화로 이어지는 철의 삼각지대 가운데 서남쪽 철원 꼭짓점의 어깨를 구성하는 요충지다. 철원평야가 한 눈에 보이기 때문에, 만약 이곳을 잃을 경우 아군부대의 병참선인 3번 도로(경원선)를 비롯한 통로를 사용할 수 없었다. 이로 인해 10일간 치열한 전투가 벌어졌고, 그 결과 7차례나 고지의 주인공이 바뀌었으며,

고지가 손에 잡힐 듯 보이는 곳에 세워진 백마고지 기념관과 위령탑에서 현역 군인들이 경례를 하고 있다.

밤낮으로 12차례나 쟁탈전이 반복되었다.

우리 측 자료에 따르면 공산군의 인적 손실은 전사자 8,234명을 포함해, 추정 살상자 6,098명과 포로 57명 등 모두 1만 4,389명에 이르렀고, 아군의 사상자도 3,416명에 달했다. 작전 기간에 공산군은 5만 5,000발, 아군은 21만 9,954발 등 모두 27만 4,954발의 포탄을 쏟아 부었다. 유엔군 항공기는 754회나 출격해 이 작은 고지에 융단폭격을 퍼부었고, 정상부에는 풀 한 포기 남아 있지 않았다.

원래 이 고지는 전투가 개시되었던 10월 10일까지도 그저 395고지로 일컬어졌다. 그런데 전투가 한창이던 11일 갑자기 '백마고지'라는 이름이 붙었다. 이와 관련해서는 여러 가지 설이 있다. 포격으로 고지의 나무와 수풀이 모두 쓰러진 뒤 산의 형태가 마치 백마처럼 보였다고 해서 그런 이름이 붙었다고도 하고, 조명탄 투하로 산이 하얀 낙하산 천에 뒤덮인 것처럼 보인다고 해서 외신기자들이 그렇게 불렀다고도 한다. 이 밖에도 어느 참전 연대장이 외신기자의 질문에 "White horse hill"이라고 대답한 것이 보도되면서 그런 이름을 갖게 됐다는 등 갖가지 설이 난무하고 있다.

어쨌든 한국군 9사단은 이 전투의 승리로 철의 삼각지대 상당 부분을 확보할 수 있었으며, 철원평야와 주요 도로(3번, 463번, 464번), 즉 전선 후방의 철원~김화~화천에 이르는 측방도로를 장악할 수 있었다. 이 백마고지 전투는 한국전쟁의 고지 쟁탈전에서 대표적인 승전으로 기록되고 있다. 하지만 1만 8,000여 명의 젊은 넋을 희생한 대가로 차지한 이 백마고지를 우리는 밟아볼 수 없다. 비무장지대 안으로 편입되어 일반인들의 출입이 불가능하기 때문이다.

베티고지와 김만술 소위

이우형 씨와 나는 다시 타임머신을 타고 한국전쟁 때의 그 피비린내 나는 전투에 '참전' 한다. 이번에 찾아가는 곳은 임진강 곡류가 유유하게 흐르는 경기도 연천군 서쪽 15킬로미터 지점에 자리 잡고 있는 이른바 베티(Betty)고지다. 여기도 지금은 갈 수 없는 비무장지대에 속한 곳. 그나마 갈 수 있는 곳은 역시 손을 닿으면 곧 닿을 것 같은 고지가 눈앞에 펼쳐진 태풍전망대다.

최전방 지역을 다니다 보면 전쟁과 분단, 냉전이 주는 팽팽한 긴장감을 일순 잊게 된다. 사람의 손을 타지 않은 그 절경에 취하게

처절한 전투가 벌어진 베티고지(왼쪽 야트막한 고지)와 임진강 곡류 부분 안쪽에 반달모양으로 서 있는 노리고지. 임진강을 따라 북쪽으로 가면 북한이 조성한 임진강 댐이 보인다. 베티고지와 노리고지 사이의 임진강변에 왠지 적석총 같은 모양의 봉긋한 지형이 보인다.

되니까……. 천혜의 비경을 뽐내며 무심하게 흐르는 임진강의 곡
류. 그 사이에 펼쳐지는 짙푸른 산과 들판. 갈 수 없어 더 가고 싶
고, 품에 안을 수 없어 더 안고 싶은 저 강, 저 들판이런가.

저 멀리 임진강 상류 쪽에는 역삼각형 모양의 하얀 시설물이 강
을 막아내고 있다. 저것이 바로 북한이 조성한 임진강 댐이다. 임진
강이 흘러 흘러 드디어 남한 땅으로 흘러들어오는 바로 저곳.

저 임진강 댐 때문에 그 대응 댐인 군남 댐(한국수자원공사는 군남홍
수조절지라는 용어를 쓴다.)을 세우고 있고, 그 때문에 임진강의 비경은
물론 강변에 남아 있던 수많은 유적과 유물들이 수장되고 훼손될
위기에 처해 있는 것이다. 임진강 자체의 오염은 물론이고…….

"저 왼쪽 밑에 보이는 작은 봉우리가 바로 베티고지라는 곳입
니다."

순간 눈을 의심했다. 높은 지형에서 내려다보아서 그런가. '고
지'라고 하기에는 너무도 옹색한 구릉이 아닌가. 하기야 해발
120~150미터 정도의 구릉 3곳을 일컫는 말이니 그런 표현도 틀리
지는 않은 것 같다. 그러니 그곳에서 휴전협상을 목전에 두고 있던
1953년 7월 13~16일 그야말로 피어린 사투가 벌어졌다는 게 실감
이 나지 않을 수밖에…….

임박한 휴전협상에서 좀 더 유리한 위치에 서기 위해 최후 공세
를 벌이던 중국군은 임진강변의 요충지인 이 작디작은 고지에 군침
을 흘린다. 한국군 제1사단 제11연대 제2대대의 전초기지였던 베
티고지를 점령하면 주 저항선에서 남쪽으로 2킬로미터 이상 전진
할 수 있었기 때문이었다. 7월 13일부터 중국군은 대대적인 공세

를 취했고, 한국군은 사흘간 3개 소대를 투입했지만 하룻밤만 자고 나면 반 수 이상의 사상자를 내는 손실을 입었다.

이때 특무상사였던 김만술 소위가 15일 소위로 임관하자마자 제 6중대 제2소대장으로 베티고지 사수에 투입됐다. 김만술 소위는 이날 오후 2시에 아직 얼굴도 익히지 않은 소대원 34명을 독려해 베티고지 군인 중앙봉과 동봉(東峰)을 점령한 뒤 중국군이 점령하고 있던 서봉 공격에 나섰다. 김만술 소위는 중국군 1개 대대와 맞서 13시간 동안 서봉을 19번이나 뺏고 빼앗기는 접전을 펼친 끝에 기어코 서봉을 확보했다.

16일, 날이 밝은 뒤 김만술 소위와 생존 소대원들은 중국군 시체 사이에 쓰러진 전우들을 보며 절규했다고 한다. 확인된 중국군의 시체만 350여 구였고, 한국군은 23명이 전사했다. 이 전투는 한국 전쟁에서 가장 극적이고 용감한 승리로 평가된다. 그리고 승리를 이끈 김만술 소위는 미국최고훈장인 십장훈장과 우리 정부가 주는 태극무공훈장을 받았다. 1956년에는 이 전투를 소재로 한 영화 《격퇴》가 개봉되기도 했다.

하지만 김만술 소위와 부대원들이 사수했던 이 베티고지 역시 불과 11일 뒤인 1953년 7월 27일 체결된 휴전협상에서는 군사분계선 북쪽에 포함됐다. 그리고 1952년 12월 11~13일 사이에 중국군 2,700여 명을 사살함으로써 고지가 5미터나 낮아지고 임진강물이 핏빛으로 물들었다는 노리(Nori)고지 역시 군사분계선 이북에 편입됐다. 노리고지와 베티고지 사이에는 북한의 집단농장이 보이고······.

도솔천에서 벌어진 혈투

우리는 다시 발길을 돌려 강원도 양구의 해안분지에 닿았다. 화채그릇을 닮았다 해서 '펀치볼'이라고 일컫는 바로 그곳이다. 을지전망대(해발 1,049미터)에 오르면 마치 무릉도원에 온 듯 평화롭고 신비로운 해안분지가 보인다. 또 맑은 날이면 금강산 비로봉, 월출봉, 차일봉, 일출봉이 또렷하게 보이는 이곳. 하지만 인간이 일으킨 전쟁은 12만 년 전부터 선사인들이 무릉도원으로 꼽았을 법한 이곳을 피로 물들였음을……

다시 말하면 해안분지는 북쪽의 1026고지(모택동 고지), 924고지(김일성 고지), 서쪽의 가칠봉(1,242미터), 대우산(1,178미터), 남쪽의 도솔산(1,148미터), 918고지, 동쪽의 달산령, 795 · 908고지 등으로 둘러싸인 곳이다.

그런데 1951년 6월 4일부터 19일까지 한국군 해병 제1연대가 양구 북동방 25킬로미터 떨어진 대암산과 도솔산, 대우산을 연결하는 1,000미터 이상의 고지군에 강력한 방어진지를 구축한다. 전략적 요충지인 해안분지(펀치볼)를 고수하기 위해서였다.

한국군 해병대는 작전 개시 17일 만에 해안분지를 남쪽에서 감제할 수 있는 도솔산 일대의 고지군을 확보하였다. 이 전투에서 공산군은 3,307명(사살 3,263명, 포로 44명)의 피해를 입었고 아군은 618명(전사 123명, 부상 484명, 실종 11명)의 인명을 잃었다.

통칭 '도솔산(兜率山)전투'라 하는 이 전투는 한국 해병대 5대 작전 가운데 하나로 꼽힐 만큼 해병의 자랑이 된 전투였으며, 당시 이승만 대통령으로부터 '무적 해병'이라는 휘호를 하사받았다. 하지만 여기서 생각해 봐야 할 게 한 가지 있다.

"'도솔(兜率)'이라는 뜻은 불교에서 미륵보살이 사는 곳이며, 미륵보살의 정토(내원)이면서 천계 대중이 환락하는 장소(외원)라는데……."(이우형 씨)

그렇게 심오한 뜻을 지닌 도솔이 중생들의 싸움터라는 오명을 뒤집어 쓴 것이다.

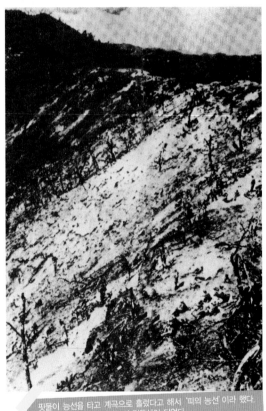

핏물이 능선을 타고 계곡으로 흘렀다고 해서 '피의 능선'이라 했다.
얼마나 포탄세례를 받았는지 민둥산이 되었다.

'피의 능선'과 '단장의 능선'

이뿐이랴. 양구 북방 문등리와 사태리 계곡의 절경을 가로지르는 능선에는 '피의 능선'이니 '단장(斷腸)의 능선'이니 하는 고약한 이름이 붙었다. 그저 731·983(수리봉)·940·773고지로 일컬어지던 능선은 마치 바나나처럼 능선이 퍼졌다 해서 한국전쟁에 참전한 미 제9연대 장병들에 의해 '바나나 능선'으로 일컬어졌다. 하지만 이곳에서 1951년 8월부터 10월 사이에 혈전이 벌어져 2만 명에 가까운 인명피해(한국군 및 유엔군 4,400여 명, 북한군 1만 5,000여 명)가 발생하고 능선이 피로 물들었다.

이 격전의 소식을 타전한 《성조지(Stars and Stripes)》기자들은 983고지 일대를 피로 물들인 능선이라 해서 '피의 능선(Bloody Ridge Line)'이라고 명명했다.(국방군사연구소 1998, 116쪽의 주 81) 이 전투를 초기에 지휘한 제5사단 36연대장 황엽 대령은 "북한군이 설치해 놓은 지뢰 때문에 많은 사상자가 발생했고 계곡은 피로 물들었다."고 회고한 바 있다. 하지만 북한군은 9월 5일 이 '피의 능선'*을 포기하고 북쪽에 남북으로 뻗은 능선(894 · 931 · 850 · 851고지)으로 철수했다.

철책에 걸린 '피의 능선' 표지. 불과 5,850미터의 능선에서 피아간 2만 명이 죽어 나갔다. / 《경향신문》 자료

그러자 미군은 다음 능선을 점령하도록 명령했으며, 10월 5일까지 '단장의 능선' 가운데 철옹성 같았던 931 · 851고지를 잇따라 점령했다. 《연합통신》 특파원이었던 스탠 카터가 전방대대 구호소를 방문했을 때 부상병이 "가슴이 찢어질 것 같다!"고 부르짖자 이 고지를 '단장의 능선(Heart-break Ridge)'이라 명명했다.(국방군사연구소 1998, 118쪽의 주 87)

이 전투에서는 피아간 2만 7,000여 명(아군 3,745명, 북한군 2만 4,000여 명)의 인명손실을 기록했다. 미군은 비록 이 두 전투에서 최후의 승리를 거뒀다고는 하지만 전투 초반에는 엄청난 손실을 입었고, 언론에서조차 "가슴이 찢어질 듯한 전투"였다고 대서특필했기 때문에 불명예스러운 전투로 여겨지기도 했다.

내가 서 있는 이곳 을지전망대를 중심으로 한 양구는 이 밖에도

* 피의 능선
983고지에서 벌어진 피의 능선 전투는 2004년 한국영화 사상 처음으로 관객 1,000만 명을 동원한 영화 《태극기를 휘날리며》의 후반부에 등장한다. 북한군 깃발부대와 한국군 간의 격전장이다.

백석산, 펀치볼, 가칠봉, 크리스마스고지 전투 등 피어린 다툼으로
얼룩진 곳이다.

고지에 뿌린 헛된 피?

어디 이뿐이랴. 다시 살펴볼 기회가 있겠지만 백마고지 전투와
함께 최고의 혈전을 벌인 것으로 여겨지는 저격능선 · 삼각고지 전
투(중국은 두 전투를 묶어 상감령 전역이라 한다.)와 불모(不毛)고지, 수도고
지 · 지형능선(指形稜線), 351고지, 금성지구, 켈리고지, 포크찹고지
등에서 수많은 고지전이 벌어진다.

그런데 이 전투의 결과와 전사(戰史)의 기록을 보면 재미있는 현
상을 발견할 수 있다. 거의 모든 전투에서 승리를 거뒀다고 하면서
도 반드시 짚고 넘어가는 한 가지.

"한국전쟁 사상 '지상전의 꽃'이라고 극찬을 아끼지 않지만, 작
은 고지 하나를 두고 그 많
은 인명과 물자를 투입해 가
면서 혈전을 벌여야 할 가치
가 있는가? (중략) 손실에 비
해 전술적 가치가 너무 적다
고 회의적인 견해를 보이는
이도 있다."(『한국전쟁전투사-7.
백마고지 전투』, 국방부 전사편찬
위, 1984년)

이는 한국전쟁사에 길이

가슴이 찢어질 듯한 전투가 벌어졌다 해서 붙은 이름, '단장의 능선'

빛날 백마고지 전투를 평가한 대목이다. 또 '피의 능선' 전투를 두고 미국의 역사학자 페렌바크는 "보잘것없는 이 둥근 언덕 세 개('피의 능선')를 차지하기 위해 4,000명이 넘는 아군 병사들이 목숨을 바쳤다."고 말했다. '저격능선' 전투를 두고도 "저격능선이라는 적의 전초 하나를 탈취하기 위해 그렇게 많은 인명손실을 입으면서까지 장기간 작전을 펼쳐야 했는지 의문이 제기되기도 한다."는 평가(『한국전쟁전투사-14. 저격능선 전투』, 국방부 전사편찬위, 1988)도 있다. 물론 전사(戰史)에는 이런 회의감에도 불구하고 고지전은 어쩔 수 없고, 반드시 승리했어야 할 전투였으며, 결국 승리를 거두었다고 결론을 내린다.

왜일까? 보잘것없는 작은 야산이나 작은 전초기지에 불과한 이런 고지에 왜 수많은 젊은이들이 피를 뿌려야 했을까?

희한한 전쟁

1950년 6월 25일 한국전쟁 발발 이후 남북을 오르내리며 벌인 혈전은 1년이나 지속되었다. 그로부터 1년 뒤인 1951년 6월경, 양측은 다시 형성된 38도선 부근의 새로운 전선(임진강~연천~철원~김화~산양리~장평리~서화~간성)에서 대치하게 된다.(국방부 전사편찬위 1986, 126쪽)

중국으로서는 두 차례에 걸친 건곤일척의 최후 공세(1951년 춘계 공세)를 벌였지만 모두 실패로 끝나고 10만 명의 치명적인 인명손실을 입었다. 그들은 유엔군의 최첨단 장비로 무장한 막강 화력을 감당할 수 없음을 깨달았다. 게다가 당시 소련이 약속했던 60개 사단분의 전투장비와 보급품이 도착하지 않았다.

미국도 국내외의 반전여론과 동맹국들의 휴전압력, 중국군의 강력한 재래식 군사력에 의한 전쟁수행능력 등을 절감하고 정치협상을 통해 한국전쟁을 해결하려고 모색하게 된다.

단계	구분	진출선	진출 기간	소요일수
1	북한군 남침기	38도선→함안-왜관-포항	1950년 6월 25일 ~9월 15일	82일
2	유엔군 반격 및 북진기	낙동강선→정거동-초산-혜산진-청진	1950년 9월 15일 ~11월 25일	71일
3	중국군 침공 및 유엔군 재반격기	압록강선→평택-제천-삼척-화천-간성	1950년 11월 25일 ~1951년 6월 23일	210일
4	교착전기	35도선→판문점-철원-남강	1951년 6월 23일 ~1953년 7월 27일	764일(25개월 4일)

* 한국전쟁 시기별 분류 (출처 : 국방군사연구소 1996)

특히 한반도에 모든 힘을 집중할 경우 미국이 가장 중요하게 여기던 유럽이 당시 소련의 수중에 들어갈지도 모르는 상황을 우려했다. 여기에 만약 유엔군이 한반도 북부까지 밀고 올라갔을 경우 전선은 110마일에서 420마일로 늘어날 게 뻔했다. 1951년 6월 말 당시 미군의 전력 피해는 사망자 2만 3,000명을 포함, 모두 8만 명에 이르고 있었다. 결론적으로 공산군은 군사적 승리를 거둘 능력이 없었으며, 미국을 비롯한 서방도 역시 마찬가지로 승리를 얻을 의사가 없었던 것이다.

리지웨이 유엔군 사령관은 1951년 6월 "대규모 공격은 펼치지 말고 국부적인 공격, 즉 아군의 관찰 범위를 확대하고 적의 관찰 범위를 축소하는 중요한 거점을 점령하라."고 지시했다. 이것으로 한국전쟁은 전면전이 아닌 지루한 고지전의 양상으로 접어들게 된다.

이 와중에 쌍방의 이해가 맞아 떨어져 7월 10일 개성에서 첫 휴전회담이 개최되었다. 하지만 회담을 유리하게 이끌기 위한 양측의 줄다리기가 계속되어 협상은 지지부진했다.

공산군은 한국전쟁 이전에 그어졌던 38도선을, 유엔군은 당시의 쌍방접촉선을 군사분계선으로 정할 것을 주장하면서 협상은 답보상태에 빠졌다. 10월 25일 회담에서 공산군이 유엔군의 안을 수락하고 군사분계선 설정에 합의했다.

유엔군은 11월 12일 미 제8군으로 하여금 현 방어선에서 공세적인 방어작전만 펼치도록 명령하게 되었다. 이로 인해 한국군과 유엔군은 1개 대대 규모 이상 부대의 공격 작전을 펼칠 때는 유엔군사령부의 사전승인을 받도록 통제받았다.

한국전쟁 당시 주요 고지(출처 : 국방부 전사편찬위, 1986)

하지만 전쟁은 끝나지 않았다. 1951년 11월 27일 당시의 접촉선(임진강구~판문점~산명리~금성~송정~가마우골~신대리~남강)을 임시 휴전선으로 책정하는 등 곧 전쟁이 끝날 것 같은 분위기를 연출했지만 기타 의제가 합의되지 않아 임시 휴전선은 백지화되었다.

이후 양측은 휴전회담이 종결될 때까지 휴전회담에 유리한 고지를 점령하기 위한 힘겨루기를 벌였는데, 그 무대가 바로 지금의 비무장지대 일원이었다.

전투의 양상은 기동전과 산악전이 중심이 되었으며 유리한 전초기지 확보를 위한 국지적 고지쟁탈전 같은 소모전으로 이어졌고, 별다른 의미 없이 사상자만 양산되었다. 이 기간 동안 전선의 변화는 종심 20킬로미터 정도에 불과했다.

고지를 탈취하면 이렇게 위에서 적을 쉽게 확인하면서 공격할 수 있다.

    휴전회담 초기 유엔군의 3개월 공세와, 휴전 직전 중국군이 중동부 전선인 금성지구에서 펼친 1개월간의 총공세를 빼면, 휴전회담 기간 중에 벌어진 전투는 전선의 변화가 거의 없이 교착상태에 빠졌다. 소모적이고 일상적인 전투는 장병들에게 화약 냄새를 맡게 하여 부대의 전투력을 최상의 상태로 유지하려는 의도로, 혹은 "네가 한 대 치니까 나도 한 대 쳐야지."라고 하는 보복전의 양상으로 이어진 것이다.

    이와 같은 전투양상은 1951년 6월 23일부터 1953년 7월 27일 밤 10시 정전협정이 발효될 때까지 무려 764일(25개월 4일)이나 지속되었다. 한국전쟁은 1950년 6월 25일부터 1953년 7월 27일까지 3년 1개월 2일(1,127일)간이나 계속되었는데, 그 가운데 3분의 2를 군사분계선, 즉 휴전선 일대에서 치른 특이한 전쟁이었다.

적의 목을
졸라라!

"영양왕 9년(598년) 수나라 30만 군대가 고구려를 쳤다. 홍수를 만나 군량의 운반이 이어지지 못하자 식량이 떨어지고 (중략) 철수했으나 죽은 자가 열에 아홉이었다. (중략) 영양왕 23년(612년) 수나라가 또 113만 명을 이끌고 쳐들어왔다. (중략) 행군이 겨우 중도에 미쳤을 때 군량이 이미 떨어지려 했다."(『삼국사기』「고구려본기」 '영양왕조')

"보장왕 4년(645년) (고구려 정벌에 나선) 당 태종은 (중략) 양식이 다 떨어져가므로 군사를 돌릴 것을 명령하였다."(『삼국사기』「고구려본기」 '보장왕조(상)')

신의주 비행장을 맹폭하는 유엔군 전폭기 / 《경향신문》 자료

예나 지금이나 중국의 원정군이 랴오둥과 한반
도 원정에 나설 때마다 가장 곤혹스러운 게 바로
'보급' 문제인 것 같다. 한국전쟁에 참전한 이른
바 '중국인민지원군(중국군)'은 1950년 10월 첫 출
전 당시 30만 명이었지만, 1년 뒤인 1951년 6월
에는 77만여 명으로 급증했다. 이는 1,500년 전
고구려 원정에 나선 수·당나라의 대군과도 필적
할 만한 대대적인 원정이었다. 그런데 파병된 중
국군의 고민은 1,500년 전과 다를 게 없었다.

중국은 중국 군사과학원 군사역사연구부가 펴
낸 『중국군의 한국전쟁사(3)』에서 당시의 어려웠
던 보급상황을 솔직하게 토로하고 있다.

'교실작전'의 일환으로 평양 남쪽 공산군 보급기
지에 네이팜탄을 쏟아 붓는 유엔군 폭격기

"물자 소모량은 엄청난데 운송수단은 기차나
자동차뿐이었다. 제공권이 없으므로 수송과정에
서 미군기의 폭격으로 손실 규모는 30~40퍼센트
에 이르렀다. 탄약은 주요 거점에만 공급됐고, 특히 4~5차 전역(중국군의
1951년 춘계 공세) 때는 수요량의 50퍼센트 정도만 만족시켰다."

이 책은 특히 "한반도가 폭이 좁고 삼면이 바다로 둘러싸여 있으며 남북
으로 길고 좁은 지형이라 중국 내 전장에서처럼 광범위한 기동작전을 펼칠
수 없다."고 토로했다.

즉 한반도의 지형상 후방에 게릴라를 투입하기도 어렵고, 측방에서 해상
작전을 펼치기도 힘든 상황을 복기한 것이다. 특히나 유엔군의 막강한 공군
력은 중국 원정군의 어려움을 가중시켰다. 이것이 휴전회담과 제한적인 고지
전투를 병행할 수밖에 없었던 이유 중 하나였다고 중국은 실토하고 있다.

26 제3차 세계대전의 대체전이 벌어진 '전쟁의 추억'

에리고지에 얽힌 피델 라모스 중위의 추억

"에리(Eerie : 해발 183미터)고지 제3벙커 안으로 수류탄을 던지자 폭음이 터졌다. 소대장 라모스 중위는 중국군이 다 죽었으리라 생각하고 이를 확인하러 벙커 입구 앞 4미터까지 다가갔다. 그러나 갑자기 중국군이 소총을 마구 쏘며 뛰쳐나왔다. 놀란 라모스 중위는 카빈총을 난사했고, 중국군 3명이 소리를 지르며 쓰러졌다."

비무장지대 안에 보이는 티본고지와 에리고지, 가운데 ㄴ자형 분지처럼 보이는 곳이 라모스 전 필리핀 대통령의 분투가 돋보인 에리고지이고, 거기서 능선으로 이어진 T자형 고지가 티본고지다.

티본고지

에리고지

『한국전쟁사 제11권-유엔군 참전편』(국방부전사편찬위, 1980년)에서 찾아낸 내용이다. 라모스 중위는 1992년부터 1996년까지 필리핀 대통령을 지낸 피델 라모스를 말한다.

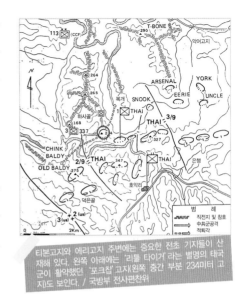

티본고지와 에리고지 주변에는 중요한 전초 기지들이 산재해 있다. 왼쪽 아래에는 '리틀 타이거'라는 별명의 태국군이 활약했던 '포크찹' 고지(왼쪽 중간 부분 234미터 고지)도 보인다. / 국방부 전사편찬위

그가 대통령이 되자 한국전 참전 경력과 함께 전투를 벌이다가 북한군에 의해 어깨를 다친 이력이 보도되곤 했다. 하지만 라모스 대통령의 자세한 참전 기록은 알려지지 않았다. 그런데 내가 찾아낸 전투 기록에 따르면 "1950년 미 웨스트 포인트 육군사관학교를 나온 피델 라모스 중위는 필리핀 제20대대 수색중대 제2소대장을 지휘"했다. 그는 1952년 5월 18일 에리고지를 탈취한 뒤 적이 구축해 놓은 벙커를 파괴하라는 임무를 받는다.

에리고지가 자리 잡고 있는 임진강 지류인 연천군 역곡천 지류에 놓여 있으며 인근에 '포크찹(Pork Chop)', '불모(Old Baldy)', '티본(T-Bone)'고지가 집중된 요충지 가운데 요충지였다. 에리고지는 아스널(Arsenal), 요크(York), 엉클(Uncle) 고지 등과 함께 '티본고지의 전초기지 역할을 했다.

전략적으로 중요한 이 에리고지 급습을 명령받은 라모스 소대는 21일 새벽 전격작전으로 고지를 탈취한 뒤 중국군이 구축한 벙커 7곳을 파괴시킨다. 하지만 중국군의 맹렬한 포격을 받은 소대는 그야말로 '뒹굴다시피' 하며 철수한다. 하지만 라모스 중위가 지휘한 소대는 이 전투에서 단 1명의 부상자도 내지 않고 중국군 70여 명

태풍전망대에 있는 호주군 참전비. 호주군은 인근 마량산 전투에서 혁혁한 공을 세웠다.

태풍전망대의 태국군 참전 충혼비. 태국군은 인근 포크찹 전투에서 활약했다.

을 살상하는 대전과를 올린다. 훗날 라모스 부대가 속한 필리핀 제20대대는 에리고지 승전 기념으로 부대표창을 받았다.

　라모스 전 대통령뿐만 아니라 필리핀 민주화운동으로 유명한 데다 코라손 아키노 전 대통령의 남편 베니그노(니노이) 아키노 전 상원의원도 한국전쟁 때 종군기자로 활약했다. 500페소짜리 필리핀 화폐 뒷면 한쪽에는 38선을 돌파할 당시 기사를 배경으로 군복을 입고 카메라와 펜을 든 아키노를 볼 수 있다. 또한 카를로스 로물로 전 외무장관은 한국전쟁이 터졌을 때 일요일임에도 불구하고 유엔총회 의장으로서 유엔군의 참전을 주도했다. 글로리아 마카파갈 아로요 대통령의 부친 마카파갈은 필리핀 상원 외교위원장으로서 필리핀군의 한국전쟁 파병을 이끌었다.

　필리핀은 한국전쟁이 일어났을 때(1950년), 독립한 지 4년밖에 안 됐고, 공산게릴라인 후크단의 반란으로 무척 괴로운 처지였지만 미국과 영국에 이어 세 번째로 지상군을 파견했다. 1950년 9월 2일 필리핀 파병군은 6만 명의 환송 인파의 열렬한 성원을 받으며 전장으로 떠났다고 한다.

18개국 200만 명의 넋이 묻힌 곳

　이야기를 끌어내기 위해 라모스 전 대통령과 필리핀

파병군을 먼저 언급했을 따름이지 어디 필리핀뿐이랴. 경기도 연천군 태풍전망대에 가면 두 개의 참전비를 볼 수 있다. 하나는 2008년에 건립된 태국군 참전 충혼비이고, 다른 하나는 태풍전망대에서 손에 닿을 듯한 마량산에서 혈전을 벌인 호주군의 참전 기념비다. 군사분계선 바로 앞에 이역만리에서 스러져 간 세계의 젊은 넋을 기리고 있는 것이다.

물론 한국전쟁의 가장 큰 피해자는 전쟁당사자인 남북한이었다. 3년간의 지루한 전쟁 결과 한국군 32만 명(전사 5만 8,000여 명), 북한군 60만~80만 명(전사 50만~52만 명)이 희생됐으니까. 거기에 남북한 주민들의 인적손실은 무려 520만 명에 달했다. 이는 당시 남북한

	구분	전사	부상	실종 및 포로	합계
	합계	95,800	294,280	89,262	479,342
	한국군	58,809	178,632	82,318	319,759
	유엔군	36,991	115,648	6,944	159,583
1	미국	33,629	103,284	5,178	142,091
2	영국	766	2,583	1,129	4,478
3	캐나다	309	1,202	32	1,543
4	호주	304	1,040	72	1,416
5	그리스	196	543	2	741
6	터키	721	2,493	409	3,623
7	프랑스	262	1,008	19	1,289
8	콜롬비아	163	448	28	639
9	에티오피아	121	536		657
10	네덜란드	120	645	3	768
11	필리핀	112	299	57	468
12	벨기에	103	340	1	444
13	태국	125	1,139	5	1,269
14	뉴질랜드	23	79	1	103
15	남아공	34		8	42
16	룩셈부르크	3	9		12

* 한국전쟁 때 한국군 · 유엔군 피해 상황 (출처 : 국방부 전사편찬위, 1986)

구분	계	전투손실	비전투손실
총계	972,600	369,600	603,000
사망	148,600	135,600	13,000
부상	798,400	208,400	590,000
실종	3,900	3,900	
포로	21,700	21,700	

* 중국군 피해 상황 (출처 : 廣角鏡月刊, 1993)

출처	총계	사망	실종/포로	비전투손실	비고
한국전란 4년지	607,396	508,797	98,599		
군사정전위 편람	640,000	520,000	120,000		
The US Military Experience in Korea	801,000	522,000	102,000	177,000	사망에 부상 포함

* 북한군 피해 상황 (출처 : 국방군사연구소, 1996)

인구를 3,000만 명으로 보았을 때 6명에 한 명꼴로 손실을 입었다는 이야기다. 또한 무려 1,000만 명의 이산가족이 생겼다.

하지만 이 전쟁은 전쟁 당사자인 남북한을 포함해 전 세계 45개국이 치른 국제전이었다. 그러니 한국전쟁을 '제3차 세계대전의 대체전'으로 평가하는 전문가도 있을 정도다. 즉 전쟁 당사자인 남북한과 공산 진영의 중국, 소련 등 2개국, 유엔의 기치 아래 모인 참전 16개국, 의료 지원 5개국, 물자 지원 20개국까지 합하면 45개국에 이르렀다. 그 결과 한국군과 유엔군의 경우 모두 50만 명에 육박하는 인명피해를 냈다. 외국군 가운데 미국은 연인원 178만 9,000명의 병력을 파견해 14만 명에 이르는 인명피해를 입었다. 뿐만 아니라 미국 외에도 유엔의 기치 아래 파견된 5대양 6대주 젊은이들이 희생됐다. 미국을 제외한 유엔군의 희생자(전사+부상+실종 및 포로)도 총 1만 8,000명에 육박했다.

한국전쟁 당시 유엔 회원국은 59개국이었다. 이 가운데 1950년 6월 27일 53개국이 한국에 대한 군사원조를 권고하는 결의문에 찬성표를 던진다. 미국은 자국의 한국전 개입에 집단 안보적 성격을 강조했다. 당시 에치슨 국무장관은 "미래의 전쟁은 미국 대 소련이 아니라 자유세계 대 공산세계의 대결"이라는 점을 강조함으로써 미국 내 지지와 국제사회의 동맹을 이끌어냈다.

1950년 7월 7일 유엔 안보리는 미국의 지휘 아래 통일된 명령체계의 수립을 결의했다. 유엔군사령관에 임명된 맥아더는 "지원국의 최소 파병수를 적절한 전투와 병력지원을 할 수 있는 1,000여 명 정도의 1개 보병대"라는 아우트라인을 설정했다. 파병을 원한다 해도 다 되는 것은 아니었다. 태국과 필리핀은 이 전쟁에 서방세계뿐만 아니라 아시아인도 동참한다는 명분 아래 참여할 수 있었다.

'리틀 타이거'의 전공이 빛난 '포크찹 전투'

이미 언급한 글로스터 부대의 선전으로 유명한 영국은, 1951년 7월 28일 호주, 캐나다, 뉴질랜드, 벨기에, 룩셈부르크 등 6개국과 함께 영연방 제1사단을 구성했으며, 연인원 1만 7,000여 명이 참전해 4,500명에 이르는 인명피해를 입었다.

터키는 여단군 규모인 5,090명을 파병했다. 제대로 된 실탄훈련도 받지 못한 채 한국 땅을 밟은 터키군은 전장이라는 급박한 상황

'리틀 타이거'라는 별명을 얻은 태국군

몽클라르 중령의 일화로 유명한 프랑스군

속에서 언어소통 문제로 한국군과 북한군을 구별할 수 없는 상황에 놓여 있었다. 게다가 음식도 맞지 않는 등 악전고투의 연속이었다. 터키군은 1950년 11월, 중국군의 맹공에 초반 군우리 전투에서 여단의 전력이 사실상 와해되는 등 고초를 겪었다. 하지만 이듬해인 1951년 1월 금량장 전투에서 포로가 되기를 거부하면서 착검한 채 돌격하는 용맹성을 발휘하며 명예를 되찾았다.

태국군은 역곡천 인근의 '포크찹고지' 전투에서 혁혁한 공을 세웠다. 역곡천 바로 북쪽에 있는 포크찹고지는 이름 없는 234미터 고지에 불과했으나 불모고지, 티본고지 등과 한 묶음의 고지군을 고려하면 전략적 가치가 매우 컸다.

태국군은 1952년 11월 1일부터 벌어진 이 포크찹고지 전투에서 세 번에 걸친 중국군의 공격을 백병전과 역습으로 물리치고 끝까지 고지를 지켜냈다. 11일까지 벌어진 이 전투 결과 중국군은 300명이 사살된 반면, 태국군 전사자는 25명에 불과했다.

이 승전으로 태국군은 '리틀 타이거(Little tiger)'라는 별명을 얻었다. 포크찹고지 전투는 휴전 직전인 1953년 7월 8일까지 이어졌다.

1959년에는 이 실화를 바탕으로 그레고리 펙이 주연한 영화 《포크 찹고지(Pork chop hill)》가 개봉되기도 했다.

대대급을 파견한 프랑스는 1951년 2월 지평리 전투에서 용맹을 발휘했는데, 특히 대대장 몽클라르 중령의 일화가 유명하다. 그는 제2차 세계대전 당시 자유 프랑스군의 장군으로 종군했으며, 종전 때 중장으로 예편한 뒤 한국전쟁이 일어나자 프랑스 정부가 대대급으로 파견부대를 보내자 계급을 낮춰 중령으로 현역에 복귀해 대대장이 되었다.

이 밖에도 호주는 영유리, 박천, 가평, 마량산 전투에서, 뉴질랜드 포병부대는 가평 전투에서, 네덜란드는 원주와 횡성에서, 벨기에는 금굴산 작전에서 크게 활약했다.

벨기에 파병군 가운데는 전 상원의원이자 당시 국방장관이던 모레안 드 멜론이 소령으로 출전해 연락장교를 맡기도 했다. 인구가 20여 만 명에 불과했던 룩셈부르크는 맥아더가 제시한 '최소한 1,000명'의 가이드라인에서 유일하게 예외가 된 나라였다. 룩셈부르크는 소대급인 48명을 파병했고, 17명의 사상자(전사 2명)를 냈다.

언어장벽 등으로 악전고투했지만 금량장 전투와 네바다 전초전에서 활약한 터키군

주목할 만한 참전국은 역시 아프리카 대륙의 에티오피아와 남아프리카공화국, 남미의 콜롬비아였다. 특히 에티오피아의 참전은 눈물겨운 것이었다.

에티오피아 파병군의 애끓는 사연

에티오피아는 1935년 이탈리아로부터 침공을 받았을 때 국제연맹에 지원을 호소했지만 무위로 끝났다. 그런 뼈아픈 기억을 갖고 있던 당시 하일레 셀라시에 황제였기에 한국이 어려움을 겪자 참전을 결정한 것이다.

제2차 세계대전 때 이탈리아로부터 무장해제를 당한 군대는 보잘것없었지만 황실근위대에서 1,200명을 뽑았다. 병사들은 앞 다투어 지원했고, 아디스아바바 인근 한국 지형과 닮은 곳에서 강도 높은 훈련을 받았다고 한다.

셀라시에 황제는 1951년 파병군을 환송하면서 부대에 '칵뉴 (Kagnew : 물리치기 어려운 상대를 궤멸시킨다는 뜻)'라는 이름을 지어 주었다고 한다. 미 7사단 32연대에 배속된 에티오피아군은 전방 배치 사흘 만에 출전한 화천 봉당덕리 전투에서 중국군 30여 명을 사살하는 전과를 올렸다. 이밖에도 금성지구 전투와 삼각고지, 요크·엉클고지 전투에도 참가해 혁혁한 전과를 거두었다. 그리고 참전 기간 내내 121명의 전사자와 536명의 부상자를 기록했지만 참전국 가운데 유일하게 포로가 단 한 명도 없었다.

1968년 5월 한국을 방문한 셀라시에 황제는 춘천에 건립된 에티오피아군 참전비

황실근위대가 출전한 에티오피아군. 참전 후 영웅대접을 받았지만 공산정권이 들어서면서 찬밥신세가 되었다고 한다.

제막식에서 참전용사들을 위해 눈물을 흘렸다고 한다. 당시 에티오피아 참전용사들은 한국전쟁이 끝난 뒤에 집과 땅을 받는 등 영웅대접을 받았지만, 1974년 쿠데타로 셀라시에 황제가 피살되고 공산정권이 들어서면서 배신자 낙인이 찍혔다고 한다. 아직 사망하지 않은 참전용사들은 현재 아디스아바바 시내에서 20분 거리에 있는 '코리아 빌리지'에 살고 있다고 한다.

남미의 콜롬비아는 어려운 경제여건에다 1948년 적색분자들이 일으킨 최악의 폭력사태를 겪었음에도 라틴아메리카에서는 유일하게 대대급 규모의 파병군을 보냈다. 콜롬비아군은 금성지구와 불모고지 전투에서 혁혁한 공을 세웠다.

이역만리 남미에서 출병한 콜롬비아군

이 밖에 이천 부근 381고지 방어전투와 임진강 및 철원의 노리고지, 420고지, 313고지 전투에서 활약한 그리스 대대와 공군부대를 파견한 남아프리카공화국 등도 한국전쟁에 직접 참전한 16개국에 속해 있다.

200회에 걸친 유엔군 작전을 주도한 미군

14만 명을 희생시킨 미국

물론 남북한을 제외한 참전국 가운데 유엔 측의 미국과 공산 측의 중국은 필설로 다할 수 없는 피해를 입었다.

미국은 연인원 180만 명에 달하는 병력을 파견했다. 이것은 1812년의 미·영 전쟁(28만 명)과 1898년의 미·스페인 전쟁(30만 6,000여 명)을 훨씬 넘어서는 병력 투입이었다. 비록 1861년의 남북전쟁(221만여 명)과 1917년 제1차 세계대전(473만여 명), 그리고 제2차 세계대전(1,611만여 명)보다는 적은 규모다.

하지만 한국전쟁 당시 미국이 핵무기를 보유하고 있었고, 한국전쟁이 초반 1년을 빼면 나머지 3분의 2에 해당하는 기간이 군사분계선을 중심

으로 고지쟁탈전이라는 제한전쟁을 벌였던 점을 감안하면 세계대
전 규모의 병력이라 해도 과언이 아니었다.

3년의 전쟁기간 동안 미국의 인명피해는 14만 명(전사 3만 4,000여
명)에 이르렀다. 이는 전체 참전병력의 8퍼센트에 해당하는 수치
로, 제1·2차 세계대전(7퍼센트)보다도 높은 인명피해율을 나타내
고 있다.

특히 제2차 세계대전의 영웅인 드와이트 아이젠하워 전 대통령
의 아들인 존 아이젠하워 육군 소
령을 비롯해 미군장성의 아들 142
명이 참전해 그 가운데 35명이 전
사하거나 부상을 입었다.

거기에는 미8군 사령관 월터 워
커 육군중장의 아들 샘 워커 육군
대위, 유엔군 총사령관 마크 클라
크 육군대장의 아들 마크 빌 육군
대위, 제8군 사령관 제임스 밴플리
트 육군중장의 아들 밴플리트 2세
공군중위 등이 포함되어 있었다.

이 가운데 밴플리트 2세(지미)는
전투기 조종사로 활약하다가 야간
폭격임무를 수행하던 도중에 실종
됐다. 클라크 대장의 아들 마크 빌
대위는 미 제9연대 G연대장으로

밴플리트 장군이 캐슬고지 전투에서 공을 세운 영국 글로스
터 대대원에게 훈장을 수여하고 있다. / 눈빛출판사 제공

참전해 '단장의 능선' 전투에서 중상을 입고 귀국했다.

뿐만 아니라 해군참모총장 포레스트 셔먼제독의 순직, 워커 미8
군사령관의 교통사고 사망, 브라이언트 무어 제9사단장의 헬리콥터
사망 등 미국의 군·사단장과 연대장급 지휘관들이 숨져갔다. 미군
의 주도로 한국전쟁 기간 동안 수행된 크고 작은 작전은 무려 200
개를 넘는다.

신생국이면서도 순망치한의 고사를 인용하면서 연인원 300만 명을 파병한 중국군. 인해전술과 갱도전으로 무장했다. / 《경향신문》 자료

또 비록 적으로 만나 싸웠지만 중국의 젊은이들 역시 이국땅에서 스러져 갔음을 잊어서는 안 된다.

'순망치한'이라는 명분으로 출전한 중국

한국전에 참전한 중국군은 100만 명에 육박하는 인명피해를 입은 것으로 집계되고 있다. 특히 중국군은 연인원 300만 명이 출병한 것으로 알려지고 있다.

중국은 한국전쟁이 발발하자 이른바 '항미원조(抗美援助) 보가위국(保家衛國)', 즉 미국을 무찌르는 전쟁을 도와야 집과 나라를 지킬 수 있음을 강조하면서 지원군을 파견했다.

마오쩌둥[毛澤東]과 저우언라이[周恩來] 등 중국지도자들은 북한 정권과의 관계를 '순망즉치한(脣亡則齒寒) 호파즉당위(戶破則堂危)', 즉 입술이 없어지면 이가 시리고, 현관문이 깨지면 집 안채가 위험하다는, 이른바 순망치한(脣亡齒寒)의 고사를 인용하면서 참전한 것이다.

국공내전과 항일전쟁 등 어렵고 힘겨운 싸움 끝에 1949년에 탄생한 중국으로서는 9개월 만에 벌어진 한국전쟁에 참전할 여력이 없었다. 내전과 항일전을 치른 신생국으로서 경제 살리기에도 바빴기 때문이었다. 국민총생산은 미국의 5분의 1 수준이었고, 철강생산량은 144분의 1이라는 열악한 상황이었다. 하지만 중국은 "미국이 북한을 무너뜨리면 중국의 동북부도 안전할 수 없다."는 저우언라이의 언급처럼 파병을 결정한 것이다.

그런데 한국전쟁은 전 기간(1127일) 가운데 3분의 2나 되는 764일간을 지금의 비무장지대 부근인 판문점, 연천, 철원, 남강을 중심으로 지루한 교착전을 펼쳤다는 특징이 있다. 한국군과 북한군, 중국군, 그리고 유엔의 기치 아래 전쟁에 직접 참전한 16개국의 병사들이 지긋지긋한 고지쟁탈전에서 희생되었다. 전쟁 초기의 희생자 8만 명에 비해서는 적은 숫자였지만 고지전과 진지전을 중심으로 벌인 이 제한된 전투에서 해마다 3만 명의 전상자가 발생했다. 문산, 철의 삼각지대, 간성을 확보하면 큰 병력손실은 없을 것이라던 유엔군의 당초 예상이 크게 빗나간 것이다.

'제인 러셀' 고지를 아시나요?

지루한 전투 속에서 전투의 성격이나 특징을 때로는 처절하게,

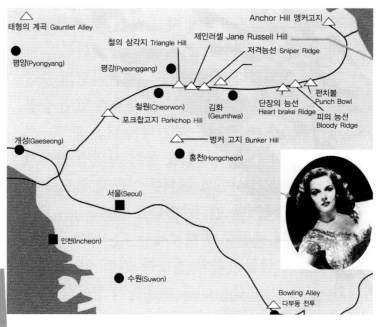

지루한 교착전에서 다양한 고지명이 붙었다. 접전지였던 삼각고지에는 당대 육체파배우인 제인 러셀(사진)이라는 이름이 붙은 고지가 있다.

때로는 유머러스하게 표현한 작전명이나 고지의 이름이 쏟아졌다.

특히 미군 주도로 펼쳐진 작전이 200여 개나 되었으므로 작전의 이름도 블루 하트(Blue Heart), 크로마이트(Chromite), 코만도(Commando), 킬러(Killer), 파일 드라이버(Pile Driver), 래트 킬러(Rat Killer), 리퍼(Ripper), 라운드업(Roundup), 러기드(Rugged), 쇼다운(Showdown), 테일 보드(Tail Board), 선더볼트(Thunderbolt), 울프 하운드(Wolf hound) 등 영어로 표기되었다.

이 가운데 '쇼다운(Show Down)'은 휴전회담의 와중에 중국군의 전력이 유엔군에 육박하는 수준에 도달한 1952년 10월, 유엔군도 공격작전을 벌일 능력이 있음을 과시한다는 측면에서 전개됐다. 이것이 바로 저격능선 전투(중국은 이 전투를 삼각고지 전투와 묶어 상감령 전역이라 함)다. 하지만 과시용 치고는 전력 손실이 너무 컸다. 저격능선 전투와 삼각고지 전투에서 쌍방 2만 명(한국군 자료)~3만 7,000명(중국군 자료)의 사상자를 냈으니 말이다.

또 하나 재미있는 작전명은 1951년 9월 '단장의 능선'에서 벌인 '터치다운(Touch Down)'이다. 미군은 미식축구 작전을 본 따 3개 연대가 동시에 공격하여 적의 방어력을 분쇄하고 측·후방으로 전차부대를 진출시켜 북한군을 배후에서 치는 작전을 펼쳤다.

미국의 주나 도시 이름을 딴 작전통제선이 등장했는데, 와이오밍선, 미주리선, 애리조나선, 올버니선, 유타선, 네바다선 등이 단적인 예다. 터키군의 분전으로 유명한 네바다 전초군의 경우 초소의 이름을 카슨, 엘코, 베이거스 등 네바다 주에 있는 도시 명을 따서 장병들의 향수를 자극하기도 했다.

또한 처절한 전투가 벌어진 고지의 이름들은 종군기자들이 쓴 기사로 전 세계에 타전되었는데, 이 자체가 역사성과 상징성을 담고 있다. 예컨대 '티본고지(T-bone : 연천)', '포크찹고지(Porkchop : 연천)', '백마고지(White Horse : 철원)', '저격능선(Sniper Ridge : 김화)', '애로우헤드(Arrow head : 철원)', '벙커고지(Bunker : 홍천)', '불모고지(Old Baldy : 연천)', '지형(指形)능선(Finger Ridge : 금성)', '피의 능선(Bloody Ridge Line : 양구 북방)', '단장의 능선(Heartbreak Ridge : 양구 북방)', '리틀 지브롤터(Little Gibraltar : 연천 고왕산)', '제인 러셀 고지(Jane Russell : 김화 오성산 기슭)', '크리스마스고지(양구 북방)', '아이스크림고지(삽슬봉 : 철원)' 등 고지의 형태를 빗댔거나 전투의 상황을 비유한 이름들이 양산되었다.

티본스테이크처럼 생겼다는 '티본고지'와 갈빗살이 붙은 돼지 갈비뼈를 닮았다는 '포크찹고지', 당대 미국의 유명한 육체파 배우인 제인 러셀의 풍만한 가슴을 연상시킨다 해서 이름 붙인 '제인 러셀 고지' 등의 이름은 유머러스하다. 고지 전투의 고단함과 어려움, 비참함을 이렇게 유머로 승화시킨 것이다.

반면 집중포화로 아이스크림처럼 녹아내렸다는 '아이스크림 고지'와, 대머리처럼 벗겨졌다는 '불모(不毛)고지', 1951년 크리스마스 때인데도 중국군의 대공세를 받았다는 '크리스마스 고지', 저격당하기 십상인 지형이라는 '저격능선', 그리고 '피의 능선', '단장의 능선' 등은 전쟁의 참화를 웅변해 주는 명칭들이다.

이렇게 비무장지대 일원은 이역만리에 파견된 5대양 6대주 젊은 이들의 피와 넋이 담긴 곳이다. 그렇다면 그들은 과연 헛된 피를 뿌

저 멀리 오성산 앞에 보이는 저격 능선. 능선은 오성산까지 이어진다. 1951년 10월 중국군의 저격에 많은 미군이 희생당하자 '저격능선(Sniper Ridge)'이라는 악명을 얻었다.

린 것일까? 물론 지루한 교착전의 양상으로 펼쳐진 희한한 전쟁에서 수많은 젊은이들이 속절없이 피를 흘리고 스러져 간 것은 사실이다.

하지만 그들의 희생 덕분에 세계는 어쨌든 '제3차 세계대전'이라는 미증유의 비극을 막을 수 있었던 게 아닐까? 그것만으로도 머나먼 곳까지 와서 싸우다 숨겨간 이들의 넋은 고귀한 것이다.

피델 라모스 전 필리핀 대통령은 60년 가까이 흐른 지금도 라모스 중위의 심정으로 연천 역곡천에서 겪었던 '전쟁의 추억'을 이야기하고 있다. 하지만 어디 그뿐이랴. 당시 참전했던, 지금은 늙고 병들어 버린 노병들도 저 한반도 최전방 무명고지에서 스러져간 전우들을 떠올리며 '젊은 날의 초상'을 그리고 있다.

한국전에서 빛난
노블리스 오블리제

　1952년 4월 4일. 미 8군 사령관 밴플리트 중장(1892~1992년)의 아들 지미
(중위)가 B29 폭격기를 조종하며 출격했다가 실종되고 만다. 참모들은 수색
작전으로 사령관 아들의 시신을 찾아야 한다고 건의한다. 하지만 밴플리트
장군의 한마디.

　"다른 작전이 내 아들을 찾는 것보다 더 중요하다."

　또 하나. '단장의 능선' 전투에서 큰 부상을 입고 귀국한 클라크 유엔군
총사령관의 아들 빌은 원래 미 9군단장 무어장군의 부관이었다. 하지만 그
는 일선 소총 중대장을 자원했고, 결국 전투에서 부상을 입었다. 이 일화들
은 미군장성의 아들들이 왜 142명이나 한국전쟁에 참전했고, 35명이나 전
사하거나 부상했는지 설명해 주는 단적인 예다.

　적(敵)이었지만 중국 마오쩌둥 주석의 아들 마오안잉[毛岸英]의 사례 역시
극적이다. 마오쩌둥은 일생을 통틀어 4번 결혼했는데, 마오안잉은 그가 가
장 사랑했던 두 번째 부인 양카이후이[梁開慧]와의 사이에서 난 맏아들이었
다. 혁명동지이기도 했던 양카이후이는 1930년 10월 국민당 군벌인 허젠[河
鍵]에게 잡혀 총살당했다. 그녀는 끝까지 남편 마오쩌둥을 모른다고 부인하
다가 변을 당한 것이다.

　그러니 그런 양카이후이가 낳은 마오안잉에 대한 사랑이 어땠으랴. 한국
전쟁이 일어나고 중국의 조선 파병이 결정되자 마오안잉은 "조선(북한)지원
전쟁에 꼭 나서고 싶다."고 지원했다. 더욱이 당시 마오안잉은 신혼을 즐기

고 있던 때였다. 하지만 마오안잉은 11월 23일(혹은 24일) 유엔군의 소이탄 공격으로 그만 전사하고 만다.

아들의 전사사실을 보고 받은 마오쩌둥은 슬픔을 감춘 채 "중국 인민의 의리를 말해 주는 표본이니 (아들을) 그냥 한반도에 묻어 두라."고 지시한다. 그러고 나서 이렇게 공식 발표했다.

한국전쟁에서 아들 지미를 잃은 밴플리트 8군 사령관(왼쪽) / 《경향신문》 자료

"전쟁에서 희생 없이는 승리도 없습니다. 이 세상에 자기 자식을 아끼지 않는 부모는 없지만, 혁명을 위해 피를 뿌린 자식을 둔 부모는 아주 많습니다."

지금으로부터 2,200년 전. 초한(楚漢)전쟁을 승리로 이끌고 한나라를 세운 고조(유방)는 논공행상을 펼쳤는데, 직접 참전하지 않고 후방에서 병참기지를 관리한 승상 소하(蕭何)를 최고 등급의 공신으로 삼았다. 그러자 전쟁터에서 수많은 전공을 세운 장수들이 아우성을 쳤다. 하지만 고조는 이렇게 일축했다.

"소하는 전 가문 사람 수십 명이 참전하여 전쟁을 치렀다. 무슨 잔말이 많은가."

한국전쟁 때 전사한 마오쩌둥의 아들 마오안잉

장수들은 끽소리도 하지 못했다. 이런 사례야말로 고금의 '노블리스 오블리제'가 아니고 무엇이란 말인가. 고금의 역사를 들춰 보아도, 역사가 어차피 투쟁으로 점철될 수밖에 없는 한, 그 사회와 나라를 지키기 위한 전쟁은 계속될 수밖에 없다. 그리고 그런 역사를 지탱한 사람들은 물론 밑바닥에서 이름 없이 빛도 없이 싸운 백성들이지만 그런 백성들에게 기꺼이 총칼을 들게 만드는 이들은 바로 그 사회의 지도층이다. 그 지도층이 솔선수범하지 않는 나라는 망할 수밖에 없다는 얘기다.

27 중국군이 쌓은 4,000킬로미터의 지하 만리장성

"오성산을 빼앗기면 패배한 전쟁이다."

'붉은병꽃나무(조선금대화)'가 햇빛을 받으며 피어났다. 병처럼 생겼고, 태어날 때부터 붉은 빛이라 해서 '붉은병꽃나무'라는 이름이 붙은 이 꽃은 양지바른 산록에 피어나는 꽃이다.

귀를 찢을 듯한 대남·대북방송이 사라진 전선은 고즈넉하기 이를 데 없다. 그래서인가. 7월의 따가운 햇볕을 받은 전선은 제법 한가로운 풍경이다. 게다가 햇볕에 한껏 나른해 보이는 '붉은병꽃나무'를 곁들이면……

"저 산이 바로 오성산(해발 1,062미터)입니다. 웅장한 산이죠. 예로부터 오신산(五神山)으로도 일컬어질 만큼 심상치 않은 분위기를 풍깁니다. 하기야 저 산은 1930년대에 전국을 떠들썩하게 했던 백백교(白白敎)의 본거지이기도 했어요."(이우형 씨)

적막을 깨는 그의 목소리를 듣고서야 저 '붉은병

철조망 앞에 핀 '붉은병꽃나무'. 저 너머에 보이는 산이 오성산이다. 7월의 여름 날, 김화 ○○부대 GOP.

꽃나무'가 바로 '철조망' 앞에 피어 있음을 깨달았다. V자로 뻗은 꽃나무 가지 사이로 펼쳐진 산 뭉치가 그때서야 시선에 잡힌다. 저 오성산 정상을 기점으로 각자의 줄기를 따라 내려다보면 기나긴 능선과 군데군데 불뚝 솟아오른 봉우리들이 보인다.

이우형 씨와 나는 다시 발길을 돌려 철원군 근북면에 자리 잡고 있는 승리전망대를 찾았다. 이곳은 오성산의 왼쪽 부분(보는 쪽을 기준으로)을 볼 수 있는 곳이다. 이제야 대략의 위치를 가늠해 볼 수 있다.

"저쪽으로 이어진 능선이 바로 저격능선이라 합니다. 저격당하기 십상인 능선이라 해서 '저격능선(Sniper Ridge)'이라는 이름이 붙었어요. 그리고 저 너머가 삼각고지라는 곳이고요."(이우형 씨)

오성산 남방에 있는 봉우리가 해발 598미터인 삼각고지. 그 삼각 고지에서 동쪽으로 2킬로미터 떨어진 능선이 바로 저격능선이다. 그리고 삼각고지를 중심으로 북동쪽에는 1950년대 미국의 육체파 배우인 제인 러셀의 가슴을 닮았다고 해서 이름 붙은 '제인 러셀 고지'가 있고, 북서쪽에는 '파이크스 봉(Pikes Peak)', 남동쪽에는 '샌디능선(Sandy Ridge)'이 있다. 파이크스 봉, 제인 러셀 고지, 삼각고지를 합해 '삼각고지군'이라 부른다. '저격능선'은 바로 이 삼각고지군 동쪽에 자리 잡은 해발 538미터의 능선이다. 중국은 이 삼각고지와 저격능선을 합해 '상감령(上甘領)'이라 한다.

지금 보면 그저 위풍당당한 오성산을 호위하는 작은 고지와 능선으로밖에 보이지 않는다. 하지만 이 작은 고지와 능선이 바로 바로 한국전쟁 때 2만 명(한국군 자료)~3만 7,000명(중국군 자료)의 젊은이들

오성산과 삼각고지군의 위용. 맨 끝 산이 오성산이고, 그 산줄기를 따라 파이크스 봉, 제인 러셀 봉, 삼각고지가 파노라마처럼 펼쳐진다. 오른쪽 너머에는 저격능선이 있다.

이 피를 뿌린 '영욕의 현장'이라는 사실에 할 말을 잃고 만다.

1951년 7월부터 시작된 휴전회담이 교착상태에 빠지면서 전투는 지금의 군사분계선을 중심으로 한 고지전의 양상으로 전개되었다.

그런데 1년여가 지난 1952년 여름이 지나자 공산군의 전력 증강이 꾸준히 이뤄지면서 도리어 전세가 역전되었다. 그러자 밴플리트 미 8군 사령관은 갈수록 저하되는 유엔군의 사기를 고취시키고 휴전회담에서 유리한 고지를 점령하고자 이른바 '쇼다운(Show Down)' 작전을 감행한다. 이름 그대로 유엔군도 공격할 수 있다는 '힘 과시용' 작전이었다. 유엔군의 작전목표는 바로 오성산의 전초기지라 할 수 있는 삼각고지(미 제7사단)와 저격능선(한국군 제2사단)이었다.

하지만 그것은 단순한 '힘 과시용' 작전이 아니었다. '삼각고지'
와 '저격능선', 즉 중국이 붙인 이름 '상감령'은 요충지 중의 요충
지였기 때문이다. 밴플리트 장군은 "적의 생명줄인 철원-평강-김
화의 '철의 삼각지대(Iron Triangle Zone)'를 반드시 차지해야 한다."
고 했는데, 바로 '철의 삼각지대'의 왼쪽 어깨가 '백마고지'라면,
김화, 즉 삼각지대의 오른쪽 꼭짓점은 바로 이 오성산 일대였던 것
이다.

당시 중국군은 "상감령을 잃게 되면 오성산이 직접 위협을 받으

줌으로 담긴 오성산의 근경, 정상에 북한이 설치한 송수신탑이 보인다. 만약 이 오성산을 차지했다면 평강고원도 확보할 수 있었을 것이다.

며 유엔군은 높은 지형에서 아래를 바라보게 되어 지원군(중국군)이 평강평원에서 버티기 힘들다."고 하면서 "상감령은 반드시 사수해야 한다."고 결의를 다졌다.

땅속의 사통팔달 요새

1952년 10월 14일 마침내 유엔군의 공격이 시작되었다. 이 전투는 무려 42일간이나 치열한 공방전을 벌이면서 이어졌다. 중국군의 자료에 따르면 이 과정에서 유엔군은 3개 사단이 넘는 6만 명의

오성산 확보를 위해 피아간 2만~3만7000명의 희생자를 낸 상감령(삼각고지+저격능선) 고지 전투요도 / 오규열의 논문에서

병력과 300여 문의 화포, 200여 대의 탱크, 3,000여 대의 항공기를 투입했고, 포탄 190만 발, 폭탄 5,000여 발을 쏟아 부었다. 중국군 역시 3개 사단(4만 명)과, 산포와 야포 · 유탄포 133문, 로켓포 24문, 고사포 47문, 박격포 292문이 35만 발의 포탄을 발사했다고 한다.

이 전투로 상감령 산봉우리는 2미터나 낮아졌고, 융단폭격으로 1미터가 넘는 흙먼지가 쌓였다고 한다.

전투과정에서 한국군 자료로는 2만 명(중국군 1만 4,815명, 유엔군 4,683명), 유엔군 자료로는 2만 8,000명(중국군 1만 9,000명, 유엔군 9,000명), 중국군 자료로는 3만 7,000여 명(중국군 1만 1,529명, 유엔군 2만 5,498명) 등 피아 간 엄청난 손실을 입었다.

우리 측 전사(戰史)에서도 "백마고지에서도 이렇게 많은 사상자가 발생하지 않았으며, 단일전투에서도 이렇데 많은 인명피해가 일어나지 않았다."고 했다. 그렇다면 이 길고 치열한 전투의 승자는?

40일이 넘는 작전 결과 유엔군은 목표인 삼각고지를 빼앗는 데 실패하고 저격능선의 일부인 A고지와 돌바위 고지를 점령하는 것으로 만족해야 했다.

물론 '저격능선' 전투로만 한정할 경우 '유엔군의 승리'라고 평가할 수도 있지만, 대체로 '실패한 전투'라는 평이 지배적이다. 국방부 전사편찬위가 낸 『한국전쟁사 : 유엔군 참전편─제11권』은 "쇼다운 작전은 겨우 저격능선 일각만 확보하는 데 그친 실패한 작전"이라고 결론을 내렸다.

게웅산에서 바라본 저격능선 / 이우형 촬영

중국은 이 전투를 두고 "상감령 전역은 전쟁 막바지 대공세였던 금성 전역과 함께 지원군이 조선 전쟁에서 거둔 최대의 승리였다." 고 자랑하고 있다.

그렇다면 유엔군은 이 전투를 왜 실패라 하는가? 우선 유엔군은 맨 처음 쇼다운 작전을 펼칠 때 삼각고지와 저격능선에 미군과 한국군 1개 대대씩만 투입해도 5일간의 작전기간에 약 200명의 인명 손실만으로 충분히 목적을 달성하리라 여겼다. 하지만 그 예상은 여지없이 깨졌고, 무려 40여 일 동안 엄청난 피해를 입고도 삼각고지 확보에 실패하고 저격능선 일부만 얻는 데 그쳤다. 특히 미 7사단이 맡은 삼각고지에서 미군 2,000여 명이 전사하거나 부상하자 미국 언론들은 "한국전선에서 미군이 명분 없는 싸움에 쓰러져 가고 있다."고 연일 보도하기에 이른다.

이에 미군은 삼각고지를 한국군 2사단에게 인계한다. 그렇게 되

갱도 구멍을 통해 사격하는 중국군

삼각고지와 저격능선(이상 상감령 전역)에서 유엔군을 상대하고 있는 중국군. 중국군의 갱도작전 때문에 유엔군이 고전했다. / 눈빛출판사 제공

자 한국군도 "우리가 미군을 위한 희생양이냐."라고 하는 불만 어린 목소리가 터져 나왔다. 또한 한국군의 경우 손실된 병력을 아무것도 모르는 신병들로 채웠다. 신병들은 소속부대마저 모르고 전투에 투입됐고, 일선 지휘관들도 자기 부하가 누구인지도 모른 채 전투를 벌였다. 하지만 이 '삼각고지와 저격능선' 전투의 가장 큰 실패 요인은 중국군과 공산군이 1년 6개월 동안 넘게 전선에 구축해 놓은 지하갱도, 즉 '지하 만리장성' 때문이었다. '저격능선' 전투를 지휘한 당시 정일권 한국군 제2사단장의 회고를 들어 보자.

"동굴 입구는 작은 구멍에 지나지 않았다. 그런데 안에 들어가 보니 사통팔달이었다. 중국군의 반격 속도가 상상을 초월할 정도로 빨라 이상하다고 생각했는데, 바로 동굴진지에 숨어 있다가 들어온 것이었다."

당시 중국군 45사단은 오성산 일대에 총연장 8.8킬로미터의 갱도 306개와 엄개참호 160개, 교통호 53킬로미터, 그리고 대전차호 4개를 구축해 놓은 상태였다. 게다가 참호 2,400개와 노루방책 2.6킬로미터, 철조망 2.3킬로미터, 동굴 양식창고 61개, 동굴 탄약창고 65개, 갱도와 연결된 엄폐식 취사장 140개, 각급 지휘소 및 관측소 204개를 건설했다.

특히 '쇼다운' 작전 직전에 투항한 한국군으로부터 첩보를 입수한 중국군은 저격능선 북사면 하단부터 상단까지 수직으로 연결된 폭 2미터, 깊이 1.5미터의 교통호를 20미터 간격으로 뚫어 능선을 오르내리는 통로로 활용했다. 또한 8부 능선 좌우로 연결된 교통호를 따라 8~10미터 간격으로 폭격과 포격에 견딜 수 있는 엄체호를 구축했다. 또 능선 북단에 100~150명을 수용하는 대피호를 쌓기도 했다. 그러니 "설령 원자폭탄을 사용했다 해도 저격능선과 오성산의 공산부대를 모두 소탕하는 것은 불가능했다."는 말까지 미국 군사전문가들 사이에서 돌 정도였다.

전쟁이 끝난 지 60년이 다가오는 지금. 오성산 일대의 요새는 가히 철옹성을 방불케 할 정도라 한다. 승리전망대 안내 사병의 설명을 들어 보자.

"저 산(오성산)만 빼앗았으면 휴전선이 20킬로미터 북방으로 진출했을 텐데요. 지금도 저 산 일대에는 북한군 500명이 주둔하고 있답니다. 유사시에는 6만 명의 병력이 지하벙커(갱도)에 숨을 수 있다고 합니다."

"지하에 만리장성을 쌓아라!"

그런데 이 지하 갱도는 그저 '빙산의 일각'에 지나지 않았다.

"포격전이 한창일 때 F-80제트전투폭격기 편대가 나타나 공산군 진지에 일제히 네이팜탄을 투하했다. 활활 타올라 가는 화염, 그리고 푸른 하늘 높이 뭉클 솟아오르는 소형 원자운 같은 버섯 형태의 흑연. 아마 공산군 진지 아래 장병들은 전부 불타 없어졌을 것이라고 생각했다. 하지만 30분이 지나자 전멸했어야 할 공산군 진지에서 박격포가 날아왔다."

이것은 불모고지 전투를 취재한 일본기자가 본국에 타전한 기사 내용이다. 한 미군장교는 이 일본기자에게 "산의 정상에서 20미터쯤 내려온 공산군의 지하진지를 네이팜탄이 완전히 불태울 수 없다."고 토로했다.

'지하만리장성(地下萬里長城)'. 그렇다. 중국은 전쟁이 교착전 양상으로 전개되던 1951년 8월쯤부터 방어진지를 난공불락의 요새로 만들기 시작했다. 제2차 세계대전의 마지노선이나 독일의 서부방벽을 능가하는 견고한 진지였다. 화력의 열세를 극복하려고 고지의 후사면을 이용해 땅굴과 참호를 파고 전 병력을 수용할 수 있는 지하요새를 구축한 것이다. 이는 쌍방이 협상을 통해 전쟁을 더 이상 확대시키지 않는다는 원칙을 세우면서 전선이 교착화한 데 따른 것이다. 중국 중앙은 1951년 "현재의 전선을 고수하면서 전쟁을 승리로 종식시켜야 한다."고 지시했다.

사실 항일전쟁과 국공내전을 치르고 1949년 중화인민공화국을 출범시킨 신생국으로서는 경제발전과 한국전쟁 수행이라는 두 마리 토끼를 동시에 잡을 수 없었기에 전쟁을 확대할 수 없었던 것이다. 중국으로서는 1952년이 경제건설준비공작을 진행하는 마지막 해여서 경제건설에 더욱 많은 자금이 필요했다. 1951년 중국의 예산은 1950년에 비해 60퍼센트나 증가했지만 총 예산의 32퍼센트를 한국전쟁에 투입해야 했다.

이 때문에 중국 중앙은 1951년 10월 전국적인 증산 절약운동을 펼쳐 부대를 재편하고, 지출 절약운동을 펼쳤다. 중국은 이른바 '항미원조전쟁'을 지원하면서도 경제건설이라는 두 가지 모순된 정책을 실현하기 위해 "조선 전장에서 지원군은 병력과 물자를 절약하여 지속적으로 적극 방어작전을 펴서 현재의 전선을 견고하게 방어하고 적군을 대량으로 소모시켜 최후 승리를 쟁취해야 한다."

는 지시를 내린다.

특히 4개월 동안 끌어온 휴전협상에서 "쌍방이 대치 중인 접촉
선을 군사분계선으로 한다."고 합의함으로써 전선이 고착화한다.
쌍방은 문산 서측 11킬로미터 떨어진 임진강 어귀에서 판문점 서
방~삭녕 북방~철원 서북방~김화 북방~금성 남방~어운리~문등
리~고성 동남방 6킬로미터 지점에 이르는 전장 237킬로미터의 전
선에서 대치했다. 유엔군은 우세한 화력과 포병 탱크 등을 내세워
1개 진지에 수만 발의 포탄을 쏟아 부었다. 장비가 낙후되어 있던
상황에서 전선 수호는 중국군의 최고 덕목이 되었다.

총 면적 5,000만~7,000만 평방킬로미터의 단일 지하요새

이런 와중에 1951년 6월 중순 중국군 제47군단 제140사단이 유
엔군의 맹폭을 방어할 이른바 '고양이 귀' 모양의 동굴을 대량으로
만든다. 즉 교통호 내부에 각기 한 명당 두 개씩 넓이 0.8~1제곱미
터, 지상에서의 깊이 2~3미터의 동굴을 만든 것이다. 1개 중대 혹
은 1대 대대의 진지는 유엔군 1,000~2,000발의 포탄포격과 미군기
10대에서 퍼붓는 소형폭탄 폭격을 견딜 수 있게 되었다.

이렇게 동굴의 효용성이 알려지자 중국군 사령부는 "거점은 반
드시 갱도식으로 확보해 적의 유탄포와 포탄의 공격을 견디도록 하
라."는 명령을 내린다.

"동굴 전법은 연천군 마량산과 216.8고지에서 빛났다. 1951년
10월 4일부터 7일 사이에 영연방 사단은 매일 1만~2만 발의 포탄
을 퍼부었지만 진지는 흔들림이 없었다. 영국군의 21차례 공격을

'지하 만리장성'을 파고 있는 중국군 / 눈빛출판사 제공

모두 격퇴하고 700여 명의 적을 살상했
으며……."

이에 고무된 중국군은 1951년 10월
21일 "주요 진지는 반드시 갱도식으로
하되 깊이는 5미터 이상으로 하라."는 지
시를 내린다. 이로써 서부전선 예성강 하
구에서 북한강 동쪽의 양구 문등리까지
전 전선에 걸쳐 8개 중국군 군단과 북한
군 3개 군단을 투입해, 이른바 갱도식 방
어진지 구축작전을 펼친다.

갱도에서 손풍금을 불고 있는 중국군 / 눈빛출판사 제공

"석탄이 없으면 나무를 땠고, 흙을 운반할 도구가 없으면 손수레를 만들었다. 비밀 유지를 위해 낮에는 흙을 동굴 입구까지 운반했고, 야간에 산기슭으로 옮겨 동이 틀 때까지 위장하면서 공사를 계속했다. 쇠로 된 통에 구멍을 뚫고 그 안에 타는 숯을 넣은 탄등(炭燈)까지 만들었다."

갱도 구축공사의 원칙은 이른바 7방(防), 즉 방공, 방호, 방독, 방수, 방화, 방습, 방한이었다. 중국군은 유엔군이 쏜 포탄 가운데 불발탄을 수습해 부족한 폭약을 보충했으며, 전선 인접지역에 철공소를 만들어 삽과 곡괭이, 호미 등 작업도구를 제작했다.

공산군 측은 1952년 5월까지 임진강 하구부터 동해안 간성까지 정면으로 233킬로미터와 폭 15~20킬로미터의 제1선 진지에 갱도식 진지를 핵심으로 각종 야전진지와 결합된 방어거점식의 견고한 방어진지 체계를 완성했다고 자랑하고 있다.

1952년 말까지 공산군 측은 한반도를 횡으로 가로지르는 250킬로미터 길이의 모든 전선에 종으로 20~30킬로미터의 두꺼운 방어선을 갖추고 땅굴을 거점으로 한 거점식 진지방어체계, 즉 지하갱도를 구축했다.

그들의 표현대로 난공불락의 '지하 만리장성'이 건설된 것이다. 250킬로미터의 한반도 중부전선에 중국군이 판 갱도는 7,789통로, 길이 198.7킬로미터, 엄체호 75만 2,900개, 노천 및 엄폐식 참호의 길이는 3,420킬로미터였다. 그리고 북한군이 판 갱도는 1,730통로, 길이 88.3킬로미터, 각종 엄체호 3만 1,700개, 참호의 길이는 263킬로미터가 되었다고 한다.

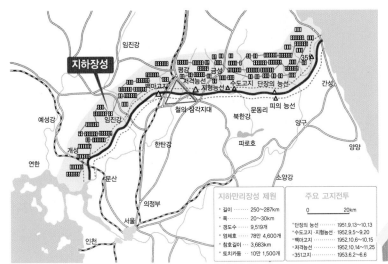

중국군과 북한군이 쌓은 '지하 만리장성'의 제원과 당대 주요 고지

이 외에도 중국군과 북한군이 구축한 폭탄대피소, 지휘소, 관측소, 엄폐부, 토치카 등은 8만 5,000여 개(중국군)와 1만 6,000여 개(북한군)였다.

중국군과 북한군이 구축한 지하 만리장성의 제원을 계산하면 총 갱도 수 9,519개, 갱도 길이 287킬로미터, 엄체호 78만 4,600개, 엄체호 총 길이 3,683킬로미터, 그리고 각종 시설물 10만 1,500개였다. 그리고 지하 장성의 총 연장만 해도 4,000킬로미터에 육박했다.

이것은 제2차 세계대전 때 프랑스가 구축한 마지노선이나 독일의 서부방벽을 능가할 만큼의 진지를 지상이 아닌 지하에 건설한 셈이 된다. 공산군의 방어진지는 공중 및 야포공격에도 견딜 수 있을 만큼 매우 견고하게 설계되었다.

마오쩌둥은 "어떤 사단도 3개월의 식량을 보관할 지하창고가 있

북한군이 판 제4땅굴. 북한의 땅굴작전은 중국군에게서 배웠다고 한다.

었으며, 강당도 있어 생활은 대단히 편했다."고 기술했다.

공산군이 구축한 지하요새는 고지 정상으로부터 깊이가 2미터나 되는 여러 갈래의 교통호가 반사면을 따라 보급소나 취사장으로 보이는 동굴로 통하고 있었다.

공중에서 보면 서해안에서 동해안까지 전 전선에 걸쳐 폭 20~30킬로미터의 커다란 개미집이 형성되어 있는 것 같았다.

크게 고무된 마오쩌둥은 1952년 8월 "지킬 수 있느냐 없느냐 하는 문제는 해결되었다. 해답은 굴을 파는 것이다. 2층으로 굴을 파면 상대가 공격해 올 경우 우리는 1층으로 가서 지하도로 들어간다. 상대가 위층을 점령해도 아래층은 우리에게 속해 있다."고 큰소리쳤다.

예컨대 국군 5사단이 가칠봉을 점령했을 때는 공산군이 진지 내에서 1개 소대가 동시에 집결해 식사를 할 수 있을 만큼의 식당까지 마련되어 있었다. 중국 측 자료에 따르면 이 갱도공사가 마무리됨으로써 거점방어체계가 형성되었다고 한다.

중국군이 수행한 이 지하 만리장성의 개념은 전쟁 후 북한군에게 고스란히 전수되었고, 그 뒤에 북한군 전투교리에 많은 영향을 주었다. 그 결과 북한군 역시 이 갱도작전을 중요하게 여기고 있고, 남한을 공포로 몰아넣은 땅굴작전 역시 이 갱도작전의 하나였다.

중국대륙을 풍미한 '상감령(삼각고지+저격능선) 정신'

중국은 이 지하 만리장성이 가장 위력을 발휘한 전투가 바로 '상감령 전역(戰役 : 삼각고지+저격능선 전투)'이었다고 자랑한다.

유엔군은 중국군의 갱도작전을 와해시키기 위해 갱도 위쪽에 구멍을 파고 폭약을 이용해 폭파를 시도했으며, 갱도 입구에 폭탄, 폭약통, 수류탄, 유황탄, 가스탄을 투척하거나 화염발사기를 사용했다. 이로 인해 갱도 내부의 공기가 극도로 오염되었으며, 초연, 독가스, 피비린내, 대소변 냄새, 땀냄새 등이 갱도 내부에 가득해 호흡이 극도로 곤란해질 정도였다고 한다. 하지만 중국군의 갱도작전은 위력을 발휘했다.

상감령 전역에 참전한 중국군이 위문편지를 읽고 있다. / 눈빛출판사 제공

"23개 갱도방어 부대가 20일간 158차례에 걸친 습격으로 적 사살 2,000명, 중기관총 24정 노획, 7개 분소대진지 탈환 등의 전과를 올렸고, 597.9고지(삼각고지)의 1갱도를 방어하던 저격수는 기관총과 소총으로 3일간 적 115명을 살상했다."(육사 화랑대연구소, 2004)

중국 측은 "갱도를 핵심으로 견고한 방어 전략을 펼쳐 1만 1,000여 명의 희생으로 유엔군 2만 5,000여 명을 살상시켰고, 항공기 274대를 격추시켰다."고 자화자찬했다.

마오쩌둥은 정전 직후인 1953년 9월 "우리편의 사상자 수는 지하호를 파고 나서 줄었다. 금년 여름에는 이미 21킬로미터에 걸친 적의 정면 진지를 1시간 안에 쳐부술 수 있었고, 수십 만 발의 포탄을 발사할 수 있어서 18킬로미터나 들어갈 수 있었다."고 자랑했다.

하지만 갱도의 부작용도 있었다. 하루 종일 등잔불을 켜야 했기에 등불용 콩기름이 1개 군에서 월 평균 10만 근이나 소요됐고, 식수 부족으로 혀가 갈라지고 코피가 터지는가 하면 야맹증 환자가 급증하기도 했다. 중국군은 솔잎을 1시간쯤 삶아 일주일간 거푸 마시거나, 물에 개구리 알을 넣고 끓인 뒤 하루 2~3차례에 걸쳐 이틀 동안 마시는 등 현지 주민의 민간요법으로 치료했다고 한다.

이 이른바 '상감령 전역'의 전황은 종군기자들에 의해 시시각각으로 중국에 전해졌다. 중국인들은 '한반도 중부전선에서 분투하고 있는 지원군의 승전소식'에 열광했다고 한다. 중국의 제2기 한반도 위문단의 단원들은 상감령 전역의 갱도를 찾아 대륙에서 보낸 대량의 위문품과 위문편지를 중국군에게 전달했다고 한다.

또한 1950년대에는 바로 이 '상감령 정신'이 대륙을 풍미했다고 한다. '상감령 정신'이란 곧 "어려움을 극복하고 조국과 인민의 승리를 위해 봉헌하는 불요불굴의 의지, 그리고 일치단결로 용감하고 완강하게 전투에 임해 끝까지 승리를 쟁취하겠다."는 정신을 뜻한다.

1956년에는 영화 《상감령》이 중국에서 개봉됐으며, 영화 마지막에 나오는 노래 "나의 조국(我的祖國)"은 중국인들의 심금을 울렸다고 한다. 2008년 베이징 올림픽 개막식 리허설 때 가장 먼저 울려 퍼진 곡이 바로 상감령의 주제가인 "나의 조국"이었다고 한다.

또한 2008년 1월 북한 외무성이 평양주재 중국 외교부 관계자들을 초청해 신년모임을 열었는데, 당시 류샤오밍[劉曉明] 대사의 부인

후핑화[胡平華]가 바로 이 "나의 조국"을 열창했다고 한다.

최전방 GOP와 승리전망대에서 왜 우리는 '사실상 패배한 전투'를 굳이 떠올리며 저 군사분계선 너머에 있는 오성산을 바라보고, 삼각고지, 저격능선을 더듬어 보고 있는가?

"저격능선 전투는 유엔군이 승리한 전투도 아니요, 중공군이 무모한 인해전술로만 유엔군에 대처한 것이 아니다. (왜곡된 전쟁사를 바로잡는 것은) 군의 교리발전뿐만 아니라 교육훈련에도 매우 중요한 일이다."(임종득 씨)

물론 이 반면교사의 정신도 매우 중요한 것이다. 여기에 덧붙여 말하면 지금 우리가 제대로 조사할 수 없는 땅이지만 비무장지대 안에는 한국전쟁 당시 중국군과 북한군이 구축한 요새가 지하에 묻혀 있다는 사실을 반드시 염두에 두어야 한다.

한반도를 동서로 가로지르는 총연장 250~287킬로미터에 폭 20~30킬로미터, 여기에 참호와 교통호까지 계산한다면 총 연장 4,000킬로미터의 지하 만리장성이 바로 그곳에 있다. 단순한 계산으로만 보더라도 5,000~7,000평방킬로미터에 이르는 거대한 단일 요새가 자리한 것이다. 이것을 중국식 표현대로 '지하 만리장성'으로 불러도 좋다. 이 또한 평화를 희구하는 사람들의 '산 교육장'으로 삼아야 하지 않겠는가. 통일이 된다면 더더군다나……

원자탄으로 불바다가 될 뻔한 평강고원

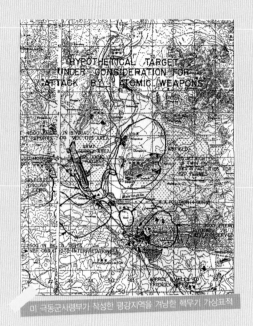

미 극동군사령부가 작성한 평강지역을 겨냥한 핵무기 가상표적

1951년 11월 30일. 중국군의 한국전쟁 개입으로 전황이 심각해지자 트루먼 미 대통령은 긴급 기자회견을 연다. 그러고 나서 그는 엄청난 파장을 몰고 올 폭탄발언을 한다.

"상황대처를 위해서라면 미국이 갖고 있는 모든 무기를 사용하겠다."

귀를 의심한 기자가 물었다.

"원자탄도 포함되어 있는 겁니까?"

트루먼은 한 치의 거리낌도 없이 "원자탄 사용은 늘 적극적으로 고려해 왔다."고 응수했다. 사실 미국은 이때 핵무기 사용의 유혹에 시달리고 있었고, 실제로 핵무기 사용을 고려하고 있었다.

개전 때부터 미 국방성은 핵무기 사용에 대해 계속 연구하고 있었던 것으로 알려지고 있다. 그런데 중국의 개입으로 전세가 급격히 악화된 1950년 11월 20일 합동참모본부는 "한국에서의 핵무기 사용에 관한 견해를 급히 밝혀야 할 때가 올 수 있다"고 했다.

또한 28일에는 원자폭탄의 숫자, 표적지, 그리고 사용, 시간, 수송 등에 관해 고려해야 할 점들에 대한 견해를 요구하기도 했다. 미 국방부는 극동사령부와 긴밀한 협의 끝에 '지상군 근접지원 핵무기 긴급사용(Emergency

Use of Atomic Bombs in Close Supports)' 계획을 수립했다. 합동전략조사위원회는 1950년 11월 29일 "유엔군이 한국에서 압도되는 것을 막기 위해 핵무기의 운용이 필요하게 될 상황이 생길지도 모른다."고 전망하고 "결심은 최고위층에서 이뤄져야 할 것"이라는 점을 지적했다. 트루먼의 발언은 이에 기초를 둔 것이었다.

12월 3일 미국은 만약 소련이 개입한다면 세계전쟁의 위험을 무릅쓰려 할 것이므로 핵무기를 운용할 것이라고 결론을 내렸으며, 핵무기는 필요하다면 임시표적에 대해 운용되어야 하며 극동에서 이것을 운용하기 위해 즉각적인 준비를 해야 한다는 방침을 세웠다.

하지만 트루먼의 회견은 국제사회에 엄청난 충격을 던졌다. 우선 나토 회원국들은 세계안보 차원에서 깊은 우려의 뜻을 나타냈다. 유럽언론은 "충격과 분노(Shock and outrage)"라는 표현을 쓰면서 워싱턴을 비난했다. 클레멘트 애틀리 영국총리는 서둘러 워싱턴을 방문했다.

영·미 양측은 구체적인 안에서는 견해를 달리했지만 (핵무기 사용 대신) 전쟁 이전의 38도선을 토대로 전투행위를 종결짓겠다는 결론에 도달했다. 트루먼은 결국 핵무기 사용의 유혹을 떨쳐낸 것이다. 트루먼은 훗날 "2,500만의 무고한 비전투요원들을 희생시킬 수 없었고 전쟁을 세계대전으로 확전시킬 의도가 없었다."고 회고했다.

그런데 미국 극동사령부가 핵무기 공격을 고려하여 만든 가상표적이 바로 강원도 평강지역이었다. 철원 동주산성에 오르면 광활한 비무장지대 철책, 오리산 너머로 거대한 둑처럼 높게 펼쳐진 고원이 시야에 들어온다. 그곳이 바로 평강고원이다. 그곳에서 '만약'이라는 가정을 해본다. 만약 트루먼이 전면전을 택했다면 평강, 아니 한반도가 핵 공격의 표적이 되었을 것이다.

28

'중무장지대'가 된 '비무장지대'

한줌의 재로 변한 유엔군 화장터

연천군 미산면 동이리 마을에 접어들어서 포장도로를 따라 직진하던 이우형 씨가 "다 왔다."고 한다. 그리고 나서 딱 2분 정도 걸어 들어가니 경작지와 인접한 작은 골짜기에 희한한 구조물이 모습을 드러낸다.

고지전에서 전사한 유엔군들이 한줌의 재로 스러진 연천군 동이리 유엔군 화장터

"저곳이 바로 유엔군 화장터입니다."

40년은 족히 되었을 활엽수가 무심하게 자랐고, 60년 세월의 무게에 건물의 벽과 지붕은 이미 사라지고 없지만, 단번에 화장터임을 간파할 수 있다. 화장장임을 웅변해 주는 굴뚝이 그대로 남아 있기 때문이다. 그리고 벽면을 따라 벽체가 잘 구분되어 있으므로 화장장의 구조도 복원할 수 있다. 하늘을 향해 쑥 올라간 굴뚝을 보니 왠지 가슴이 찡해진다. 저 굴뚝을 통해 이역만리 한국 땅에서 산화한 유엔군 장병들의 넋이 활활 불타올랐겠지.

이우형 씨가 이 동이리 유엔군 화장터를 확인한 이야기를 해준다.

"6·25 때는 대단했어요. 고지전투에서 죽은 유엔군들이 매일같이 화장장에 들어왔거든요."

1993년, 연천군 미산면 동이리 일대를 답사하던 이우형 씨가 매우 흥미로운 소식을 접한다. 토박이인 김태완 옹(작고)이 근처에 "유엔군 화장터가 남아 있다."는 소리를 들었다는 것이다. 이우형 씨는 즉시 김태완 옹과 함께 현장을 찾았다. 과연 놀라운 현장이었다.

"딱 보니 할아버지가 말씀한 화장장이 맞구나 하는 생각이 들었어요."

화장장의 구조는 주변의 돌을 이용한 '막돌 허튼층 쌓기'로 되어 있었다. 그런데 돌 표면을 칼로 자른 듯 잘라낸 모습인데, 이것은 전통적인 한국적 벽체 쌓기 수법이 아니란다. 그러니까 한국전쟁 당시 유엔군이 쌓은 것이라는 얘기다. 김태완 옹의 증언은 계속되었다.

"1952년 무렵? 맞을 거야. 화장터에는 수많은 유엔군의 시신들이 밀려들어오는 것을 수도 없이 목격했어. 아 참, 시신을 화장하기 직전에 간단한 장례의식을 펼치던 모습이 지금도 생생해."

또 하나, 중요한 증언은 전쟁이 끝난 뒤에도 영국군이 이 화장장을 관리했다는 것이다. 누누이 강조하다시피 영국군은 1951년 적성 칠중성(캐슬고지)에서 벌어진 중국군과의 대회전이 끝난 뒤 캐나다, 뉴질랜드, 호주, 벨기에, 룩셈부르크군과 함께 영연방 사단을 창설했다. 그 영연방 사단이 맡은 전선이 바로 임진강 남쪽의 파주 적성에서 도감포(연천군 전곡리)에 이르는 전선이었다. 이 동이리 화장터는 이 전선에서 치열한 고지전을 펼치다가 전사한 영연방 사단을 중심으로 한 유엔군 장병들이 한줌의 재로 변했던 비극의 현장인 것이다.

화장터가 발견된 지 6년이 지난 1999년 6월, 유엔사 소속 영국군 베이커 준장 등 8명이 화장터 현장을 방문한 일이 있었다. 그런데 베이커 준장은 "영국군이 화장터를 관리했다."는 주민의 말을 극구 부인하는 촌극을 연출했다. 아마도 전사자들이 속출했고, 시신들을 화장시킨 비극의 현장을 영국군이 관리했다는 쓰라린 기억을 지우고 싶었을 것이다.

하지만 이 화장터는 2008년 4월 문화재위원(근대문화재분과)이었던 이재 원장의 노력으로 등록문화재(제408호)로 지정되었다.

'철마는 달리고 싶다'의 주인공인 장단역 증기기관차. 최근 말끔히 복원되어 임진각 독개다리 옆에 전시되었다.

"이 화장터는 국제전의 성격으로 치른 한국전쟁의 성격을 이해할 수 있고, 또한 유엔군 희생자들을 직접 참배할 수 있는 유일한 전쟁유적입니다. 당시 영연방 사단을 비롯한 참전국들의 입장에서도 아주 뜻 깊은 유적지라 할 수 있어요."(이재 원장)

1,127일간이나 계속되었던 한국전쟁으로 전 국토가 초토화되었

지만, 그 중 3분의 2인 764일간 화력이 집중된 비무장지대 일원 곳곳에는 동이리 유엔군 화장터 같은 전쟁과 분단의 상흔이 남아 있다.

문화재청은 2002년부터 이렇게 한국전쟁이 낳은 흔적들을 문화재의 개념으로 접근해, 근대문화유산, 즉 등록문화재로 등록시켜 왔다. 지금까지 등록된 등록문화재를 중심으로 여행을 떠나 본다.

상처를 치유하고 본 모습을 되찾은 증기기관차

1950년 12월 30일 오전 11시. 기관사 한준기 씨가 수색 차량기지를 출발했다. 개성역까지 가서 군수물자가 실린 화차를 달고 오는 것이 한씨에게 주어진 임무였다. 그런데 개성역에 도착하니 다른 명령이 떨어졌다. 북한 기관차를 인계받아 다시 평양까지 올라가라는 지시였다.

하지만 31일 오전 1시. 열차가 황해도 평산 한포역에 도착하자 다시 급박한 소식이 들렸다. 중국군의 개입으로 후퇴가 불가피해지자 "다시 돌아가라."는 명령을 받은 것이다. 한준기 기관사는 후진으로 달리기 시작했다. 후진으로 개성역까지 간 한씨는 다시 화차 25량을 끌고 파주 장단역에 닿았다.

복원·전시된 증기기관차에서 포즈를 취한 한준기 씨 / 문화재청 제공

그때는 31일 밤 10시경. 미군은 "기차를 멈추고 기관차 승무원은 기차에서 내려 대기하라."는 지시를 내렸다. 한씨가 내리자 미군 20여 명이 기차에 무차별 사격을 가했다.

"당시에는 무슨 영문인지 몰랐는데, 나중에 보니까 기차가 인민군의 손에 들어갈 것을 우려해서 내린 조치였어요."

기관총과 소총세례를 받은 열차는 그대로 멈춰 섰다. 한준기 씨의 계속되는 회고.

"총 세례를 받았을 때는 그래도 열차가 레일 위에 있었는데, 나중에 가 보니 궤도를 이탈해 있었습니다. 북한이 열차를 끌어가지 못하도록 폭파시킨 것이죠. 그리고 당시에는 기관차와 탄수차(석탄과 물을 실은 화차), 그리고 화물차 20량이 있었는데 궤도를 이탈한 기관차 말고는 북한이 모두 끌고 간 것 같아요."

총탄 세례에다 폭파까지 당해 탈선한 기관차는 파주시 장단면 동장리 현장에 그대로 멈춰 섰다. 이 기관차를 모델로 한 '철마는 달리고 싶다.' 라는 구호는 전쟁·분단의 아픔은 물론 교류와 통일의 염원까지 담아낸 걸작으로 평가된다.

이 기관차는 선로 사정이 좋지 않은 산악지대에서도 운행될 수 있도록 만들어진 장거리 화물용 증기기관차로, 광복이 되기 전에 주로 북한지방에서 운행됐다. 기관차(등록문화재 78호)는 2004년 2월 6일, 파주 구 장단면사무소(제76호)·장단역 터(제77호 : 이상 장단면 동장리)·죽음의 다리(제79호 : 장단면 도라산리) 등과 함께 등록문화재가 되었다.

녹이 심하게 슨 증기기관차는 2006년 11월부터 보존 처리가 이뤄져 2009년 6월 25일부터 말끔히 복원된 모습으로 임진각 주변, 독개다리 초입 부근에 이전되어 전시되고 있다.

장단면 동장리에 방치된 장단면사무소 : 《경향신문》 자료

등록문화재 제79호로 등록된 '죽음의 다리'(장단면 도라산리)는 현재 '희망의 다리', '생명의 다리'라는 아주 상반된 이름으로도 일컬어진다. 다리 주변에서 미군들이 북한군에게 피살되었다고 해서 '죽음의 다리'라는 이름이 붙었는데, 경의선 복구 관계자들이 '죽음' 대신 '생명' 혹은 '희망'이라는 이름을 붙였다고 한다.

끊어진 금강산 전기철도의 사연

이제 '철의 삼각지대'로 발길을 돌린다. 언제나 그렇듯이 먼저 찾는 곳은 철원군 근북면 유곡리와 김화읍 도창리에 걸쳐 있는 '금강산 전기철도 교량'이다. 민통선을 지나 민북 마을인 정연리를 거쳐 가는 길. 드넓은 철원평야 사이로 쭉 뻗은 이 464번 도로에는 이따금 등장하는 군부대 차량 외에는 오가는 차량을 볼 수 없다. 세상의 온갖 시름을 훌훌 던져버리고 뻥 뚫린 도로를 달리다 보면 뼛속까지 상쾌해진다.

'금강산 전기철도 교량'에 닿으면 '전선휴게소'가 일행을 맞이

한다. 이곳에서 군 생활을 했던 장병들과, 또 군대에 간 아들을 면회했던 사람들에게는 추억의 장소다. 겉으로 보기에는 마치 매점처럼 허름한 집이지만, 한탄강에서 잡은 메기 매운탕의 맛이 일품이다. 그 전선휴게소 바로 옆에 '금강산 전기철도 교량'(등록문화재 제112호)이 있다.

이 철도는 원래 일제가 강원도 창도에서 생산되는 유화철(硫化鐵)을 함경도 흥남제련소를 경유해 일본으로 반출하려고 1926년에 부설했다. 금강산 관광객들도 이용했는데, 철원역에서 내금강까지 116.6킬로미터를 하루 8회 운행했으며 4시간이 걸렸다고 한다.

요금은 당시 쌀 한 가마니 값인 7원 56전이었고, 1936년 한해에 15만 4,000명이 이용했다고 한다. 해방 이후에는 북한이 남침 준비를 위한 군수물자 수송에 활용했다. 하지만 한국전쟁 이후 거의 폐허가 되었고, 현재 일부는 농로로 이용되고 있다.

이우형 씨와 내가 처음 이 교량을 찾은 것은 2007년 여름이었다. 당시 교량은 녹이 심하게 슨 철제 난간에, 바닥에는 철로가 사라지고 없고 빛바랜 침목이 길게 이어져 있었다. 그리고 갈 수 없는 다리 입구는 철조망이 막고 있었다.

철조망을 바로 앞에 두고 길게 뻗어나간 다리를 바라보고 있자니, 과연 일제의 수탈과 전쟁, 그리고 분단이라는 한국 현대사의 아픔이 절절이 가슴속으로 파고들었다. 게다가 다리 밑으로 내려가면 언제 보아도 감탄이 절로 나오는 한탄강 수직단애가 고색창연한 교각 사이로 펼쳐져 있었으니…….

떨어지지 않는 발길을 돌린 지 1년 뒤인 2008년. 그때의 그 기분

금강산 전기철도 교량의 2007년 모습

정비 및 복원 후에 공개된 금강산 철도교량. 사람이 지날 수 있게
복원했지만 전쟁과 분단의 상징인 낡은 침목과 철조망을 걷어내는
바람에 고색창연한 멋을 잃었다.

을 상상하며 다시 찾아왔지만……. 순간 눈을 의심했다. 처음 보았던 철조망과 빛바랜 침목열은 온데간데없이 사라지고, 다리는 새빨간 철제 난간에, 바닥은 정교하게 다듬은 새 나무를 깔아 놓았다. 갈 수 없는 다리가 갈 수 있는 새로운 다리로 탈바꿈한 것이다. 함께 간 이재 원장의 안색도 확 변한다. 옛 것을 복원하는 일도 중요하지만, 옛 것에 담겨 있는 역사적 상징성이라는 무형의 가치까지 없애가며 하는 복원이 무슨 의미가 있을까?

2009년, 이우형 씨와 나는 또다시 먼 길을 달려 이곳에 찾아와 이제는 건널 수 있게 된 다리를 건너 본다. 하지만 관광을 목적으로 한 다리가 아닐진대 무슨 정취를 느끼겠는가. 찜찜한 기분으로 발길을 돌려 찾아간 곳은 한탄강 지류인 남대천 줄기에 놓여 있는 '암정교' 다.

암정교와 출렁다리의 아픈 사연

그 이름도 무시무시한 백골부대가 관할하는 민통선 이북의 암정교는 1930년대에 건립되었고 평강과 김화를 연결해 주었다. 폭 4미터, 높이 7미터의 다리인데 한국전쟁 때 포탄세례를 맞아서인지

정월대보름 답교놀이로 유명했던 김화 암정교. 저격능선 전투 때는 생과 사를 넘나들던 피난민들로 가득찼다고 한다.

보초를 서던 군인들이 남대천을 건너기 위해 만든 출렁다리. 지금은 종잇조각처럼 아슬아슬하게 걸려 있다.

다리 곳곳에 녹슨 철골이 드러난 앙상한 모습이다.

"다리가 무척이나 웅장해서 일제 강점기 때만 해도 정월대보름에 답교놀이를 했다는데……."(이우형 씨)

하지만 한국전쟁 때 가장 치열한 전투 가운데 하나였던 저격능선 전투가 벌어졌을 때 이 다리는 후퇴와 진격을 거듭하며, 생과 사를 넘나드는 처절한 다리가 되었다. 또 피란민들이 남부여대하면서 건너던 다리이기도 하다.

암정교에서 북쪽으로 조금 올라가면 만국기가 강풍에 흩날리듯 아슬아슬하게 걸려 있는 다리가 보인다. '출렁다리'라고 일컬어지는 이 다리는 보초를 서기 위해 남대천을 건너던 군인들을 위해 만든 다리였다. 이제는 효용가치를 잃고 이리저리 찢긴 채 종잇조각처럼 위태롭게 걸려있는 모습이 애처롭기만 하다.

이어서 발길은 다시 철원읍 월정리에 있는 월정리역으로 향한다. 경원선(서울~원산)이 쉬어가던 월정리역은 남방한계선 철책 바로 앞에 있는 최북단 종착역이다. 일행이 역을 찾았을 때 병사들이 철책근무에 나서기 전에 지휘관으로부터 열심히 근무수칙을 듣고 있었다. 군대가 달라졌다고는 하지만 예나 지금이나 군대는 군대 아닌가. 게다가 최전방에서 분투하는 장병들을 볼 때마다 애처롭기도 하고 든든하기도 하다. 역에는 한국전쟁 당시 마지막 여객열차의 잔해와 유엔군 폭격으로 부서진 북한군 화물열차가 앙상한 골격을 드러낸 채 전시되고 있다.

암정교와 출렁다리, 월정리역은 이 글을 쓰는 2009년 6월까지는 등록문화재로 지정되지 않은 상태다.

"암정교나 출렁다리, 월정리 역사는 모두 역사성과 상징성을 감안하면 문화재로서의 가치가 차고도 넘친다고 볼 수 있어요."(이재 원장)

끊어진 31번 국도 종착점. 양구 동면 비아리 인근에 있으며, 금강산 내금강으로 가는 최단코스다.

폐허가 된 옛 철원의 흔적

이밖에도 '철의 삼각지대'에는 숱한 한국전쟁과 분단의 유산들이 곳곳에 흩어져 있다. 유명한 '노동당사'(등록문화재 제22호 : 철원읍 관전리)는 이른바 안보유적지의 대표라 할 수 있다. 1946년 북한은 주민들로부터 1개 리(里)에 백미 200가마씩을 성금명목으로 거둬들여 연건평 570여 평(지상 3층)의 공산당사를 지었다. 북한은 내부공사 때는 보안을 위해 열성당원 이외에는 일반인들의 작업을 철저히 금지했다고 한다. 북한은 이 당사에서 중앙당으로부터 내려오는 극비사업과 철원·김화·평강·포천·연천 지역 주민들의 동향을 파악했고, 대남공작을 주도했다고 한다.

철원읍 율이리에 있는 '수도국지내 급수탑'(등록문화재 제160호)은 가슴 아픈 사연을 담고 있다. 이 급수탑은 철원읍 주민들의 식수공급을 위해 1936년에 건립됐다. 한국전쟁이 벌어졌을 때 북한은 노동당사와 내무서 등에 감금된 반공인사들을 분류하여 이곳으로 이송했다. 그런데 1950년 10월 유엔군이 북진하자 다급해진 북한은 이곳에 감금되어 있던 300여 명을 총살하거나 물탱크 속에 생매장하고 후퇴했다.

한국판 '콰이강의 다리'

동송읍 장흥리와 갈말읍 문혜리를 ·잇는 '승일교'(등록문화재 제26호)의 사연도 복잡하면서도 재미있다. 훗날 한국판 '콰이강의 다리'라는 별명이 붙은 이 다리의 공사는 1948년 8월부터 철원 및 김화 지역 주민들이 5일 교대제의 노력공작대라는 명목으로 총동원되면서 시작됐다.

하지만 한국전쟁이 터지는 바

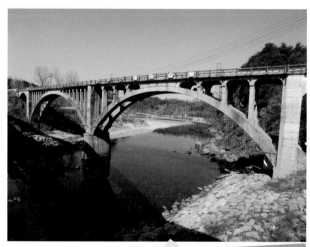

남과 북이 시차를 두고 건설한 승일교

람에 공사는 다리의 북쪽 부분만 완공한 것으로 중단되었다. 전쟁이 끝난 뒤에 적의 치하였던 철원지역을 확보한 한국정부가 공사를 재개해 1958년에 완공했다. 다리는 커다란 두 개의 아치 위의 상판을 받치는 작은 아치의 모습이 각각 다른데, 이것은 바로 남북이 시차를 두고 각기 다른 공법으로 공사를 진행했기 때문에 빚어진 현상이다.

의도한 바는 아니지만 '남북이 합작한 구조물'인 것이다. 문제는 '승일교'라는 명칭과 관련된 논란이다. 김일성(金日成) 시절에 착공해서 이승만(李承晚) 시절에 완공했다고 해서 이승만의 '승(承)'자와 김일성의 '일(日)'자를 따서 지었다는 설과, 한국전쟁 때 한탄강을 건너 북진하던 중에 전사한 것으로 알려진 박승일(朴昇日) 대령의 이름을 땄다는 설 등이 팽팽하게 맞섰다.

화천군 상서면에 있는 인민군 사령부 막사. 북한군의 내무생활을 엿볼 수 있다.

하지만 지금 다리 옆에 조성된 공식 안내표지는 전자의 설을 따르고 있다.

"글쎄요. 여러 측면을 고려하면 남북이 시차를 두고 각기 다른 공법으로 완공했다는 의미로 보면 전자의 설이 맞지 않을까요? 군대의 입김이 심했던 당시에는 박승일 대령 설이 유력했다지만……."

이 외에도 한국전쟁 때 기독교 반공청년들의 활동장소였다는 '감리교회'(등록문화재 제23호 : 철원읍 관전리), 한국전쟁 때 파괴되어 뼈대만 남은 '얼음창고'(등록문화재 제24호 : 철원읍 외촌리), 공산 치하의 검찰청이었던 농산물검사소(등록문화재 제25호 : 철원읍 외촌리), 전쟁으로 사라진 도시(철원)의 모습을 증언해 주는 '구 철원 제2금융조합 건물지'(등록문화재 제137호 : 외촌리) 등도 문화재의 반열에 오른 철원의 전쟁유산들이다.

화천군 상서면 다목리에는 '인민군 사령부 막사'(등록문화재 제27호)가 거의 온전한 모습으로 남아 있다. 현재 우리 군의 부대 안에 있는 모습이 이채로운데, 당시 북한군의 내무생활을 짐작할 수 있다.

연천군 동이리 '유엔군 화장터'와 함께 국제적 전쟁유산으로 각광받을 수 있는 근대문화유산은 파주시 적성 마지리에 있는 '영국

민통선은 계속 북상 중이다. 얼마 전까지 민통선 초소였던 이곳(김화읍 생창리)은 민통선 북상에 따라 빈 초소가 되었다.

군 설마리 전투비'(등록문화재 제408호)다. 앞서 언급했지만, 이 전투비는 1951년 적성 칠중성(캐슬고지)과 이곳 설마리에서 중국군 3개 사단과 싸웠던 영국군을 기리는 참전 기념비다.

비록 중국군의 인해전술에 궤멸당했지만, 영국군이 만 사흘을 이곳에서 버틴 덕분에 서울은 재함락의 화를 면할 수 있었다. 특히 이 전투비는 훗날 세계적인 건축가가 된 아널드 슈워츠만이 설계한 것으로도 유명하다.

'비무장지대'가 아닌 '중무장지대'

전쟁유산에 대한 인식이 높아짐에 따라 앞서 언급한 전쟁과 분단의 흔적들이 문화재의 반열에 올랐지만, 이것은 빙산의 일각에 불과하다.

비무장지대 일원은 한국전쟁 당시 중국군과 북한군이 구축한 이른바 '지하 만리장성' 외에도 지구상 '최후의 화약고'라는 오명

정전협정 후 군사분계선에 철조망을 치고 있는 모습 / 《경향신문》 자료

에 걸맞게 분단–전쟁–냉전을 상징하는 각종 흔적들이 집중되어 있다.

한국전쟁을 종식시킨 정전협정에 따라 한반도 중부는 임진강변에서 동해안까지 248킬로미터에 걸쳐 이른바 군사분계선이 그어졌다. 하지만 엄밀하게 말하면 군사분계선은 용어대로 선(線)이 아니다.

임진강변에 세워진 군사분계선(MDL) 표지물 제0001호부터 동해안의 제1292호까지 모두 1,292개의 표지물이 200미터 간격으로 세워진 점(點)의 개념이다. 표지판 가운데 696개는 유엔군이 관리하고 있고, 596개는 북한과 중국이 관리하고 있다.

북한이 1970년대 구축한 요새

최전방에 가서 그 군사분계선을 관측하려 한다면 그것은 낭패다. 정전 이후 60년이 지난 지금 군사분계선 표지물은 대부분 녹슬었거나 비바람 등으로 크게 훼손되었기 때문이다. 나도 2007년 여름 북한 오성산이 보이는 최전방 부대에서 현역 군인이 초점을 맞춰 준 망원경으로 겨우 군사분계선 표지물을 인식할 수 있었다. 비록 이렇게 녹슬고, 훼손되었다지만 동서냉전의 상징이자 민족의 분단을 규정한 군사분계선 1,292개 자체가 '전쟁 및 분단 유물'인 것이다.

또한 정전협정에 따르면 합의된 군사분계선으로부터 쌍방이 각각 2킬로미터씩 후퇴하여 적대행위의 재발을 막도록 했다. 이것이 바로 비무장지대인데 248킬로미터의 길이와 4킬로미터 폭을 계산하면 비무장지대는 총 992평방킬로미터가 되어야 한다.

원래 이 비무장지대에 출입하는 인원은 각각 1,000명을 넘지 못하도록 규정되어 있다. 민사행정 및 구제사업을 위해 출입하는 민사경찰도 보총과 권총만으로 무장하도록 하고 있고, 1발 이상 발사되는 자동무기의 휴대도 금지하고 있다. 물론 비무장지대라는 용어대로 철책을 포함한 어떤 군사시설도 설치하면 안 된다. 하지만 현실은 '비무장지대'가 아니라 '중무장지대'다.

군사분계선을 기준으로 2킬로미터씩 떨어져 있어야 할 북방·남방한계선은 계속 가까워졌고, 그에 따라 비무장지대의 면적은 992평방킬로미터가 아니라 907평방킬로미터로 축소됐다.

북한이 1963년부터 1965년 사이에 군사분계선 북측 초소들을 연결하는 진지를 구축하자 한국도 미군의 지원을 받아 남방한계선에 철책을 세우기 시작했다. 그럼에도 1968년 북한군 특수부대(124군 부대)에 의해 철책이 뚫리자(1·12사태) 군사분계선 전 지역에 3중 철책과 콘크리트 대전차 방호벽, 지뢰를 대량 살포했다. 항공기로 지뢰를 뿌렸으니 지뢰매설지역을 기록하기도 힘들 지경이었다고 한다. 이때 에이전트 오렌지, 블루, 모뉴런 같은 고엽제가 뿌려지기도 했단다.

"북괴는 (1972년) 3월 현재 비무장지대를 요새화함으로써 휴전선을 사실상 2킬로미터 남진했다. 아군 초소의 2배가 넘는 225곳의 민정경찰초소(GP)를 설치했으며, 콘크리트로 완전 갱도화를 이뤄 요새거점을 형성했다."

1972년 당시 문화공보부가 낸 자료 내용이다. 자료는 "북괴는 따발총으로 무장한 8,800여 명을 80킬로미터의 철조망과 104킬로미터의 불모지대로 둘러쌓은 225곳의 진지에 전격 투입했다."고 덧붙였다.

이로써 비무장지대 북측의 경우 철책 260킬로미터, 감시초소(GP·Guard Post) 158곳, 관측소(OP·Observation Post) 124곳, 막사 등 지원시설 2,262동, 기타 선전물 314개를 구축한 것으로 알려졌다. 한국전쟁 당시 중국군의 갱도전술에서 착안하여 구축한 땅굴(갱도)만 해도 확인된 것만 4곳에 이른다. 아직 발견하지 못한 땅굴까지 합치면 20곳에 이를 것으로 추정되고 있다. 지금도 전방부대 곳곳에서는 "제5의 땅굴은 우리가 발견한다."는 구호를 내걸며 땅굴 발견을 독려하고 있다. 우리 측의 경우 철책 290킬로미터, 감시초소 87곳, 관측소 13곳, 막사 등 지원시설 1,209동 등이 비무장지대

NEW NORTH KOREAN FORTIFICATIONS INSIDE THE DMZ NEAR MDL MARKER 1292
군사분계선 표식물 제1292 호 부근 비무장지대내에 있는 새로운 북한 요새진지들

1980년 2월, 정부는 북한이 새로운 요새를 구축했다는 내용을 도표를 곁들이며 발표했다. / 《경향신문》 자료

에 설치된 것으로 알려지고 있다.

지뢰도 도처에 깔려있는데, 지뢰매설지역의 총 면적이 91평방킬로미터나 되며 그 가운데 65곳, 69평방킬로미터가 미확인 지뢰지대라는 자료(2003년 국방부 국정감사)가 나오기도 했다.

확인된 지뢰지대는 22평방킬로미터이고, 비무장지대 및 민통선 이북에 104만 발의 지뢰가 깔린 것으로 알려지고 있다. 문제는 미확인지뢰지대다. 전방을 답사하다 보면 도처에 미확인 지뢰지대를 만나게 되는데 시간이 지나면 긴장감이 풀어지고, 불감증에 빠지게 된다. 이따끔 일어나는 지뢰폭발사고는 이런 불감증에서 비롯된 것이다.

또 하나, 해마다 봄이 되면 시계(視界)확보를 위한 화공작전이 벌어진다. 전방을 다니다 보면 대명천지에 그을음이 수시로 하늘을 나는 모습을 볼 수 있는데, 이것이 바로 화공작전의 흔적이다.

다행스러운 것은 2004년 6월 3일부터 4일까지 열린 제2차 남북 장성급 회담에서 "군사적 긴장을 완화시키고, 쌍방 군대 사이의 불신과 오해를 없애기 위해 군사분계선 지역에서의 선전활동을 중단하고 선전수단을 제거한다."고 합의한 점이다. 이 합의로 쌍방은

2005년 여름까지 남측 100여 개, 북측 150여 개의 시각 매체물을 제거했고 선전방송을 중단했다.

2007년에 최전방 부대를 찾았을 때, 2004년에 철거된 방송시설을 한 곳에 쌓아 놓은 것을 목격한 적이 있다. 그래서인가. 요즘 최전방에 가 보면 겉으로는 한없이 고즈넉한 분위기를 느낄 수 있다. 그야말로 '고요 속에 숨은 긴장감'이라고나 할까. 귀를 찢는 듯한, 그래서 더욱 살벌한 대남방송을 이제는 접할 수 없으니까. 이우형 씨가 감회 어린 한마디를 던진다.

"2000년 3월 김화 성산성을 조사하던 때였어요. 당시만 해도 매일같이 고막을 찢을 듯한 선전방송이 가뜩이나 지뢰 때문에 신경이 날카로워져 있던 조사단의 신경을 건드렸는데요. 그런데 어느 날 그 선전방송으로 '북과 남의 지도자가 정상회담을 벌이기로 했다.'는 소식을 전하더라고요. 얼마나 놀랐는지……."

그것은 제1차 남북정상회담 개최를 알리는 소식이었고, 정상회담에서 합의된 6·15선언의 정신에 입각해서 귀를 찢는 선전방송이 사라진 것이다. 서로를 약 올리고 증오했던 적대방송이 하루아침에 사라졌듯이 60년이나 이어진 적대감도 결국은 풀리지 않을까?

냉전의 얼굴에서 화합의 얼굴로 바뀐 판문점

"회담장에 입장한 유엔군 측 연락장교단이 공산군 측보다 먼저 남쪽을 향해 앉았다. 공산군 측이 크게 동요했다. 마주 앉은 공산군 측 연락장교단이 다과를 내놓았다. 그러자 이번에는 유엔군 측이 이를 거절했다."

1951년 7월 8일. 1년의 지루한 전쟁을 벌인 양측은 처음으로 협상테이블에 앉는다. 이날은 이틀 후인 10일 열릴 예정인 본회담을 위한 예비회담이 열린 날이었다. 회담 장소는 개성 북쪽의 광문동에 자리 잡은 커다란 민가. 전쟁 이전에는 다방으로 사용했던 가옥이었다.

양측은 테이블에 마주 앉자마자 유치하기 이를 데 없는 신경전을 벌인다. 유엔군이 먼저 남쪽을 향해 자리를 잡고 앉은 것은 공산군 측의 신경을 건드리자는 술책이었다. 즉 남쪽을 향해 앉는다는 것을 의미하는 '남면(南面)'은 황제가 제후들을 거느리고 앉을 때의 위치다. 그러니까 '남면'은 곧 천자를 뜻하고, 전쟁에 진 패배자는 '북면(北面)'하여 무릎을 꿇고 천자의 처분을 기다리는 것이다. 그러니 공산군 측이 발끈할 수밖에 없었다. 이에 공산군 측이 다과를 내놓지만 유엔군 측은 거절한다. 동양 풍습으로 음식을 권하는 것은 승자가 패자에게 베푸는 자비이자 위로의 표시, 즉 하사품의 의미를 담고 있기 때문에 먹을 수 없다는

1951년 7월 8일 휴전회담을 위한 예비회담이 열린 개성 내봉장

것이었다.

휴전회담은 이렇게 '유치한' 신경전으로 시작됐다. 이틀 뒤인 10일, 역사적 본회담은 개성 내봉장(來鳳莊)에서 열린다. 공산군 측이 선정한 내봉장은 전쟁 전에는 고급 요정이었고, 전쟁 과정에서 건물 일부가 폭격과 포격으로 파괴되어 있었다. 여기서 '유치 찬란' 시리즈 2탄이 개봉

우여곡절 끝에 판문점에서 열린 휴전회담. 판문점은 전쟁이 일어나기 전에는 보잘것 없는 주막거리였다고 한다. / 《경향신문》 자료

된다. 공산군 측이 남쪽을 향해 높은 의자에 앉은 것이다. 유엔군 측의 의자는 상대적으로 낮았다.

위압적인 고자세로 회담에 임하겠다는 뜻이 아니겠는가. 이 외에도 유엔군 측이 탁자 위에 유엔기를 놓자, 오후 회의에서 공산군 측은 더 큰 기를 갖다 놓는 촌극을 빚기도 했다. 주도권을 잡기 위한 신경전은 회담 내내 계속됐다. 공산군 측은 "개성 중립지역에 유엔군이 폭격을 감행했다."는 등의 이유로 계속 항의했고, 양측은 회담 장소를 판문점으로 옮겼다. 이로써 8월 23일에 중단됐던 회담은 10월 25일에 재개된다.

문산과 개성을 잇는 1번 국도 언저리에 자리 잡은 판문점은 보잘것없는 주막거리였다. 행정구역상 장단군 진서면 선적리와 개풍군 봉동면 발송리 경계에 있었다. 사람들은 이곳을 '널문리'라 했는데, 이것을 한자로 표기한 것이 판문점(板門店)이다. 판문점에서는 159회 본회담과 575회 공식회의가 열렸고, 양측이 1,800만 단이를 소비한 끝에 1953년 7월 27일 미침내 정전협정이라는 결실을 맺었다.

그 뒤 이곳에 군사정전위 본부가 들어서 공동경비구역(JSA)으로 설정됐으며, 포로교환(1953년)과 이수근 귀순사건(1967년), 남북적십자 예비회담(1971

년), 7 · 4 남북 공동성명발표(1972년), 도끼만행사건(1976년) 등 반목과 화합의 역사를 되풀이하는 굵직굵직한 사건들이 벌어졌다.

1980년대에는 각종 경제회담과 국회회담, 올림픽단일팀 구성 회담이 열렸으며, 1989년에는 임수경 씨와 문규현 신부가 이곳을 통과했다. 1998년에는 당시 정주영 현대명예회장이 소떼를 몰고 북한으로 들어가는 등 분단과 냉전의 상징이라기보다는 교류와 화합의 장소로 탈바꿈하고 있다. '광문리-내봉장-판문점 라인'은 이렇게 전쟁과 분단의 상처와 화합과 통일의 염원이 교차된 세계적인 명소인 것이다.

민통선 유적들을
제대로 만나는 최초의 책

　저자가 서문에서 밝히고 있듯이 이 책은 "살아 있는 박물관"인 비
무장지대와 민통선 일원에 대한 유적 답사기다. 이 책의 중심을 이루
고 있는 남방한계선에서 민통선 사이에 있는 유적들은 저자가 군부대
의 허가를 받아 일일이 답사를 했다. 양구 해안분지, 연천 임진강변
의 적석총들, 오두산성, 초평도를 바라보는 덕진산성, 김화 병자호란
대첩지, 파주 백학산의 고려불상, 경순왕릉, 허준 묘 등은 그 역사적
중요성에 비해 거의 숨겨진 채로 남아 있었다. 하지만 이 책을 통해
드디어 제대로 세상에 모습을 드러냈다. 이 밖에도 건봉사, 파주시
서곡리 벽화묘, 호로고루, 칠중성, 대전리산성, 철원군의 요동백 김
응하 장군 묘 등 민통선 남쪽 접경지역이나 임진강 주변의 유적들이
이 책에 고스란히 담겨 있다.

　뿐만 아니라 저자는 자유로운 답사가 어려운 비무장지대와 민통선
일원의 태봉국 도성, 평강의 오리산, 6·25전쟁의 상처를 고스란히
간직한 피의 능선과 저격능선, 그리고 중국군이 쌓은 지하 만리장성
등에 대해서도 포기하지 않고 먼발치에서라도 친견한 뒤에 답사한 기
록을 중심으로 세밀하게 엮어 나갔다.

　저자가 2년 반에 걸쳐 답사한 이 유적들은 어지간한 관심과 노력

을 기울이지 않으면 스쳐 지나가면서 보기도 어려운 유적들이다. 이 유적들 가운데 일부는 이미 그 명칭이나 위치가 알려져 있는 것도 있지만 대부분 불과 일이십 년 이내에 발견된 유적들로서, 국립문화재연구소나 육군사관학교 및 (재)국방문화재연구원이 지속적인 관심을 갖고 조사해 낸 유적들이다.

특히 현재 (재)국방문화재연구원의 핵심 멤버인 이우형 씨는 많은 유적들을 직접 발견해 위의 기관들이 군사보호구역 일대의 문화재를 조사할 때 길라잡이 역할을 했다. 이번 저자의 답사에도 이우형 씨가 동행하여 유적에 관한 많은 정보와 자료들을 제공함으로써 저자의 노고가 더욱 빛날 수 있었다.

이 책은 비무장지대 및 민통선 일원의 주요 유적들을 깊이 있고 흥미롭게 다룬 사실상 최초의 유적답사기라 할 수 있다. 비무장지대 일원의 유적들이 이와 같이 한 권의 책으로 출간된 것은 여러 가지로 상당한 의미를 가진다. 독자들이 비무장지대와 민통선 일원의 주요 유적들을 보다 쉽게 만날 수 있도록 소개한 것과, 비무장지대 일원의 주요 유적들을 선별한 뒤에 역사적 내용을 충실히 반영해 설명함으로써 전문성과 권위까지 갖추게 되었다는 점에서 출간의의를 찾을 수 있다. 이런 점에서 이 책을 통해 그간 지리적인 문제나 접근성의 어려움 등으로 등한시되어 온 비무장지대의 주요 유적들이 독자들과 학계의 관심을 크게 불러일으키는 계기를 제공할 것이라 믿는다.

민통선 일대의 유적 가운데는 조사나 보존이 시급한 유적들이 즐비하다. 예를 들어 김화대첩은 병자호란이 일어났을 때, 평안도 관찰사 홍명구와 평안도 병마절도사 유림 장군이 김화현민과 합동하여 적장을 사살하는 등 대전과를 올렸던 대첩이다. 바로 그 전투가 벌어졌던 성재산 기슭에는 유림 장군 대첩비, 홍명구의 충렬비와 충렬사,

그리고 이 전투에서 전사한 평안도 근왕군의 무덤인 전골총이 그대로 남아 있을 뿐만 아니라, 탑골 전투로 알려진 격전장 '백동산'이 그대로 남아 있다. 그럼에도 불구하고 이 김화대첩 현장은 제대로 조사된 적이 없으며, 학계에서나 정부에서도 이를 재조명하여 안보·역사적 관점에서 성역화하려는 노력을 하지 않고 있다.

하지만 이 일대의 주요 유적에 관한 자료를 철저히 수집하고 분석해 이 책에 흥미롭게 담아낸 이기환 저자의 열정과 의지가, 앞으로 민통선 일원의 유적과 유물에 대한 각계의 체계적인 대처로 열매 맺기를 기대한다.

저자의 역사와 문화에 관한 애정과 노력은 이미 『코리안루트를 찾아서』라는 책에서도 잘 드러났다. 유적에 대한 그의 집념과 전문가다운 분석, 그리고 탁월한 필력은 항상 새로운 감동을 주곤 했다. 더욱이 주제가 중요하고 영향력이 클수록 그의 필력은 빛을 발하곤 했다. 이런 의미에서 이번 민통선 일원의 유적을 답사한 것은 저자에게 실로 중요한 경험이었을 것이고, 그 자신도 "평생의 여정"으로 삼게 되었다고 밝히고 있다.

크게 보면 이번 유적들은 한반도의 허리 부분에 놓여 있는 유적들이다. 한반도는 남북으로 길게 뻗어 있어 임진강과 비무장지대가 자리한 지역은 역사적으로 북방세력과 남방세력이 대치하는 지역이었다. 기원후 4~5세기에는 백제와 고구려가 임진강을 사이에 두고 대치하였다. 371년에는 백제가 고구려의 고국원왕을 죽음으로 몰아넣었지만, 397년에는 전세가 역전되어 백제가 관미성에서 광개토대왕에게 대패하고 475년에 장수왕에게 한성까지 내어준다. 6세기에는 백제와 신라가 연합해 고구려를 북쪽으로 축출했지만, 진흥왕이 한강 일대를 차지한 뒤에는 고구려와 신라가 임진강을 중심으로 대치했다. 신라가 삼국을 통일한 직후에는 당과 통일신라가 한탄강을 두고 대치했지만, 676년 매소성 전투로 한반도의 허리부분은 신라의 영토가 되었다.

이처럼 4세기부터 7세기 사이에는 임진강 일대가 남북의 국경하천 역할을 했으며, 따라서 오늘날의 임진강과 인접하고 있는 비무장지대와 민통선 일대에는 많은 산성과 유적들이 남아있다. 그리고 6·25전쟁의 상처라 할 수 있는 비무장지대 군사시설도 바로 이 한반도의 허리를 통과하고 있다.

따라서 한반도의 허리에 해당하는 임진강 및 비무장지대 일원의 유적들은 선사시대로부터 6·25전쟁에 이르기까지 우리 민족의 역사를 말해 주는 가장 중요한 유적이며, 이런 점에서 저자의 민통선 일원 유적답사는 매우 중요한 의미를 갖는다.

지면의 한계로 인해 주요 유적만을 소개하다 보니, 비무장지대 및 임진강 일대의 유적 가운데 이 책에 소개되지 않은 유적들도 있다. 이제 이 책이 또 다른 유적들도 독자들의 시선을 받을 수 있는 계기를 마련해 주길 바란다.

저자도 밝혔듯이 개발로 인해 군사보호구역의 경계선이 북상하면서 생태 및 환경뿐만 아니라 문화재까지 파괴되고 있다. 정부 및 지방자치단체가 추진하고 있는 지정문화재 위주의 보호정책은 결국 대부분의 문화재를 방치하여 문화재의 파괴를 조장하게 되는 셈이다. 이런 상황에서, 이 책이 비무장지대와 민통선 일원의 문화유산을 올바로 인식하고 이를 보존할 수 있는 계기가 되기를 바란다. 그리고 이와 같은 귀중한 책을 집필한 이기환 저자와 그의 길벗으로 도와준 이우형 씨에게 이 일대의 문화재를 조사·연구하는 (재)국방문화재연구원장으로 깊이 감사드린다.

이재 (재)국방문화재연구원장

● 참고문헌 ●

기본자료

『삼국사기』, 『삼국유사』, 『고려사』, 『고려사절요』, 『조선왕조실록』, 『신증동국여지승람』, 『여지도서(輿地圖書)』, 『대동지지(大東地志)』, 『파주군읍지』, 『징비록』, 『적성군지』, 『적성현읍지』, 『장단군읍지』, 『장단읍지』, 『교하군읍지』, 『사기(史記)』, 『광개토대왕비문』, 『구당서(舊唐書)』, 『신당서』, 『자치통감』, 『동국여지지(東國輿地志)』, 『관동읍지』, 『춘추(春秋)』, 『철원군지』, 『화랑세기』, 『계림문헌록(鷄林文獻錄)』, 『동국여지지』, 『연천현읍지』, 『경신외사(庚申外史)』, 『원사(元史)』, 『신원사(新元史)』, 『청구야담』, 『주역(周易)』, 『이소(離騷)』, 『손자(孫子)』, 『여씨춘추(呂氏春秋)』, 『세난(說難)』, 『고분(孤憤)』, 『동의보감(東醫寶鑑)』, 『연려실기술』

들어가면서

국립문화재연구소. 『군사보호구역 문화유적 지표조사보고서-경기도편』, 국립문화재연구소, 2000년.
―――――――. 『군사보호구역 문화유적 지표조사보고서-강원도편』, 국립문화재연구소, 2000년.
―――――――. 『고성 문암리 유적 보고서』, 국립문화재연구소, 2004년.
김재한. 『DMZ 평화답사』, 오름, 2006년.
김학준. 『한국전쟁(원인 · 과정 · 휴전 · 영향)』, 박영사, 1989년.
녹색연합. 『비무장지대 일원 환경실태보고서』, 2008년.
이시우. 『민통선 평화기행』, 창작과비평사, 2003년.

제1부 문명의 탯줄

(1~3장)

⊕ 강원대학교 박물관. 『양구군의 역사와 문화유적』, 1997년.
⊕ 김규호. 「양구군 관방유적」, 『양구군의 역사와 문화유적』, 강원대, 1997년.
⊕ 김귀곤. 「DMZ 생태공원 조성의 생태학적 효과」, 『DMZ 평화 · 생태공원의 기본구상과 조성방향』(남북포럼 제2차 학술토론회), 경기개발연구원, 2007년.
⊕ 김동구. 「해안분지의 선사유적과 유물조사」, 『해안분지의 자연연구』, 해안중 부설 향토자원연구실, 1987년.
⊕ 김병모 · 조유전 · 심광주 · 이해일. 「강원도의 고고학자료」, 『민통선북방지역 자원조사보고서』(강원도), 1987년.
⊕ 김성범. 「군사보호구역내 문화유적 지표조사보고서 연천군편」, 『문화재』제25호, 문화재관리국, 1992년.
⊕ 김원용 · 배기동. 『전곡리』, 서울대 · 문화재관리국 문화재연구소, 1983년.
⊕ 배기동. 「전곡리 구석기연대관의 변화와 전망」, 『전곡리 유적의 지질학적 형성과정과 동아세아 구석기』, 제2회 전곡리 구석기유적 기념 국제학술세미나, 연천군 · 한양대문화재연구소, 2003년.
⊕ 양구군. 『양구군지』, 1984년.
⊕ 원종규 · 나기창 · 이문원. 「강원도민통선북방지역의 자연지리적 고찰」, 『북방지역 자원조사보고서』(강원도), 1987년.
⊕ 유인순. 「철원지방 인물전설 연구」, 『강원문화연구』8집, 1988년.
⊕ 육사 육군박물관. 『경기도 연천군 군사유적 지표조사보고서』, 1995년.
⊕ 육사 화랑대연구소. 『군남홍수조절지 수몰예정지구 문화재지표조사보고서』, 2004년.

✦ 윤종관 · 나기창 · 이문원. 「민통선 북방지역의 지질」, 『민통선 북방지역 자원조사보고서(강원도)』, 1997년.

✦ 이재 외. 『철원의 성곽과 봉수』, 철원문화원, 2006년.

✦ 이재범. 『슬픈 궁예』, 푸른역사, 2000년.

✦ 이찬 · 손명원. 「강원도민통선북방지역의 자연지리적 고찰」, 『북방지역 자원조사보고서』(강원도), 1987년.

✦ 이호왕. 『한탄강의 기적』, 시공사, 1999년.

✦ 차재동. 「임진강 중류 민통선 지역의 구석기 유적」, 『강원사학』21집, 2006년.

✦ 최복규 · 최승엽 · 이해용. 『양구의 고인돌과 선돌』, 양구군 · 강원대박물관, 1996년.

✦ 최영선. 『자연사 기행』, 한겨레신문사, 1995년.

✦ 토지박물관. 『연천군의 역사와 문화유적』, 2000년.

✦ 함광복. 「강원 DMZ 일원의 보전과 지속가능한 발전전망」, 『DMZ 일원의 지속가능한 보전방안을 찾아서』(환경운동연합 주최 국제학술대회), 강원도 · 한겨레신문사, 2005년.

✦ 한양대학교 문화재연구소. 『전곡리 유적의 지질학적 형성과정과 동아세아 구석기』(제2회 전곡리 구석기유적 기념 국제학술회의), 한양대학교 문화재연구소, 2003년.

✦ 賈蘭坡. 『中國古人類大發現』, 商務印書館, 1994년.

✦ 단하라 토루 외. 「전곡리 구석기 연대의 실제연대는 얼마인가」, 『전곡리 구석기유적 국제학술대회 논문집』, 한양대학교 문화재연구소, 2002년.

✦ 스티브 올슨(이영돈 옮김). 『우리 조상은 아프리카인이다』, 몸과 마음, 2004년.

제2부 난세의 여울

(4~11장)

✦ 경기도박물관. 『파주 육계토성』, 경기도박물관 유적조사보고서 제24책, 2006년.

✦ 경희대 고고 · 미술사연구소. 「오두산성 I」『경희 고고 · 미술사연구소』총간 5집, 1992년.

✦ 구의동 보고서 간행위. 『한강유역의 고구려 요새』, 1997년.

✦ 국립문화재연구소. 『연천 삼곶리 백제 적석총 발굴조사보고서』, 1994년.

✦ 국방부 전사편찬위. 『한국전쟁전투사-20. 임진강 전투』, 1991년.

✦ 기전문화재연구원. 『연천 학곡리 적석총』, 학술조사보고서 제38책, 2004년.

✦ 김성태 · 김아관 · 김성수 · 이미란. 「연천 학곡리 적석총」, 『학술조사보고』제38책, 기전문화재연구원, 2004년.

✦ 김성태. 「임진강 유역의 신라유적」, 『임진강유역의 고대사회』(인하대박물관 제3회 학술회의), 인하대박물관, 2002년.

✦ 김윤우. 「감악산비와 철원 고석정」, 『경주사학』9, 경주사학회, 1990년.

✦ 백종오. 「임진강유역의 고구려 관방체계」, 『임진강 유역의 고대사회』(인하대 박물관 제3회 학술회의), 인하대박물관, 2002년.

✦ 박경식 외. 『파주 칠중성 지표조사보고서』, 단국대매장문화재연구소, 2001년.

✦ 박찬설. 「영국군의 참전경위와 임진강 전투」, 『군사』7, 국방부전사편찬위, 1983년.

✦ 서울신문. 「감악산 고비 발견자 따로 있다」, 1982년 7월 3일.

✦ 신희권. 「풍납토성의 축조연대 시론」, 『한국상고사학보』제37호, 한국상고사학회, 2002년.

✦ 심광주. 「고구려와 백제의 성곽문화」, 『고구려문화』제20호, 고구려연구회, 2005년.

✦ 심광주 · 김주홍 · 정나리. 『연천 호로고루』, 한국토지공사 토지박물관, 1999년.

✛ 심정보. 「백제 산성의 이해(개정증보판)」, 『백제문화개발연구원 역사문고7』, 주류성, 2009년.

✛ 연천군지 편찬위. 『연천군지』, 1987년.

✛ 연천문화원. 『향토사료집』, 1995년.

✛ 유인순. 「철원지방 인물전설 연구」, 『강원문화연구』제8집, 1988년.

✛ ----. 「궁예왕 전설과 역사소설」, 『강원문화연구』제20 · 21집, 강원대문화연구소, 2002년.

✛ 유태용 · 박영재. 「백제 적석총의 분포와 성격에 대한 일고찰」, 『백산학보 제75호』, 2006년.

✛ 육군사관학교 육군박물관. 『경기도 파주군 군사유적 지표조사 보고서』, 1994년.

✛ ---------------- . 『경기도 연천군 군사유적 지표조사보고서』, 1995년.

✛ ---------------- . 『경기도 양주시 군사유적 지표조사보고서』, 2005년.

✛ ---------------- . 『오두산성 성곽보수, 정비관련 동벽유구조사보고서』, 2006년.

✛ 윤무병. 「백제사의 비교연구-고구려와 백제의 성곽」, 『백제연구총서』3집, 충남대백제연구소, 1993년.

✛ 윤일영. 『임진강 전사 연구초(硏究抄)』, 군 내부 자료, 1981년.

✛ ----. 「관미성위치고」, 국민대학교 석사학위논문, 1987년.

✛ 이성무. 「궁예와 왕건」, 제3회 태봉학술제 발표논문, 철원군, 2003년.

✛ 이용범. 「감악산 고비에 관하여」, 『불교미술』7, 동국대박물관, 1983년.

✛ 이우형. 「맷돌질을 아십니까」, 《경향신문》 2007년 4월 21일자.

✛ ----. 「접경지역의 문화 · 환경적 맥락에 대한 이해와 새로운 전망-경기북부의 발전방향에 대한 모
색-국가 접경지역정책의 패러다임 전환을 바라며」, 『경기지역혁신공동세미나자료집』, 2007년.

✛ 이재. 「궁예도성의 구조와 잔존실태」, 제2회 태봉학술제 발표논문, 2001년.

✛ 이재 외. 『철원의 성곽과 봉수』, 철원문화원, 2006년.

✛ 이재범. 『슬픈 궁예』, 푸른역사, 2000년.

✛ 이종욱. 『한국사의 1막1장』, 휴머니스트, 2004년.

✛ 이준선. 「적성지역의 전략적 가치와 그 배경」『문화역사지리』제16권 제3호, 2004년.

✛ 이형구. 「동북아 석묘문화의 분포와 그 기원문제」, 『한국학의 과제와 전망』1, 한국정신문화연구원, 1988년.

✛ 이호영. 『신라삼국통합과 여 · 제 패망 원인 연구』, 서경문화사, 1997년.

✛ 정선용. 「궁예의 도읍 선정과 철원」, 제3회 태봉 학술제 발표논문, 철원군, 2003년.

✛ 정재윤. 「백제초기 지배세력과 임진강 유역」, 『임진강유역의 고대사회』(인하대박물관 제3회 학술회의),
인하대박물관, 2002년.

✛ 조강환. 『역사의 고전장(古戰場)』, 삼조사, 1978년.

✛ 조유전 · 이기환. 『한국사미스터리』, 황금부엉이, 2004년.

✛ 조희웅. 『경기북부 구전자료집(1)』, 박이정, 2001년.

✛ 차용걸 외. 『경기도의 성곽』, 경기문화재단, 2003년.

✛ 최근영. 『통일신라시대의 지방세력연구』, 신서원, 1993년.

✛ 최남선. 「풍악기유」, 『최남선 전집 6』, 고려대 아시아문제연구소, 1973년 판.

✛ 최종택 외. 『한강유역의 고구려요새』, 구의동보고서 간행위원회, 소화, 1997년.

✛ 최창조. 『풍수잡설』, 모멘토, 2005년.

✛ 토지박물관. 『연천군의 역사와 문화유적』, 2000년.

✛ -------- . 「연천 호로고루 Ⅲ(제2차발굴조사보고서)」『학술조사총서 제27집』, 2007년.

✛ 파주군. 『파주군지』, 파주군, 1995년.

✧ 한양대 문화인류학과. 「파주시의 역사와 문화유적」, 『문화인류학과 연구총서』제14집, 1999년.
✧ 허문회. 「무등리 출토 탄화곡물분석」, 『호로고루 정밀지표조사보고서』, 1997년.
✧ 홍재선. 「적성 칠중성 조사약보」, 『불교미술』제7집, 동국대박물관, 1983년.
✧ 안소니-파라 호커리. 「한국인만 몰랐던 파란 아리랑(원제:The Edge Of The Sword)」, 한국 언론인협회, 2003년.
✧ 이마니시 류[今西龍]. 「新羅眞興王巡狩管境碑考-第2 北漢碑」, 『新羅史研究』, 1933년.

제3부 영욕의 강산

(12~15장)

✧ 강성문. 「조선후기 강화도 관방론 연구」, 『육사논문집』56호 2권, 2000년.
✧ 강화군 군사편찬위. 『신편 강화사 (상·중·하)』, 2003년.
✧ 경기도박물관. 『임진강』, 『경기도 대하천유역 종학학술조사Ⅰ』, 2001년.
✧ 계승범. 「계해정변(인조반정)의 명분과 그 인식의 변화」, 『남명학연구』제26집, 경상대 경남문화연구원 남명학연구소, 2008년.
✧ 고양시. 『고양시금석대관』 유림신도비문, 1998년.
✧ 국립고궁박물관. 『수자기(帥字旗)-136년만의 귀환』, 2008년.
✧ 국방부 전사편찬위. 『병자호란사』, 1986년.
✧ 김원모. 『근대한미교섭사-미국의 대한포함(對韓砲艦)외교를 중심으로(1852~1871년)』, 홍익사, 1979년.
✧ 남달우. 「조선 선조대의 정국운영에 관한 연구 : 국왕과 대간과의 관계를 중심으로」, 인하대대학원 박사학위논문, 1998년.
✧ 남도영. 「강화도의 국방적 역할」, 『강화도학술조사보고서』, 동국대, 1977년.
✧ 민족문화추진위, 『한국문집총간』, 77(浦陰集)·88(澤堂集)·93(樂全堂集)·96(白軒集)
✧ 박광성. 「양요 후의 강화도 방비책에 대하여」, 『기전문화』7집, 인천교대, 1973년.
✧ 송양섭. 「관방체계의 변화와 강화행궁」, 『신편 강화사(상)』, 강화군 군사편찬위, 2003년.
✧ 신병주. 「1623년 인조반정의 경과와 그 현재적 의미」, 『인문과학논총』제46집, 건국대인문과학연구소, 2008년.
✧ 유근영. 『병자호란의 잊혀진 영웅 충장공 유림장군』, 한들출판사, 2006년.
✧ 유승주. 『병자호란의 전황과 김화전투 一考』, 역사학연구회, 2002년.
✧ 윤용혁. 「고려시대 강도(江都)의 개발과 도시정비」, 「고려시대 강화도읍사의 재조명」(인천 카톨릭대 겨레문화연구소 제6회 학술발표회), 2000년.
✧ 육군박물관. 『강화도의 국방유적』, 2000년.
✧ 육군사관학교 사학과. 『한민족 전쟁사총론』, 1988년.
✧ 육군사관학교 육군박물관. 『경기도 파주군 군사유적 지표조사보고서』, 1994년.
✧ ──────────. 『강원도 철원군 군사유적』, 1996년.
✧ ──────────. 『철원 성산성 지표조사보고서』, 2000년.
✧ 육군사관학교 화랑대연구소. 『파주 덕진산성 정밀지표조사 및 시굴조사 약보고서』, 2004년.
✧ 어혜순. 「광해군과 대북세력의 정치운영 연구」, 연세대교육대학원 박사학위논문, 1999년.
✧ 이경석. 『임진전란사(상)』, 임진전란사간행위, 신현실사, 1974년.
✧ 이민웅. 「18세기 강화도 수비체제의 강화」, 『한국사론』, 34, 서울대 국사학과, 1995년.

◈ 이병도. 「광해군의 대후금정책」, 「국사상의 제문제」제1집, 1958년.
◈ 이성무. 「조선시대 당쟁사 1,2」, 동방미디어, 2000년.
◈ 이영춘. 「조선후기 왕위계승의 정통성논쟁 연구」, 한국정신문화원 한국학대학원 박사학위논문, 1994년.
◈ 이재 외. 「철원의 성곽과 봉수」, 철원문화원, 2006년.
◈ 이형구. 「강화도 고인돌무덤 조사연구」, 「한국정신문화연구원」, 1992년.
◈ 정명관. 「광해군대 초기 정치세력의 형성과 변동」, 「교육논총」제19집, 한국외대교육대학원, 2004년.
◈ 정약용(정해렴 역주). 「임진왜란과 병자호란」, 현대실학사, 2001년.
◈ 조재곤. 「병인양요와 강화의 항전」, 「신편 강화사(상)」, 강화군 군사편찬위, 2003년.
◈ ----. 「신미양요와 강화의 항전」, 「신편 강화사(상)」, 강화군 군사편찬위, 2003년.
◈ 한국교회사 연구 역. 「한불관계자료(1866~1867년)」, 「교회사연구」, 1979년.
◈ 한명기. 「선조대 후반~인조대 초반 대명(對明)관계연구」, 서울대학교 대학원 박사학위논문, 1997년.
◈ ----. 「임진왜란과 한중관계」, 역사비평사, 1999년.
◈ 허선도. 「제승방략 (制勝方略)연구 (상)(하)-임진왜란 (壬辰倭亂) 직전 방위체제의 실상)」, 「진단학보」
36 · 37권, 진단학회, 1973 · 1974년.

제4부 믿음의 성지

(16~18장)

◈ 김길웅. 「고려 거석불 조성에 관한 고찰」, 「초우 황수영 박사 고희기념 미술사학논총」, 통문관, 1980년.
◈ 김리나. 「고려시대 석조불상연구」, 「고고미술」166 · 167, 한국미술사학회, 1985년.
◈ 김성범 · 심영섭. 「군사보호구역내 문화유적 지표조사 개보(강원도 고성군편)」, 「문화재」30, 문화재관리
국, 1997년.
◈ 김소하. 「건봉사 창건주 아도화상 전기」, 「금강산 건봉사사적」, 동산법문, 2003년.
◈ 김용선. 「광종의 개혁과 귀법사」, 「고려광종연구」, 일조각, 1981년.
◈ 김태훈. 「한국지장신앙의 연구」, 원광대 석사학위논문, 2001년.
◈ 대한불교 조계종 총무원. 「건봉사와 한국전쟁」, 「금강산 건봉사사적」, 동산법문, 1993년.
◈ 문명대. 「개태사 석장육삼존불입상의 연구」, 「미술자료」29, 국립중앙박물관, 1981년.
◈ 보개산 원 심원사. 「생지장도량 원 심원사 사지」, 2006년.
◈ 신대현. 「건봉사와 석가여래 진신치아사리」, 「금강산 건봉사사적」, 동산법문, 2003년.
◈ 윤용수. 「추억속의 건봉사와 나」, 「금강산 건봉사사적」, 동산법문, 2003년.
◈ 이관음행. 「추억의 건봉사」, 「금강산 건봉사사적」, 동산법문, 2003년.
◈ 이영선. 「건봉사와 염불만일회」, 「금강산 건봉사사적」, 동산법문, 2003년.
◈ ----. 「금강산 건봉사 사적」, 한국고전번역원, 2003년.
◈ 이우형. 「이 땅에 핀 만다라 보개산 석대지장」, 불교춘추
◈ 이희재. 「한국의 지장신앙 고찰」, 「불교문화연구」7집, 한국불교문화학회, 2006년.
◈ 전국염불만일회. 「금강산 건봉사사적」, 동산법문, 2003년.
◈ 조용헌. 「한국지장신앙의 특징:미륵신앙과의 관련을 중심으로」, 「열린정신 인문학연구」1, 원광대 인문학
연구소, 2000년.
◈ 최금봉. 「건봉사본말순례기(乾鳳寺本末巡禮記)」, 「불교」제44호, 불교사, 1927년.
◈ 최선일. 「파주 읍내리 석조여래입상」, 「문화재심의자료」, 문화재청, 2006년.

⊕ 최선주. 「고려전기 석조대불 연구」, 홍익대학교 대학원 박사학위논문, 1992년.
⊕ ----. 「고려초기 관촉사 석조보살입상에 대한 연구」, 「미술사연구」14, 미술사연구회, 2000년.
⊕ 한보광. 「건봉사의 만일염불결사」, 「불교학보」33, 동국대 불교문화연구원, 1996년.

제5부 삶과 죽음의 공간

(19~24장)

⊕ 고윤수. 「광해군대 조선의 요동정책과 조선군 포로」, 「동방학지」제123집, 연세대국학연구원, 2004년.
⊕ 김갑동. 「신라의 멸망과 경주세력의 동향」, 「신라문화」10 · 11합집, 동국대 신라문화연구소, 1994년.
⊕ 김기웅. 「한국의 벽화고분」, 동화출판공사, 1974년.
⊕ 김연옥. 「고려시대 경주김씨의 가계」, 「숙대사론」11 · 12합집, 1982년.
⊕ 김원룡. 「한국벽화고분」, 일지사, 1980년.
⊕ 김정자. 「소위 두문동 72현의 정치성향」, 「부대사학」제15 · 16합집, 1992년.
⊕ ----. 「두문동 72현의 선정인물에 대한 검토」, 「부대사학」제22집, 1998년.
⊕ 김한기. 「두문동 72현의 사적과 유시」, 성균관대학원 석사학위논문, 1997년.
⊕ 김호. 「허준의 동의보감 연구」, 일지사, 2000년.
⊕ 동국대 국문과. 「강원도 철원군 구비문학 현지조사 보고서」, 「국어국문학논문집」제17집, 1996년.
⊕ 문화재관리국. 「거창 둔마리 벽화고분 및 회곽묘 발굴조사보고」, 1974년.
⊕ 문화재관리국 문화재연구소. 「파주 서곡리 고려 벽화묘 발굴조사보고서」, 1993년.
⊕ 박원길. 「조선과 몽골-최덕중, 박지원, 서호수의 여행기에 나타난 몽골인식」, 소나무, 2009년.
⊕ 박희병. 「17세기 동아시아의 전란과 민중의 삶」, 「한국근대문학사의 쟁점」, 창작과비평사, 1990년.
⊕ 서울대박물관. 「덕적군도의 고고학적 조사연구」, 1999년.
⊕ 신동원. 「조선사람 허준」, 한겨레신문사, 2001년.
⊕ 옹진군향리지편찬위. 「옹진군 향리지」, 1996년.
⊕ 유영대. 「허준설화」, 「한국민족문화대백과사전」, 한국정신문화연구원, 1991년.
⊕ 유희경. 「한국복식사연구」, 이대출판부, 1980년.
⊕ 육사육군박물관. 「경기도 파주군 군사유적 지표조사보고서」, 1994년.
⊕ ----------. 「경기도 연천군 군사유적 지표조사보고서」, 1995년.
⊕ 음선혁. 「신라경순왕의 즉위와 고려 귀부의 정치적 성격」, 「전남사학」11집, 전남사학회, 1997년.
⊕ 이구열. 「한국문화재비화」, 한국미술출판사, 1973년.
⊕ 이병주. 「비운 속에도 슬프지 않았던 신라마지막 임금」, 「길따라 발따라」, 행림출판, 1984년.
⊕ 이승수. 「심하전역과 김장군전」, 「한국문학연구」제26집, 동국대 한국문학연구소, 2003년.
⊕ ----. 「심하전역의 현장답사연구」, 「한국학논집」41, 한양대 한국학연구소, 2007년.
⊕ ----. 「김영철전의 갈래와 독법-홍세태의 작품을 중심으로」, 「정신문화연구」107, 한국학중앙연구원, 2007년.
⊕ 이양재. 「동의보감과 구암 허준」, 「한국고전문화진흥회 제1회 월례학술발표회」, 한국고전문화진흥회, 2000년.
⊕ -----. 「허준 간찰의 입수와 고증」, http://home.hanmir.com/~herjun
⊕ 이영무. 「충렬록 해제」, 1975년.
⊕ 이용범. 「기황후의 책립과 원대의 자정원」, 「역사학보」17권, 역사학회, 1962년.

◈ 이우형. 「연천군 향토사료집」, 1995년.
◈ 임석재. 「한국구전설화」, 「임석재 전집」10 · 12, 평민사, 1993년.
◈ 임세권. 「안동서삼동벽화고분」, 「안동대박물관총서1」, 1974년.
◈ 장재호. 「자암(紫巖) 이민환의 생애(生涯)와 저술(著述)」(기획 : 자암 이민환의 문학세계), 「동방한문학」
　　34권, 동방한문학회, 2008년.
◈ 정구선. 「고려말 기황후 일족의 득세와 몰락」, 「동국사학」제40집, 동국사학회, 2004년.
◈ 조범환. 「신라말 경순왕의 고려 귀부」, 「이기백선생고희기념 한국사학논총(상)」, 1994년.
◈ 토지박물관. 「연천군의 역사와 문화유적」, 2000년.
◈ 최몽룡 외. 「백령 · 연평도의 즐문토기 유적-서해5도서의 고고학적 조사」, 「한국문화」3, 서울대 한국문
　　화연구소, 1982년.
◈ 한명기. 「병자호란, 패전의 정치적 파장-청의 압박과 인조의 대응을 중심으로」, 「동방학지」제119집,
　　2000년.
◈ -----. 「임진왜란과 한중관계」, 역사비평사, 2001년.
◈ 에르데니 바타르. 「원 · 고려 지배세력 관계의 성격 연구」, 강원대학교 대학원 박사학위논문, 2006년.

제6부 전쟁의 그늘
(25~28장)
◈ 경향신문사. 「激動 한반도 새지평(기록사진으로 본 사록편찬)」, 1995년.
◈ 국가보훈처. 「참전기념 조형물도감」, 1996년.
◈ -------. 「6.25전쟁 미군참전사」, 2005년.
◈ 국방군사연구소. 「한국전쟁전투사-24.도솔산 전투」, 1993년.
◈ ----------. 「중공군의 한국전쟁(간사, 군사연표)」, 1994년.
◈ ----------. 「전적 기념물 편람집」, 1994년.
◈ ----------. 「한국전쟁 상(上)」, 1995년.
◈ ----------. 「한국전쟁 피해 통계집」, 1996a년.
◈ ----------. 「중공군의 전략전술변천사」, 1996b년.
◈ ----------. 「한국전쟁 중(中)」, 1996c년.
◈ ----------. 「한국전쟁 하(下)」, 1997년.
◈ ----------. 「UN군 지원사」, 1998년.
◈ 국방부 전사편찬위. 「한국전쟁사 제6권-제한전선의 격동기」, 1973년.
◈ _____. 「한국전쟁사 제8권-대진 중기」, 1975년.
◈ _____. 「한국전쟁사 제9권-대진 말기」, 1976년.
◈ _____. 「한국전쟁사 제10권-유엔군 참전편」, 1979년.
◈ _____. 「한국전쟁사 제11권-유엔구 참전편」, 1980년.
◈ _____. 「한국전쟁전투사-7.백마고지 전투」, 1984년.
◈ _____. 「한국전쟁요약」, 1986년.
◈ _____. 「한국전쟁전투사-13.금성전투」, 1987년.
◈ _____. 「한국전쟁」, 1987년.
◈ _____. 「한국전쟁전투사-14.저격능선 전투」, 1988년.

◈ 국방부 전사편찬위. 『한국전쟁전투사-16.양구전투』, 1989년.

◈ ＿＿＿＿＿＿. 『한국전쟁전투사-17.수도고지 지형능선 전투』, 1989.

◈ ＿＿＿＿＿＿. 『휴전사』, 1989년.

◈ ＿＿＿＿＿＿. 『미합동참모본부사-한국전쟁 상』, 1990년.

◈ ＿＿＿＿＿＿. 『한국전쟁전투사-20.임진강 전투』, 1991년.

◈ 군사편찬연구소. 『한미군사관계사(1871년~2002년)』, 2002년.

◈ 김재한. 『DMZ 평화답사』, 오름, 2006년.

◈ 문화공보부. 『북괴의 비무장지대 요새화의 진상』, 1972년.

◈ 서상문. 『모택동과 6 · 25전쟁』, 국방부 군사편찬연구소, 2006년.

◈ 안용현. 『한국전쟁 비사 4-혈전과 휴전』, 경인문화사, 1992년.

◈ 양영조 · 남정옥. 『알아봅시다, 6.25전쟁사-제3권 고지쟁탈전과 휴전협정』, 군사편찬연구소, 2005년.

◈ 오규열. 「중공군의 상감령 전투에 대한 재평가」, 『군사』제46호, 국방부군사편찬연구소, 2002년.

◈ 육군사관학교. 『한국전쟁사 부도』, 황금알, 1981년.

◈ 육사 화랑대연구소. 「한국전쟁시 중공군 전술분석 및 평가」, 『군사연구총서』49, 2004년.

◈ 임종득. 「저격능선(상감령) 전투에 대한 재조명」, 『군사평론』345호, 육군대학, 2000년.

◈ 전쟁기념사업회. 「한국전쟁의 역사적 재조명」, 『한국전쟁 40주년기념 국제학술회의』, 1990년.

◈ 한국전략문제연구소 역. 『中共軍의 韓國戰爭史』, 세경사, 1991년.

◈ 함광복. 「강원 DMZ 일원의 보전과 지속가능한 발전전망」, 『DMZ 일원의 지속가능한 보전방안을 찾아서』(환경운동연합 주최 국제학술대회), 강원도 · 한겨레신문사, 2005년.

◈ 아카키 간지[赤木完爾, 서상문 편]. 『핵무기와 6.25전쟁』(동아시아 전쟁사 최근연구 논문선집), 국방부 군사편찬연구소, 2007년.

◈ 윌리엄 스톡(김형인 외 옮김). 『한국전쟁의 국제사』, 푸른역사, 2001년.

◈ ICOMOS-Korea/ICOM-DEMHIST. 『DMZ의 유산적 가치와 보존』, 2004년.

◈ 조지프 굴든(김쾌상 옮김). 『한국전쟁』, 일월서각, 1982년.

◈ 중국군사과학원 군사역사연구부(군사편찬연구소 역). 『중국군의 한국전쟁사3(원제:抗美援助戰爭史)』, 군사편찬연구소, 2005년.

◈ 중국해방군화보사(노동환 외 역). 『그들이 본 한국전쟁1』, 눈빛출판사, 2005년.

◈ 平松茂雄(황인모 역). 『중공과 한국전쟁』, 병학사, 1989년.

◈ 洪學智(홍인표 옮김). 『중국이 본 한국전쟁』, 고려원, 1992년.

◈ 미 해외참전용사협회 엮음. 『그들이 본 한국전쟁 3(리지웨이 · 클라크보고서)』, 박동찬 · 이주영 옮김, 눈빛출판사, 2005년.

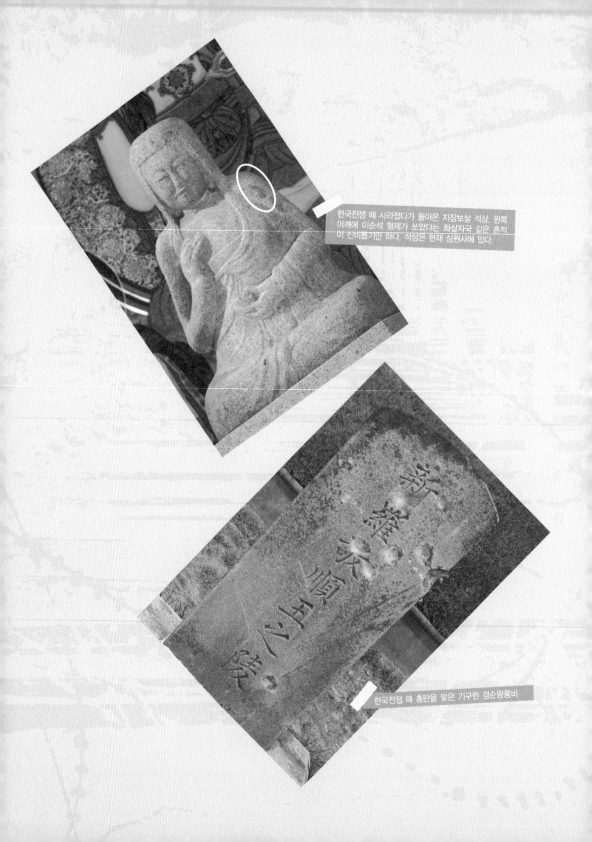

한국전쟁 때 사라졌다가 돌아온 지장보살 석상. 왼쪽 어깨에 이순석 형제가 쏘았다는 화살자국 같은 흔적이 신비롭기만 하다. 석상은 현재 심원사에 있다.

한국전쟁 때 총탄을 맞은 기구한 경순왕릉비

정월대보름 답교놀이로 유명했던 김화 암정교. 저격능선 전투 때는 생과 사를 넘나든 피난민들로 가득찼다고 한다.

화천군 상서면에 있는 인민군 사령부 막사. 북한군의 내무생활을 엿볼 수 있다.